Pragmatism and Pragmatics

KHA Saen-Yang

实用主义和语用论

〔法〕高宣扬——著

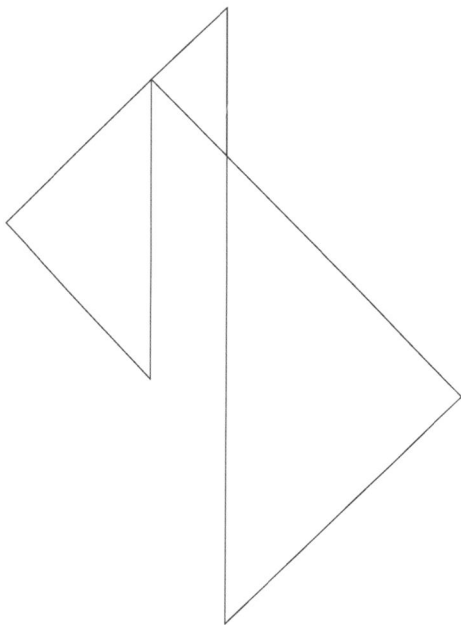

上海交通大学出版社
SHANGHAI JIAO TONG UNIVERSITY PRESS

内容提要

实用主义是兴起于 19 世纪末、盛行于 20 世纪上半叶的美国主流哲学思想,其对于整个 20 世纪世界哲学的发展有深远影响。全书系统详细地阐述了美国实用主义的起源及流变,以及受实用主义影响的欧洲逻辑实证主义,介绍了实用主义创始人及代表人物皮尔斯、詹姆斯和杜威的思想渊源及传承,以及在语言学领域的影响所形成的语用论思潮。

图书在版编目(CIP)数据

实用主义和语用论 /(法)高宣扬著. —上海:上海交通大学出版社,2017
(高宣扬文集)
ISBN 978-7-313-18216-6

Ⅰ. ①实… Ⅱ. ①高… Ⅲ. ①实用主义②语用学 Ⅳ. ①B087②H030

中国版本图书馆 CIP 数据核字(2017)第 246251 号

实用主义和语用论

著　　者:〔法〕高宣扬
出版发行:上海交通大学出版社　　　　地　　址:上海市番禺路 951 号
邮政编码:200030　　　　　　　　　　电　　话:021-64071208
出版 人:谈　毅
印　　制:苏州市越洋印刷有限公司　　经　　销:全国新华书店
开　　本:880 mm×1230 mm　1/32　印　　张:17.75
字　　数:425 千字　　　　　　　　　插　　页:4
版　　次:2017 年 10 月第 1 版　　　　印　　次:2017 年 10 月第 1 次印刷
书　　号:ISBN 978-7-313-18216-6/B
定　　价:99.00 元

冯友兰先生与高宣扬教授合影，1990 年

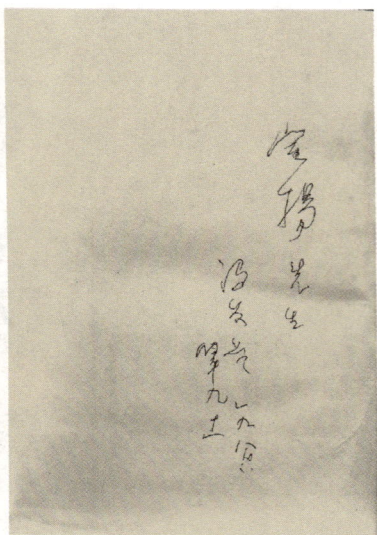

冯友兰先生赠予高宣扬教授的著作,并亲笔题字,1986 年

January 19, 1983

Dr. Saen Yang Kha
94 avenue du onze novembre
94170 Le Perreux
France

Dear Dr. Kha,

I have been given your request to visit this university
in September and October of 1983. I have forwarded this
request to Mr. John Graham of our central administration,
with my nomination of you to Visiting Scholar status. This
status permits you to attend classes and make use of the
libraries. It may take a little time for response to my
nomination, but you should eventually receive some indica-
tion from Mr. Graham.

Yours sincerely,

James J. Walsh
Director of Graduate Studies
Acting Chairman

JJW:ss

AIR MAIL

Dr. Saen Yang Kha
94 avenue du onze novembre
94170 Le Perreux
FRANCE

哥伦比亚大学哲学系研究院院长给高宣扬教授的邀请函，1983 年

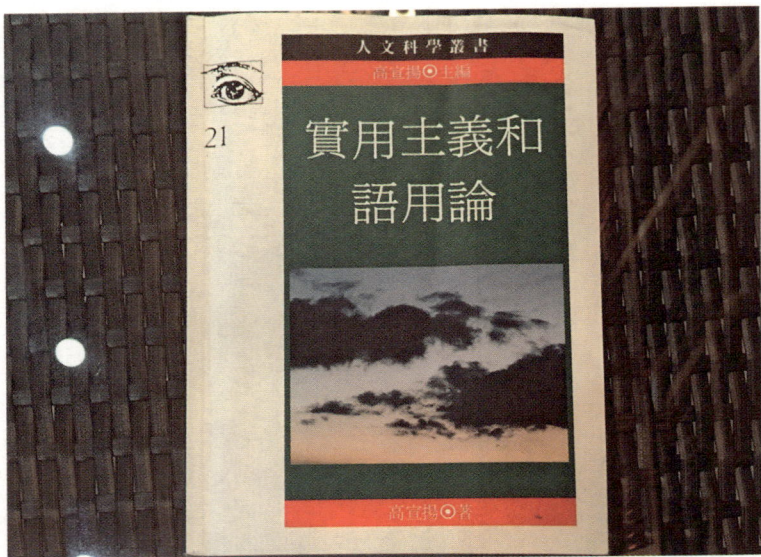

《实用主义和语用论》，台湾远流出版公司，1994年

高宣扬文集总序

当我个人生命创建第七十环年轮的时候，我幸运地成为上海交通大学教师队伍的一员，使我的学术生命有获得新生的可能，我的生命也由此获得新的可能性，上演柳暗花明又一村的生命乐曲。所以，我在交大"学者笔谈"上发表题名为"新鲜的交大人"的感言："历史总是把我们带领到远离故乡的世界尽头，但有时又突然地把我们带回故居和出发点，历史使我们学会了感恩。"其实，生命永远是在自我给予和接受给予的交互往来中延伸，所以，感恩始终伴随着生命自身，构成了生命交响乐的一个重要组成部分，为生命的价值及尊严奠定本体论和伦理基础。

生命是一部无人指挥的交响乐，自创自演，并在不同的社会遭遇和生活历程中一再地自我协调，演奏出一曲又一曲美丽动听的自然乐曲，弹奏出每个人在社会、文化、历史中的不同命运，演播成充满悲喜交织的无数千变万化的生命故事。

我的书实际上就是我个人生命历程的自我展现。每一本书从不同角度讲述着不同阶段的生命故事。生命的故事千差万别，归根结底，无非就是生命对自身生长发展的自我关注，都是由生命内在创造力量与周在世界各种因素相遭遇而交错形成的。生命在自我关注的过程中，总是以顽强的意志和万种风情，一方面激励自身在可能性与不可能性之间的悖论困境中脱颖而出进行创造更新，另一方面严肃正视环绕生命的外在客观力量，自然地要对自身的命运进行各种发问，提出质疑，力图寻求生存的最理想的优化状态，从而有可能逐步演变成哲学性的探索，转化为生命的无止境的形而上学的"惊奇"，对生命自身、对世界万物、对历史以及自身的未来前景，进行本体论、认识论、伦理学和美学的反思。

从学习哲学的第一天起，我就牢记古希腊圣贤亚里士多德关于"哲学就是一种好奇"的教诲。从1957年以来近60年的精神陶冶的结果，却使我意识到："好奇"不只是哲学的出发点，而且也是一切生命的生存原初动力。因此，对我来说，生命的哲学和哲学的生命，就是血肉相融地构成的生命流程本身。

生命的反思虽然表达了生命成长的曲折复杂历程，隐含着生命自身既丰富、又细腻的切身感受，但绝不会封闭在个人狭小的世界中，也不应只限于文本结构之中，而是应该置于人类文化创造的生命运动中，特别是把它当成人的生命本身的一个内在构成部分，从生命的内与外、前与后，既从环绕生存的各种外在环境条件的广阔视角，又从生命自身内在深处的微观复杂的精神状态出发，从哲学、人类学、社会学、语言学、符号学、心理学和美学的角度，试图记录一个"流浪的哲学家"在四分之三世纪内接受思想文化洗礼的历程，同时也展现对我教诲不倦的国内外师长们的衷心感恩之情。

最后，我还要向上海交通大学出版社表示感谢，特别要感谢刘佩英女士和刘旭先生，他们对本文集的出版给予了最大的支持。

高宣扬

2016 年 4 月 8 日

2017 年新版序

拙著《实用主义和语用论》初版于 1978 年在香港天地图书公司出版的时候,原名为《实用主义概论》,当时是应天地图书公司总编辑李怡先生和陈松龄先生的邀约,请我担任《人文科学丛书》的主编,负责牵头组织出版一批较为通俗的哲学读物,并在条件许可的情况下,可以进一步扩大作者队伍,组织海内外华人学者,有计划地撰写简述传播最广和影响最大的当代西方哲学和社会思潮的书籍,分批分期地在香港出版。

天地图书公司在 1978 年请我主编《人文科学丛书》的想法,非常适合于当时中国大陆和香港的社会文化状况,因为从 1949 年之后,中国大陆曾经连续不断地对西方思潮进行严厉的批判,而且,每当掀起特定的政治社会运动之时,更要求结合具体的政治社会运动的需要,配合运动中的不同政策,对不同的西方思潮进行特别的批判,例如,在 20 世纪 50 年代对知识分子实行思想改造运动的时候,集中批判以胡适为代表的"旧知识分子"对于西方思想的盲目崇拜,把胡适等人所宣传的实用主义作为批判的靶子,试图清洗以实用主义为代表的西方思想对知识分子的影响。因此,实用主义就成为 1949 年以后第一个受到全面批判的西方思潮。

实用主义(Pragmatism)是当代西方一股重要的社会、文化和哲学思潮,它在西方各国流传甚广、持续甚久,也是最早被引进中国的当代西方哲学思潮之一。实用主义在 20 世纪初被引进中国并能够长期得到广泛的传播,这并非偶然,一方面是与实用主义本身的基本原则及其深远的思想理论根源有关,显示了实用主义本身隐含着强大的思想和精神力量;另一方面又同中国人的传统思维方式以及中国从 20 世纪初至今的社会文化状况有关,意味着实用主义的基本精神在一定程度上适应了中国社会文化发展的需要。

上述论断包含了一系列需要详细澄清和分析的复杂内容,其中最重要的是要首先弄清楚发生和产生于 19 世纪 70 年代西方国家的实用主义,是一种以西方哲学、科学技术和西方人长期通行的日常生活方式为基础而创造的哲学和社会文化思潮,它积淀了深厚的西方思想文化的复杂历史传统,又表现了西方人自启蒙运动至 19 世纪工业革命过程中所逐渐形成的基本心态,反映了当时西方社会文化新变革的特征。这些复杂的内容,凝聚在实用主义的基本原则之中,也体现在实用主义的各个具体方法及其许多重要概念上。

实用主义的核心理念及其基本精神,固然表现在它的主要概念及其表述方式,但这些概念及其表述,不过是深入把握其核心和基本精神的"入门"。实用主义的真正内容、重要概念、原则和方法,既然隐含了西方社会文化长达两千年曲折发展的经验,同时又浓缩了西方人"为人处事"的智慧,因此就绝对不能靠表面背熟它的基本概念和原则,就可以完整地加以把握。

当实用主义在 20 世纪初被传入中国时,中国当时的社会文化状态还没有充分具备足以完全消化实用主义的基本条件。这主要是指:20世纪初,中国刚刚仓促完成从封建帝制向民主共和制的转型,现代化进程刚要起步,却远没有全面开始,国内也还没有实现对西方社会文化的系统研究,更谈不上对西方社会文化的深入理解。

在最早向中国传播实用主义的知识分子中,只有像胡适(1891 - 1962)、冯友兰(1895 - 1990)等少数学者,由于他们原本已经受过长期扎实的中国传统教育,对中国传统思想已有深刻的理解,又具有在欧美接受严格的学术训练和直接研究西方思想文化的经验,所以,他们才有可能准确理解和把握实用主义的精髓,但对于绝大多数中国人来说,当时理解和接受实用主义只能停留在表面的水平上。

我的老师冯友兰先生于 1919 至 1923 年间曾经留学美国,在纽约哥伦比亚大学师从实用主义大师杜威以及新实在论代表人物伍德布里奇(Frederick James Eugene Woodbridge,1867 - 1940)和蒙太古(William Pepperell Montague,1873 - 1953),良好的学习研究条件使冯先生掌握了实用主义和新实在论的核心观念。

根据冯友兰先生在《三松堂自序》所说,杜威很关心他。当冯先生申请奖学金时,杜威先生写了一封很长的推荐信,最后一句话是:"这个学生是一个真正学者的材料"①。杜威对冯先生的赞赏,实际上也等于充分肯定了冯先生对实用主义要旨的透彻理解。

谈到实用主义在中国的传播,冯友兰先生指出:"实用主义和新实在论是当时在中国比较流行的西方哲学思想"……"在五四运动的时候,梁启超等人组织了一个尚志学会,约请了美国实用主义哲学家杜威和当时的新实在论者英国哲学家罗素到中国演讲。我在哥伦比亚大学研究院演讲的时候,在这个大学中,恰好也有这两个学派。杜威先生在那里讲实用主义,还有两位教授讲新实在论。因此这两派我比较熟悉。在我的哲学思想中,先是实用主义占优势,后来新实在论占优势"②。

对于实用主义,冯先生说:"实用主义的特点在于它的真理论。它的真理论实际上是一种不可知论。它认为,认识来源于经验,人们所能认识的,只限于经验。至于经验的背后还有什么东西,那是不可知的,也不必问这个问题。这个问题是没有意义的。因为无论怎么说,人们总是不能超出经验范围之外而有什么认识。要解决这个问题,还得靠经验。所谓真理,无非就是对于经验的一种解释,对于复杂的经验解释得通。如果解释得通,它就是真理,就对于我们有用。有用就是真理。所谓客观的真理是没有的"。

冯先生接着指出:"后来我的哲学思想逐渐变为柏拉图式的新实在论,认为不仅真理是客观的,一切观念和概念也都有其客观的对象,这些对象都是独立于人的认识而存在的。但是从人的观点说,怎么样认识真理,那就得靠一种发现的方法。实用主义所讲的,实际上就是一种发现真理的方法,所以,也有它的价值。总起来说,新实在论所讲的,是真理本身存在的问题,实用主义所讲的,是发现真理的方法的问题。所以,两派是并行不悖的"③。

1923 年,冯友兰先生用英文写成名著《天人损益论》,作为他在哥伦比亚大学研究院毕业的博士论文。冯友兰先生指出:"人所经验的事物,不外天然的及人为的两类。自生自灭,无待于人,是天然之物。人为的事物,其存在必待于人,与天然的事物恰恰相反。实际的世界,有好亦有不好;实际的人生,有苦亦有乐。此为事实,无人不知。哲学史中大哲学家亦无不知。其所争辩,全在于对于此事实之解释及评论"④。在答辩考试时,杜威先生向他提出问题:"这些派别是否有个发展的问题,例如这一派发展到那一派,而不是像一把扇子那样,平摆着?"⑤。冯先生指出,他"没有打算讲某个哲学家、或某一个派别的思想的发展过程,以及其历史背景,只把它们的思想的某一方面凸显出来。好像一个百花展览室所展出的花,不是某一棵花或某一棵树的全面,而只是把某一朵花剪下来,作为标本,正是像一把扇子那样,排列在那里。当然排列是照着一定的线索,这个线索就是所谓'天、人、损、益'"。接着,冯先生进一步指出:"至于为什么某一个哲学家或某一个哲学派别主张'天'和'损',而另一个哲学家或另一个哲学派别却主张'人'和'益'呢?我就归之于哲学家的'气质'和他的在某一方面的'真知灼见'。我引用荀子的说法,认为哲学家们各有所'见',也各有所'蔽'。我当时只是要证明,哲学家的派别,无分于东西,但没有说明,为什么在实际历史中,东方盛行'天'和'损益',而在西方则盛行'人'和'益道'"⑥。

这就表明,冯先生在美国接受实用主义和新实在论的时候,一方面充分理解实用主义和新实在论的基本精神,另一方面又创造性地应用实用主义和新实在论的观点和方法,在中西哲学思想比较的研究中,引申出自己的新结论,以实际行动把实用主义和新实在论的原则和方法,灵活地同中国哲学传统结合起来,并在一定程度上试图超越他的老师们的理论。

冯先生在 1923 年回国以后,创造性地应用实用主义和新实在论,又同时试图结合从 20 年代起传播于中国的唯物史观,先后对"人生哲学"和中国哲学史进行独到的研究⑦,使他取得了不同于胡适的新成果⑧。

陈寅恪在 20 世纪 30 年代初对冯先生著《中国哲学史》上册所做的审查报告说:"窃查此书,取材谨严,持论精确,允宜列入清华丛书,以贡献于学界。…今欲求一中国古代哲学史,能矫傅会之恶习,而具了解之同情者,则冯君此作庶几近之;所以宜加以表扬,为之流布者,其理由实在于是。至于冯君之书,其取用材料,亦具通识,请略言之。…而冯君之书独能于此别具特识,利用材料,此亦应为表彰者也"⑨。对于《中国哲学史》下册,陈寅恪的审查报告指出:"此书上卷寅恪曾任审查。认为取材精审,持论正确。自刊布以来,评论赞许,以为实近年吾国思想史之有数著作,而信寅恪前言之非阿私所好。今此书继续完成,体例宗旨,仍复与前册一贯。允宜速行刊布,以满足已读前册者之希望,而使清华丛书中得一美备之著作。是否有当,尚乞鉴定是幸! 寅恪于审查此书之余,并略述所感,以求教正"⑩。

与陈寅恪一起审查冯先生所著的《中国哲学史》的金岳霖先生,也给予冯先生的《中国哲学史》很高的评价。金先生认为,冯先生不同于胡适的地方,就在于"他没有以一种哲学的成见来写中国哲学史。成见他当然也是有的。据个人所知,冯先生的思想倾向于实在主义,但他没有以实在主义的观点去批评中国的哲学。因其如此,他对于古人的思想虽未必赞成而竟能如陈寅恪先生所云:神游冥想与立说之古人处于同一境界。…冯先生当然有主见,不然他可以不写这本书。他说哲学是说出一个道理来的道理,这也可说是他的主见之一;但这种意见是一种普遍哲学的形式问题而不是一种哲学主张的问题。冯先生既以哲学为说出一个道理来的道理,则他所注重的不仅是道而且是理,不仅是实质而且是形式,不仅是问题而且是方法"⑪。

陈寅恪和金岳霖先生都很重视冯先生在中国哲学史研究中所表达的内容、观点和方法,并特别肯定冯先生在表达内容和意义方面的客观性以及冯先生在处理和分析材料时所使用的方法的严谨性。

实际上,冯先生在中国哲学史研究中,不只是创造性地应用了实用主义和新实在论,而且,还体现了他的世界观,这个世界观就是他在《新原人》所主张的那种为人处事的"天地境界"。

冯先生说:"人在生活中所遇见的各种事物的意见构成他的精神世界,或者叫世界观。这种精神世界,《新原人》称为'境界'。各人的精神境界，千差万别，但大致说，可以分成四种。一种叫自然境界，一种叫功利境界，一种叫道德境界，一种叫天地境界"⑫。"一个完整的哲学体系，必须能够说明个人及其周围各方面的关系，如何处理好这些关系。如果都处理好了，那就是他的'安身立命之地'，《新原人》认为，天地境界是人的最高的'安身立命之地'"⑬。

我在北京大学哲学系本科读书的时候，有幸连续多年聆听冯友兰先生讲授中国哲学史及中国哲学史史料学，并在一、二年级时，被班上同学们选为"中国哲学史课代表"，因而也成为班上同学与中国哲学史任课老师冯友兰先生之间相互沟通的桥梁，这段经历是我终生难忘的回忆，也是我的此生至幸。当时，我作为"中国哲学史课代表"，几乎每周都要到冯先生燕南园的住处，一方面向他反映班上同学对他的课程所提出的问题，同时也收集和整理同学们对课程的意见和建议，便于冯先生在下一堂课进行说明，同时也在必要时，请他当时的助手朱伯崑先生和卢育三先生针对问题进行特别的辅导；另一方面我还要在每周上课前，到冯友兰先生家里领取他亲自起草的《中国哲学史讲稿》，然后把冯先生用毛笔写在宣纸上的讲稿，交给北京大学出版社的印刷厂，让其印成 80 份小册子，然后在每次上课前分别发给上课的每一位同学，让同学们都能够知道每堂课的基本内容。

如此来往于冯先生与班上同学之间，使我有更多的机会见到冯先生，并与他的家人有更多的接触，这样频繁的接触让我感受到：冯先生及其家人，为人朴素厚实，谦和真诚而自信，真正体现出他们都在时时努力使自己做到"安身立命"于"天地境界"的最高目标，不愧是中国学人的典范。

20 世纪初期，深受西方帝国主义长期欺凌的中国人，为了寻求民族和国家的光明前途，由一部分最有觉悟并对中华民族伟大复兴事业具有责任与担当的优秀人才的引领,相当多的人都力图尽快地和高效率地把握西方思想文化的精髓,使之运用于中国现代化的实际进程。但当时中国经济落后,思想文化基础薄弱,耐心深入研究工夫不足,都难免囫囵吞枣,也同样难免将实用主义误解和误传。问题还在于,对实用主义的部分误解和误传,往往又被当成"正确"或"真理",以讹传讹延续了半个多世纪,在中国人心目中竟逐渐形成了"信以为真"的奇怪状况。

其实,实用主义本身虽然产生于 19 世纪 70 年代的美国,但它的思想理论渊源,却深存于欧洲自古希腊经基督教并延伸至启蒙时代所累积的西方传统中。所以,要充分理解实用主义,不但必须尽可能精读实用主义主要代表人物的原著,细心消化实用主义的基本内容,而且,还要深入了解产生实用主义的 19 世纪西方社会文化的具体条件,特别是当时西方社会中存在的思想文化危机以及这场思想文化危机与当时迅速发展起来的科学技术所遵循的创新方法的内在关系⑭。

须知,从文艺复兴和启蒙运动之后,西方哲学和整个社会文化状况发生了根本的转变,迎来了哲学及整个人文社会科学在 19 世纪二三十年代的繁荣,欧洲各个主要国家纷纷创建了各有特色的哲学及人文社会科学领域的多元化的理论体系,而在哲学上,主要是形成了一系列系统化的形而上学理论,它们各自声称是科学真理的理论化身,同时也把本来富有不断创新精神的理性怀疑的反思力量,凝固和窒息在体系化的形而上学的抽象概念体系和逻辑格式框架中⑮,而德国古典哲学中的黑格尔绝对观念论,就是这种体系化形而上学的典范。

这一切,恰好体现了西方思想文化发展的悖论性⑯,它一方面宣告了文艺复兴及启蒙运动所倡导的理性原则的胜利,另一方面又逐步暴露了现代理性的内在隐患,逐渐显示现代理性过分强调的系统性、普遍性、清晰性和逻辑性的欠缺，使本来具有一定意义的理性原则进一步绝对化，压制、甚至窒息了实际社会生活和人性中的各种复杂的非理性因素的功能和作用，也使理论的系统性、普遍性、清晰性和逻辑性转化成为固定的僵化格式，不但把活生生的实际生活和普通人性的丰富灵活性加以扭曲，而且也阻止了各种潜在的和可能的多样化创新力量。

同哲学上的形而上学体系化的倾向一样，在文学、艺术及各个人文社会科学领域内，也形成了各种号称"典范"或"经典"的体系化理论和作品，试图树立它们的"理论权威"，并把这些典范和经典当成一切创造的固定模式，强制要求各个领域的创作活动都必须套入这些格式化的固定框架，从而导致 19 世纪中叶欧洲思想文化的新危机，同时也推动了"现代性"(Modernity)的诞生。

现代性是西方思想文化、社会发展、社会制度以及哲学人文社会科学领域的一种非常复杂的综合性变革，就其与实用主义的内在关系而言，它主要试图在西方现代化基本实现工业化之后，进一步更有效地处理和解决现代化面临的新矛盾，从高效率调整思想观念、创新行动及社会效应的相互关系的角度，跳出传统形而上学以及笛卡尔以来近代知识论和真理论的抽象框架，提出了对于"外在世界"、"观念世界"及"我们的行动"之间相互关系的开放灵活的态度，不再坚持古典时期对于社会秩序"稳定化"的要求，毋宁寻求鼓励一切创新活动的"合法化"新型模式⑰，促使各种人才的创新行动得以高效率地推动现代化进程，从根本上改变社会生活的游戏规则，高速实现新一轮现代化的新发展。这一状况，在美国尤其突出。

19 世纪的美国，以其占优势的时空条件和富饶的自然资源，在短期内实现了欧洲历经好几个世纪才完成的现代化进程。正当欧洲在 19 世纪 40 年代遭遇社会革命的动乱而在经济上陷入危机的时候，美

国第 11 任总统詹姆斯·波尔克(James K. Polk, 1795 - 1849)在 1845
至 1849 年的就职期间,通过对墨西哥的征服性战争而使美国经济在短
期内赢得了愈三分之一的高速增长。接着,于 1861 年 3 月登上总统宝
座的林肯(Abraham Lincoln, 1809 - 1865)在南北战争中取得了决定性
的胜利,为美国进一步实现现代化扫除了障碍,使美国在 1865 至 1877
年间进入"重建时期"(Reconstruction Era),把消除奴隶制、加强联邦政
府以及加速经济现代化,当成美国从 19 世纪 70 年代开始高速发展现
代化的重要步骤。从 1840 至 1870 年,美国工业生产总值增长了百分
之二十,在 19 世纪最后三十年,美国实现了生产总值按人头算平均增
长一倍的惊人成果,使它在 1895 年超越英国而成为生产总值占全球首
位的强国⑱。

伴随并引领经济如此高速发展的主要力量,是科学技术方面的重
大发明及其快速推广,而美国知识分子、科学家和思想家的思想创新,
则是美国快速高效现代化的基本精神支柱。在总结欧美现代化经验的
基础上,他们意识到:在全球现代化进程中,只有充分发挥美国社会历
史的特色,敢于超越欧洲现代化模式,积极探索和选择有利于追赶欧洲
现代化进程的崭新思想观念、手段及特殊方法,才能实现他们梦寐以求
的"美国梦"。

思想上和精神上的创新是最关键的因素。可以说,整个 19 世纪就
是美国思想革命的关键岁月。早在 19 世纪上半叶,不只是在经济上,
而且更重要的是在思想上和精神上,美国已经显示出超越欧洲的豪迈
气概。美国人虽然多数是欧洲移民及其后裔,但他们不甘落后于欧洲,
从宣布独立到 19 世纪末,仅仅一个世纪内,美国人不只是从经济、政治
和社会变革方面,而且,更重要的是,从一开始就试图在思想上和精神
上寻求超越欧洲的有效出路,坚持创建能够集中表现美国自身独特的

精神风格的思想力量和基本理论体系⑲。

19 世纪中叶以后,美国知识分子及其精神领袖不遗余力地将欧洲浪漫主义改造成美国式的浪漫主义,同时还把欧洲"现代性"转化成美国式的创业精神,试图努力摆脱欧洲人移民美洲早期的宗教节欲原则,批判各种不利于创新的命定论和宿命论,猛烈抨击社会发展中滋生的罪恶和腐败力量,崇尚自然的真善美内在本性,强调思想创新的多元化和个体化,倡导个人创造激情的首要地位,鼓励个人充分发挥直观性和直觉性的创造力量,同时,又充分发挥科学技术新发明的指导思想特征,把发明过程中的冒险精神和稳扎稳打积极探索原则结合起来,主张进行多方面的调查,并在调查中发挥创新主体的主观观念的灵活性,巧妙处理探索目标与手段、目的与方法的关系,保障高效率创新活动的逐一实现⑳。

正是对个人主体创造精神的高度重视,成为实用主义产生前夕的"超验论"(transcendantalism)的思想基调,其代表人物美国思想家爱默生(Ralph Waldo Emerson,1803 - 1882)和梭罗(Henry David Thoreau,1817 - 1862)等人,尤其环绕超越肉体和超越经验的"总体性信念"(holistic belief),把创造主体的独特信念放在首位,主张通过个人直观和个体反思的独特精神,去对抗各种传统式信条和古典时代的理智论(intellectualism),反对过分盲从理性和理智的原则、逻辑归纳主义以及机械论,强调个体生命内部的创造精神力量的决定性作用,倡导回归自然,在个人精神向大自然渗透的过程中,发挥个体的创造力。

美国式浪漫主义与超验论,表现了一种具有革命意义的新型生命哲学(a revolutionarily new philosophy of life)㉑,体现了已经获得独立地位的美国人对于自力更生、超越欧洲先进成果抱有强烈自信,他们不相信按部就班和循规蹈矩的原则,对自身的独创性及其未来胜利抱有坚定的信念。正如爱默生在 1841 年写的《自信》(Self-Reliance)一文所表述的,以一个具有美国本土原住民特征的自身为基础,创建一种普遍的自信(aboriginal self on which a universal reliance may be grounded),每个人都要力图摆脱任何权威对我们自身的控制,都必须使自己成为不受规训约束的自由个体。爱默生还指出,不应该使自己禁锢在历史的框架之中:"历史不会为我们带来启蒙,启蒙只是靠个人才能达到"(History cannot bring enlightenment; only individual searching can);真理只存在于个人自身之中,因此,爱默生劝诫他的读者,让他们照自己认为正确的方式去做,照自己的本能去做,不管别人怎么想(to do what they think is right no matter what others think)㉒。

由此可见,浪漫主义在美国的本土化以及超验论的诞生,奠定了美国思想文化的基本精神,也为实用主义的诞生提供了思想基础,最主要的,是使美国人时刻铭记自身历史文化传统薄弱的特征,尽可能将历史和文化的弱点转化成为励志创业创新的积极力量,极力塑造富有敏感性和创造激情的典型人物,把个人自由当成高于一切的最高价值,鼓励对传统思想的批判,鼓吹不顾一切和冲破现有界限的创业热情以及冒险性实践。

所以,从 19 世纪兴起的浪漫主义和"现代性"及其美国本土化,虽然首先在文学艺术领域内兴起,但其基本精神却反映了这个时代新兴的美国民族的人文思想和哲学社会科学新发展的基本要求:第一,它反对将思想文化的创造活动格式化和体系化㉓;第二,反对将真理典范化,反对以一个固定的理论成果当作一切创作的"真理"的典范;第三,反对将理性绝对化,主张将实际的创作激情和创新欲望以及各种非理性的力量,同理性一样平等地受到鼓励,让理性与非理性都在创作中自由地、不受任何约束地发挥作用;第四,反对将真理抽象化和一般化,呼吁一切创作返回生活和思想本身的逻辑轨道,使创作成为生命本身的自然运作及其超越性的直接表现,使理性及理性之外的各种精神力量,都依据创作的实际展现过程而发挥它们的自然性质;第五,反对用政治和道德的标准去衡量创作活动的性质和内容,主张将创作本身的独立性发挥到极致,实现创作的绝对自由;第六,强调创新没有标准、没有典范、没有统一格式、没有适用于一切创作活动的"方法",相反,创作必须摆脱一切规定,确保创作变成为创作者个人自由独立的行为;第七,创作不寻求永恒不变的结果,只求创作过程中每一个瞬间的抉择智慧,不寄托于稳定的秩序和程序,只求不确定性中的希望瞬间的突显,因此强调在瞬间中把握希望的机遇;第八,强调创作取决于个人信念、行为习惯、意志、情感及其在创作过程中的主导性协调,以便使个人经验在行动中扮演一种协调力量;第九,相信创作过程的流动性和自然协调性,主张在创作过程中寻求各种有可能提供有利于取得最大效果的"机遇"。

在欧洲,现代性思想革命的主要代表人物是法国诗人波德莱尔(Charles Baudelaire, 1821 – 1867)以及德国的马克思和尼采。他们为了解除对古典格式的迷信,首先集中批判理性中心主义,通过对理性中心主义的分析,他们把批判的矛头指向理性中心主义的主体中心主义及其语言逻辑原则。所以,现代性对于理性中心主义的批判及其各种争论,都脱离不开对语言逻辑原则的批判,也脱离不开对于旧形而上学抽象体系的批判。正是在这个意义上说,实证主义、结构主义、实用主义等新思潮的出现,恰当地把批判理性主义与重建思维的语言逻辑巧妙地结合在一起,成为现代性以来西方思想文化长期争论的自然产物。

实证主义和实用主义在欧美的出现和现代性的兴起,表现了西方哲学发展的一个新转折点。从启蒙运动到 19 世纪中叶的工业革命以及西方现代社会文化制度的确立,科学技术的突飞猛进,更促进了取得了优先发展地位的美国,试图实现高效率发展现代化的梦想。

正是在这样的历史和社会文化条件下,在美国土生土长、胸怀大志、多才多智的思想家皮尔士总结了过往的理智成果并开创了新的理论体系;皮尔斯的诞生及其实用主义的形成,简直就是美国近代历史发展中顺理成章"呼之欲出"的关键人物和重大事件。

皮尔斯累积了雄厚现代科学知识基础和西方人文传统文化精华,身为数学家、逻辑学家、符号学家、语言学家、心理学家、社会学家、人类学家、自然科学家和哲学家,他结合19世纪上半叶西方哲学争论的成果,发扬实证主义和功利主义的核心精神,重新协调理性主义和非理性主义的关系,总结了各种探索行为发生时人际之间使用符号的历史经验,以调整行为者思想观念及其行为方向和内容,旨在高效率地达到行为观念中所确立的目标,才创立了"实用主义"。

实用主义所要考查和倡导的创新活动,是一种非常敏感、非常活跃、非常能动、非常脆弱的开创性行为,同时又是某种"非常规"的突破性行动,需要坚持冷静细致地考查和反复试验的复杂步骤,把探险与谨慎结合起来,又把科学实验与日常行为习惯加以协调,力图在反复实践中,依据贯彻过程不同阶段所产生的行为效果以及由此造成的各种关系的变化程度,发挥主观经验的智慧,恰当处理主客观相互关系,拿捏各种因素之间的相互关系的分寸,以达到最大限度的实际效果。

实用主义所重视的个人经验,是个体化、具体化、阶段化的行为习惯的表现,同时也是有可能在一个共同体中互通并沉淀下来而成为有效的通用方法,因此,经验又是有生命力的实际力量结晶体,它还可以在各种具体实践中获得更新,转化成为具有渗透力的文化力量,又可以随时依据主体的智慧而在不同环境中灵活应用。

从19世纪70年代到21世纪初,实用主义不但在美国历经一代又一代的革新发展,而且也在全球各国传播开来,对当代现代化和全球化产生了广泛而深刻的影响。像实用主义这样复杂的哲学和社会文化思潮,不可能在一本书中进行全面的分析和把握。当在香港出版的《实用主义概论》连续再版之后,我个人意识到:拙著所论过于简单,应充分利用多次再版的机会,进行修订补充,以达到尽可能全面分析的程度。为此,我在巴黎攻读博士期间,抽出了两个月的时间,于 1983 年九十月间,亲自到冯先生的母校——纽约哥伦比亚大学进行学术访问,在哥伦比亚大学图书馆静心深入研究了珍贵的原始资料,使我对实用主义和新实在论有了更深一层的认识,也使我有可能将原来的《实用主义概论》进一步增订为《实用主义和语用论》。

但是,拙著《实用主义概论》及《实用主义和语用论》,从初版至今,虽然历经多次修改增订,从原来十多万字扩大到如今的四十多万字,力图不断补充最新的研究成果,但个人能力有限,本书仍然免不了挂一漏万,不足之处,敬请读者批评指教。

我本人在 2014 年底,获准主持国家社会科学基金重大项目"欧洲生命哲学的新发展"的研究计划,使我又一次获得机会,在新的条件下,结合 20 世纪末以来欧洲生命哲学的新发展,对实用主义和语用论,重新进行更全面的探索,从而也对《实用主义和语用论》进行新的修订工作。

在本书出版之际,我要感谢上海交通大学出版社,特别要感谢社长刘佩英女士以及责任编辑刘旭先生,没有他们的支持和帮助,就没有《实用主义和语用论》在 21 世纪的重生。

高宣扬

上海交通大学欧洲文化高等研究院

2017 年 8 月

注释

① 冯友兰著《三松堂自序》，北京：生活·读书·新知三联书店，1984 年 12 月第一版，第 59 页。

② 冯友兰著《三松堂自序》，北京：生活·读书·新知三联书店，1984 年 12 月，第 210－211 页。

③ 冯友兰著《三松堂自序》，北京：生活·读书·新知三联书店，1984 年 12 月，第 210－211 页。

④ 冯友兰著《三松堂自序》，北京：生活·读书·新知三联书店，1984 年 12 月，第 204－205 页。

⑤ 冯友兰著《三松堂自序》，北京：生活·读书·新知三联书店，1984 年 12 月，第 207 页。

⑥ 冯友兰著《三松堂自序》，北京：生活·读书·新知三联书店，1984 年 12 月，第 207 页。

⑦ 冯友兰著《三松堂自序》，北京：生活·读书·新知三联书店，1984 年 12 月，第 217－218 页。

⑧ 冯友兰著《三松堂自序》，北京：生活·读书·新知三联书店，1984 年 12 月，第 230－240 页。

⑨ 转引自冯友兰著《三松堂自序》，北京：生活·读书·新知三联书店，1984 年 12 月，第 226－227 页

⑩ 参见冯友兰著《中国哲学史》附录。

⑪ 参见冯友兰著《中国哲学史》附录。

⑫ 冯友兰著《三松堂自序》，北京：生活·读书·新知三联书店，1984 年 12 月，第 262 页。

⑬ 冯友兰著《三松堂自序》，北京：生活·读书·新知三联书店，1984 年 12 月，第 265 页。

⑭ Guénon, René. , *La Crise du monde moderne*, Paris, Bossard, 1927：12－16；Tiercelin, Claudine. , *C. S. Peirce et le pragmatisme*, Paris, PUF, 1993：26－43；Cometti, Jean-Pierre. , *Qu'est-ce que le pragmatisme ?*, Paris, Gallimard, 2010：32－34；Menand, Louis. , *The Metaphysical Club: A Story of Ideas in America*, New York, Farrar/Straus/Giroux, 2001：52－56；Haack, Susan. , *Pragmatism, old & new: selected writings*. Prometheus Books. Robert Edwin Lane (11 April 2006)：18－67.

⑮ Strauss, Leo. "*Niccolò Machiavelli*". In *History of Political Philosophy*, third edition, edited by Leo Strauss and Joseph Cropsey, Chicago：University of Chicago Press, 1987：298－302.

⑯ Compagnon, Antoine. *Les Cinq Paradoxes de la modernité*, Paris, Seuil, 1990 : 32 – 40.

⑰ Eisenstadt, Shmuel Noah. , *Comparative Civilizations and Multiple Modernities*, 2 vols. Leiden and Boston: Brill. 2003.

⑱ Zakaria, Fareed. , *From Wealth to Power: The Unusual Origins of America's World Role*. Princeton UP. 1999: 46.

⑲ Alexis de Tocqueville, *De la démocratie en Amérique*, Ed. Philippe Reynaud, Paris, Poche, 2010[1835 – 1840] ; translated by Henry Reeve, *Democracy in America: Part the Second: The Social Influence of Democracy*, Volume 2, *Democracy in America: Part the Second: The Social Influence of Democracy*, J. & H. G. Langley; Philadelphia, Thomas, Cowperthwaite & Company, 1840; Hoeveler, J. David, *Creating the American Mind: Intellect and Politics in the Colonial Colleges*, Rowman & Littlefield, 2007: xi; Ellis, Joseph J. , *The New England Mind in Transition: Samuel Johnson of Connecticut*, 1696 – 1772, Yale University Press, 1973: 34; Goodman, Russell B. , *American Philosophy and the Romantic Tradition*, Cambridge: Cambridge University Press, 1990.

⑳ George L. McMichael and Frederick C. Crews, eds. 6th ed. *Anthology of American Literature: Colonial through romantic*, 1997: 613; Cometti, Jean-Pierre. , *Qu'est-ce que le pragmatisme ?*, Paris, Gallimard, 2010 : 234 – 236; Tiercelin, Claudine. , *C. S. Peirce et le pragmatisme*, Paris, PUF, 1993: 85 – 94.

㉑ Hacht, Anne, ed. *"Major Works" Literary Themes for Students: The American Dream*. Detroit: Gale. 2007: 453 – 466; Richardson, Robert D. Jr. *Emerson: The Mind on Fire*, Berkeley, California: University of California Press, 1995: 12 – 35.

㉒ Richardson, Robert D. , Jr. , *Emerson: The Mind on Fire*. Berkeley, University of California Press, 1995: 18

㉓ Delanty, Gerard. *"Modernity"*, In *Blackwell Encyclopedia of Sociology*, edited by George Ritzer. 11 vols. Malden, Mass. : Blackwell Publishing, 2007.

1994 年版序

现代实用主义(Pragmatism；Pragmatismus；Pragmatisme)和语用论(Pragmatics；Pragmatik；Pragmatique)是由美国哲学家皮尔斯(Charles Sanders Peirce，1839 - 1914)在 19 世纪 70 年代创立的。从实用主义创立起，皮尔斯就很明确地把实用主义看作是一种试图在人的**行为**(源自希腊文 pragma)中，探究人的思想**观念**及其**语言**表达的实际关系的哲学。因此，皮尔斯所确立的"实用主义基本原则"(Pragmatic Maxim)，本质上就是一种"使观念明白的方法"，而这种"使观念明白"的方法，就其与人的行为和语言用词的密切相关而言，包含有关于"行为"的理论和关于"同意"的理论两大组成部分。所以，实用主义，从其创立伊始，便研究两大方面的问题：(一) 我们的观念对象因我们的行为和活动所可能产生的实际关系；(二) 我们的观念的意义、符号同人的思想和人的行为的关系。前一部分重点是揭示行为、观念和外在世界的关系，这就是实用主义的经验论和工具论的部分；后一部分的重点，是揭示语言符号及其使用者的观念和行为的关系，这就是实用主义的言语符号论，简称为"语用论"(Pragmatics)。按照皮尔斯的说法，"符号"(sign，源自希腊文 sema)可以从三个角度去研究：第一，符号与符号之间的关系;第二,符号与其所标示或意指的因素之间的关系;第三,符号与其**使用者**之间的关系。由此,便使符号论(Semiotics)相应地包含了三个基本内容:语形学(Syntactics)、语义学(Semantics)及语用论(Pragmatics)。

在皮尔斯那里所呈现的实用主义与语用论的高度结合,不仅体现了实用主义和语用论对于人的**实际行为**中的思想观念、语言符号和周遭环境(包括自然界和社会中的一切对象)的相互关系的高度重视,体现了实用主义和语用论突出地研究观念、符号和对象三因素对人的行为获致预期效果的实际意义,而且,也预示了实用主义和语用论在其未来发展中的可能分化和重合的历史命运。

从皮尔斯之后的实用主义和语用论的分化和重合的现代哲学发展事实,可以看出:当实用主义者只注重观念和命题的意义,推崇真理的效用性,强调思维的"工具作用",只注重行动的效果,而忽视"语言"在其中的关键性的中介作用的时候,实用主义就和语用论相脱离,而变成为狭隘的急功近利的思维和行为方式,一种单纯地追求成功的行为方法论。这一趋势体现在从威廉·詹姆斯(William James, 1842 - 1910)到杜威(John Dewey, 1859 - 1952)的彻底经验主义和工具主义的发展历程中,但另一方面,由于 20 世纪 30 年代逻辑实证主义传入美国,使逻辑实证主义中的语义哲学有可能早在皮尔斯那里已经存在的实用主义和语用论相结合的科学传统中振兴。在这方面,美国哲学家刘易斯(Clarence Irving Lewis, 1883 - 1964)和莫里斯(Charles William Morris, 1901 - 1979)作出了重要的贡献。前者所提出的"概念的实用主义"很重视符号逻辑(Symbolic Logic)在思维、概念和行为中的关系,后者所提出的"科学经验主义"则更集中地围绕着语用论,研究了符号、行为和思维的关系,从而从根本上扭转了此前将实用主义与语用论相分离的倾向,使被忽视了的语用论有可能重新活跃起来。

  事实上,语用论作为研究语言符号与其使用者关系的专门学科,其内容及其发展命运,始终都与对语言、逻辑思维及其符号、人的行为和人的文化生活的研究密切相关。从 19 世纪下半叶开始,由于西方哲学、社会和人文科学加强了对语言的研究,分别出现了分析的语言哲学(包括从弗雷格〔G. Frege, 1848 - 1925〕的逻辑主义、罗素〔B. Russell, 1872 - 1970〕等人的新实在论和逻辑原子论、石里克〔M. Schlick, 1882 - 1936〕等人的逻辑实证主义、后期维特根斯坦〔L. Wittgenstein, 1889 - 1951〕的语言游戏理论、奥斯丁〔J. L. Austin, 1911 - 1960〕等人的言语行为论及其他许多分析语言哲学的分支)、海德格尔(M. Heidegger, 1889 - 1976)的存在主义语言观、伽达默尔(H. -G. Gadamer, 1900 - 2002)的本体论诠释学语言理论、哈贝马斯(J. Habermas, 1929 -)的沟通行为理论及阿佩尔(Karl-Otto Apel, 1922 - 2017)的先验语用论等新型语言理论。在语言学方面,一个世纪以来,对语言的结构、功能及言谈应用范例的加深研究,也同样推动了语用论的研究。同时,由于多学科综合研究的结果,语言也在哲学、人类学、社会学、文学、美学、伦理学及心理学等科际整合研究的推动下,进一步在言语**使用**的层面和领域中更全面地展示其特有的性质及功能。

  所以,在实用主义者皮尔斯等人之外,语用论研究早已同分析的语言哲学、各种新型语言学及各种新型社会科学流派的发展,相互渗透,在 20 世纪中叶之后,形成一股研究语用论的新潮流。

  从实用主义的角度来看,早从 20 世纪 20 年代起,杜威及其在芝加哥大学任教时的同事和朋友米德(George Herbert Mead, 1863 - 1931)也在研究社会行为的过程中,高度重视象征符号与人的行为及社会生活的关系。米德所创立的象征互动论(Symbolic Interactionism)实际上将实用主义和语用论重新结合在一起,研究语言、符号、文字、手势、表情等象征符号在主体间的行为协调活动方面的沟通意义。

与杜威不同,在将逻辑实证主义和实用主义相结合方面作出重要贡献的美国哲学家布里奇曼(Percy William Bridgman,1882－1961)同时是一位杰出的物理学家,继承了皮尔斯的操作概念(The Concept of Operation)和实用主义的真理观,试图用罗素等人的分析方法,论证操作行为中的观念和语言的统一问题。布里奇曼说:"任何概念都不过是一组操作,概念与相应的操作是同义的。"①

任何一个概念和意义,只有依据记述使用和检验这个概念时所采用的操作,才能确定下来,这个概念必须与一组操作系列相符合。因此,凡不与任何操作相关联的概念,都是无意义的。显然,布里奇曼继承和发扬了皮尔斯的"实验精神",把科学实验中的检验性操作看成是真理的标准。布里奇曼指出"除非我们能够确定我们或我们的邻人在任何具体场合使用一个概念时所进行的操作,我们是不能知道这个概念的意义的。"②这就与皮尔斯和杜威等人的实用主义观点很接近,强调概念的真正定义并非按照其本身的特性,而应按照其实际操作,换句话说,概念的意义决定于使用这一概念的相应的操作系列。科学概念和理论的意义,归根到底,就在于它们能够充当人们适应环境的手段。同时,布里奇曼的操作主义也和皮尔斯一样,认为构成概念和理论的语言,同经验和行为中的规则存在着某种符合的关系。不同的实际操作活动所使用的工具和方法,具有不同的意义。因此,概念的意,义也只能是相对的。

如果说,布里奇曼将逻辑实证主义和实用主义相结合的结果,创立出操作主义的话,那么,美国现代哲学的杰出代表蒯因(Willard Von Orman Quine,1908－2000)就直截了当地将逻辑经验主义改造成逻辑实用主义(Logical Pragmatism)。蒯因在把实用主义和语用论的精神应用于语义分析方面,作出了重要的贡献。他大胆地对英国经验论传统和弗雷格、罗素等人的逻辑分析方法,提出怀疑和进行改造。他在《从逻辑观点来看》(*From A Logical Point of View*)一书中,尖锐地批评了现代经验论的狭隘性。他说:

> 现代经验论大部分受到两种信条的限制。依据第一个信条,认为分析的或以意义为依据而不依赖于事实的真理,是和综合的或以事实为依据的真理有区别的;第二个信条则是还原论或化约论(Reductionism),认为每个有意义的陈述(each meaningful statement),同某些以指称直接经验的名词为基础的逻辑架构相等值(equivalent to some logical construct upon terms which refer to immediate experience)。我将要论证,这两则信条论据都是有毛病的。摒弃它们的一个结果,正如我们将要看到的,就是混淆玄学和自然科学的假定的区别界线,而其另一个后果,则转向实用主义。③

蒯因的批判精神引起了逻辑实证论整个队伍的巨大震动,并在整个分析哲学界掀起了一场声势浩大的、持续多年的论战,其结果,不仅深刻地影响着逻辑实证论本身的哲学命运,一方面迫使卡尔纳普(Rudolf Carnap,1891 - 1970)、艾耶尔(Alfred Jules Ayer,1910 - 1989)和费格尔(Herbert Feigl,1902 - 1988)等逻辑实证论大师们起而捍卫自己的理论,另一方面,又推进了逻辑实证论及其他分析哲学派别,朝着更广阔的理论视野中发展,进一步摆脱由罗素开创、经石里克等人确认的单纯的语言逻辑分析的传统,使分析哲学不再仅限于研究语词间的形式关系、研究语句的逻辑结构、研究语言中的规则、定义等被称为"语形学"的狭隘范围内,而是在更大的范围内,用蒯因的话来说,是进一步以整体论的检验理论为依据,广泛而全面地研究语词或语句的意义,强调确定和检验任何一个单独命题的经验意义的不可能性,即强调必须把整个体系看作是经验意义的基本单位。这就和英国的日常语言学派对语言的使用、对说话时的语境因素的重视,具有异曲同工之妙,有利于后来的语用论的进一步发展。

同时,蒯因的整体论的检验理论还进一步扩大了实用主义真理观在科学哲学领域的影响。蒯因曾经认为,整个科学如同一个力场(a field of forces)。经验作为力场的边界条件,沿边缘同力场紧密接连。科学陈述按照其适用性的普遍程度,由高至低由场的中心向外排列,形成一个陈述连续系统。这就是说,包括逻辑、数学、自然科学和人文科学在内的整个知识系统,犹如力场一般。各类命题按它们距离经验的远近而在其中分布,并构成一个互相连接的整体而和作为边界条件的经验发生关联,以致观察句子跟经验冲突时,要对场中哪些陈述进行修改是有很大的选择自由的。我们既可以改变某一陈述,也可以改变另一陈述,主要是对整个系统作恰当的调整。这就是说,对于任何一个科学假说都不可能孤立地加以检验,重要的问题是对某个由许多假说构成的整体、对某个知识系统进行检验。这也就是说,要相对地认定任何一个单独命题的经验意义是办不到的。蒯因还进一步提出翻译的不确定性以论证指使的不确定性,并提出实用主义的真理观,强调一个命题的真理性,并无其本身的客观标准,而只是以它是否"方便"和"有用"为转移。这种以实用主义真理观为基础的新观点,虽然一方面表现了蒯因的逻辑实用主义的"知识相对论"的观点,有导致"知识不确定性的相对主义"的结论的危险,但另一方面,它在批判和抵消罗素及原维也纳学派的逻辑实证主义对"精确科学知识"的单纯推崇的唯科学主义（Scientism）方面，却有重要意义。正是在蒯因的这些实用主义真理观和知识观的推动和启示下，美国科学哲学的历史社会学派，以库恩（Thomas Samuel Kuhn, 1922 - 1996）的"典范理论"为代表和以费耶阿本（Paul Karl Feyerabend, 1924 - 1994）的"无政府主义认识论"为代表，才最终完成了对追求知识确定性的彻底批判，并把判定知识及真理的标准，更广泛地建立在逻辑关系之外的现实社会条件之上，其中包括真理和语言的使用条件的关系，因而明显地有利于语用论研究的发展。

美国分析哲学的上述新倾向，使分析哲学不再像过去那样局限于科学语言的研究，而是进一步研究日常语言和全部自然语言，并在继续重视语形学和语义学研究的同时，越来越重视语用学的研究。

在美国以外，首先是在英国，语言哲学家奥斯丁，由于很重视对日常用语和对语言行为的研究，早从 20 世纪 30 年代末开始，就已经跳出逻辑实证主义单纯地在语言中研究"意义"和"命题真伪性"的狭隘范围，将对于语言的研究扩大到日常生活中去，扩大到语言在行为中的实际应用的问题上。奥斯丁先是区分了记述话语和行为话语，接着，又明确地提出言语行为理论，终于从理论上论述了"说话"和"行为"的同一性及其深刻意义。奥斯丁的贡献在于：他把说话行为看作是表意、行事和成效三位一体的统一行动。在奥斯丁的影响下，他的学生、美国哈佛大学教授塞尔（John Roger Searle, 1932 -）进一步发展了言语行为理论（Theory of Speech-Acts），并使言语行为理论直接地与语用论结合在一起，为当代语用论的发展及其在社会理论、伦理学、文学评论和诠释学的应用，做出了重要贡献。

与奥斯丁等人的牛津学派的日常语言理论和言语行为理论的发展相平行，维特根斯坦独立地研究了语言的使用及其与行为的关系。如果说，早期的弗雷格、罗素及维也纳学派的早期逻辑实证主义者只注重语言表达"意义"的逻辑结构的话，那么，维特根斯坦从 20 世纪 30 年代后期，特别是第二次世界大战后，便对上述狭隘的语言哲学理论提出了挑战。这是维特根斯坦超出逻辑实证主义者单纯地研究"科学语言"（Scientific Language）的狭隘范围，而更广泛地研究日常生活中的语言（Ordinary Language or the Language of Everyday）的结果。维特根斯坦早在《逻辑哲学论》（*Tractatus Logico-Philosophicus*，1921）中，就明确指出，哲学的目的是使思想在逻辑上澄清明白，而为了消除哲学的难点，就必须研究语言的逻辑结构。维特根斯坦为此提出了一种"图画说"（The Picture Theory）试图说明"语言"与"世界"的关系。但当时维特根斯坦仍然只是把语言看作是表达思想和叙述实在的手段。所以，他在研究语言与实在的沟通途径和方法时，仍然只局限于一种"显示"（Showing）的概念，表明"命题"（Proposition）表现"实在"的基本结构乃是它（命题）同外界实在共有的那种"逻辑形式"（Logical Forms）。因此，维特根斯坦在早期仍然遵循洛克（John Locke，1632–1704）在其《人类理解论》（*An Essay Concerning Human Understanding*）一书中所提出的经验主义的最基本和最传统的语言观点，即"语言是表达思想的手段"，其中心问题始终是有关语言的事实与"真理"和"存在"等非语言问题的关联。后期的维特根斯坦则不再受上述英国经验论传统语言观的约束。他认为，语言的功能，远不只是表达有关事实的信息，不只是叙述事实，语言是"一种生活形式"（A form of Life）④，使用语言就是一种"语言游戏"，而所谓"语言游戏"，就是"由语言和行为所交织而成的那个整体"⑤。由于将语言和行为密切地联结在一起，维特根斯坦特别强调："人类的共同行为才是我们用以解释一种未知的语言的参照体系。"⑥由此，维特根斯坦得出一个非常重要的哲学结论："我们所做的，就是将语词从它的形而上学的使用，带回到它的日常使用。"维特根斯坦的上述贡献是划时代的。维特根斯坦的光辉思想，使语用论开始被重视，并慢慢地与社会科学和人文科学的方法论问题联结在一起，促进了诠释学和商谈伦理学的发展。

但是只有到了第二次世界大战结束之后，当美国实用主义和实证主义哲学重新被德国哲学家和诠释家阿佩尔发掘出来并加以深入研究，才使皮尔斯的实用主义和语用论大放异彩，迅速地成为 20 世纪 60 年代后欧洲哲学、人文科学和社会科学重新整合的强大理论力量之一。

本书始终都把实用主义与语用论结合在一起加以分析和批判，并试图沿着实用主义本身的发展逻辑，先是集中地批判从皮尔斯、詹姆斯到杜威等人片面强调"功利"、"实效"的"经验主义"和"工具主义"，然后，才逐步分析实用主义和语用论的发展史及其历史贡献。

实用主义哲学对于许多现代人来说，并不是很陌生。有许多不太关心哲学问题的商人、工业家和市民们，实际上都在他们自己的商业活动、社交来往以及大量的日常生活行为中，或多或少地奉行着实用主义的哲学原则。所以，对于许多现代人来说，尽管都没有受到过专门的哲学教育，但只要用通俗的语言简单地讲解实用主义哲学的基本原则，他们立即就会体会到实用主义哲学和他们本人之间的密切关系。

实用主义哲学的存在和发展，已经经历整整一个世纪的时间。同它一起产生的其他西方哲学，有的只能维持几十年的盛传期，有的则始终局限于只有少量人口的特定社会阶层中。同那些"学院式"的哲学相比，实用主义哲学却拥有完全不同的历史命运。对于实用主义哲学家来说，这一"不同"，并非坏事，而是好事。这一不同点，恰恰表明了实用主义哲学的理论原则本身所固有的生命力。对于其他派别的哲学家来说，不管他们是部分拥护，还是部分反对，甚至是全部反对实用主义原则,都不得不考虑这个深刻的问题(这一问题对于任何哲学派别来说,都同样是有深刻意义的,因为它关系到哲学本身的生命力,关系到哲学的理论原则在历史上流传时间的长短以及它的历史地位),这个问题就是:实用主义何以能在当代社会如此众多、如此广泛的不同阶层人口中发生影响? 如果说,实用主义哲学的广泛传播仅仅是因为在社会上存在着有利于它的客观因素的话,那么,根本的问题还是没有得到解决:为什么并存于相同的历史条件和客观环境下的其他哲学派别不如实用主义那样流行? 为什么有那么多实用主义信奉者只接受实用主义而不接受别的哲学? 所以,重要的问题还在于研究实用主义本身。

在愈百年的现代哲学史上,实用主义哲学是少数几个流传时间较长、传播范围较广和影响较深的哲学流派之一。毫无疑问,实用主义在目前社会中的广泛传播,不仅具有深刻的哲学意义,而且还带有极其深刻的社会意义。因此研究实用主义哲学本身的问题,剖析它的基本原则,探索它的起源、形成和发展,分析它的社会影响的广度和深度及其原因,是非常重要的。

首先,从哲学的角度来看,实用主义哲学的产生、发展及其广泛影响,给哲学思想及当代哲学家们提出了许多带启发性的重大问题。哲学,自古以来就是人类社会生活经验的最高理论总结。人类社会经历了不同的发展阶段,不同的民族有不同的社会特点和历史特点,同一社会中的不同阶层的人们具有不同的生活经验,所有这一切多种多样的因素,都是哲学史上不同哲学派别得以存在和发展的客观基础。哲学的多样性,来自社会生活本身的多样性。

所谓哲学,就是经过职业的哲学家们加工的各种类型和各个阶层人们的人生观和世界观。社会上有多少类型的人群或阶层,就有多少类型的哲学流派。不同哲学流派的产生,表现了社会上各个阶层的人们的思想代表人物企图把本阶层的人生观和世界观提炼到理论高度并使之普遍化和永久化的尝试。

哲学,经常被一般人理解为高深莫测和玄奥神秘的学问,似乎是少数学院派哲学教授们所垄断的宠物。但实际上,几千年来的哲学发展史已经证明,并将继续证明,任何哲学派别在历史上存在的寿命,主要不是取决于创立这些哲学派别的哲学家本身的智慧和能力,而是取决于这一哲学思想和现实社会生活的联系的程度,取决于它所总结的那种类型的人生观在社会上到底有多广和多深的根基。换句话说,取决于这种哲学所概括的人生观和世界观在社会上被人们接受和实行的程度。

因此,真正的哲学家,绝不是那些自命清高或自外于社会大多数人的精神贵族,这样的哲学家,不管他有多么高深的学问,充其量也不过是人类历史上瞬息即逝的匆匆过客,绝不会为社会多数人所了解而终究会为历史所淘汰。与此相反,历史上的许多伟大的哲学家,往往能反映时代的脉搏,用自己的哲学理论,为当时当地的人类社会的发展作出贡献。他们的伟大,不在于他们的哲学能完全地反映全体人类的利益,或者说,不在于他们能概括出为所有人接受的一种"全民性"或"全人类"的人生观和世界观。实际上,迄今为止,世界上从来就没有存在过一种真正的"全人类"的哲学。当然,哲学史上曾出现过不少的哲学家,自命是"全人类的代表",自诩创立了"最完美的哲学"或"绝对真理",但所有这些自封的称号,都是没有得到公认的,也是实际上站不住脚的。

哲学家们只要能在自己的哲学体系中反映出当代社会的普遍问题,哪怕是其中的一个部分或一个侧面,他就算是比较成功的。他所反映的普遍问题越多、越深刻,他的哲学就越有价值。

当然,历史上也有过这样的现象,即某一个哲学派别本来是反映了较多的社会问题,也得到了较多人的拥护,但由于哲学以外的其他因素的限制,这种哲学在当时当地得不到广泛的传播。例如,在中世纪,某些唯名论(nominalism)哲学认为,人们日常生活中所使用的语词,不过是人们用来称呼各种单个的现象或事物的名称、名字(拉丁文是nomina),因此,那些语词所表现的一般性事物或"共相",不是独立存在的,换句话说,"一般"的人或房屋是不存在的,这只是为了适当地表示单个的人或房屋的总和而采用的名字,而只有单个的、个别的事物或现象,才是真实的。当时,与唯名论相对立的唯实论(realism)哲学则断言共相,即某种精神本质(spiritual essence)或精神实体(spiritual substance)或先于单个事物而存在的"原型"(prototype)才是真实存在着的。他们与唯名论者争论,硬说最先存在的是作为人的"观念"的"一般人",然后才有这种"观念"的产物——单个的人。如果说,在中世纪与唯名论和实在论哲学同时存在的经院哲学(scholasticism),通常是无聊地像"老鼠打架"般地围绕着一些臆想出来的空洞而又肤浅的小问题争吵不休的话,那么,唯名论与唯实论的争论却与此不同——他们争论的是一个十分重要的问题,这个重要的问题不仅具有深刻的哲学意义,而且还包含着极其深刻的社会意义,尽管当时参加争论的人并没有很自觉地意识到他们的争论所具有的深远社会意义。他们争论的,归根到底是这样一个问题:客观存在着的、可以感觉得到的物体是先于一般观念(唯名论的看法),还是一般观念先于物体(唯实论的看法),人们的认识是从对个别事物的感知逐步上升到一般性的概念,还是相反,从一般性的概念到个别存在的物体?

显然,在唯名论和唯实论的争辩中,不但含有经验论和唯理论斗争的萌芽,含有唯物主义和唯心主义这两个对立的哲学倾向彼此分野和相互斗争的萌芽,而且,更重要的是,还包含着更深刻的社会意义,即:

在中世纪被官方奉为神圣不可侵犯的大一统的教会,究竟是真实存在的权威,还是仅仅作为一种抽象的概念而存在? 各个具体的、个别的世俗事物是独立于教会还是从属于教会?

正因为唯名论哲学具有深刻的哲学意义和社会意义,所以,在中世纪,它遭到了教会正统势力的镇压,它的社会影响也因而受到很大的限制。

但是,尽管唯名论哲学遭到了镇压和限制,它却始终没有被消灭,相反,随着时间的推移,它越来越获得更多人的拥护,并潜移默化地、然而是无可阻挡地在社会上传播开来,在历史发展中承袭下来。根据历史的记载,唯名论从公元 10 世纪开始发展直到 14 世纪,英国的两位唯名论哲学家邓斯·司各脱(John Duns Scotus,1265 – 1308)和奥卡姆(William of Occam,1300 – 1350)把唯名论哲学发展到崭新的阶段。邓斯·司各脱提出了罗马教皇所痛恨的问题:关于教会财产的危害性和关于贫民的福利问题。他的言论在当时来说是带有极大的挑战性的;用跟他同时代的人的话来说,当时处在社会基层的人是夹在"两片磨盘的中间",这两片磨盘就是教皇和暴虐的君主。邓斯·司各脱身为基督教方济各会(The Franciscan Order)的僧侣,却试图割断哲学和神学的联系,并强调单个物体的实在性——也就是说,单个物体比教会的一般性的、无所不在的上帝的观念更具体、更实在。奥卡姆则在邓斯·司各脱的基础上进一步论证:只有单个的物体才是真正的存在,而共相和一般性概念则仅仅存在于人们的"心灵中和词句中"(*Summa totius logices*)。

我之所以较为详细地论述中世纪的唯名论哲学的上述论点及其发展过程,就是为了借唯名论的实例说明一定的哲学派别的存在及其同社会生活的关系。总的说来,哲学史上出现过的不同哲学派别的形成和发展,归根到底是决定于社会生活的需要。当然,任何哲学思想的发展也有它本身所固有的特定的相对独立性,有其前后一贯的理论发展上的脉络。每一种哲学学说,不管它是唯物主义的或唯心主义的,也不管它是采用其他各种表达形式的,都是社会历史发展的理论产物。更确切地说,每一个思想家、哲学家总是以各式各样的哲学体系来表达某个阶层或社会集团的世界观和人生观。而一个哲学派别所遭遇到的历史命运,往往是该哲学派别的学说反映该社会和该时代的本质问题的深度和广度的标尺。如果一个哲学能较深刻地表现出社会的较为普遍的问题,像中世纪的唯名论哲学那样,那么,尽管它可能会受到哲学以外的社会势力或其他因素的干涉和压制,也仍然会保有其生命力,并能在历史上流传一段相当长的时间。纵然受到强大的压力而被埋没一段时间,它终究还会以各种形式顽强地再现出来。在历史上,有过不止一种哲学派别,深刻地反映了社会的普遍性问题,因而具有相当强大的生命力。即使在某一时期它受到了压制而销声匿迹,但在另一时期内,它会东山再起。

这就表明,我们研究各种流派的哲学,具有深刻的现实意义。哲学,以最抽象的概念和最严密的逻辑体系,向各个不同时代的人们提供了认识世界和解决人生根本问题的多种可能方案。哲学所包含的社会内容越深刻,它所提供的可能方案就越有现实价值,越能得到某个或几个社会阶层的人们的拥护。透过哲学的抽象概念,我们往往可以看到各种不同类型的社会、自然界及整个宇宙的映象,也可以看出人们不同的生活理想和行为方式的理论概括模式。我们可以从同一时代的各个哲学中,看到和对比不同的世界映象和社会图景,使我们可以从不同的角度观察世界和认识世界,尤其可以认识我们生活于其中的那个现实社会。

如前所述,实用主义是 20 世纪内流传较久、影响较广的一个重要哲学派别。它能比其他同时代的西方哲学存在更长的时间和流传更广这一事实,给所有的哲学家和所有关心当代哲学问题和社会问题的人们提出了极其深刻的问题:一方面,它促使人们更深入地研究实用主义哲学的特点,找出它不同于其他西方哲学的特征(因为正是这些特征使它获得比其他同时代的西方哲学思想更长的寿命);另一方面,它促使人们通过实用主义哲学更深入地研究当代社会的基本问题,揭示社会的本质。从这个意义上说,研究和剖析实用主义哲学乃是观察和剖析当代社会的重要途径。

在实用主义产生和发展的逾百年的历程中,世界哲学舞台上出现过许多不同的哲学派别。从内容上看,这些哲学派别有的是与实用主义根本对立的,有的是部分相一致的,有的是部分相反的。而从时间上看,这些哲学派别有的与实用主义始终并存着,有的则仅并存一段时间。这些哲学派别包括了马克思主义、实证主义、新康德主义、新黑格尔主义、逻辑实证论、新实在主义、人格主义、马赫主义、意志主义、直觉主义、存在主义、语言分析学派等。显然,在这些派别中,始终能与实用主义相匹敌的,只有马克思主义。在其他许多哲学派别中,能像实用主义那样,走出少数哲学家的狭小范围而为社会上相当多的人所接受的,就是存在主义哲学。但同实用主义相比,不论从传播广度和时间来看,存在主义都有所逊色。

实用主义的基本哲学原则,从 19 世纪 70 年代形成以来,一直到今天,始终都被商人、市民、学生和政治家广泛接受。这些人当中,有的全部接受,有的部分接受实用主义的原则,有的是自觉的,有的是不自觉地接受实用主义的原则。但不管怎样,实用主义确实已经深入到当代社会生活的许多领域,或多或少地影响着许多人的思想和实际生活,在人类生活的政治、经济、文化教育、外交、军事等领域中发生作用。

本书在介绍实用主义和语用论的过程中，将着重介绍它的基本原则和基本精神，因此，本书将首先在**第一编**中，以实用主义和语用论的创始人皮尔斯的思想为代表，概述实用主义和语用论的基本内容；然后在**第二编**中用四章的篇幅，分别介绍实用主义哲学的主要代表人物——詹姆斯和杜威。在介绍这两位实用主义哲学家的时候，主要着重介绍他们的思想及这些思想原则同他们所处的那个社会的内在联系，以便使读者从中看到：他们是怎样看当代社会的？当代社会的哪些重要问题引起了他们进行哲学思维的兴趣？他们是怎样通过哲学概念反映当代社会的重要问题？通过这些介绍，可以使读者形象地看出当代社会生活与实用主义哲学的密切关系。我想，这对于了解人生的意义及认识社会的本质都是有一定益处的。

在分析和批判上述实用主义哲学家的基本观点之后，在第二编中，还要专门开辟一章论述实用主义在美国产生、发展和演变的历史，以便更集中地结合美国实用主义的历史，论述实用主义和美国社会条件、文化传统及其他哲学派别的关系，也进一步从中看出在美国现代的哲学发展史中，实用主义和语用论是如何相互关联的。

最后，在本书的**第三编**中，以"语用论及其发展"为基本论题，深入分析语用论在皮尔斯之后的发展趋势及其基本问题，同时，集中分析自第二次世界大战以后，语用论超出实用主义和分析哲学的范围，和诠释学派、沟通行为理论、商谈伦理学、逻辑建构主义、结构主义符号论及现代派哲学的进一步汇合及其未来趋势。

在论述语用论的发展脉络时，本书特别注意到语用论在实用主义和分析语言哲学两大思潮中的不同命运及其相互关联。在这方面，本书将分别论述在实用主义脉络中，语用论在皮尔斯之后，如何经杜威、米德及芝加哥学派的改造，而演变成行为主义及象征互动论（Symbolic Interactionism），而在分析的语言哲学的脉络中，又如何经刘易斯、莫里斯、卡尔纳普、蒯因、马丁（Richard Milton Martin，1916－1985）等人的专门研究，经维特根斯坦和英国以奥斯丁为代表的牛津学派对日常生活用语的特殊研究，以及经布里奇曼的操作主义和其他自然语言学派研究自然语言的卓越贡献，而使语用论延续和发展起来。

但是，语用论的蓬勃发展，只有到了 20 世纪 60 年代之后才明显起来。因此，在概述了语用论的基本论题之后，第三编将分别论述对当代语用论的发展作出特殊贡献的理论家及其基本思想，其中包括：维特根斯坦、阿佩尔、弗里德里希·卡姆巴特（Friedrich Kambartel，1935－）、保尔·洛伦岑（Paul Lorenzen，1915－1984）、克劳斯·欧厄勒（Klaus Oehler，1928－）、哈贝马斯、冯·赖特（Georg Henryk von Wright，1916－）、巴尔-希勒尔（Yehoshua Bar-Hillel，1915－1975）及蒙太古（Richard Montague，1931－1971）对语用论的新发展，同时，最近十多年来，由于语用论研究的深入发展，本书将以适当篇幅论述颇有成果的新一代语用论专家的思想观点。在这些新一代的理论家的作品中，对当代语用论研究发生重大影响的，包括：艾伦·巴顿（Ellen L. Barton）的《非语句的构成因素：一种语法结构和语用论解释的理论》（*Nonsentential Constituents: A Theory of Grammatical Structure and Pragmatic Interpretation*，1990）；黛安娜·布莱克莫尔（Diana Blakemore）的《理解表达：自然语言的语用论》（*Understanding Utterances: The Pragmatics of Natural Language*，1990）；克劳迪亚·卡菲（Claudia Caffi）在"元语用论"（Metapragmatics）方面的研究成果——集中地反映在《语用论学刊》（*Journal of Pragmatics*）于 1984 年出版的"元语用论专号"（8[4]，Special Issue on Metapragmatics）；彼得·柯尔（Peter Cole）主编的《根本的语用论》（*Radical Pragmatics*，1981）；杰拉德·伽斯达尔（Gerald Gazdar）的《语用论》（*Pragmatics: Implicature，Presupposition and Logical Form*，1979）；乔治亚·格林（Georgia M. Green）的《语用论与自然语言理解》（*Pragmatics and Natural Language Understanding*，1989）；乔治·拉科夫（George Lakoff）在生成语义学和隐喻方面的研究；杰弗里·利奇（Geoffrey Leech）关于语用论的两部重要著作：《在语义学和语用论方面的发现》（*Explorations in Semantics and Pragmatics*，1980）和《语用论原理》（*Principles of Pragmatics*，1983）；史蒂芬·列文森（Stephen C. Levinson）的《语用论》（*Pragmatics*，1983）；雅各布·梅（Jocob L. Mey）的《语用论导论》（*Pragmatics: An Introduction*，1993）；杰夫·维索尔伦（Jef Verschueren）的《作为语言适应理论的语用论》（*Pragmatics as a Theory of Linguistic Adaptation*，in *Working Document # 1*，Antwerp：International Pragmatics Association，1987）和《语用论前景：1985 年国际语用论学术讨论会论文集》（Jef Verschueren/Marcella Bertucelli-Papa, eds. *The Pragmatics Perspective: Selected Papers from the 1985 International Pragmatics Conference*，1988）；施密特（Siegfried J. Schmidt）的《语用论》（*Pragmatik/Pragmatics*，1976）及哈维·萨克斯（Harvey Sacks，1935–1975）的《关于会话的讲演集》（*Lectures on Conversation*，2 Vols. 1992）等。除此以外，本书将在有关章节里，以比较研究的观点和方法，分析语用论对法国当代思想家保罗·利科（Paul Ricoeur，1913–2005）、雅克·德里达（Jacques Derrida，1930–2004）、米歇尔·福柯（Michel Foucault，1926–1984）以及皮埃尔·布尔迪厄（Pierre Bourdieu，1930–2002）等人的影响。

笔者早在 1978 年就曾经将研究实用主义的初步成果，总结在《实用主义概论》(香港天地图书公司出版)一书中,但由于受当时的一般研究成果及信息的限制,未能较为全面如实地分析实用主义与语用论的内在联系及其重要意义。现在,在亲历了近二十年在人文科学和社会科学界由"语言学的转折"所造成的一系列重大变革之后,倍感重新研究实用主义和语用论的必要性和重要意义。

现在,实用主义和语用论,在经历一个多世纪的发展和演变之后,不但没有像有些人所说的那样成为"过时的思潮",相反,实用主义和语用论仍然在世界各国的社会生活和学术领域中,大行其道。

当然,本书作为一本哲学研究书籍,并不打算去分析现实生活中的实用主义和语用论的实例。但是,在这些问题上,再次显示维特根斯坦的伟大,因为正是他,教导哲学家们要把哲学的研究,从对于玄奥的形而上学语言的研究中,拉回到日常生活中的语言使用的问题上。

高宣扬

1994 年于台北东吴大学

注释

① P. W. Bridgman, *The Logic of Modern Physics*, New York, 1927, p. 5.
② 布里奇曼:《我们的若干物理学概念的本性》(*The Nature of Some of Our Physical Concepts*, 1952),第 7 页。
③ 蒯因:《从逻辑观点来看》(Harvard University Press, Cambridge, Mass. Copyright 1953 by the President and Fellows of Harvard College),第 2 章。
④ L. Wittgenstein, *Philosophische Untersuchungen*, Teil I, § 23. Oxford, 1968.
⑤ *Ibid.*, § 7.
⑥ *Ibid.*, § 206.
⑦ *Ibid.*, § 116.

目　录

第一编　皮尔斯：实用主义和
语用论的最早结合

第三编　语用论及其发展

第一编

皮尔斯: 实用主义和语用论的最早结合

第 1 章
皮尔斯的基本思想

  皮尔斯是近代实用主义和语用论的真正创始人。为了论述和分析实用主义和语用论的内容和特征,当然必须首先集中研究皮尔斯的基本著作以及在这些著作中所蕴含的基本思想。

  皮尔斯 1839 年生于美国马萨诸塞州剑桥,他的父亲本杰明·皮尔斯(Benjamin Peirce,1809－1880)是美国 19 世纪杰出的数学家,在哈佛大学任数学和天文学教授。皮尔斯比詹姆斯仅仅大三岁,他从小就受到自然科学,特别是在数学方面的严格训练。他的父亲不仅是数学家,而且在哲学上也有很深的造诣,所以,皮尔斯从小就受到了他父亲的哲学思想的熏陶。如果说皮尔斯与詹姆斯以及杜威有所不同的话,那么,最大的区别就是皮尔斯在数学和自然科学方面有雄厚训练基础。

  皮尔斯的个人生活充满着艰难困苦,他有自己的独特的生活方式和生活习惯。经济上的不富裕和较差的健康状况,使他经常生活在不愉快之中。皮尔斯曾在约翰·霍普金斯大学任教过一段时间,讲授逻辑学。后来,由于詹姆斯的推荐,皮尔斯前往哈佛大学任教,但皮尔斯并没有得到过长期教职。1914 年,皮尔斯几乎在无声无息中死去。

皮尔斯生前没有发表过一本著作,他的六卷本著作集直到 1931 至 1935 年间才第一次由哈茨霍恩(Charles Hartshorne,1897 - 2000)和韦斯(Paul Weiss,1959 -)编辑正式出版,书名为《皮尔斯论文集》(*Collected Papers of Charles Sanders Peirce*),这本书收集了皮尔斯生前所写的大量论文和短篇哲学札记。在这以前,皮尔斯只为少数哲学家所认识,很多人往往以为实用主义哲学是詹姆斯所开创的。从 20 世纪 30 年代第一次发表他的著作集起,皮尔斯才被公认为美国当代最杰出的哲学家之一。

1958 年,皮尔斯的上述论文集的第七、八卷补充出版。1977 年,凯特纳(K. Ketner)编辑出版了《皮尔斯详尽著作目录》(*A Comprehensive Bibliography of the Published Works of Charles Sanders Peirce*, 1977)。

皮尔斯的论文集中,其中最重要的作品有:《逻辑学研究》(*Studies in Logic*, 1883)、《信念的确立》(*Fixation of Belief*, 1877)、《怎样使我们的观念清晰?》(*How To Make Our Ideas Clear*, 1878)及《实用主义演讲集》(*Lectures On Pragmatism*, 1903)。

皮尔斯的卓越贡献在于:他试图总结 19 世纪下半叶的自然科学方法论的成果,将自然科学的试验精神,通过哲学、逻辑学和语用论的研究,纳入 20 世纪的整个社会科学、行为科学和人文科学的广泛领域之中。

为了全面探讨皮尔斯的学说,本书首先从以下两个基本方面入手: ① 关于信念的实用主义理论;② 关于符号的理论。

第一节 关于信念的理论

在皮尔斯看来，一切研究都是从怀疑开始，而怀疑往往发生于个人的行动遭遇困难时；研究过程终结于怀疑的中止，信念自身就满足了由怀疑的趋向所产生的"命题"（proposition）。因此"思想的全部功能，无非就是产生行动的习惯"，而所谓各种"意义"的明显区别就是指各种由此类概念所可能引起的行动的实际差别。

在这里，皮尔斯实际上是强调了有目的的行动。因为怀疑本身只是在有目的的行动遇到阻碍时才会发生，怀疑的目的也是为了有目的的行动。

皮尔斯在 1877 年发表的《信念的确立》一文，原是他在 1872 年于马萨诸塞州剑桥市"形而上学俱乐部"（The Metophysical Club）里所作的演讲。本文突出思维在确立信念方面的基本功能，强调确定信念与形成行为习惯的一致性。所以，重要的问题是确立信念以采取行动，至于信念的真理性问题是附属于行为效果的。人们依据生活和行为环境的变化改变着自己的行为习惯。当环境发生变化，不能再按原有的信念和行为习惯继续行动时，便自然会产生动摇和怀疑，于是，人们便进入试探和摸索的过渡阶段，以便消除怀疑，确定新的信念，进入到确立新信念的阶段。

为了使信念的确定建立在可靠的验证上，皮尔斯在分别比较了惯常确定信念的四种方法（即固执的方法、权威的方法、先验的方法和科学的方法）之后，提倡以"科学的方法"去确立信念。本节稍后部分将详细分析皮尔斯所提出的信念确定的四种方法，并论述他为何倡导"科学的方法"。

在皮尔斯看来，人的思想的基本功能，就是要获得确定的信念（Belief）。信念是在排除一切犹疑，获得了明确清晰的观念之后确定的，只有具备明确的观念，才能为行为提供可靠而坚定的根据。因此，信念是这样一种东西，它是人在主观上意识到的观念，它排除了一切犹疑和不满，为人的行为提供稳定的习惯。正如皮尔斯所说，信念具有三重特性："第一，它是某种为我们所意识到的东西（it is something that we are aware of）；第二，它平息怀疑的激发（it appeases the irritation of doubt）；而第三，它在我们的本性中引起一种行为规则（或简略地说，**一种习惯**）的建立（it involves the establishment in our nature of a rule of action，or，say for short，a **habit**）。"①

人的思想总是在怀疑中活跃起来的，而思想之活跃，其目的正是为了达到思想之平静。信念作为一种达致平静状态的思想活动，乃是思想之本质表现。所以，皮尔斯明确地说："行动中的思想的唯一可能的动机，便是达到思想之平静；而所有不与信念相关的东西，便不是思想本身的成分。"②

但是，怀疑、思想之活跃、信念的确立、思想之平静以及习惯的形成，这几个环节在皮尔斯那里并不是一次完成的，而是反复循环，构成一个无休止的重复，并达到一次又一次的行为目的，使人的信念也在此基础上不断地更新。皮尔斯指出："由于信念平息怀疑的激发，而这种怀疑又是思想的动机，所以，当信念达到时，思想便松弛，并在一个时刻内平静下来。但是，由于信念是一种行为规则（belief is a rule for action），它的贯彻又引起进一步的疑虑和进一步的思想，同时，信念又是一个中止点，所以，信念又是思想的一个新起点。"③

信念构成为思想活动的一个阶段，它是源自思想，又是促进未来的思想活动的关键因素。信念的本质就在于建立一种习惯，不同的信念是由它们所引起的行动的不同模式而有所区别的。思想信念的重要性,在于它为我们的行为提供一定的习惯。皮尔斯说:"思想的全部功能便是产生行动习惯(the whole function of thought is to produce of habits of action)。"④

什么是习惯? 习惯的意义在于引导我们如何去行为。因此,皮尔斯说:"究竟什么是习惯? 这决定于它在**什么时候**和**如何**引起我们行动(What the habit is depends on **when** and **how** it causes us to act)。" ⑤

至于皮尔斯所说"行动的习惯",他本人始终都没有给予明确的说明。如果照一般常识的理解,所谓习惯包含着无意识的、自动的行为的意思,也就是说,一般指的习惯都是未经思考的。

但是,通观皮尔斯的著作,他所说的"习惯"主要的不是指这个意思。皮尔斯认为,"习惯"主要是为了向我们的经验导入一种叫做"连续性的因素"(an element of continuity)。那么,什么是连续性呢? 皮尔斯说,"连续性是实在的一个不可缺少的因素",是"在关系的逻辑中形成起来的一般性(generality),因此,习惯也像一般性一样,或甚至比一般性更重要,是思想的一种事务(an affair of thought),因而是思想的本质。"

由此可见,在皮尔斯那里,思想的主要功能就是使行动成为"习惯",具有"连续性",而行动有了连续性以后,就具有了"一般性"。

由于思想的本质是"习惯化",所以,人们在思维中所遵循的逻辑并不是外在世界的客观规律的反映,而是在无意识中形成的"连续性因素"。皮尔斯谨慎地不用"因果性"和"规律性",而用"连续性"一词,表明他和大卫·休谟(David Hume,1711–1776)一样是否认客观规律的存在的,甚至连皮尔斯所用的"习惯"一词及其内容也和休谟的完全一样,比如休谟在《人类理解研究》(*An Enquiry Concerning Human*

Understanding, Essays and Treatises,1748)一书中说,我们经常看到天空中下的雪是"白的",感觉到它是"冰冷的",于是,我们就养成一种"习惯",一见到雪,马上就是想起它是"白的、冷的"东西。但是,休谟反问道:难道你能由此证明明天或以后下的雪肯定都是"白的、冷的"吗?"习惯"只能总结过去的经验,只能猜测未来的现象,但不能确证未来,不能确证未来的事物必将遵循某种特定的因果性。

显然,皮尔斯沿袭了休谟的这些观点,主张人的认识把握不了世界的规律性,而只能帮助人养成某种行动的习惯。换句话说,皮尔斯所以对习惯感兴趣,主要是因为它通过"连续性的因素"赋予行动以"一般性"。

但在皮尔斯那里,行为的习惯最为重要的意义,是在于提供实际行动的规则。所以,他所感兴趣的,毋宁是分析行动的习惯的具体内容和特征,以便弄清那些推动着不同类型的行为习惯的不同信念的形成特征。

皮尔斯将信念的形成方式分为四大类型:固执的方法、权威的方法、先验的方法和科学的方法。

他首先分析了固执的方法的片面性。他说:"这种可以被称为固执的确立信念的方法,不可能在实践中保持其基础,它是和人的社会感情相违背的。采用这一方法的人会发现,其他人的想法与他不同。"⑥皮尔斯分析了这种固执的方法的不可靠性,强调人的现实活动的社会性及其对固执方法的否定。在皮尔斯看来,任何个人都不可能绝对地自我孤立。因此,在同他人的交往中,势必会引起对主观信念的怀疑和动摇。在这里,显示出皮尔斯在重视个人信念对行为的指导意义的同时,也很重视个人所处的社会共同体的信念的重要意义。

其次,皮尔斯分析了权威的方法的基本特征。他说:"让国家意志取代个人的意志去行动,让我们创立一种机关,其目的应在于使人民专注意于正确的学说。"⑦皮尔斯认为,不论就精神方面或道德方面,权威的方法都较固执的方法有效。但是,一旦权威本身丧失了权力,或者,一旦社会共同体不再接受权威授予的意见,这种权威的方法就会失效,更何况,这种权威的方法和现代的民主社会的原则是格格不入的。

第三,所谓先验的方法,是基于理性而获致符合理性的信念的一种方法,它符合哲学的抽象精神,但由于它仍然单靠主观的理性能力来判断,所以,它免不了带有片面性。

最后,皮尔斯诉诸科学的方法,皮尔斯把科学的方法比作获致真理的方法,并指出:科学方法的优越性,在于应用逻辑科学,通过假设的提出和各种推理手段,可以避免固执方法的自以为是、权威方法的专横以及先验方法的主观性。皮尔斯认为,"科学方法反复重申的基本假设,是真实事物的存在及其不依赖于我们的意见而独立存在的自身特性。这些实在依赖于通常的规律而作用于我们的感官,而我们的感觉的差别是由于我们与对象关系的差别所造成的。利用知觉的规律,我们能够通过推理而肯定事物是如何真实存在的。而且,任何人,如果有关于它的充分经验并加以推论,就可以达致一个真理性的结论。"⑧

第二节　关于符号的理论

一谈到近代的符号理论,人们就很自然地将它的产生和发展归功于瑞士语言学家索绪尔(Ferdinand de Saussure, 1857 - 1913),但实际上,几乎在与索绪尔同一时代或更早一些时候,皮尔斯就已经从哲学、自然科学方法论、逻辑学(包括形式逻辑和符号逻辑)和语言学更为广阔和更为普通的角度,研究了符号的问题,提出了他的独具特色的符号理论。

　　早在 1873 年初春,皮尔斯就写出《论符号的性质》(*On the Nature of Signs*)⑨一文,简单扼要地概述符号的性质及其重要性。在这篇文章中,皮尔斯**首先**揭示了符号作为**一种事物**,不管它是否成为符号,其本身究竟固有着什么样的性质。在皮尔斯看来,任何事物,总是具有隶属于它自身的特殊性质,作为一种事物的符号也不例外。例如,一个印刷出来的字,是黑颜色的,由一定数量的字母构成,而且,这些字母都有特定的形状。皮尔斯把符号所具有的这些性质,称为"实质上的性质"(material quality)。这些性质,是作为事物的"印刷字"所固有的属性,不管人们是否把它当作符号来看待。

　　其次,任何一个符号,既然是用来"意指"某个事物,它就必须和这个被意指的事物具有某种实际联系(a sign must have some real connection with the thing it signifies),因为只有这样,当被意指的事物出现的时候,相应的符号才能以特定的含义同它保持一定的关系。也只有这样,即使当被意指的事物没有出现的时候,一定的符号也可以表示它所应该意指的那个事物。例如,一个风标之所以能成为风向的符号,就是因为风标的方向和风向具有特定的关系。如果风一吹,风标乱转,不再能辨识风向,它就不再成为风向的符号了。在符号与它所意指的事物之间的联系中,还存在一种非直接的或间接的联系。例如,一幅人像画可以看作是被画的那个人的符号。这不仅因为那幅人像画与被画的人相似,而且,还因为画家正是依据那实际的被画者的人像,才画出那幅人像画的。实际上,光是依据相似性还不足以表示那幅画有资格被称为被画者的符号。一幅人像画要成为某个人的符号,更重要的,还必须"依据"某个人的形象去画出来,并且,在被画出来之后,这幅人像画确实能"表现"那被画的人。例如,当明朝的著名人像画家如实地画出一幅朱元璋的人像画时,朱元璋并不承认那幅人像画是他本人的"符号",因为朱元璋认为那幅画并不能"表现"他。于是,明朝的画家为了免于被杀,只好将朱元璋画得更美些,有意地掩饰朱元璋的丑陋部分,这时,朱元璋才满意地认为他的人像"代表"或"表现"了他自身,可以成为他这位皇帝的一个符号。符号和它所代表的事物之间的这种联系,就是皮尔斯所说的"间接的联系"(an indirect connection)。

第三,任何符号必须被看作是符号才成其为符号。皮尔斯的原话是这样说的:It is necessary for a sign to be a sign that it should be regarded as a sign for it is only a sign to that mind which so consider and if it is not a sign to any mind it is not a sign at all. [10]皮尔斯的这段话非常重要,所以才整句地引述在此。这就意味着,任何符号之所以成为符号,不仅是因为它们作为事物原本有其自身固有的实质性质,也不仅是因为它们与其所意指的事物之间有某种直接的和间接的关系,能够"代表"或"表现"某种特定的事物,而且,更重要的,是因为它们本身**就被人们当作符号来看待**。在这个意义上说,"符号"作为符号,主要地不是因为它们本身是属于某种事物,也不是因为它们和某种被意指的事物具有某种特定的联系,而是主要地因为它们被人的思想当成一种符号的结果。正是人的象征性思维能力,才需要有各种符号,才把某些事物当成另一些事物的符号,赋予它们以"指谓的用途"(demonstrative application),借此使人的思想得以由一种事物推论到另一种事物。

由此可知,人的思想观念本身,在皮尔斯看来,就是一种符号。任何思想观念都是用来意指和代表某个事物的。皮尔斯说:"任何一个观念本身就是一个符号,因为任何一个观念都是一个事物,而且,它表现着某个事物(an idea is itself a sign, for an idea is an object and it represents an object)。" [11]

　　观念,作为符号,如同一切符号一样,首先也具有其自身作为事物所固有的"实质上的性质",这就是观念作为观念的那些性质——它是属于思想范围内的事物;其次,观念和其他任何符号一样,和它所意指的事物具有因果性的联系,如果没有这种联系,我们的观念便空洞无意义。显然,在皮尔斯的最初的符号理论中,从一开始便将符号和观念及其意义联系在一起加以全面地考察。

　　人生活在由自己赋予"意义"的符号所建构的世界中。皮尔斯认为,符号是自然界中本质关系的标志。在这个关系中,包含着三个因素:① 现象;② 对象;③ 思想或个人。

　　在这三个因素中,现象是符号负载者(sign-vehicle);对象是符号所标示的物;而"思想"是符号的内容,符号是表达思想或表达个人的。因为在皮尔斯看来,所谓"思想"都是个人的思想,所以,"思想"在本质上就是"个体"性的,换句话说,由于个人的本质体现在行动中,所以,"思想"就表现在个人的行动中。

　　在皮尔斯看来,符号是"被某人当作某种事物的某些方面的某种事物(something which stands to somebody for something in some respects)。"⑫因此,在这里,关系到与符号相关的两个 something,即两个"某种事物":第一个"某种事物甲"和第二个"某种事物乙",前者是**符号**,它**代表**或**被当作**(皮尔斯为此又称"符号" sign 为 representamen)某种事物的某些方面,后者是"被指的对象",是被代表或被指的对象本身。

　　符号是**由某人(甲)向**另一个某人(乙)发出的信号,借此信号在另一个某人(乙)的意识中,显现出某人(甲),作为符号的发明者,所指的那个事物的某些方面。所以,皮尔斯在上述所引的原话之后,紧接着说:"它(信号)发向某人,也就是说,在那个人的思想中建构起一个同等的信号，或者，也有可能，一个更加发展的信号。"⑬在这句话中，皮尔斯告诉我们，信号是在人之间传达和沟通的，它的接受者，可以由此符号而在其心目中"建构起"（it creates）一个"同等的信号，或者，也有可能，一个更加发展的信号"（an equivalent sign or perhaps a more developed sign）。这就表明，"符号"，作为一种"被当作某种事物的某些方面的某种事物"，在其创作者或发出者和其接受者的心目中，就其"被当作某种事物的某些方面的某种事物"而言，会出现某种差异。符号的发出者某人甲，其心目中将此符号当作是某种事物的某些方面（stands for something in some respects），但在将它传递给接受者某人乙之后，同一符号在某人乙心目中所指的"某种事物的某些方面"，已经不是某人甲心目中的那些东西。皮尔斯在此强调了符号在传递和沟通过程中的可能变形及其变化趋向，是非常重要的，这意味着：第一，符号作为"某种事物的某些方面"的指号，首先在其创立者那里，从其使用的最早时刻起，便具有特定的含义，而这个含义是和符号创立者发明这个符号及其使用意图，有密切关系的；第二，由此可以说，一定的符号既然有特定的创造环境和使用意图，它便不是绝对完满和"一次穷尽"其所指的含义——特定的含义是与特定的环境、条件及使用目的有关的；第三，符号在其接受者的心目中，由于① 接受者本身的环境、条件的限制和② 接受者本身的意愿和意图以及③ 接受者和发出者的特殊关系的限定，产生出新的形象，一种在某种意义上也可以被称为"符号"的东西——第二性的符号。皮尔斯把这种在接受者心目中产生的第二性符号，称为发出者的"第一性符号的诠释者"。皮尔斯说："由它（第一符号）创建的那个符号（在接受者心目中产生的第二性符号），我称之为第一性符号的诠释者（the **interpretant** of the first sign）。"⑭

符号所起的指示功能，并不是在一次指示行为中便可以穷尽其指示内涵,也就是说,符号的"能指"和"所指"功能,并非在每一次指示行为中便完全地和全面地实现。既然符号的指示功能关系到"符号"、"被指的对象"和"所指"三个关系,又既然这个关系又进一步同沟通者所组成的那个沟通网相关联,所以,每次指示功能,只能完成其相应的有限部分。皮尔斯为此说:"符号代表某种事物,它的**对象**(stands for something,its **object**)。它代表着那些,并非在一切方面,而只指涉某一类观念——我有时称之为符号表象的**基础**(It stands for that,not in all respects,but in reference to a sort of idea,which I have sometimes called the **ground** of the representamen)。"⑮

显然,皮尔斯所说的"符号",就其"被当作某种事物的某些方面"而言,主要是意味着:符号的特定意义,取决于其**基础**含义,即每个特定环境中的主要意指内容。

在皮尔斯那里,"符号"(sign)有时又与"符号表象"(representamen)通用。但从以上的分析可以看出,"符号表象"更多地和符号在其接受者心目中所建构出的新符号相关联。一般地说,"符号"比"符号表象"更普遍和更泛指"以任何方式运载着某个对象的任何一种界定概念的任何一种事物(anything which conveys any definite notion of an object in any way)"⑯。

更确切地说,由于符号和其所指物,即其对象存在着某种类似"主客体"关系的特殊关系,所以,在这个意义上,符号可以起着一种相对于其对象而言类似于"主体"地位的那种角色。符号和其指示对象之间的这种类似于"主客体关系"的地位和角色,在符号被传向符号接受者之后所形成的"符号"、"被指的对象"及"符号诠释者"之间的"三角关系网"之中,尤其突出地显示出来。皮尔斯曾说:"**符号表象**,对被称为其**诠释者**的第三者而言,相对于被称为其**对象**的第二者,是在一个三角关系中的某种主体（a **representamen** is a subject of a triadic relation to a second，called its **object，for** a third，called its **interpretant**）。"⑰

这样一来，"能指"、"被指的对象"和"所指"三者在各个具体的指示动作和实现沟通信息的过程中，构成为一种特殊的"三角关系"（a triadic relation），皮尔斯将这种"三角关系"称为"三个构成因素或相关物之间的关系"（a relation between three correlates）。这三角关系，作为符号指示过程的基本行为模式，作为某个主体向另一主体传达信息的基本沟通网，又作为某个主体为实施其某种特定意图、完成其某个特定目标，而向另一主体发出的信号连接网，**是一个最基本的统一体，是不可再化约的原子单位**。皮尔斯称之为"自成一类"或"自成一体"的独特关系网（a relation sui generis），不可再化约为三元的关系。

在这种不可再化约的三角关系中，符号作为"能指"，如前所述，是"某种主体"，是最重要的和首要的"相关物"和"相关者"（correlate）。正是"能指"的出现，才决定了"对象"（作为被指物）和"所指"的命运。所以，"对象"只有当它作为"能指"的相关物而出现的时候，才在这个三角关系中扮演一个特定的角色而存在，"所指"也只有同前两个因素（即"能指"和"对象"）相关联，才以"所指"的角色出现在这个三角关系中。

由此可见，在符号关系网的范围内，第一个相关物就是"能指"；第二个相关物是"对象"，即被指的那个事物；第三个相关物是"所指"。"能指"和"对象"是通过某个**主体**作中介而密切地相互关联着，而这位"主体"之中介作用，就在于赋予符号以其特有的**意义**，也就是说，这位主体的中介作用，充分地体现在主体的诠释者角色——**是主体对其使用的符号的意义作出解释**。

在皮尔斯的符号理论中，符号功能的运作及其效用，主要立足于符号本身和其指向的对象的相互关系之上。由此出发，皮尔斯将符号的基本类型分为三种：**第一种**是"图表式记号"；**第二种**是"索引式符号"；**第三种**是"象征"。

所谓图表式记号，指的是单纯地依据对象本身的固有特性而形象地模拟出来的那类符号。皮尔斯用 icône 来表示这种符号，因为 icône 这个词源自希腊字 eikona，专指拜占庭帝国时期的东正教圣像和人像，其多数是供崇拜的木雕人像。希腊文 eikona 的词根 eikôn，原意为图像，相当于英语中的 image。所以，皮尔斯借用这个字表示图表式记号具有形象模拟显示对象的性质的功能。例如，工程师设计出来的房屋建筑平面图，就属于图表式记号这一类，因为通过平面图这个图表式记号，任何人都可以理解它所指的对象的类似的基本结构。

皮尔斯所说的索引式符号，指的是由其所指的对象本身所引起的各种征兆，这些由相关的对象所产生的各种征兆，其本身就是一种特种的信号，它标示着某一个特定的被指对象的出现及其存在。例如，某一位病人的脉搏加快，就是一种"指标"或"征兆"，它表示着某个病人的疾病的出现。又如，某个烟囱冒出的烟，也是属于一种"索引"式的信号，表示烟囱下的炉灶正燃着火。皮尔斯用的"索引"，原文 indices，源自拉丁文 indicium，本意就是征兆或索引。

皮尔斯所说的"象征"（symbols）是指被使用者理解成某种意义的那些符号。例如，"红色"就是一种象征性符号，其意义不决定于某种类似物的存在（如被称为第一类符号的"图表式记号"那样），也不决定于某种物体的存在（如被称为第二类符号的"指标"那样），而是决定于某种惯例形成的特种关系。所以，对于"象征"的诠释，必须依据先存的有关规则或规定。

显然，上述三类符号的区别，只是表示它们之间**相对的**不同等级关系。因此，这三类符号并非相互绝对地排斥。在决定一种符号的基本类型的时候，主要看哪种类型的符号起决定性的作用。例如，前面所举的例子，"红色"可以是象征性符号，也可以是索引式符号，也可以是图表式记号，将"红色"列为何种类型的符号，主要决定于其占主导地位的意义。如一位革命者的血染红了他的上衣，当一位护士在战地医院的病床上看到了染红了的上衣的时候，作为一位护士，她首先把它当成图表式记号和征兆，因为它的出现，意味着躺在床上的人**受伤而流血**，但作为一位拥护革命事业的人而言，这位护士也可把红色当成**革命**的象征。

值得注意的是，皮尔斯认为，"词"和语言就是这种符号。他认为，各个人对"词"或符号的说明和解释，都是从个人的感受或想象出发的，所以，每个人所作的"解释"的"意义"，也只有说明者个人才能彻底弄通。因此，皮尔斯得出结论说，"个人所使用的词或符号就是他自身。"人的本质，从里到外，都是符号性的（symbolic）。也就是说，人通过符号表达自己行动的动机和效果，表达自己的思想及其推演过程。同时，正如上节所指出的，皮尔斯又强调人的个体性离不开社会性，所以，皮尔斯也同样强调符号在人的社会共同体生活中的意义。皮尔斯指出："在这里，有两种很重要的事情，是保障我们每个人自身、并值得牢记的。第一件事是，每个人都不是绝对的一个个体（a person is not absolutely an individual），他的思想就是'他向他自身所说的那些'（his thoughts are what he is saying to himself），但也就是说，就是他向'其他自身'（other self）所说的那些——这些人是刚好在时间的流程中进入到他的生活圈之中的。当某个人进行推理时，对每个自身来说都是很棘手的，因为它意味着这个人正试图去说服人，而所有的不管是什么样的思想，都是一个符号，而且在大多数的情况下是体现语言的本质的符号(all thought Whatsoever is sign, and is mostly of the nature of language)。必须牢记的第二件事是，人的社会圈(the man's circle of society)，不管这句话是广义的或狭义的理解，都是一种紧密缩小的个人，是在某些方面属于较高于作为个人有机体的个人系列。"⑬

由此可见，皮尔斯的符号理论中包含着极其复杂的内容，它是和皮尔斯的行为理论(Theory of Action)和意义理论(Theory of Meaning)有密切联系的。本书以后各章节，将针对皮尔斯的行为理论及意义理论作更详尽的论述。在这里，只需重点地指明：符号的意义、符号关系网中各相关元素间的相互关系及其实施过程，是取决于符号使用者、各个行为主体及符号诠释之主体在特定行为中、依据其特定意向赋予符号的意义的。

正是在皮尔斯的符号理论中，深刻地论述到语用论的基本概念及其原理，对后世的语用论的发展，发生了直接的和深远的影响。也正是在皮尔斯的符号理论的基础上，莫里斯在他的重要论著《符号理论的基础》(*Foundations of the Theory of Signs*，1938)进一步发展了**符号论**(Semiotics)，并将符号论分为**语形学**(Syntactics)、**语义学**(Semantics)和**语用学**(Pragmatics)三大组成部分(参看本书第三编)。

皮尔斯的符号理论不仅奠定了语用论的基础，也在现代符号逻辑(The Symbolic Logic)和数理逻辑(The Mathematical Logic)的发展史上写下了光辉的一页。许多人承认，皮尔斯在符号逻辑和数理逻辑及符号论方面的贡献，使他在许多方面享有同罗素(Bertrand Russell，1872 - 1970)、弗雷格(Gottlob Frege，1858 - 1932)、布尔(George Boole，1815 - 1864)、皮亚诺(Giuseppe Peano，1858 - 1932)以及希尔伯特(David Hilbert，1862 - 1943)等人同样的声誉。

为了更深入地探讨皮尔斯的语用论的原理,本书将在第三编更详尽地在语用论的意义上论述和分析皮尔斯的符号理论。

符号和象征的问题,涉及相关其他非常复杂而又非常深刻的问题,它不只是与人的思想和行为的模式有关,而且还直接关系到人类文化及人类本身的许多本质性问题。因此,从 19 世纪末以来,学术界试图从人类学、社会学、哲学、语言学、宗教学、现象学、诠释学及心理学等各个学科的角度,分别地和综合地对符号和象征问题进行研究,先后出现过弗洛伊德(Sigmund Freud, 1856 – 1939,从精神分析学的角度)、列维-斯特劳斯(Claude Lévi – Strauss, 1908 – 2009,从文化和社会人类学的角度)、巴特(Roland Barthes, 1915 – 1980,从文学评论的角度)、卡西尔(Ernst Cassirer, 1874 – 1945,从哲学和文化的角度)、舒茨(Alfred Schutz, 1899 – 1959,从现象学的社会学的角度)、伽达默尔(从哲学的本体论诠释学的角度)利科(从文化的反思诠释学的角度),以及皮尔斯、莫里斯等人(从语用论的角度)对符号和象征进行深入的研究,而且,在现代文学和艺术领域中,从象征主义、超现实主义、立体主义到后现代主义的整个既相连续、又相区别的长达一个多世纪的历史进程中,也始终都围绕着"符号"和"象征"的问题,进行一次又一次的争论和创思。可以说,"符号"和"象征"的问题,成了 20 世纪人类文化和思想所赖于发展和不断旋转的探讨轴心,成了社会科学和人文科学以及自然科学中许多新兴部门的重要研究对象。本书只是先从皮尔斯的符号理论的探讨起头,沿着实用主义和语用论的发展轨迹,逐步分析符号和象征的论题,并尽可能地在与之相关的广阔领域中,在同分析哲学、符号逻辑、数理逻辑、语言学、符号论、文学艺术中的象征主义、诠释学、社会学中的符号论和象征论相交叉的关系中,去探索符号和象征的理论发展的问题。

注释

① 皮尔斯:《怎样使我们的观念清晰?》,收在巴雷特(W. Barrett)与艾肯(H. D. Aiken)合编:《二十世纪哲学》(*Philosophy in the Twentieth Century*,New York,1962),第 1 卷,第 111 页。

② 同①。

③ 同①。

④ 同①,第 112 页。

⑤ 同④。

⑥ 科维茨和肯尼迪合编:《美国的实用主义者》,世界出版公司,第 91 页。

⑦ 同⑥。

⑧ 同⑥,第 95 页。

⑨ in *Writings of Charles Sanders Peirce*,Vol. 3, Indiana University Press Bloomington,1986,pp. 66–68.

⑩ *Ibid.*,p. 67.

⑪ *Ibid.*,p. 68.

⑫《皮尔斯论文集》,第 2 卷,第 228 页。

⑬ 同⑫。

⑭ 同⑫。

⑮ 同⑫。

⑯《皮尔斯论文集》,第 1 卷,第 540 页。

⑰ 同⑯,第 541 页。

⑱ 皮尔斯:"什么是实用主义?"(What Pragmatism Is?),收在巴雷特与艾肯合编:《二十世纪哲学》,第 1 卷,第 143 页。

第 2 章

皮尔斯语用论的逻辑基础

　　皮尔斯的符号理论并不单单地局限于语言学和语言哲学的范围内,而且,它从一开始便同符号逻辑和数理逻辑的创立相关联,为今后从符号逻辑和数理逻辑的角度研究语言符号的应用问题奠定了基础。

　　皮尔斯的语用论,作为符号逻辑在语言应用方面的进一步具体发展,从一开始就紧密地和他在数学上的代数结构研究、在形式逻辑和符号逻辑上的"关系逻辑"(The Logic of Relatives)以及在语言学上的符号使用的研究不可分割地联结在一 起。因此,深入地理解皮尔斯在关系逻辑方面的研究成果,是把握他的语用论的一个重要因素。

　　皮尔斯所处的时代,正是西方逻辑史、数学史、语言学史及心理学史上的一个重要的转折时期。从 19 世纪 50 年代起,自然科学的发展,特别是经验科学的发展,使逻辑、语言和心理研究在方法论上面临着自然科学方法论和经验论的严重挑战。皮尔斯的父亲本杰明·皮尔斯本是著名的数学家和天文学家,他对皮尔斯在数学和逻辑方面产生了深刻的影响。本杰明·皮尔斯在其天才的数学著作中,首先证明了不存在具有少于四个素数的完全奇数。父亲的数学修养,使皮尔斯在线性代数研究和逻辑代数研究方面,同样作出了重要贡献。

在逻辑方面,对皮尔斯产生重大影响的,首先是英国的逻辑学家德摩根(Augustus De Morgan,1806－1871)和布尔。皮尔斯在其著作中,高度评价德摩根的贡献。皮尔斯指出:"德摩根无疑是关系逻辑之父。"① 当然,正如美国语言学家和符号逻辑学家约根森(J. Jϕrgensen,1894－1969)所指出的:"由于德摩根深受传统逻辑的束缚,妨碍他去研究关系逻辑的更广阔的领域,而关系逻辑正是从那个时候起,逐步发展成形式逻辑一支独立的和重要的部门。"②

德摩根在 19 世纪上半叶逻辑、数学和符号学的研究成果的基础上,首先提出他的独创性的三段论,创立和发展了关系逻辑。

"关系"(Relation;Beziehung)这个范畴早在亚里士多德(Aristotle,384－322 B. C.)的古典形式逻辑中便占有重要的地位,亚里士多德用 $\pi\rho\acute{o}\varsigma\tau\iota$(pros ti)表示最广泛意义的"关系",指的是在明确而特定的理智行为中被思索的两个或更多的事物之间相关联的那些性质,例如"同一性"、"并存性"、"承续性"、"相应性"、"因果性"及"亲缘性"等。亚里士多德还把"关系"列为他的十大范畴之一。

亚里士多德在他的《范畴篇》(Categories)中说:"凡是参照别的事物而被说明的那些事物,或者被说成是别的事物,或者被相关于其他事物,所有这些事物就被称为关系(Those things are called relative,which,being either said to be of something else or related to something else,are explained by reference to that other thing)。"

如"较大的"就是与别的事物比较而被说成是较大的,因为当我们说某物较大时,就是指它比别的事物大。我们说某物是"两倍"的,乃是说它是其他某物的两倍。其他同类的事物也是一样。此外,还存在着一些属于关系的事物,如习性、状况、感觉、知识、姿态等,因为所有这些都是通过别的事物来加以说明，而不可能用任何其他方法来说明，一种状况需用另一种状况来说明，一种知识需用另一种知识来解释，一位置需用另一位置来述说，其他属于关系的事物也都是如此。通过别的事物来说明自身的、或者与别的事物相关，都属于关系。因此，凡是其性质要通过参照其他事物来说明的那些项，以诸如"……的"或其他介词去指示关系的，都被称为关系（Those terms，then，are called relative，the nature of which is explained by reference to something else，the preposition of or some other preposition being used to indicate the relation）。③

在传统逻辑中，当命题中的谓项（the Predicate；le prédicat）不是以主项（主语 the Subject；le sujet）的方式被思考的时候，命题中的那个使各项统一起来的联结要素便是"关系"，而那些判定对象与对象之间、事物与事物之间的判断或命题，便是关系判断（Relational Judgment）。例如"某甲或某乙生活在同一时期内"、"台中在台北和台南之间"等。亚里士多德曾说："所有的关系都有和它们相互关联的东西，如'奴隶'乃是'主人'的奴隶，'主人'乃是奴隶的'主人'；'两倍'是指'一半'的两倍，'一半'是指两倍的一半；'大'是指比某一较小的事物'大'，'小'是指比某一较大的事物'小'。所有的关系都是这样。"④

这类关系判断是由"关系"（一般也可称为谓项）、"关系项"（一般也可称为主项）和"量项"三部分组成。"关系"就是表示各个相关对象借以联结起来的某种情况的概念。在逻辑中，"关系"通常用 R（英语 relation 的第一个字母的大写）来表示。"关系项"（Relational Term）是表示某种关系的承担者的概念。所以，关系项可以是两个（例如在上述第一个例句中的"某甲"和"某乙"），也可以是三个（例如在上述第二个例句中的"台北"、"台中"和"台南"）。具有两个关系项的关系被称为

"二项关系"（Two-Termed Relation），具有三个关系项的关系被称为"三项关系"（Three-Termed Relation），具有 N 个关系项的关系则统称为 N - Termed Relatoin。各个关系项，依据其居于判断中的先后位置，分别被称为"**第一**关系项"、"**第二**关系项"、"**第三**关系项"及"**第** N **关系项**"等。在逻辑中，通常将关系项用英文小写字母 $a, b, c, \cdots$ 来表示。"量项"是表示关系项数量的概念。在各个关系判断中，每一个关系项都可以有量项。量项有"全称量项"（如"所有"、"一切"等等）和"特称量项"（"有"、"有的"等等）之分。在逻辑中，按关系判断的组成，一般将关系判断写成如下基本形式：

（1）aRb（肯定式）

或（2）$a\overline{R}b$（否定式）。

当议论或思维的各元素之间在"可推论性"或"可理解性"的意义上，构成合理性的关系时，传统逻辑便称之为"逻辑关系"（Logical Relation）。许多哲学家往往把逻辑关系和实在、思维或议论中的因果关系相对比。如果一个陈述命题的真假，要求另一个命题的真假，那么，它们就在可推论性的意义上具有逻辑关系。

比较重要的逻辑关系，包括蕴涵、等值以及如对当方阵所表明的反对、矛盾、下反对和下蕴涵。与这种可推论性条件相比，哲学家往往更加关心思维和议论中诸元素间的那种保障可理解性的关系。这类逻辑关系常被认为存在于概念之间，与整个命题相对立。还有一种更加普遍的逻辑关系，则成为逻辑学家特殊专注的任何关系，它们更加含糊，诸如：名词和其对象、函项和其主目（如一个方程式和其 x、y、a 和 b），或元语言和其对象语言的关系等。

在康德（Immanuel Kant，1724 - 1804）的逻辑中，"关系"（Beziehung）被列为四大范畴之一，其中包括实体同偶性的关系、原因同结果的关系及相互性行为的关系——与此三大关系相对应的,则是定言判断、假言判断及选言判断。

　　近代数学的发展,导致代数结构的产生。关系结构便是代数结构的一种推广,它是由一个集合和一组关系共同组成的。例如,域的概念不能被实现成为一个代数结构,因为求逆运算不是定义在域的整个基底集合上。域这种代数系统包含加、减、乘、除(但除数不应为零)四种运算,并且具有它们的全部通常的性质。更确切地说,域是**交换除环**。一个环 R 是具有两个二元运算(加法和乘法)的元素的集合,对于加法它是一个交换群,而它的乘法则满足结合律,并且乘法对于加法满足两个分配律：$x(y+z) = xy + xz$；$(y+z)x = yx + zx$,因此,对于 R 里的所有的 x、y、z 都是成立的。如果环 R 含有一个元素 e 使得 $ex = xe = x$,对于每个 x 都成立,则 R 称为**单式环**,e(必定是唯一的)称为 R 的单位元素并且通常记作 1。如果环 R 的乘法是交换的(即 $xy = yx$ 对于 R 的一切 x 和 y 都成立),则称 R 为交换环。环 R 若有 $a \neq 0$,$b \neq 0$ 使得 $ab = 0$,则称 a, b 是 R 的零因子。无零因子的交换单式环称为整环。对于单式环 R 里的一个元素 x,若存有 R 的一个元素 x' 而使得 $xx' = x'x = 1$,则称 x 是可逆元素,而满足上式的 x'(必定是唯一的),称为 x 的逆,记为 x^{-1}。环中的非零元素不一定都可逆,因此环的可除性问题是很重要的。如果单式环 R 的每一个非零元素都可逆,则称为"除环"。除环是最简单的非交换环,它的可除性理论是平凡的。非交换环的第一个例子来自初等几何,研究普通的三维空间的旋转,使爱尔兰数学家哈密顿(Sir William Rowan Hamilton,1805 - 1865)在 1843 年发现了四元数环。同时,在研究线空间的基础上,德国数学家格拉斯曼(Hermann Günther Grassmann,1809 - 1877)引进了现在的所谓"外代数"。此后,英国数学家凯莱(Arthur Cayler,1821 - 1895)在 1850 年左右为了描述线性变换而引进矩阵(Matrix)。正是在此基础上,皮尔斯父子才在 1870 年指出了矩阵形成一个环的事实。

所以,域作为交换除环是很容易实现成为一个关系结构,在其中,逆被作为一个关系给出。因为任何一个 n 元运算都是一个 $n+1$ 元关系,因此任一代数结构都是一个关系结构。

德摩根的一个重要贡献,便在于创立一种符号体系,通过这种符号体系,可以表达一个关系的矛盾和逆、一个关系的传递性以及两个关系的相对积等概念。

德摩根是伦敦大学大学院的数学教授,为了使数学置于更严密的基础上,他早在 1830 年的著作《算术原理》(*The Elements of Arithmetic*)中,便已试图从哲学上对数和量的概念给予简单而透彻的说明。在他看来,代数是具有纯符号性质的,因此,不同于普通代数的"代数结构"是完全有可能存在的。他在 1849 年发表的《三角学与双重代数》(*Trigonometry and Double Alegebra*)一书中,给复数以几何学的解释,从而提出了四元数的概念。他以数学符号体系的简明性,试图改造亚里士多德以来的传统逻辑,提出了著名的两个对偶关联的定理。一切陈述和公式,都可借此定理转换成更为方便的、替代性的形式。

德摩根的两个对偶关联定理是:

(1) 一个析取的否定(或矛盾)等于两个析取支的否定的合取,即非(p 或 q)等于非 p 与非 q;或者,用符号来表示,则为:

$$\sim (p \vee q) \equiv \sim p \cdot \sim q$$

(2) 一个合取的否定等于原合取支的否定的析取,即非(p 与 q)等于非 p 或非 q;或者,用符号表示,则为:

$$\sim (p \cdot q) \equiv \sim p \vee \sim q$$

　　德摩根在关系逻辑方面的贡献,同布尔的逻辑代数一起,对皮尔斯
的符号逻辑理论发生重要的影响。

　　布尔的逻辑代数首先继承了莱布尼兹(Gottfried Wilhelm Leibniz,
1646－1716)的研究成果。莱布尼兹曾经设想创立一种非算术解释
的代数运算。布尔在 1847 年出版的《逻辑学的数学分析》(*The
Mathematical Analysis of Logic*)一书中,令人信服地论证了逻辑学与
数学的密切关系。在他看来,逻辑学是属于数学学科的,而不是哲学学
科。他指出:古典的三段论法推导的结论能够通过纯粹代数的方法达
到。他认为,代数符号与能够表示逻辑形式和演算推理的那些运算是
很类似的。因此,量的符号是能够从那些运算中分离出来的。布尔在
1854 年发表《对于奠定逻辑和概率的数学理论基础的思维规律的研
究》中,用符号 x、y、z 等表示简单的名称或性质,用 $1-x$、$1-y$、$1-z$
等表示它们的否定。对由共同的名称或性质所定义的事物类,可以像
乘法那样用联结相应的符号来表示。对由彼此不同的部分组成的事物
的汇集,则用符号"＋"去连接它们的表达式。例如,如果 x 表示一类硬
的东西,y 表示一类有弹性的东西,z 表示金属,那么:

　　$(1-y)z$　　表示"非弹性的金属";

　　xyz　　表示"硬的弹性金属";

　　$z-(1-x)(1-y)z$　　表示"除了既不硬、又非弹性的金属以外的
　　　　　　　　　　　　　　其他金属"。

接着,通过引进一个"不定符号"v,命题就可以表示成等式。例如:
用 x 表示"终有一死的生物",

　　y 表示"人",

　　v 表示一个不定的类,

如果已知 v 类中的某些成员是"终有一死的生物",

则 $y = vx$ 就表示："所有的人都是终有一死"。

又如：$y = v(1-x)$ 表示："没有任何 y 是 x"。

$v(1-y) = vx$ 表示："某些不是 y 的东西是 x"。

因此，在布尔看来，一切三段论古典法则，只要是正确的，都可以用上述代数符号的形式推导。

布尔所创立的上述逻辑代数论证了：一切真演算的概念依赖于按照某些一般的、完全正确的组合规律去应用符号。这些演算可在名词表达式逻辑中作类的解释，也能在命题逻辑中加以解释。

布尔的逻辑代数和德摩根的关系逻辑，使皮尔斯有可能更全面地考虑改造符号逻辑的关键性问题。

皮尔斯首先密切地注视德国数学家和逻辑学家施罗德（Ernst Schröder，1841－1902）对布尔的批评和改进。

施罗德结合德摩根关于类之间的关系（The relations between classes）的研究成果，进一步补充了布尔的三段论法理论。

在逻辑史上，如前所述，亚里士多德早在《范畴篇》中就已提出关系判断和关系推理（Relational Inference）的问题。只要在前提中包含关系判断，就可以按对象间的关系的逻辑性质进行演绎推理。这类关系推理，作为一种演绎推理，其结论也是从前提中必然推出的。在科学史上，这种关系推理曾对科学发现起过十分重要的作用。例如 17 世纪意大利科学家伽利略（Galileo Galilei，1564－1642）在解释波兰天文学家哥白尼（Nikolaj kopernik，1473－1543）的"太阳中心说"时，曾运用关系类比（Relational Analogy）。伽利略比较了木星的卫星系和太阳系一些类似关系：① 都是一个巨大的星体同一些小得多的星体体系联结在一起。② 所有的小成员都几乎是在一个平面上旋转。在木星系中，有一个最大的星体位于星系的中心，因此，在太阳系中也有一个体积最大的星体位于行星系运转的中心。这样，他就运用关系类比推理向人们科学地说明了哥白尼的太阳中心说。

尽管关系推理具有重要意义，但在传统逻辑中，关系判断和关系推理一直没有得到重视。皮尔斯在这方面的贡献，正是在系统地总结历史上对于关系推理的研究成果的基础上，在对照德摩根、布尔和施罗德的研究成果的过程中提出来的。由于德摩根和布尔都注重于数学的推理方面，那么，施罗德就把数学和逻辑两方面更深刻地交接在一起，全面地论述了关系推理的理论。

传统逻辑往往把关系判断"还原"或"归化"为"直言判断"或"定言判断"（Categorical Judgment），即转变成具有主、谓项结构的性质判断（Judgment of Nature）；同时，这样一来，也把关系推理"还原"成由直言判断构成其前提和结论的直言推理，即所谓"三段论"（Syllogism）。

正是施罗德，在其著作《逻辑代数讲义》（*Vorlesungen，über die Algebra der Logik*，3 Vols.，1890 - 1905）中，第一次全面地研究了关系推理。施罗德发展了德摩根和布尔的逻辑代数，完整地叙述"类演算"和"命题演算"，并总结了其系统的形式和公式。关系推理的形式很多，符号逻辑对此作了十分深入的研究，在普通逻辑中，主要是分析了常见的关系推理。

施罗德在早期著作《逻辑演算的操作循环》（*Der Operationskreis des Logikkalküls*，1877）的研究成果基础上，区分了逻辑运算的三种有密切相互关联的种类：第一种是所谓"类运算"（Kalkül der Klassen）；第二种是"命题运算"（Kalkül der Sätze）；第三种是"关系运算"（Kalkül der Beziehungen）。在施罗德看来，后两种运算都从属于第一种运算。正如美国数学家和逻辑学家刘易斯公正地指出："施罗德的成果，表明布尔的代数的进一步完善化以及通过这一程序的逻辑代数的完成。"⑤

施罗德的研究,集中地表现在他的《逻辑代数讲义》三卷本之中。

在近代布尔代数中,符号"+"在集合论上表示"类"的"并",在逻辑学上则表示"命题的析取"(即"包含'或'")。例如,$A+B$ 表示"或 A 或 B 或二者"。这是同布尔的原有符号体系中的解释有所不同的,因为在布尔的体系中,"A 和 B 二者"是不允许的。但另一方面,$A \cdot B$ 仍保持布尔的原来的解释。为了避免和初等算术和算术代数中的"和"和"积"及其所伴随的性质相混淆,通常改用符号 $\cup$ 和 $\cap$ 分别表示布尔所说的"和"和"积",以代替更熟悉的符号"+"和"·"。

在布尔那里,"和"和"积"像算术的"和"和"积"一样,具有普通的交换性和结合性。因此,$A \cup B = B \cup A, A \cap B = B \cap A$,这就是交换律;而 $A \cup (B \cup C) = (A \cup B) \cup C, A \cap (B \cap C) = (A \cap B) \cap C$,这就是结合律。

此外,由于"积"对于"和"以及"和"对于"积"都是分配的,所以:

$$A \cap (B \cup C) = (A \cap B) \cup (A \cap C);$$
$$A \cup (B \cap C) = (A \cup B) \cap (A \cup C).$$

请注意,上述后一公式是与算术代数的情况相矛盾的,因为在算术代数里,$x + yz = (x+y)(x+z)$ 这个等式是不成立的。

另外,A 的补也改用 $\overline{A}$ 或 A' 表示,以避免布尔原用"$-$"所可能引起的混淆。布尔的不定项 v 也改用 $\subseteq$(或 $\leqslant$),即所谓"包含"的序关系的符号来表示。例如:

$A \subseteq B$ 表示"所有 A 是 B";读作"A 含于 B"或"B 包含 A";在逻辑学上等价于"若 A 则 B"或"A 蕴含 B"。

从形式上讲,布尔的逻辑代数是一种元素的集合,它具有两个二元运算 $\cup$ 和 $\cap$,服从交换律、结合律和分配律;它具有单位元素 O 和 I,使得 $O \cup A = A, O \cap A = O, I \cup A = I, I \cap A = A$。它也具有一个序关

系 $\subseteq$，使得 $O \subseteq A \subseteq I$，并且当 $A \subseteq B$、且 $B \subseteq C$ 的时候，$A \subseteq C$（传递性）；最后，它还具有补的一元运算，使得 $A \cup \overline{A} = I, A \cap \overline{A} = O, \overline{A \cup B} = \overline{A} \cap \overline{B}, \overline{A \cap B} = \overline{A} \cup \overline{B}, \overline{\overline{A}} = A$。

皮尔斯对布尔和施罗德的著作有过精湛的研究。实际上，施罗德所设想的类运算，作为一种基础性运算，同当时其他逻辑学家和数学家所建构的"类运算"相比较，明显地表现出两大缺欠。

首先，它忽略了隶属关系；其次，它所采纳的秩序，并不能在避免恶性循环的条件下，使运算彻底地使用符号的形式。而这后一方面，在相反的秩序中，如果将类运算置于某种以命题的基本运算为前提的命题功能运算的基础上，是完全可以成立的。刘易斯会在《符号逻辑探究》(*A Surtvey of Symbolic Logic*，Berkeley，1918)中，作了公正的评价。⑥

与皮尔斯几乎同时代的英国逻辑学家和经济学家杰文斯（William Stanley Jevons，1835－1882）曾在其著名的逻辑学著作《科学原则》(*The Principles of Science*，1874)中，对布尔的逻辑代数也进行了批评和修正。

皮尔斯对布尔逻辑代数进行了更深刻的分析。皮尔斯和他的父亲本杰明·皮尔斯，为了发展逻辑代数和关系逻辑，曾针对亨廷顿（Edward Vermilye Huntington，1874－1952)在 1904 年提出的理论假设，进行有趣的争论。亨廷顿在他的论文《逻辑代数的独立公设集合》(*Sets of Independent Postulates for the Algebra of Logic*)中，将布尔代数的出发点简化为三组公设或公理体系 A、B、C。每个体系中的公理都是自成一体和独立的，但同时又可以相互推导，这就进一步以抽象方式表述逻辑代数，使布尔代数的公设（理）系统更加简单化。亨廷顿的这些公设体系以加法和乘法作为最原初的运算，论证了整个逻辑代数系统是可以以加法概念为基础，并以"补"这个唯一不确定的概念来加以表述的。在讨论亨廷顿的上述著作时，皮尔斯的父亲，作为数学家，更多地从数学的"引出必然性结论"的特征，去考察逻辑的数学符号化和精确化的问题。本杰明·皮尔斯指出：逻辑代数的价值，取决于它，作为一种运算，究竟在多大的程度上，有利于解决更为复杂和更为遥远的问题。作为哲学家，皮尔斯不同意他的父亲把重点放在数学运算方面，皮尔斯认为，数学固然具有"引出必然性结论"的特征，但数学的这一特征，恰正是逻辑学的基本问题。⑦

在皮尔斯看来，关系逻辑并非单纯地与"类逻辑"相平行的所谓"第二逻辑"，而是"类逻辑"的一般化的一个结果，只是它采取了一种特殊的形式而已。

在皮尔斯发表于 1892 年的《论证评论》（*Critic of Argument*）中，皮尔斯强调所有的命题都包含着起着类似于动词的作用的某种不可化约的概念元素，它构成了一切命题的核心部分。在早期，皮尔斯曾把这种概念元素看作是类似于康德的先验知觉形式的"范畴"，只是他把康德的十二个范畴改为三个，即"性质"、"联系"及"现象"。后来他又将这三大范畴分别改为"性质"、"反应"及"中介"，最后，他又改之为"第一者"、"第二者"及"第三者"。在皮尔斯看来，它们就像化学物质中的"根"或"价"一样，有一价、二价和三价之分，可以因此而分别同相应的具有特定"化合价"的命题及其他语词因素相联结而得到满足，形成不同的命题结构。

皮尔斯还将这些不可再缩小的概念元素分为两大类。第一类出现在属于非关系命题的述词（或系词）命题中。例如述词命题"……是必死的"。在其中，作为最基本的概念元素，它只能和一种语词相结合，就像只有一个化学"基"的一价元素那样，被皮尔斯称为"非关系的语基"。

第二类是可以和**两种**或**多种**语词相结合而形成为多种命题表达方式。例如"……**爱**……"（即"某人**爱某人**〔或某物〕"）、"……**买**……"（即"某人**买某物**"）等，这后一类的命题被皮尔斯称为"关系命题"。

在关系逻辑中，一般的二元关系可由最一般的公式 aRb（aR_1b，aR_2b，…etc.）来表示，更高层次的"关系"，则可由 $R(a,b,c\cdots)$ 的公式来表示。

一切关系命题都可以解析成上述公式的各个因素，与此相反，如果一个命题中的谓项可以以主语的那种方式被思考，那么，这个命题便不是"关系命题"，而是谓项命题、述词（或系词）命题，或被称为"固有命题"（La proposition d'inherence）。皮尔斯在其著作《关系逻辑》（*The Logic of Relatives*）中，对此作了创造性的研究和分析。

皮尔斯关于关系逻辑的理论，综合了他在哲学、数学、语言学、心理学和逻辑学方面的基本思想。由于皮尔斯首先是一位哲学家，而他的实用主义哲学的基本部分是他的信念理论（The Theory of Belief），所以，他的逻辑也是和"信念理论"有密切关联。他说：

> 我们可以将逻辑界定为关于稳固地实现信念的那些规则的科学。由此出发才谈得上"精确的逻辑"（The Exact Logic）——这是建立在完全确实的观察和数学思想观念的（即图表式或类似记号式的）基础上，而又为信念的建立提供必要条件的理论。作为一种"精确的逻辑"，或一般地说，一种"精确的哲学"的拥护者，我们认为：严格遵循这种方法的人们，只要他们继续遵循下去，就可以避免一切错误，或者，至少可以在被怀疑的时候，立即纠正它们。⑧

　　皮尔斯在这段话中所说的"类似记号式的"，是用 iconic 这个词来表示。正如本书第一章阐述皮尔斯的符号论时所指出的，本来，icon 指的是各种人像和画像，也指各种崇拜对象，但在这里，皮尔斯是借此表示图像式、图表式或类似记号表达式，特指与记号表达相似的各种对象和事物（关于"图表式记号 icon"同"指标、征兆、索引 indices"及"象征 symbols"的区别，参看本书有关皮尔斯符号理论部分）。显然，皮尔斯同当时相当多的社会科学家一样，由于崇尚数学等自然科学和经验科学的"精确性"，主张使社会科学和人文科学，特别是作为方法科学的逻辑学，逐渐地改造成以数学为榜样、可以用"记号"、"图表"及其相互关系而论证的"精确学科"。这就是说，逻辑必须通过图表或类似记号的方法才能成为精确科学。皮尔斯指出："一切演绎推论，哪怕是一个简单的三段论，都包含某种观察因素（an element of observation），因为一切演绎都在于建构起一个图表，而这图表中各部分的关系，表达着和推理对象各部分之间关系完全相类似的类比；接着，三段论以此图像在想象中进行检验并考察其结果，以便在各部分间发现此前未被发现的那些关系。"⑨

　　但在皮尔斯看来，最好地表达这些过程的，就是近代的代数。因此，皮尔斯设想以抽象的规则去代替图表式的公式。如前所述，图表式 $(x+y)z = xz + yz$，表示了加法的分配律。但在皮尔斯看来，"非经一个感性图像的转换，就不能将上述那种抽象陈述加以应用。"⑩逻辑学只有用数学的图表方法去取代哲学家的语词抽象的时候，才可能变成为"精确科学"。

　　但是，如前所述，皮尔斯毕竟是哲学家，他虽然主张逻辑的数学化，但他认为：逻辑的数学化的目的，不是使逻辑变成为数学，而是相反，使数学隶属于逻辑。⑪皮尔斯强调说，他在逻辑方面的全部著作，"都是逻辑学的，而不是数学的。这也就是说，是为了导向代数的基本因素，而不是为了解决代数问题本身。""在逻辑中，我们的主要问题是分析理性的一切程序，并使之化约成其终极因素，而将推理加以演算，不过是辅助性的工作。"⑫

皮尔斯为此而无情地抨击苏格兰逻辑学家汉密尔顿（Sir William Hamilton，1788–1856）的"以量词限定谓词"的理论。汉密尔顿在此指涉的是逻辑学的那个传统命题"整个的 A 是 B"。汉密尔顿试图以数学为模式，通过量的方面改变谓词而产生两个形式："整个的 A 是整个的 B"和"整个的 A 是部分的 B"。汉密尔顿以为借此可以扩大命题分类的范围。皮尔斯嘲笑汉密尔顿"以一种非比寻常的无能"去解决逻辑的数学符号化的问题。⑬

一切"等式"都隶属于"包含"，也就是说，相等关系次于包含关系。一个概念，在逻辑上，如果它包含另一概念的话，必定是更加简单的，"包含"与"被包含"的关系并不是相互性的。这就是说，相等关系一定是包含关系，但反过来，包含关系并不一定是相等关系。因此，"包含"（≤）比"相等"（＝）更广，也因此更为简单。为此，皮尔斯认为，≤这个符号容易使人误解，使人以为≤就是＜加上＝。为避免这个误解，皮尔斯建议用（—＜）这个符号代替（≤）这个符号。因此，等式 $x = y$，就是两个"包含式"（X—＜y）和（y—＜x）的联结。由此可见，以此符号标示的极其简单的第一关系逻辑，乃是关系逻辑的最一般化的表现。

皮尔斯还认为，（—＜）这个记号可以把定言命题中的谓项和主语、假言命题中的结果和前提以及推理中的结论和大前提，**同时地联结**起来。

因此，传统逻辑中由系词或联项所表达的"关系"，是可以形式地转化成"推理的关系"（Relation of illation），皮尔斯之所以如此称呼，正是因为在他看来，这个联结因素是有助于推理和演绎的。所以，皮尔斯进一步认为，三段式推论的基本原则及其合法性，并不是像传统逻辑所说的"同一律"，而是"推理关系的可传递性原则"（The principle of the transitivity of illative relation）⑭。皮尔斯指出："关于命题联项的推理性一般化理论，是正好和谓项量化理论相对立的"，⑮这显然是影射汉密尔顿的上述观点。

皮尔斯在论证其关系逻辑的记号体系时，一方面高度评价布尔的逻辑代数，另一方面也批评了布尔的欠缺。皮尔斯认为，布尔的重要贡献是促进了概率论的发展。但是，第一，布尔的理论往往被绝对化的语词所束缚，使他未能重视"关系"，未能发现命题联项（系词）中"包含"着"关系"；第二，在他的类逻辑中，未能充分地区分"全部"与"某个"，未能恰当地将特殊命题加以公式化。布尔的学生维恩（John Venn，1834－1923）也很清醒地意识到布尔的这个欠缺。

皮尔斯在研究逻辑精确化和数学符号化的过程中，始终不渝地反对将基本的逻辑系词或命题联项，同数学的等式相混淆。为了谨慎地使符号化的逻辑不等同于代数，皮尔斯探索关系逻辑的思想发展过程，是漫长而曲折的。

一般地说，皮尔斯的关系逻辑研究过程，经历了三大阶段。

第一阶段是在 1867 年至 1870 年间。这段时期内，皮尔斯先后在波士顿的罗威尔学院（Lowell Institute）和哈佛大学讲授逻辑与科学哲学。

皮尔斯在 1870 年左右发表了一系列关于关系逻辑的论文，旨在建构一种能同时处理直言推理和关系推理的一般性逻辑理论体系。皮尔斯不同意康德把逻辑范畴看作完备不变的，而认为逻辑是一门不断发展和变化的科学。皮尔斯认为，在逻辑推理中，除了肯定演绎的作用外,还应重视归纳和假设的作用。

皮尔斯在 19 世纪 70 年代,把"意义"问题以及确定"意义"和"信念"的方法问题,看作是逻辑研究和哲学思考的中心问题,强调一个名词和概念的意义就在于它们所蕴含的"可以感觉到的实际效果"(参见本书第三章的详细分析)。

第二阶段是在 1880 年至 1885 年之间,皮尔斯在巴尔的摩的约翰·霍普金斯大学任逻辑学教授。这个时期内,皮尔斯在符号逻辑方面获得了重要的研究成果。他在 1883 年发表了《逻辑学研究》(*Studies in Logic*),搜集了他和他的学生写的各种论文。在《论亲缘逻辑》一文中,皮尔斯使用了附有文字的记号以及关系符号,以便表示有某种关系联结在一起的各个个人。他还使用了特定的符号表示"某个"和"每个"。例如,在 i 和 j 两个人之间,用 l(lover)表示爱情关系,那么,lij 这个记号便表示"i 爱 j"。皮尔斯指出,这个记号有可能表示"反身关系"(reflexive relation,也可译作"自反关系")。例如,如果某个人 i 爱他自己,可以用符号 lii。对于多种关系,也像二元关系一样,也可以用上述符号表示:b_{ijk} 这个符号表示:某人 i 向某人 j 买(buy)某种东西 k;用英语表示就是:i buy something (k) from (of) j.

两个人的相互关系,可以构成"相对积",如 lb,表示"爱某位恩人(bienfaiteur)";也可以构成"相对和",如 $l+b$,表示"爱所有的除了恩人之外的人"。这样一来,上述两人间的关系可以分别地用 $(lb)_{ij}$ 和 $(l+b)_{ij}$ 来表示。就在这里,我们看到了逻辑上的"量词"开始发生作用。

由于上述"积"表明:**存在**着被其亲友及被其亲友的一位恩人所爱的某个人,所以,这个逻辑上的"积"应看作是**特殊**的联结。反之,上述"和"应看作是**普遍**的联结,因为它表明:除了被其亲友或被其亲友的一位恩人所爱的人以外,并**不存在**某个个人。

为了使这些记号更加图像化，我们用$\sum$指**某个**，表示一种"和"，而用$\prod$指**全体**，表示一种"积"。这样，我们可以将上述两种联结表示如下（其中用＋表示非排他性的"或者"）：

$$(\ell b)_{ij} = \sum{}_x (\ell)_{ix}(b)_{xj}$$

$$(\ell + b)_{ij} = \prod{}_x \{(\ell)_{ix} + (b)_{xj}\}$$

皮尔斯的杰出学生米歇尔（O. H. Mitchell）在 1883 年发表的上述逻辑论文集中，也在他的论文《论新逻辑代数》中使用了类似的符号。所以，皮尔斯会公开表示：这些符号的使用，应归功于米歇尔的研究成果。

皮尔斯将这些符号扩大到超出关系命题逻辑的范围之外。在 1885 年发表的论文《论逻辑代数——对数字哲学的贡献》（*On the Algebra of Logic：A Contribution to the Philosophy of Notation*）中，皮尔斯创建函项真理及逻辑公式员理图表，并在同一系统中使用"真"与"假"，借此确定一个给定的公式或命题的逻辑有效性。这对逻辑上的真值（Truth-Value）研究和真值表（Truth Table）的使用是有贡献的。⑩

在逻辑中，一个已知命题的"真"用 T 或＋表示；"假"用 F 或 O 表示。逻辑联词如"析取"或"或者"（符号∨）和"否定"（符号～），都可以看作真值函项，因为一个复合命题的真值是其组分真值的一个函数，即一个取决于它们的量。这些常用联词的逻辑性质，可以用"真值表"表示：

"和"		
p	q	$p \cdot q$
真	真	真
真	假	假
假	真	假
假	假	假

"或"		
p	q	$p \vee q$
真	真	真
真	假	真
假	真	真
假	假	假

"如果……那么"		
p	q	$p \supset q$
真	真	真
真	假	假
假	真	真
假	假	真

"不"	
p	$\sim p$
真	假
假	真

在上表中，·表示"和"，⊃表示"如果……那么……"。例如在"或"表中，第二行读作"如果 p 真和 q 假，那么 $p \vee q$ 真"。这种采用"真"、"假"和"不定"等真值的抽象逻辑体系，就像在开关电路逻辑中的一样。

这些真值表，有助于对构成复合命题的那些命题的真值进行各种可能的组合，也可用以检验所进行的论证是否可靠。每个命题都被假设为"真"或"假"，而命题的真或假，在这里，是被称为它们的"真值"。这个真值表中的每一行，都代表复合命题真值的一种可能的组合，而且应该有足够的行数，以便囊括全部可能的组合。例如，假设复合命题只包括两个组成命题，那么就会有四种可能性，而这样一来，表中就应该有四行。复合命题的真值由真函项运算下的每一行来表示。这样，"p或q"的"真值表"就被表示如下：

$p \vee q$

TTT

TTF

FTT

FFF

如前所述，∨ 表示"或者"，T 表示"真"，F 表示"假"。

由此看出，只有当 p 和 q 都假时，"p 或 q"才是"假"。现在，凡涉及具有一个以上真函项运算的复杂的复合命题，其真值表要由电子计算机(电脑)构成。

皮尔斯在 1885 年所取得的成果,使他的关系逻辑研究走上了一个决定性的阶段。

从 1886 年到 1897 年,是皮尔斯的逻辑思想发展的第三阶段。在 1892 年发表的《论证评论》中,皮尔斯已经成功地取得了与同时期的德国数学家、逻辑学家和哲学家弗雷格相类似的成果。皮尔斯几乎和弗雷格相类似,概述了逻辑命题演算的基本原则,尽管在某些方面,并不如弗雷格那样明确和清晰。

在 1902 年发表的《最简单的数学》(*The Simplest Mathematics*)⑰一文中,皮尔斯列出了下列等价真值表:

x	y	z
T	T	F
T	F	F
F	T	F
F	F	T

皮尔斯甚至比谢弗尔(H. M. Sheffer,1883 - 1964)更早地使用了"既不……也不……"的双否定符号,并用 the amphec(源自希腊字 ἀμφηκης,意为"将两端割裂开来")称呼这个符号。

皮尔斯的上述贡献,使他被公认为同弗雷格和毕亚诺一样是近代数理逻辑和符号逻辑的创建者。由皮尔斯等人所创建的上述处理复合命题及其逻辑关系的符号系统,后来被怀特海(Alfred North Whitehead,1861 - 1947)、罗素、维特根斯坦及扬·卢卡西维茨(Jan Lukasiewicz,1878 - 1956)等人发展成系统的命题演算原理。作为形式系统,命题演算所关注的,是要确定哪些公式(复合命题形式)可依据公理证明。命题之中的有效推论是由可证实的公式表现出来,因为对

任意的 A 和 B，$A \supset B$ 是可证的，只要 B 总是 A 的逻辑推论。一切命题演算是一致的，因为其中不存在使得 A 和 $\sim A$（在此 $\sim$ 表示"并非"）都同时可证的公式。而且，当任意不可证公式添加进去而成为新公理时，就会导致矛盾——在这个意义下，命题演算也是全面的和完整的。

19 世纪末，皮尔斯在康托尔（Georg Cantor，1845 - 1918）的集合论的影响下，为了发展符号逻辑，进一步研究了作为数学基础的基数和序数理论，使他对连续性概念有深刻的认识。

19 世纪末，康托尔在研究集合的意义对应关系时，发现他所考虑的实数的不可数子集总是跟实数全体等势，而别的不可数集，其基数不是大于就是等于实数的基数 $2^{\aleph_0}$，这就产生一个在 $\aleph_0$ 与 $2^{\aleph_0}$ 之间是否还存在第三基数的问题。也就是说，是否存在基数 λ，满足 $\aleph_0 < \lambda < 2^{\aleph_0}$。康托尔为此而提出猜测，认为这样的 λ 是不存在的，这就是著名的"康托尔猜测"（Cantor's conjecture），也称"连续统假设"（Continuum hypothesis）。

皮尔斯在康托尔猜测的启发下，提出了他著名的连续论（Synechism），认为时间和空间以及宇宙的一切部分都具有连续性。所谓连续性就是每一部分都是相同的整体，它与规律、一般范畴是相一致的。所以，皮尔斯认为，连续性是关系规律的完满的一般性。但是，皮尔斯认为，这种连续性并不是必然性，而只是概然性。皮尔斯说，这种连续性并不是一种最后的和绝对的形而上学学说，而是逻辑的一种调节原则。

皮尔斯的连续论也构成他的关系逻辑的符号逻辑的一个重要组成部分，使皮尔斯能与 19 世纪末伟大的数学家、逻辑学家和哲学家相媲美，不愧为时代的天才。

由于皮尔斯的这些伟大贡献，刘易斯曾作出如下公正的评价：

除了弗雷格以外，同 19 世纪其他任何思想家相比，皮尔斯对符号逻辑做出了最大的贡献。但是，可惜的是，他也和莱布尼兹一样，不但是因为作为逻辑学家的特殊性，而且也由于某种能力上的限制，使皮尔斯未能把自己所设想的许多研究计划贯彻到底。⑬

皮尔斯确实应该被看作是**美国最早**研究数理逻辑的人。正是他，按照与符号逻辑先驱相类似的原则改造了传统逻辑，**把逻辑当作符号之间的关系的纯形式科学**，通过逻辑中的符号关系的研究，既揭示了人的思想、语言和行为以及人际关系的建构的复杂关系，也以尽可能形式化和符号化的科学手段，表达符号使用者、符号、符号的运作机制、符号所指者以及它们之间的复杂关系的多种变化形式。

———————————

注释

① 《皮尔斯论文集》，第 3 卷，§402。

② J. Jørgensen, *A Treatise of Formal Logic*, V. I, *Historical Development*, Copenhague, Lovin & Munksgaard, and London Humphrey Milford, 1931, p. 96.

③ 亚里士多德：《范畴篇》，第 6－8 章，见 *The Basic Works of Aristotle*, Ed. by R. McKeon，第 18 页。

④ 同③。

⑤ 刘易斯：《符号逻辑探究》，第 4 页。

⑥ 同⑤，第 269、281 页。

⑦ 皮尔斯：《最简单的数学》(*The Simplest Mathematics*, 1902)，见《皮尔斯论文集》第 4 卷，§234。

⑧ 《皮尔斯论文集》，第 3 卷，§429.

⑨ 同⑧，§363。

⑩ 同⑨。

⑪ 同⑧，§372。

⑫ 同⑧，§451；322；173；note。

⑬ 同⑧，§ 181。
⑭ 同⑧，§ 47 - 50；也可参看该书下述各节：173 - 175，407 - 413 等。
⑮ 同⑧，§ 472。
⑯ 同⑧，§ 365。
⑰《皮尔斯论文集》，第 4 卷，§ 262。
⑱ 刘易斯：《符号逻辑探究》，第 79 页。

第 3 章

怎样使我们的观念清晰?

《怎样使我们的观念清晰?》是皮尔斯在 1877 年用法文写的一篇哲学论文,接着,本文又在 1878 年译成英文,① 这是现代实用主义哲学的处女作。

这篇论文的基本内容是论述实用主义方法论的原则。皮尔斯在这里第一次提出了实用主义关于用行动效果检验观念的意义的原则。正如美国哲学家巴雷特(W. Barrett,1913 - 1992)所说,"也许在美国哲学中再也找不到比这篇文章更早和更清楚的'操作主义的'(operationalist)意义理论的文献。"②

这篇论文在论述上述基本原则时,首先引用和批判了笛卡尔(René Descartes,1596 - 1650)和莱布尼兹的方法论,接着,皮尔斯指出:对于某个人清晰明白的事物或观念,对于另一个人并不一定是清晰明白的。而且,他指出:像笛卡尔和莱布尼兹那样,单纯地依靠对概念定义的分析是不可能得到任何新认识的。最后,这篇论文论证了这样一个新的原则,即任何一个观念的**意义**只能在由此引起的实际行动的效果中得到验证。这就是上述巴雷特所说的"操作主义的"意义理论。在 1955

年现代操作主义哲学家和物理学家布里奇曼发表他的操作主义的意义理论时,再次强调概念的意义必须靠与之相应的一系列操作行为来验证(参见本书导论及第三编有关语用论与操作主义的关系的章节)。

皮尔斯的这篇论文共分四个段落,全文结构紧凑,思想一贯,清晰易懂。在皮尔斯以前,通行了两百年左右的近代逻辑教科书往往千篇一律地以同一个腔调论述"清晰"(clear)和"模糊"(obscure)概念或"明晰的"(distinct)和"混淆的"(confused)概念的区别标准。

根据这种传统逻辑,所谓"清晰的观念",就是不论它在任何地方和任何时候出现,都可以清楚地和明白地被认识。如果它没有这种清晰性,它就是模糊的概念。显然,这是毫无意义的同义反复。所以,皮尔斯说,上述关于清晰概念的定义"毋宁是一种精巧的哲学术语的游戏"。

过去的逻辑学家认为,一个观念的内容就是该观念的定义中所包含的那些内容。因此,"在他们看来,如果我们可以给这个观念一个准确的定义,那么,在一个抽象概念中的观念就可以被清晰地理解。"皮尔斯指出,正是在这里,逻辑学家们给我们留下了一个值得我们研究的课题。

为了说明和分析传统逻辑关于清晰观念的片面论点,皮尔斯简单回顾了由笛卡尔系统化而后由莱布尼兹进一步发展了的关于观念清晰性的理论。

在笛卡尔看来,认识的第一步是怀疑一切,特别是要否定被经院哲学家看作是永恒真理的源泉的所谓"权威"。但笛卡尔是在人的理性中找到真正的知识源泉。因此,在皮尔斯看来,笛卡尔所做的不过是从"权威"转向先天的方法(the method of apriority)。

笛卡尔认为,"我们所遵循的基本真理(fundamental truth)是由自我意识(Self-conciousness)提供的。"但是,很明显,因为并不是所有的观念都是真的，所以笛卡尔强调，"作为确实无误的首要条件，就是：这些观念必须是清晰的"。但是，问题恰恰出现在这里。皮尔斯指出，既然理性可以自己提供观念，那么，它又如何检验它们呢？它又怎么知道这些观念是否清晰呢？皮尔斯说："在他那里，始终都辨别不了表面看来是清晰的观念与真正是清晰的观念之间的区别。如果像他所做的那样依赖内省的话，那么，对于外在事物的认识，他怎么能在检验我们自己的思想内容方面提出问题呢？"笛卡尔为了解决这个难题，曾提出说，观念如果仅仅具备清晰性还是不充分的，还必须加上一个条件，那就是这些观念必须"明确"（distinct）。所谓明确，在笛卡尔看来，就是"在其中不包含任何不清楚的事物"。笛卡尔显然没有解决问题，他即使再加上更多的条件，也没有离开人的思想的范围。

莱布尼兹所发展的恰恰就是笛卡尔的上述理性主义遗产。皮尔斯说，莱布尼兹这位"伟大而独一无二的天才"却"没有看到他已经看到的问题"。莱布尼兹非常清楚：一个不提供任何能源形式的"永动机"是不可能造出来的。但奇怪的是，他却看不到：人的思想只能改造或加工认识，绝不能产生知识，除非向它提供观察得来的事实。皮尔斯认为，莱布尼兹并没有抓住笛卡尔思想方法的要害。莱布尼兹不去研究笛卡尔方法论的内容和实质问题，却把精力集中在如何"简化科学的第一原则"（to reduce the first principles），并试图总结一个不可推翻的、不包含自我矛盾的公式。因此，莱布尼兹又回归到旧逻辑的公式中去，使抽象的定义占据了他的哲学的主要部分。

总结以上的回顾，皮尔斯认为，我们有权向逻辑提出的第一个要求就是教导我们"怎样使我们的观念成为清晰的"。皮尔斯认为，上述重要问题——"如何使我们的观念清晰"——是一个非常重要的问题，甚至可以说，它是一切正确认识和获致真理的基础。

　　要解答这个问题，皮尔斯还是从"怀疑"（doubt）和"信念"（belief）开始解析。比如，皮尔斯举例道，如果我来到一个马车站，我拿出自己的钱包并看到皮包里有一个五分的镍币和五个铜币，当我的手伸进皮包的时候，我就要决定自己应该付多少车费。这时，在我的头脑里就出现了"怀疑"和"信念"这两个观念。从这里，可以看出，头脑里的哪怕是最小的思想活动都是为了决定自己的行动的。所以，绝大多数的怀疑都起源于犹疑不决和我们的行动。

　　至于信念，它是我们的意识活动中"半休止符"或半节拍（demicadence）。皮尔斯把我们的意识活动比作交响乐，在这个交响乐中有很多"乐句"（musical phrase）。"信念"作为思想活动中的半休止符，正如本书第一章所已经指出的，有三个特点：第一，它是我们意识到的认知的东西；第二，它是我们的怀疑的某种满足；第三，它涉及我们的行动原则，即习惯（habit）。由于信念满足并平息了我们的怀疑，所以，当我们获致一种信念时，我们的思想活动就暂时中止，得到了休息。在这一点上说，所谓信念就相当于火车在长期旅程中的中间站。但是，它又是一个新的起点。我们的信念作为我们行动的一个原则，它又会在行动的应用过程中引起新的进一步的怀疑和思考。所以，皮尔斯说，信念"同时即是思想的一个停止地点，又是一个新出发点。"

　　正因为这样，皮尔斯说，思想在本质上是一种行动（thought is essentially an action），但它是有中间休息的活动。皮尔斯说，"思想的最后结果是履行意志，在这一点上，思想是没有部分的，但信念只是思想活动的一个运动场（stadium），是思想对于我们的自然本性的一种作用，它将影响着我们未来的思想。""信念的本质就是习惯的形式，不同的信念是由它们所产生的不同行动的不同样态来区别的。"

　　由此可见，皮尔斯认为，思想在本质上是一种活动，它是由一种行动激发出怀疑,并中止于一种信念。整个思想活动是不停顿的精神活动,而这些活动的结果可以造成我们行动的种种信念——习惯。"整个思想的机能就是*产生行动的习惯*"(the whole function of thought is to produce habits of action)。而且,在皮尔斯看来,思想活动是没有终点的,它只有中止点,但这些中止点实际上又是它的活动的新起点。

上述结论是非常重要的,这是皮尔斯的实用主义哲学的出发点。我们从这里可以看出,实用主义者经常说的对于旧的形而上学的否定,就是从他们对思想的本质的上述认识开始的。

实用主义所否定的并不限于笛卡尔或莱布尼兹所建立的上述理性主义的根本原则(即只在思想领域本身寻求思想的明晰性和准确性),而是由此得出了一个一般性的结论,即认为思想就是行动。他们的这个一般性结论,不仅把他们自己与笛卡尔和莱布尼兹的唯理论区别开来,也同一切经验论、一切旧有的认识论区别开来。

实用主义者把思想活动归结为行动——思想起源于和终结于行动——就是为了引出一个对他们来说更加重要的结论:行动的效用是检验思想的真理性的标准。

在皮尔斯的这篇著作中,紧接着就得出了上述结论。他说:

> 因此,展示思想的意义,就是确定它所产生的(行动)习惯,因为一个事物的意义就是与它有关联的行动习惯。……习惯的内容依赖于它在什么时候和怎样引起我们的行动。至于谈到"什么时候",那么,引起行动的每一个动因都产生于知觉,"怎么样"的问题,则行动的每一个目的都产生出某种结果。因此,我们就达到了关于思想的实际区别的根源这样一个非常重要和实际的问题……,因此,除了实际行动的可能的区别以外,像任何事物的内

容那样清楚的意义方面的区别是不存在的。

在这里，皮尔斯最明确不过地引出了实用主义哲学的最基本原则——观念的真假由它所引起的行动效果来鉴别，除了行动上的差别以外，人们无法认定观念在意义方面的差别。

皮尔斯在这篇论文中举了大量例子论证上述基本原则。他所举的例子包括人们关于"硬"、"重"、"力"以及逻辑的主题观念。他认为，人们对于各种性质的所有观念或概念都是根据由此观念所引起的效果（effects）来确定的。例如，谈到"硬"的问题，他说，"如果不付诸实验来检验的话，一个硬物同一个软物之间是不存在绝对的差别的。"由此看来，单纯在思想领域里谈论观念的意义是无法得到明确的解答的。

皮尔斯所举的都是很简单、很普遍的例子。从这些例子中，皮尔斯揭露了以往的唯理论者把自己闭锁在理性的小天地里的局限性。他这样做，首先赢得了多数只限于认识普通常识的小市民的同意。

确实，如果不深入地思索的话，我们在日常生活中所看到的许多事实都很接近实用主义者所说的那个道理——脱离开行动的效果去谈论我们的头脑中那些看不到、摸不着的思想活动，究竟有什么意义呢？我们关于"硬"、"重"、"远"等观念不正是在我们的实际行动——摸、拿、走等——中才能认定吗？

但是，如果我们认真思索的话，我们就会发现，实用主义只是抓住了日常生活中的某些表面的现象。如果仅仅停留在这些表面现象上面，就事论事，本来是没有什么错的。问题在于，仅仅根据这些表面现象，就引申出关于人生和世界的最一般的哲学结论，那就未免太片面了。

正如我们的日常生活经验所告诉我们的，我们的认识确实依赖于实践，而且也要靠实践去最后检验。但是，认识与实践的关系并不是简单的、直接的和局部的关系，而是曲折的、复杂的和全面的关系。这里特别要强调说明的是上述"局部性"的实践和"完整的"实践之间的关系——它们的区别和联系。因为实用主义哲学在认识论上的主要错误就在于：用局部的、片面的、孤立的实际活动替代人类的全面的、完整的、相互联系的实践活动。

人的实际活动产生认识，并检验我们的认识的成果，指的是人们在实际活动中可以逐渐地掌握到客观事物的客观规律。所以，如果我们的实际活动不遵循客观规律，就会发生错误并失败。人的错误的行动，就其能提供经验教训，使人能更正自己的原有的错误而言，是人类的作为认识基础的整个实践活动的一部分。但显然，这是错误的部分，其意义就是起着反面教材的作用。人的整个实践，包括正确的和错误的实践在内，可以使人们从表面的感性认识，经过不断的成功和失败的过程，逐步上升到本质的理性认识，从而掌握事物的客观规律。

实用主义所说的实践，如我们刚才在上面所看到的，都是一个个主体的孤立的、片面的活动，而且，都是从主观的观念引起的。这就从根本上阉割了实践的客观内容和客观根源。在这基础上，皮尔斯在论述行动和观念的关系时，始终都避而不谈事物本身所固有的客观规律性。由此可见，皮尔斯所说的实际行动，是无视客观规律的，抽掉了客观规律，人的实践活动就成为相互割裂的、偶然出现的主观行为。

皮尔斯说：

> 我们关于任何事物的观念就是我们对于这些事物的感性效果（sensible effects，也可译为"可感知到的效果"）的观念，……说我们的思想有某种与它自身仅有的功效无关的意义，是很荒谬的。

　　如果我们认识到可以感知到其实际作用的效果，我们就感知到了我们的观念所具有的对象。因此，我们关于这些效果的全部概念就是我们关于对象的全部观念。

　　从皮尔斯的这段带总结性的言论中，可以更进一步看出皮尔斯的实用主义的主观主义性质。显然，在他看来，无视客观规律的主观行为，不仅在其效用中表达了引起该行为的那些主观自生的观念的全部意义，而且也通过其效用产生出这些观念的对象本身。换句话说，我们所看到、感觉到的一切对象，我们所经历到的一切生活现象，都是行为的产物。这种实用主义的原则已经与此前不久出现的叔本华（Arthur Schopenhauer, 1788-1860）和尼采（Nietzsche, 1844-1900）的意志主义相距不远了，甚至在其结论的某些方面已经完全重合在一起了。

　　由此可见，无视客观规律，把主观的行为同它的客观条件和基础割裂开来，将会导致与意志主义等同的结论。

　　皮尔斯的这篇论文发表于 19 世纪 70 年代后期，当时的美国已经发展成为世界上最发达的资本主义国家之一。1861 年到 1865 年进行的南北战争扫除了美国国内资本主义发展的最后障碍，使美国商业经济空前地繁荣起来。在 19 世纪 70 年代，美国在许多主要工业产品方面已经开始超过了它原来的宗主国英国，而跃居世界第一位。皮尔斯对美国商业大亨们的所作所为有着很直接、很细致的观察，并把这些观察得来的经验加以条理化，才构成了上述实用主义原则。

　　如前所述，皮尔斯在 19 世纪 70 年代发表的《怎样使我们的观念清晰？》这篇论文，开创了美国哲学发展史的新纪元。这篇文章发表的同时，皮尔斯还发表了另一篇重要论文，题名为《信念的确立》，并于 1877 年 11 月发表在《大众科学月刊》（*Popular Science Monthly*）上。在这以前,美国还没有形成反映本国民族特点、适应本国发展需要的独立哲学体系。美国在 19 世纪 70 年代以前在哲学上还处于隶属和依赖西欧各先进国家的哲学思想的状态,拿不出一个像样的自行创造的哲学。但是,皮尔斯的这篇哲学论文像突然腾空而起的信号弹一样,宣告了美国哲学从此以独立姿态进入世界哲学舞台。因此,皮尔斯的这篇论文不仅是实用主义哲学的处女作,也是美国哲学史上划时代的哲学著作。

皮尔斯的思想深受康德关于"实用"与"实践"的观念的影响。康德在《纯粹理性批判》(*Kritik der reinen Vernunft*)中曾提出"实用的信念"。接着,在《实践理性批判》(*Kritik der praktischen Vernunft*)中,康德又区分了"实用的"(pragmatisch)和"实践的"(praktisch)两种不同的意义:前者指技巧和技术的规则,它们基于经验,也适用于经验,表示的是某种对人类目的的关系,后者指的是"先验的道德规律"。

皮尔斯与后来的詹姆斯不同,不打算把实用主义看作只是满足人的特殊目的的工具,而是强调实用主义是使概念和思想观念成为清楚明白的技巧和方法。

皮尔斯认为,"为了弄清某一概念、名词或符号的'意义',人们就要考虑到从这一概念的真理必然得出什么样可以设想的实际效果,这些效果的总和,将构成这个概念的全部意义。"③皮耳士认为,由于概念的意义是由指示一定属性的一个陈述来给予的,因此,双方在逻辑上必须等值,也就是说,"意义"和表示属性的"陈述"(命题),必须在**逻辑上等值**。然而,问题在于:这个陈述所指的属性乃是可感觉到的属性。因此,一个概念或名词之所以具有意义,就在于它是可以通过描述可感觉到的属性的其他名词或命题来确定。例如"硬"的意义,同下述表示可感觉到的**实际效果**的经验命题是"等值"的,这个经验命题可陈述为:"不可为许多其他东西所刺破"。皮尔斯把这条原则扩大到一切概念、命题和论断，强调一切概念、命题和判断的意义，就是它们所表述的可感觉到的实际效果。因此，"可感觉到的实际效果"便成为名词、概念、命题和论断的"意义"的基本标准。皮尔斯的上述原则，显然是立足于经验主义基础上的实用主义真理观和意义观。本书第二编第六章第一节论述皮尔斯等人的"实际效用"哲学观和第三编第十一章第一节论述现代语用论发展的历史轮廓以及第三编第十二章第一节论述语用论"意义观"时，将进一步从各个角度详细讨论皮尔斯用以确定概念及命题意义的上述原则。但在这个原则中，已经明显地表现出皮尔斯的语用论思想，即：任何语言命题的"意义"不能脱离其在**实际应用中的效果**。

注释

① 载于《大众科学月刊》(*Popular Science Monthly*, 1878)，该篇文章于 1879 年 1 月发表在法语的《哲学杂志》(Comment rendre nos idees claires? in *Revue philosophique*, janvier 1879)上。

② 巴雷特与艾肯合编：《二十世纪哲学》，第 1 卷，第 103 页。

③ 参阅《皮尔斯论文集》。

第 4 章

关于必然性的学说

如果说《怎样使我们的观念清晰?》这篇论文阐述了实用主义的基本原则的话,那么,皮尔斯在《关于必然性的学说》(*The Doctrine of Necessity*)的论文中就集中地表达了实用主义哲学和语用论的逻辑学基本原理。因此,深入剖析皮尔斯的《关于必然性的学说》一文,有助于我们进一步看出实用主义和语用论的逻辑基础。

皮尔斯自己承认,他的关于主观观念的意义的论述必然涉及关于世界本质的问题。他认为,哲学家关于宇宙本质的理论必然与对于经验的看法有密切关系。

皮尔斯和哲学史上许多哲学家一样,在探讨世界的本质时,非常重视关于世界的必然性和偶然性的关系问题。他认为,这个问题是任何哲学的宇宙论的一个重要组成部分。

皮尔斯关于必然性问题的探讨,试图推翻自古以来在哲学史上奉行的必然性理论。他在自己的论文中,一开始就指责自古希腊德谟克利特(Democritus,约公元前 460 -公元前 370)以来关于必然性的唯物主义路线。

在这里，皮尔斯歪曲了德谟克利特和伊壁鸠鲁（Epicurus，公元前341－公元前270）等人的原子论关于必然性的学说。生活在公元前四百年左右的德谟克利特是古希腊最有学问的人之一，他几乎掌握了当时科学所取得的全部丰富知识，他也精通同时代的哲学，他的博学多才使后来的许多思想家（包括亚里士多德、西塞罗〔Marcus Tullius Cicero，公元前106－公元前43〕、普鲁塔克〔Plutarch，约46－120〕等人）都感到惊讶。

德谟克利特在他的主要著作《宇宙大系统》（*The Great World Ordering*）中阐述了哲学、逻辑学、数学、宇宙学、物理学、生物学、社会生活、心理学、伦理学、教育学、语文学、艺术、技术等方面的问题。①

按照德谟克利特的观点，构成宇宙的无数世界的产生和消灭，自然界所发生的一切变化，都应当归结为在"虚空"中运动着并受自然必然性支配的原子的不同配合——结合和分离。在"广袤的虚空"中，在宇宙的无限的空间里，原子自身自动地、永远地在运动着。由于它们"朝着各个方面动荡"，所以彼此冲撞、互相排斥，形成了一股原子漩涡，把越来越多的原子吸引在一起。在宇宙各处产生的原子漩涡构成无数的世界。在德谟克利特看来，最初的形成是一个外壳，它使刚刚产生的世界同宇宙的其他部分分割开来。然后，在正在形成的世界的中心同外围之间出现差别。相似的原子借助漩涡的力量彼此结合起来，产生了地、水、气、火，并由它们形成世界。在已经形成的世界中，任何物体由于本身的重力，往往趋向世界的中心。

德谟克利特认为宇宙是无限的和永恒的，它的各部分始终都处于不停的运动中，而这些原子运动遵循着它们本身所固有的客观规律性。这种客观规律性是必然的、不以人的主观意志为转移地发生着作用。德谟克利特强调自然现象的因果制约性，主张一种只承认规律性存在的决定论（determinism）。他的决定论和在他以前的宿命论（fatalism）和目的论（teleology）根本对立。按照亚里士多德的说法，"德谟克利特抛开有目的（原因），把自然界的一切都归结为必然性"②。德谟克利特说过，他"宁可找到一个因果的解释，也不愿获得一个波斯王位。"③

但是，德谟克利特的因果性概念和必然性概念带有简单化的性质，因此，它归根结底没有与宿命论彻底划清界限。他认为一切都是必然的，绝对地否定了偶然性的存在。他错误地认定偶然性是"没有原因的现象"，认为"偶然性是掩饰人类无知的主观概念"。这样一来，必然性就具有先定性的或命定性的抽象本质。

皮尔斯在其论文中，一方面歪曲了德谟克利特关于必然性理论的正确部分，另一方面却夸大了他的理论的上述缺点部分。

的确，德谟克利特由于不承认偶然性的存在，导致对于必然性的绝对化。客观世界本来存在着必然性和偶然性，哲学家的任务是正确地阐明这些必然性和偶然性的本质。简单地肯定或否定其中的任何一个方面，哪怕是其中的次要方面，也要导致绝对主义。但是，德谟克利特之否定偶然性毕竟是可以谅解的。因为他生活在科学尚未充分发展和成熟的古代，他对世界的认识不免带有很大的局限性。对于他的这些局限性必须给予科学的解释，并指出修正它的正确道路。皮尔斯在上述论文中对于德谟克利特必然性学说的歪曲，正是为了达到彻底否定必然性的存在的目的。

正是皮尔斯的同一论文中所谈到的伊壁鸠鲁，看到了德谟克利特的必然性学说的上述缺点，并试图补充关于偶然性的学说，使德谟克利特的必然性理论更趋于完备化。

伊壁鸠鲁比德谟克利特大约晚生一百年，他原是小亚细亚半岛上某个城市的中学教员。公元前307年至306年，他在雅典创办了一所哲学学校，这所学校因它的所在地而取名为"花园"（Garden），并迅速地成为古代唯物主义原子论和无神论的学术中心。伊壁鸠鲁试图依据自然科学的新成就，进一步论证德谟克利特的理论。

伊壁鸠鲁在哲学史上的主要功绩就在于捍卫和发展了德谟克利特的原子论，使它不受神秘主义和神学家的攻击。在这一点上，最突出的恰恰是他关于原子运动的必然性理论的重要修正。

伊壁鸠鲁认为，万物的基础是在虚空中运动的不可分割的物质粒子——原子。一切自然现象都可以用原子的各种不同结合来解释。在伊壁鸠鲁看来，任何东西都不会从不存在的东西中产生出来，任何东西也都不能成为不存在的东西，在宇宙之外没有什么东西能够进入宇宙并在其中引起任何变化。在这些论点中包含着这样的猜测——作为一切自然现象的基础的物质是永恒的和不可消灭的，因此，对自然界的解释必须从自然界本身出发，而不是求助于某种自然界以外的力量。

正是伊壁鸠鲁的这个论点构成了他的必然性学说的基础，所谓必然性，无非就是客观存在的原子运动的内在规律性。因此，解释必然性只能从形成这种必然性的物质基础去解释。但是，与此相反，皮尔斯在论述伊壁鸠鲁等人的必然性学说时却根本不提伊壁鸠鲁的上述基本论点。

伊壁鸠鲁把物体和组成物体的原子区分开来。他认为，原子是不可分的、不变的，否则一切都会变成为"不存在"。他指出，原子具有完整性，即坚固性，因为原子不可能再分解为任何东西。

原子具有各种极不相同的形态，在伊壁鸠鲁看来，这就是自然现象无限丰富、变化多端的原因。显然，在这里，伊壁鸠鲁改变和丰富了德谟克利特的学说，他认为"各种原子不但在大小和形态上各不相同，而且在产量上也各不相同"。这就是说，伊壁鸠鲁已经按照自己的方式猜测到"原子量"和"原子体积"了。在伊壁鸠鲁看来，原子具有形态、重量和大小。由原子构成的物体还有色、香、味以及人可以感受到的其他特性。

原子的多样性决定了物质运动及其规律的多样性，所谓必然性就是客观规律性的表现。伊壁鸠鲁认为，客观必然性并不是单一的、不变的，而是多样的、有变化的。这一点，同皮尔斯把必然性归结为机械的、简单的决定论的说法根本不同。

为了说明必然性同偶然性的复杂关系，伊壁鸠鲁认为，原子的直线运动，由于重量的关系，是同原子自动地、内部制约地脱离直线的偏斜运动结合在一起的。伊壁鸠鲁提出的原子自动偏斜论具有深刻的哲学意义。在伊壁鸠鲁的原子自动偏斜论中流露出关于物质运动的多样化、复杂化性质的猜测，同时也因而推翻了对自然规律的各种宿命论或命定论的观点。

伊壁鸠鲁所说的原子本身的"自动偏斜运动"的说法，很朴素、很形象、很生动，然而又是很深刻地描述了物质运动带有自动与自己的必然性之外的其他物质运动的必然性相遭遇的可能性，这种可能性就是所谓的"偶然性"。由于世界物质运动的无限性和复杂性，各个物质运动形式之间必然发生"碰撞"现象。这些"碰撞"中就带有某些偶然的性质。这就如同一个人在马路上走路会偶然地、出乎意料地碰到地上的石头一样。这种碰撞就其在该运动形式的内在规律性之外而言，是偶然的。但这种偶然性就另一种运动形式所固有的本质规律而言，又是必然性的一种表现形式。所以，如前所述，黑格尔（G. W. F. Hegel，1770 - 1831）曾经很形象地把偶然性比作各种必然性的"交叉点"。其实，在伊壁鸠鲁的上述原子自动偏离论当中，就已经包含了这种"偶然性是必然性的交叉点"的思想。

正因为这样,皮尔斯把德谟克利特和伊壁鸠鲁的原子论归结为"否定偶然性",是非常武断的。这一点,恰恰表明皮尔斯本人把必然性同偶然性绝对地对立起来。在皮尔斯看来,强调必然性就必然要消灭偶然性,反之,如果要承认偶然性,就必然要否定必然性。这个结论显然违背了事实。如果从更全面的观点来看,皮尔斯否定必然性的结果反而使他大大落后于两千多年前的伊壁鸠鲁。

伊壁鸠鲁曾经认为,自然规律的必然性绝不意味着人是命运的玩物或奴隶。他说:"不应当违背自然界,应当服从自然界,我们之所以服从自然界,是为了实现必要的愿望,也是为了实现自然的愿望,只要这些愿望不是有害的。"④

皮尔斯在上述论文中不但否定了伊壁鸠鲁关于原子偏斜论的哲学意义,而且企图把偏斜论歪曲成为神秘的命定论,似乎原子的"自动偏斜"是因为原子本身有某种神秘的"生命和隐德来希"(life and entelechy),或者某种"自由意志"(The Freedom of the will)。

皮尔斯在探讨了德谟克利特和伊壁鸠鲁的必然性学说之后,又进一步探索了亚里士多德和斯多葛学派(Stoa,Stoicism)的必然性学说。

皮尔斯认为,亚里士多德把事物的产生归结为三个原因:① 来自外在力量的推动,即所谓"动因"(efficient cause)的推动;② 通过"一种内在的本质"(an inward nature),或所谓"终极原因"(final cause);③ 通过无确定原因,即所谓"绝对偶然性"(absolute chance)。皮尔斯说这就是亚里士多德主义的"最深刻的本质"(the inmost essence),他认为亚里士多德的上述论点,为事物的各种可能出现方式作出了"有价值的估计"。⑤

显然,皮尔斯利用了亚里士多德哲学中的某些神秘主义因素,企图为他本人在以后说明偶然性的作用提供方便。但实际上,皮尔斯所总结的上述亚里士多德论点恰恰不是亚里士多德学说的主要部分,而是亚里士多德学说的次要的、片面的部分。

生活在公元前 384 年至 322 年之间的亚里士多德是柏拉图(Plato,约公元前 428 - 公元前 348)的学生。他由于跟柏拉图有严重的意见分歧并长期地争论不休,因而摈弃了柏拉图主义的观点,在柏拉图死后便离开了柏拉图的"学园"(Academy)。

从公元前 343 年起,亚里士多德做了马其顿国王亚历山大(公元前 356 - 公元前 323)的教师。公元前 333 年,他在雅典创立了吕克昂学校(Lyceum)。亚里士多德的哲学学派被称为"逍遥学派"(Peripatetic);因为亚里士多德通常是在游逛和散步时和他的学生们谈话的。

亚里士多德是古希腊"百科全书式"的科学家。他研究了哲学、逻辑学、心理学、自然科学、历史、政治学、伦理学、美学的问题。亚里士多德在其《形而上学》(*Metaphysics*)和《论灵魂》(*On Soul*)两部著作中叙述了哲学观点,在《范畴篇》(*Categories*)和《分析篇》(*Analytics*)等著作中叙述了逻辑学理论。

在亚里士多德看来,柏拉图的"理念"不能说明自然界中的运动。亚里士多德认为,自然界是实物的总和,这些实物具有物质的基质并处在永恒的运动和变化之中。物质世界过去一直存在,将来也永远存在,它不需要柏拉图臆造的"理念"来解释自己。认识真理首先是认识自然现象,人的感觉、表象和概念是从实物中派生出来的。

亚里士多德摈弃了柏拉图的"理念"世界,斥责了柏拉图想在实物之外寻找实物的本质的企图。他创造了一种理论,根据这种理论,本质是在实物本身之内。亚里士多德制定了四因论:① 质料因,或质料;② 形式因,或形式;③ 动力因;④ 目的因,或目的。

亚里士多德的上述四因说同皮尔斯在前面所作的概括是不一样

的。皮尔斯显然把"质料"与"形式"这样两个极端重要的因素排斥在外了。皮尔斯的这种武断作法不是没有原因的。因为恰恰是亚里士多德的这两个因素是他关于客观必然性学说的基础。

亚里士多德把质料和形式确定为"构成实物的东西"。质料是每一个实物的"最终基质"。亚里士多德说:"在一种意义上说,物所由产生的、包含在物中的质料叫作原因,例如,铜像的铜,银碗的银以及铜、银的'更一般的'类。"⑥按照亚里士多德的说法,第二种原因就是形式,即形式因。每一个实物是形式化了的质料,但是,就在这个问题上,亚里士多德在往下的论述中,强调质料只是发展的可能性,因此,质料需要形式化,而在形式的作用下,质料才现实化,即转化为现实。亚里士多德把"动力因"确定为"制造者"。他说,"原因就是变化或静止的最初泉源,例如,进忠告的人是一个原因,父亲是孩子的原因。一般地说,制造者是被制造者的原因,引起变化者是变化的原因。"⑦最后,亚里士多德陷入了神秘主义的命定论,不正确地把目的因了解为一切自然现象产生时"所追求的那个东西"。他说,每一自然现象都有其发展的原初的内在目的,即隐德来希(entelechy)。

亚里士多德曾形象地把自己的理论作了一个比喻:建造房屋的建筑师和建筑师的艺术本身是动力因;设计图是形式;建筑材料是质料;建成的房屋是目的。

由此可见,在亚里士多德的学说中,包含了正确和错误的两个部分。例如他认为自然界是处在运动、发展中的;他把这种发展理解为质料形式化的过程,理解为可能性向现实的转化。他看到了质料和形式的内在联系。但是,他在同一学说中又表现了把形式与质料割裂开来,并赋予形式以积极的、能动的本原的思想倾向,似乎质料反倒是消极的、无定形的、被动的因素,而且还只是一种可能性而已。在亚里士多德看来，"世界理性"即所谓"第一推动力"是跟质料毫无联系的形式，但又是一切自然现象的终极原因、目的，是自然现象的动力因。而且，亚里士多德还断言，第一推动力本身是不动的，但它又能使整个世界向目的地运动。

所有这些，使皮尔斯对亚里士多德的学说深感兴趣，因为正是在亚里士多德上述复杂的学说中，包含了对必然性的否定的可能性。

皮尔斯从亚里士多德的上述理论中找到了有利于论证偶然性的绝对存在的根据。皮尔斯突出了亚里士多德的神秘主义的"隐德来希"，强调所谓的"无确定原因，即绝对偶然性。"

在哲学史上，亚里士多德是原子论的反对者。这一点也使皮尔斯抓住亚里士多德不放。但是，皮尔斯忘记了：亚里士多德反对原子论的目的正是为了更深刻地说明客观必然性的极其复杂的表现形式。亚里士多德以古代自然科学成就为基础，进一步提出比原子论更完整、更系统化的必然性学说。

亚里士多德认为，没有什么最小的、不可分的物质粒子，任何物体的极微小的粒子，和整个物体一样，都是四种基本因素，即火（热和干）、空气（热和湿）、水（冷和湿）、土（冷和干）构成的。这四种"根源"不是永恒不变的宇宙元素，而是能够相互转化的实物。我们可以把物体分成越来越小的粒子，但在分割物体时所获得的粒子仍然保持整个物体的"成分"。

客观的物质世界存在着必然性、规律性，所以，在亚里士多德看来，思想所论断和证明过程中的相互联系以及逻辑学的规律和原则，不是任意制造出来的，而是以存在本身的联系作为客观基础的。亚里士多德说明了在论证过程中一定要遵守的、不依赖于人们意志的、我们思想的必然规律。在这里，亚里士多德一方面承认物理的客观必然性，另一方面也认真地讨论了逻辑的必然性,认为可靠的三段论的结论,必然是从前提得出的。

皮尔斯在探讨亚里士多德的哲学时,把亚里士多德哲学中的这些关于客观必然性的有价值的论述,都撇在一边不管,这就使皮尔斯明显地陷入了主观主义的错误中去。

皮尔斯在论文中还错误地把希腊的早期斯多噶派的必然性理论看作是整个斯多葛学派的理论,因而也错误地把斯多葛学派的观点归结为"必然论"(Necessitarianism)和"唯物主义"(Materialism)。

实际上,古希腊的斯多葛学派本身是经历一段发展过程的,因此,必须把早期斯多葛学派同晚期斯多葛学派区别开来。

早期的斯多葛学派认为火焰般的"普纽玛"(pneuma,呼气、吸气)是自然现象的基础,普纽玛变浓或变稀,就形成空气、水和地。他们认为自然现象是可以变化的,而且,这种变化是有它的一定的客观必然性。

但是,斯多葛学派的发展越来越多地掺入了神秘主义的命定论的成分。他们后来特别强调宇宙现象的规律性(逻各斯〔Logos〕)具有"宇宙精神"的意义,主张人们必须盲目地服从命运的安排,从而把必然性歪曲成为宿命论或命定论。

皮尔斯并不同意斯多葛学派的命定论,但皮尔斯并不是从承认客观必然性出发,而是从主观的意志自由出发。他说,斯多葛学派的必然性学说"同意志自由相冲突"。

由此可见,皮尔斯否认必然性的途径就是千方百计地把自古以来发展起来的必然性理论同命定论、宿命论、目的论等混淆起来。

应该指出,科学的必然性同命定论毫无共同之处。其根本区别在于:前者是从承认必然性的客观物质基础出发,而后者则认为必然性是以神秘的、不可知的某种因素为前提。

皮尔斯在驳斥客观必然性时进一步提出：为各种科学所论证的必然性，其本身就是从假设出发。皮尔斯说，各种科学原理都是以"假定"（Presupposition）或"假设"（Postulate）为前提，而"假设"某一命题无非就是以希望它正确为出发点。所以，实际上，以此为基础的一切行动都是危险的。皮尔斯还进一步指出，人的一切行动都是以个人的具体行动为基础的，而个人的具体行动的内容、原因和背景都是极端复杂的，其中包含极难预料的个人意志自由的因素。因此，皮尔斯得出结论说，把自然科学中的必然性搬用到日常生活中去是很不适当的。

皮尔斯列举了种种理由证明"必然性"的不存在性。他认为，必然性既然是以"假设"为前提，它本身也是属于"先天"的理性，而依靠理性自己去证明必然性是不可能的。

皮尔斯反对必然性的一切"论证"，归根结底，是为了"论证"偶然性支配着一切。他认为，一切现象，到底是偶然的还是必然的，对于人类来说是毫无意义的。因为人类所关心的，不是必然性或偶然性，而是自己的实际行动的成败。

如前所述，皮尔斯认为，人类自己的行动不能用客观必然性的范畴去检验，而只能以行动的成败来检验。而行动的成败，在行动之前是不可能准确地预知的。这样一来，皮尔斯就自然地主张：人类的行动和实际生活只能靠偶然的命运的恩施，用很通俗的话来说，人的行动只服从"命运"的摆布，一切都是碰运气的。

既然偶然性支配一切，人类的认识和一切科学研究也是没有必要的。如前所述，实用主义认为，科学的存在并不是为了揭示自然界规律本身（因为自然界本身本来就没有必然性！）而仅仅是因为科学作为一种"假设"，对我们的行动有用。

　　人的行动不需要由人的认识来指导，而只能靠行动自己去摸索，行动到哪儿，你就自然地认识到哪儿，下一步怎么行动，就由前一步行动的具体效果来决定——所谓"决定"，并不是要从中总结出什么规律，而是仅仅从前一步行动的效果中直接地受到一种"启示"和"暗示"。

　　总而言之，皮尔斯的这篇论文的目的是要推翻客观必然性，为实用主义者的"行动效果至上论"扫清道路，也为奉行实用主义原则的人们的为所欲为解除顾虑。很显然，实用主义的这种原则，是同叔本华的意志主义相一致的。

注释

① 参见 Wilhelm Windelband，*History of Ancient Philosophy*，Authorized Translation by Herbert Ernest Cushman，Second Edition，pp. 155－159。

② 参见《古希腊唯物主义者》，俄文版，第 67 页。

③ 同②。

④ 参见《梵蒂冈格言选集》第 XXI 残篇。

⑤ 皮尔斯：〈关于必然性的学说〉，见巴雷特与艾肯合编：《二十世纪哲学》，第 1 卷，第 125 页。

⑥ 参见亚里士多德：《形而上学》，Vol. 2，1013a 24－1013b 21。

⑦ 同⑥。

第5章
什么是实用主义?

　　1904 年 9 月,皮尔斯在美国宾夕法尼亚州米尔福德市(Milford)发表了一篇概述实用主义原则的论文,题名为《什么是实用主义?》(*What Pragmatism Is?*)。这是皮尔斯创立实用主义哲学后三十年写成的重要文章,也是皮尔斯继 1902 年为鲍德温(James Mark Baldwin,1861－1934)的《哲学和心理学辞典》(*Dictionary of Philosophy and Psychology*)撰写《实用主义》一文后所写的关键性论文。它不仅概述了实用主义的基本原则,也简单地回顾了自从发表《怎样使我们的观念清晰?》以来,实用主义哲学的形成和发展过程。实用主义哲学自 19 世纪 70 年代由皮尔斯创立以后,很快就被詹姆斯和杜威等人所接受。到了 20 世纪初,实用主义哲学体系才由皮尔斯、詹姆斯和杜威等人完全地、成熟地建立出来。在这一过程中,皮尔斯的实用主义原则遭遇到哲学界许多人士的批评和反驳,所有这些反驳的中心点集中在实用主义的反理性主义这个特点上。

　　在这种情况下,一方面为了反驳对实用主义的各种批评意见,另一方面,为了总结那三十年内实用主义本身的发展成果,皮尔斯发表了上述论文。因此，分析这篇论文的内容，无疑将有助于我们更全面和更深入地理解实用主义的原则。

在这篇论文中，皮尔斯强调实用主义原则是从生活实践中总结得来的。他试图纠正自 19 世纪 70 年代以来对于实用主义哲学所产生的种种误解。

对于实用主义所产生的普遍误解是认为实用主义把人的一生归结为行动——除了行动以外，什么都不承认。由此，便产生两个疑问：第一，实用主义只承认行动，反对理性思维；第二，实用主义只强调个人的具体行动，否认概念的普遍性。

皮尔斯回答说，实用主义并不完全否认思想的作用，如果实用主义把行动看作是生活所仅有的内容，"那就意味着它的死亡"。在他看来，实用主义强调行动，并不是说人的一切都归结为行动而已。人的行动所带来的效果可以丰富人的生活，也同样丰富了人的思想活动，人不是为行动而行动，行动给人们带来的效果远远超出了行动本身，而且人毕竟还是有头脑的，所以，在行动过程中，不免要触发起人的思想，引起人的逻辑思维。正因为有思想的帮助和启示，人的行为才有合理的目的。

在这里，皮尔斯仍然重复了他过去所谈论的内容。但值得注意的是，他极力反对把他的实用主义同否认思想的作用的意志主义、现象主义等反理性主义思潮等同起来，这就表明，实用主义自产生以来，总是竭力维持它的体系的多元性，使它能应付来自各方面的抨击，使它避免走极端，并在受到某一方面的抨击时，能像水的形状随容器的改变而改变那样，适当地改变自己的说法。实际上，关于行动与思想的关系这个重要问题，实用主义一直是采取谨慎的、圆滑的解决方式。它的立足点是强调行动的效果，但同时又不否认思维的作用，强调在行动效果的逐步实施中，动脑筋寻求更好的手段和方法，以达到尽可能好的效果。这一主张,在一般市民中,有很大的迷惑力。因为对于一般市民来说,做什么事情往往是做了再说,或边做边想,而且也确实只有在遇到挫折时,才费脑筋想问题。但是,实用主义的原理绝不仅仅是如此而已。他们利用了日常生活中的上述普遍现象,进一步认为,行动的效果是至高无上的。而他们所说的效果就是对自己有用、有利。这就把一般人所说的思想的正常作用——正确地认识事物及其规律性——篡改或缩小成为达到个人目的的工具。

关于个别与一般的关系,皮尔斯在这里所论述的基本思想也不是新颖的。他以"至善"(summun banum)为例。他认为,至善是一个普遍的概念。但是,"实用主义者并不使至善包含在行动中,而是使它包含在进化的过程中,而在这一过程中,存在本身越来越多地体现那个一般性……"皮尔斯的意思是说,个人的行动固然是具体的、特殊的,但是它在进化的过程中,可以体现像"至善"那样的"一般性"。

在论述个别与一般的关系问题时,皮尔斯也同时重复了行动与思想的关系。他说,人们在行动中往往会采取"自我控制"(self control)的方式,这个自我控制实际上就是用自己的思想指导行动。而在上述的"进化过程的高级阶段,进化越来越为自我控制所取代,这就使实际行动者可以把自己的合理的行动意图变为一般性"。这段话的意思是说,通过"进化"的行动过程,不但可以使行动者的意图越来越合理化(通过思维的作用),而且,也可以使它一般化。换句话说,在个人行动中,个人的意图尽管有千变万化的特殊性,有千差万别,但都包含着某些"合理性"——这个"合理"是对个人和社会两方面说的——这个"共同的"合理性就是一般性的基础。皮尔斯在这里所说的"合理性"就是在前面所提到的"人性"的一般要求。每个人为求生存都有自己的利欲,这个利欲在实用主义者看来是合理的。

如果用商业社会的实际情况来说明实用主义的这个观点，那么，就可以看到他们所说的合理性和一般性，是指商业交易活动中所通行的原则。那些原则都是以金钱作为唯一的衡量标准，而且这个标准是适用于一切个人的行动中的。就此而言，商业社会的个人活动既是特殊的，又有共通的一般性。

为了论证个人存在的合理性即一般性，皮尔斯还引证了亚里士多德关于"存在的个体"（existent individuals）的概念，企图论证实用主义关于个人行动包含一般性的观点的历史来源。

皮尔斯说，亚里士多德在《分析前篇》（*Prior Analytics*）中曾对"全称判断"（universal predication）下过一个明确的定义。在这个定义中，亚里士多德曾用"存在的个体"这个概念说明全称判断中主语与谓语的关系。皮尔斯说，实用主义从亚里士多德的上述定义出发，得出结论说："所谓肯定判断（不管它是全称或是特称），就是，而且仅仅是指这样一个判断，即：没有一个普遍隶属于谓语的感性效果（sensational effects）不属于主语。"把这句很别扭的话改成另一种说法，就是："凡是普遍隶属于谓语的感性效果，都属于主语。"而所谓主语，在实用主义看来，就是行为的主体，就是个人。皮尔斯认为，这个结论是实用主义的基本结论，表达了实用主义关于"一般性"概念的观点。

显然，皮尔斯把两个问题混淆在一起。亚里士多德说的是全称判断中主语与谓语的关系，而实用主义讲的是个人的行为效果与个人的关系。皮尔斯用亚里士多德关于全称判断的观点"论证"实用主义者所说的个人行为的"普遍性"及"一般性"，是犯了偷换论题的错误的，因而是站不住脚的。

从皮尔斯的这个论证中也可以看出实用主义所说的"个别与一般"的关系，同普通人所理解的同一个问题相比，其范围是很狭小的——它完全局限在个人行为的范围内。

皮尔斯所写的《什么是实用主义?》一文并没有彻底解决实用主义的矛盾。所以,在他的文章发表后,哲学界对实用主义的批判仍然没有停止。这些抨击基本上仍然是上面提到的那两个问题,即思想与行为的关系及个别与一般的关系。在皮尔斯之后,詹姆斯和杜威试图集中解决这个问题,但没有得到真正令人满意的结果。

在皮尔斯那里,作为他的实用主义哲学的核心部分的信念论、符号论和行为论的统一,是很自然的,而且,三者的统一,在皮尔斯的实用主义思想的指导下,必定会导致一种语用论的建构,即把信念、符号、真理和逻辑,在**行为的贯彻**和**语言的使用**中统一起来,这就是为什么在他的哲学中,会如此明确而清楚地将实用主义同语用论结合在一起。就在《什么是实用主义?》一文中,皮尔斯之所以强调他的实用主义与詹姆斯的实用主义的区别,正是为了反对詹姆士等人单纯地和片面地将实用主义歪曲成获取个人的特殊功效的手段,正是为了表明皮尔斯本人对确定科学定义和命题意义的高度重视,也表明皮尔斯本人通过其实用主义原则寻求达到思想观念意义明晰性的科学逻辑和科学方法论的一贯努力。总之,正是在这里,已经表现了实用主义在未来发展中所可能出现的不同倾向。

从皮尔斯的《什么是实用主义?》一文所能看到的实用主义未来发展中的多种可能倾向,不论对研究实用主义哲学本身的特征,还是对于研究皮尔斯本人的实用主义和语用论的基本特征,都是非常重要的。简单地说,皮尔斯的《什么是实用主义?》一文,表明实用主义思想体系中的多种复杂成分及其分化的可能性。实用主义思想体系中,早在皮尔斯那里,正如本书在前面和在后面所反复指出的,包含着:① 思想观念和信念与行为的关系;② 思想行为与语言符号的关系;③ 思想和行为的主体之间的思想沟通和行为协调的问题。皮尔斯很重视思想观念的"意义"的明晰性，一方面是为了强调思想观念的内容和行为对象、行为条件及行为效果的关系，另一方面也是为了强调思想观念的意义及其表达程度对于行为者的相互关系及其协调的重要作用。在皮尔斯那里，上述两方面又直接和间接地和语言符号的使用密切相联系。所以，皮尔斯的实用主义从一开始便不只是一种关于人的思想和行为的成效的哲学理论，而且也是关于在思想和行动中贯彻可靠的科学方法论及保障获致确定信念的科学逻辑理论，其中尤其突出地包含关于符号、语言及各种信号的应用逻辑。

在皮尔斯之后的实用主义多元化，使皮尔斯原先坚持的某些部分被淡化或被忽视詹姆斯的"绝对经验主义"和杜威的"工具主义"，尤其淡化和忽视了皮尔斯理论中的语用论部分，进一步加强了实用主义作为达到行为功效的原则和手段的哲学特征。

第二编

实用主义及其发展

第 6 章

哲学的实际效用

第一节 哲学是研究效用的

实用主义认为,哲学的根本任务不是认识世界的本质,不是探讨"什么是世界"、"什么是物质"、"什么是精神"以及"世界是否可知"等诸如此类的问题。在实用主义者看来,以上那些问题都是远离人的实际生活和行为,并且是几千年来始终得不到解决的抽象问题。实用主义者把这些抽象问题都一股脑儿地归结为"形而上学的问题"。

所谓形而上学的问题,自古以来,不论在中国,还是在西方,就已经被哲学家们反复地提出和探讨。在中国古代,早就有过所谓"形而上者谓之道,形而下者谓之器"的说法。在西方,古希腊哲学家亚里士多德最早使用了"形而上学"这个词。在亚里士多德的哲学体系中,形而上学的问题是安排在物理学之后,所以,形而上学的字面意义就是"物理学之后"(metaphysics)。在亚里士多德那里,在"物理学之后"即"形而上学"的哲学是研究本体论(ontology)的,也就是研究"一般存在"的。所以,又可以将这部分哲学称为"存在论"。照亚里士多德的说法,形而上学是"研究存在作为存在的一门学问(a science which investigates being as being)"。①它所探讨的是宇宙的本质及存在的本质。正如亚里士多德所说,它所寻求的是"第一原则和最高原因(the first principles and the highest causes)"。②

确实,所有这些形而上学的问题,都是很抽象的,它们远离现实生活。只有透过我们所见到、听到、摸到的具体物,深入地认识无限的世界的本质,才能领会这些深奥的问题。想要弄清这个问题,不能靠感觉器官,而是要凭借人的思维能力。人的思维能力,可以从无数的具体现象中,抽象出在事物内部存在着的本质。但是,既然世界是无限的,所以,认识世界的本质这样一个深奥的问题,就不能单靠任何一个人(哪怕这个人有多么高深的学问和聪慧的思维能力!)的思维,而是要靠全人类在世代相传无限认识的过程中逐步深入。因此,上述形而上学问题,对于个人的日常生活,对于某时某地的具体的人的行为来说,是离得比较远的。

就个人而言,多数人关心的首先是本人的行为的直接效用,也就是说,一个正常的人,不管他是做生意、读书还是游玩,他最关心的是自己的这些行为的直接效用。譬如说,一个商店的老板,当他在早晨九点钟打开商店的大门时,他劈头遇到的、并始终伴随着他的基本问题是:商店里的商品卖了多少?赚了多少钱?这实际上就是他今天开市的行为的最直接的效用。商品能否卖得出去,这是涉及今天开市的行为有没有效用的问题,商品能卖出多少,这是涉及今天开市的行为的效用有多大的问题。毫无疑问,对于这位商店老板来说,他所期望的,不仅是取得效用,而且效用越大越好。显然,这位老板绝不会思考上述那些深奥的形而上学问题,他绝不会在做生意的同时,一边与顾客打交道,一边思考着"世界的本质是什么"这样一个问题。即使买卖不兴隆,有较多的闲暇时间,这位老板也不会把眼睛瞪着天花板去思考那些"形而上学的问题"。非但不是这样,而且,实际情况往往是,越是没有顾客,越是有较多的闲暇时间,老板越关心他的生意活动的效用。

对于一个学生来说,他的头脑里所经常考虑的,大多数也是读书、游玩等日常行为的效用。他首先要考虑,考试是否及格?老师讲的课有没有听懂?上下课有没有迟到、早退?老师给自己什么样的评分?下一学年能否升级?自己的读书成绩能否满足家长的要求?……等等。

也许,对于一个不用功的学生来说,不一定较多地关心上述问题,但他们所关心的,是另一种类型的"效用"问题,即:什么时候能玩得更开心?用什么方法更能有效地达到作弊的目的?用什么手段能瞒过老师或家长的严厉目光?……等。

对于一个跑马场的赌徒来说,他所关心的是能否赌赢,或者,能否赢一大笔钱?当他的赌注成功时,他欣喜若狂,赢得越多,他越狂热。相反,当他赌输时,他就可能灰心丧气,或促使他下更大的赌注,他的侥幸心理,始终集中在他的赌注行为的"效用"上——"效用"的有无或大小,是他的头脑所思考的中心问题。

试问,在上述赌徒的心目中,会容纳"什么是世界的本质"等形而上学问题吗?

在日常生活中,对于自己的利益关心得比较多的人,往往是对自己的行为的效用关心得比较多的人。实际上,"效用"(effect)这个词,就是"利益"的代名词,衡量"效用"的标准就是对自己是否有利。当一个人说,某一个具体的行为有某种效用的时候,指的就是这个行为达到了个人的预期要求或预定目的。而个人目的或要求又往往是求得利益的一种指标。

因此，毫不奇怪，当社会发展到商业高度发达的 19 世纪和 20 世纪的时候，人们讲求效用的呼声就越来越高。在当代的商业社会中，不必多加思考，就可以认识到这样一个最明显的事实，即：最讲效用的人是最有商业头脑的人。关于这个问题，本书将在以下各章中详尽论述和分析。在这里，只是简单地提一提：实用主义者把"效用"当作哲学研究的主要问题，乃是商业社会发展的必然产物。

实用主义者特别强调"效用"，据说是因为现实生活中人们只关心自己行为的效用。实际上，实用主义者只看到了问题的一面，而忽视了问题的另一面。

如果从哲学的高度来看问题，那么，实用主义者显然只迎合了一般市民和商业社会中普通人的心理。实际上，作为哲学家来说，任何近视或短视都是很危险的，甚至可以说，哲学上的近视将导致哲学的毁灭。

我们说，实用主义只看到问题的一面，看不到问题的另一面，就是因为，在现实生活中，在各种琐细的日常行为的背后，不管行为者是否意识到都隐含着深刻的哲学问题和形而上学问题，即包含着"世界的本质"和"世界是否可知"的深奥问题。

就在上述那位老板的买卖活动中，透过日常表现的繁忙的物物交换，可以看出极其复杂的人与人之间的关系和人与物的关系，而这些深刻的关系，绝不是单纯靠实际"效用"就能认识到和掌握到的。事实也证明，如果不努力认识现象背后的本质关系，不去探讨类似于"形而上学问题"的内在规律性，这位老板的日复一日的买卖活动，就会陷入被动状态。只要仔细想一想就可以发现，许多成功的商人并不局限于和满足于日常的买卖活动，他们往往能透过每天的普通的买卖活动，思索着与上述"形而上学问题"有或多或少联系的较为深刻的问题,这些问题包括:顾客们喜欢什么商品? 顾客的需求与社会生活的那些问题有什么关系? 商品的价格与顾客的实际需要有什么关系? ……等等。由这些问题,有些聪明的商人还会逐步地触及更深刻的问题,如:什么是商品? 商品是物还是人与人之间的关系的体现? 赚取利润与商品的生产和流通有什么关系? ……等等。

有许多杰出的哲学家,善于从最普通、最常见、最简单的问题和日常行为中,看到其中所隐含的深刻的哲学问题。英国哲学家罗素就曾经严厉地批评了实用主义者只讲效用、把哲学归结为寻求效用的工具的做法。罗素认为,哲学既不神秘,但与平常的活动有别。哲学的特点恰恰就在于:它从普通的事物出发,探索着更深奥的本质问题。

在古代,当哲学尚未与具体的科学分离的时候,比较聪明的人们以好奇的心情思索着各种各样尚未得到答案的问题,他们从最简单的问题出发,上升到更深刻的问题,因而往往就在这些探索中,一方面推动了各门具体科学的发展,具体地回答了各种本来不为人们所认识的问题;另一方面则推动了哲学本身的发展,形成和发展了各种各样包含着许多深刻问题的哲学体系。例如,早在公元前 9 至前 2 世纪,在印度的早期文献中,如《吠陀》(*The Vedas*,直译就是"知识")、《奥义书》(*Upanishads*)、史诗《摩诃婆罗多》(*The Mahabharata*)和《罗摩衍那》(*Ramayana*)以及其他文献如《摩拿法典》(*The Laws of Manu*)、考底利耶(Kautilya,公元前 4 -前 3 世纪)的《利论》(*Arthasastra*,又译作《政事论》或《治国安邦术》)等等,都已经显露出哲学家们从具体的和日常的行为中抽象出深刻的"形而上学问题"的尝试和倾向。印度的摩陀婆大师(Madhva,1197 - 1276)所编写的《哲学体系概要》(*The Sarva-Dar'sana-Samgraha*)中,曾引述了古印度哲学家从日常行为中考虑世界的本质等"形而上学"问题的思想方法和朴素的思路，例如，其中曾引述了这样一首评论日常行为的富有哲理的诗句：

> 如果在光赞（注：指印度葬礼中供祭的宗教仪式）的仪
> 式中，被宰的牺牲者能够升天，
> 祭者本人为什么不献出自己的父亲？
> 如果祖祭能使死者得到满足，
> 那么，何必又把粮食给予人间的过客？
> 如果一个人留下自己的躯壳到另一个世界中去，
> 他为什么要悲哀地离别亲人
> 一去不复返？
> 婆罗门所以要规定这些葬礼仪式，
> 只因为要靠它们来谋生，
> 事实上没有什么因果报应。

在《奥义书》中，也有许多地方提到那些从最普通的行为中提炼出世界本质问题的极其朴素然而是极其深刻的哲学方法，例如，在《歌者奥义书》(*Chandogya Upanishads*)中说道："(1) 只有空气才真正是囊括一切的、包罗万象的本源，因为当火熄灭时火就散入风中；当日落时，日就进入风中；当月沉时，月亦归于风；(2) 水蒸发时，水就散于风，因为风真正吸纳万物。至于诸神，也是如此。"[③]

自古以来，哲学确实在不停地探索着许许多多极其深刻而又极其抽象的"形而上学问题"，这些问题确实也从来没有得到最彻底、最完美的解答，但是，不可否认，人类对这些问题的认识是逐步深入的，是有益于人类的活动的（其中，也同样有益于人类的日常行为），而且，我们看到,哲学上的所有那些深奥的、抽象的哲学问题,并不是与人的实际生活没有任何联系,也并不是没有一点"效用"。

实用主义者显然把两个问题混淆在一起,这两个问题是:① 这些形而上学问题能否得到最完美、最彻底的答案? 也就是说,这些问题能否在某一个哲学家的哲学体系中得到最完满的解答? 某一个哲学家对这些问题的答案是不是可以归结为绝对真理? ② 这些形而上学问题能否逐步地深入认识? 对这些形而上学问题的认识是不是应该从我们最平常、最普通的行为中开始?

实用主义者把以上两个问题割裂开来和对立起来,有时又把它们混淆起来,以致得出结论说,"形而上学问题"是不可知的,是毫无意义的,是对于人类的日常行为毫无"效用"的,只有研究最实际、最具体的问题,只有直接研究行为的效用,才是有意义的。

实用主义哲学从一开始出现,就以把"形而上学问题"排除出哲学领域之外为己任。他们直截了当地说,哲学的任务就是研究行为的效果。

实用主义的创始人皮尔斯关于实用主义哲学的第一篇著作《怎样使我们的观念清晰》,如前所述,通篇文章贯穿着这样一种精神,即任何一个观念,它的全部意义就在于它的实际效用,他说,"思想就是一种行为(action)"。④

从皮尔斯开始,一直到詹姆斯和杜威,以及中国的胡适等学者都恪守着这样一种信条,即:只有行之有效的才是真的,其他的一切都是无用的讨论。杜威直截了当地把实用主义归结为"一种行动的唯心主义",整个实用主义哲学体系以及实用主义哲学自始至终的发展过程,都贯穿着这种"效用第一"的基本精神。

詹姆斯认为,实用主义哲学把注意力从原则、范畴、概念转向行为的效果、结局和实际状态。因此，他认为，对于哲学来说，不应该注重于讨论原则、范畴和抽象的概念，而应注重于研究实际效果。他在《实用主义：某种旧的思维方法的一个新名称》（*Pragmatism, A New Name for Some Old Ways of Thinking*）一书中说道："实用主义的方法并不意味着它有什么特殊的功效，它不过是一种决定方向的态度。这种态度离开最先的事物、原则、'范畴'、虚拟的必然性，而转向最后的事物、结果、效果和事实。"⑤

杜威也明白地宣称，"所谓真理是一个抽象名词，适用于因其作用和效果而得到确证的、现实的、事前预想和心所期望的各种事件的汇集。"⑥

把上述几位实用主义的主要代表人物的这些基本思想加以深入思考和分析，便可以看出实用主义企图摆脱自古以来始终贯穿于哲学史中的形而上学问题，径直解决人的具体行为的实际效用问题。

要解决人的行为的效用问题，并不是一件坏事。事实证明，任何哲学，如果脱离实际生活，就会失去存在的理由。如前所述，任何哲学，归根结底，都是为当时当地的某一个或几个社会阶层或社会集团服务，都是为一定的社会集团或人群的现实利益服务的。所有那些看起来极其抽象和玄虚的哲学问题，实际上是以最曲折的方式"折射"现实生活中的实际问题。就连那些涉及世界本质的形而上学问题，也是或多或少地同人们的现实利益有关联。若非如此，为什么自古以来，哲学家总是要不知不觉地围绕着这些问题而争论不休呢？就在上面提到的古印度的哲学争论中，在关于宗教祭祀的争论中，都包含着"世界的本质是什么"这样一个深刻的问题。回避这一根本问题，是不可能的。因为人类的生活离不开衣、食、住、行，这就不能回避与这个世界打交道，这就不能回避对世界本质的认识。有人说，就在婴儿的第一次睁眼的活动中，已经包含了对世界的本质的最初认识，这是千真万确的。每个人毕竟都同现实世界打交道，每天都要看到、听到、摸到、触到各种现象，而在这些现象中，就包含了世界的本质的不同程度的体现。

在不同的历史时期，都不同程度地出现过企图回避认识世界本质的哲学倾向，这一倾向本身都是有深刻的社会背景。也就是说，在不同的历史时期内，推动着一些哲学家千方百计地回避"世界的本质"的问题的动机，是来自社会生活本身中所存在的现实利益，就像另一些哲学家千方百计地以各种不同的方式探索"世界的本质"这个问题，也同样可以在社会生活中找到其现实利益作为他们的动机一样。

像实用主义哲学那样，把争论世界本质的哲学研究斥之为"无用的"行为，在哲学史上是有很多先例的。他们反对探索世界的本质，只一味地注重现实的、具体的行动及其效用，在这一点上，是有许多共同点的。所不同的是，在哲学史上出现过的各种企图回避"形而上学问题"的哲学派别，是从当时当地的历史条件出发的，因此，他们的某些表现形式与实用主义有所不同。这些异同点，综合起来看，就可以总结出一些规律性的认识，有助于我们更深刻地认识实用主义讲究"效用"的实质及目的。

在中国古代，庄子（公元前 369 - 前 286）曾经猛烈地抨击当时的哲学家们所开展的各种理论性的原则论战。他认为，这些论战都是毫无意义的。庄子的出发点是什么呢？他为什么会得出这个消极的、否定性的结论呢？把他的出发点和他的结论，同 19 世纪末以来形成和发展起来的西方实用主义哲学加以对比，是很有意义的，从中我们将对实用主义本身有更深的理解。

庄子认为，世界上的万事万物，无时不在变化，所以，人们无法确定它们到底是什么；一个美人，对于人来说是有吸引力的，但对于水池中的鱼来说,则是无动于衷的。那么,这个美人到底美不美呢? 既然无法说"美人是美的",那么,怎么能回答"世界的本质是什么"这个更大的问题呢?

显然,庄子和实用主义者从不同的出发点开始思索,却得出了相似的结论。但是,值得注意的是,庄子在当时提出这个问题,恰恰是在中国古代的奴隶制度即将崩溃、奴隶主阶级已身感无出路、无法掌握命运的时候。因此,一般认为,庄子哲学的虚无主义和相对主义倾向,是处于崩溃时期的奴隶主阶级的悲鸣在哲学上的反映。他们无法掌握自己的命运,厌世颓废,当然就尽力回避关于"世界的本质"的争论。

让我们再举西方古代哲学史上的一些事例,进一步认识那些否认"世界本质"的争论的哲学派别所由以产生的社会历史根源及其现实生活的关系,然后,就可以回过头去,更深入地理解实用主义者所主张的哲学原则的深刻背景。

在近代英国,最先直截了当地否认世界的可知性和否认深入世界本质的必要性的哲学家是休谟。休谟认为,人的行为和认识活动,至多只能触及经验。休谟说:"用什么论据可以证明:我们心中的知觉必定是由外在的物体所唤起,而不是从心本身的能力中,或者从某种看不见的、无人知道的精神的作用中,或者是从我们更不知道的其他什么原因中产生出来的呢? ……这个问题怎样才能解决呢?"休谟说,这个问题在原则上是不可能解决的,因为"显现在心中的除了知觉以外绝没有任何其他的东西……"。他还断言,人的认识能力是不可能超出知觉的范围的。[7]

在上述基本论点的基础上,休谟否认任何实体的存在,他认为实体是在普通的心理习惯的基础上形成的一种虚妄的抽象。休谟一股脑儿地否认一切物质的和精神的实体。他认为:关于世界是由物质实体或精神实体构成的哲学论调，都是毫无根据的，因而是虚妄的抽象。

闪电之后必有雷鸣，在休谟看来，这种司空见惯的时间上的次序使我们在心理上不知不觉地养成了一种习惯，因而，如此把这两种现象相互联系起来，似乎闪电就是一种产生和引起雷鸣的东西。但是，休谟指出，这不外是我们的由心理上的感受重复多次而引起的联想，我们并不能因此而得出结论说：大气放电和声音之间存在着某种客观的联系。

这也就是说，因果性不是客观的事实，而是纯粹主观的、心理学上的事实。所以，我们至多可以由此类现象中说"在此之后"（post hoc），但不能说"根据这个"（propter hoc）。

显然，休谟的哲学根本否认事物本质的存在，否认认识世界的本质的必要性。因此，在他看来，哲学不应探讨那些不可知的世界本质，而只是集中地研究各种习惯性的心理联想。

休谟所以在哲学上得出这样的结论，主要是因为他所处的那个时代到处充斥着瞬息即变的个人竞争，充满着各种在表面看来似乎是突如其来的变动。许多人难于掌握自己的命运，使有些哲学家开始考虑要否认世界的本质规律性及其可知性，休谟的哲学乃是这一尝试的典型表现。

从上面庄子和休谟哲学的例子中可以看出，凡是否认世界的本质的存在及其可知性的哲学体系，都是反映了一定的社会背景和某一阶层的现实要求的。这些哲学派别想要回避研究世界的本质，实际上恰恰说明他们的哲学是更为迫切地企图解决某一阶层的人们的实际生活要求。

由此可见，不管是探索还是拒绝探索形而上学问题，都是为人们的现实活动及其"功效"服务的。那些拒绝研究世界本质的哲学家，包括我们现在所介绍的实用主义哲学在内，是由于无从掌握自己的命运，在客观的规律面前无可奈何。他们所反对的那些所谓"形而上学问题"，并不是如他们所指责的那样是什么"脱离"实际的抽象问题，而是与人们的实际行动有密切关系的极其深刻的问题。

实用主义者强调哲学必须以研究行为的效用为主，并不是什么新颖的创造。如上所述，所有的哲学归根结底都是为现实活动服务的。重要的问题不是在于要不要为现实活动服务，而在于怎样为现实活动服务和为什么样的现实行为服务。

众所周知，人的现实行为是有好坏之分的，而且，人的行为是要有正确的指导思想的。如果像实用主义那样不分行为的好坏，在行为之前不认真全面地权衡利弊，对照自己以往的经验和别人的经验，尽可能多地进行调查研究，进行周密的推理就开始行动，那就无异于鼓励人们盲动，或片面地夸大个人行为的重要性，不顾现实的和客观的条件，只凭侥幸心理行事。

我们并不一般地反对重视行为的效用，而是要强调必须把自己的行为建立在正确认识世界的基础上，并能在行动的过程中和行动之后，不断总结经验，使行为更切合客观存在的规律性。

要做到这一点，首先，必须全面地认识人的行为的意义。在这里，有必要强调两个问题，而恰恰是这两个问题，实用主义哲学是不重视的。这两个问题是：① 人的行为的社会性；② 人的行为是受思想支配的。我们在探讨人的行为的效用以前，必须弄清上述两个问题。

人是在一定的社会中生活的，而社会是由不同阶层的人组成的，处于不同的社会地位的人，由于有不同的利益，其行为往往是相互矛盾的。但不同阶层的人为了共同生活在一个特定的社会中，往往采取有限度的和有条件的妥协，使彼此的行为能在一定的范围内和一定的限度内协调起来。

如果照实用主义的看法，任何人，不管他是什么阶层的人，都只顾自己行为的效用，那么，首先他就必然与其他不同阶层的人的行为发生矛盾和冲突。在这种情况下，如果不承认社会上其他阶层的人的行为及其效果，就必然使冲突进一步激化起来。

这个道理是非常明显的，例如，在一间工厂里，厂主的行为的效用就是体现在赚取最大限度的利润。厂主当然关心他的行为的效用，他每时每刻都力图使自己的赚钱活动发生效用；另一方面，工厂的工人也在关心他的行为的效用。工人的目标，首先是增加自己的工资和改善自己的待遇。显然，工厂主的行为的效用，同工人的行为的效用是有冲突的。如果双方都奉行实用主义哲学，那么，每一方都只顾本身的行为的效用，其结果必然是两个：① 一方得胜，另一方失败；② 双方妥协，各自获得有限度的效用。而这两种结果，不管是哪一种，都宣布了实用主义哲学的失败。因为在上述第一种情况下，胜利的只是一方，所以，实用主义只有对得胜者是有效的，而对失败的一方来说是无效的。

既然人的行为带有社会的性质，这就涉及行为的正义性问题了。在人类社会中，凡是涉及社会性的行为，都有正义与非正义之分。因此，对每个人来说，他要考虑其社会行为是否正义，是否符合社会的公众利益，是否有助于改善整个社会。只有正义的行为，才谈得上有益的效用。例如一个强盗，如果他强调他的行为的效用的话，多数人的正当利益就要受到侵害。所以，对于强盗来说，人们都希望他的每一个行为都归于失败，也就是说，都没有效果。

显然，由于人的行为的社会性，哲学不应该一般性地强调效果和效用。实用主义哲学强调行为的效用，是完全忽视了人的社会性。这一派哲学的立足点，是一个一个孤立的个人。它强调个人的行为，强调个人的利益，似乎只要每个人都关心自己的行为的效用，就可以达到目的,至于各个人同整个社会或其他人的利益有没有矛盾就根本不管。显然,这样做的结果就必然酝酿着社会的动乱和悲剧。

毫无疑问,人都是一个一个地存在着。但是,在每个人的行为的背后,存在着支配着一大群一大群人朝着共同的、类似的方向活动的内在规律。这种规律是不以每个人的主观意志为转移的。因此,每个人的社会行为并不是完全由每个个人决定的。所以,个人行为的成功与失败,也是在很大程度上受制于客观条件。在绝大多数条件下,社会的某种客观规律性决定了行为的方向,决定了行为的成败。比如说,古罗马时代的奴隶,他的行为就受到了他的社会地位的严格限制。显然,一个奴隶不能期望自己过奴隶主似的豪华生活。又比如,在现代的香港,一个打工仔只能在自己的经济条件所限定的范围内,安排自己的生活。如果他幻想自己有一座或几座豪华的别墅,并按富豪的方式去实际行动,那么,他就很可能要失败。

一个人不能脱离社会而存在。他的行为绝不是孤立于社会生活之外。因此,如果一个人真正希望自己的行为获得成功,就必须充分地认识主客观条件,总结以往的经验教训,从中掌握那些支配着自己行为的客观规律,充分利用有利的因素,排除或克服不利因素,或者设法使不利条件转化为有利条件,即因势利导去获取成功。

但是,在实用主义看来,所有这些都是多余的。因此,实用主义所主张的"行为第一"和"效用至上"的哲学原则,只能理解为盲动或凭着碰运气的侥幸心理进行活动。这就像一头围在火阵中的野牛,为要摆脱火阵,不动脑筋地横冲直撞,企图碰运气冲出一条安全的路来。这头野牛的行为,就像实用主义者所说的那种只讲效用的行为那样——当冲到火阵上烧得最烈的方向时,烈火烧身的那股痛苦的"效用",使野牛本能地调转冲刺方向,朝另一个可能较好的方向上跑去。如果偶然碰对了，找到一个可以冲出火阵的方向，那么，这个"效用"就使野牛本能地感到"碰对"了。

人类社会绝不是像火阵那样简单，生活在社会中的人也绝不像那头野牛一样可以随心所欲地、任意地调转自己行为的方向。一个人的行为的"效用"，受到极其复杂的主客观条件的制约。因此，在一定的社会中生活的人，要使自己行为达到预期的"效用"，就必须对社会本身以及自己在该社会中的地位有充分的认识。

实用主义哲学的始祖皮尔斯声称，他建立实用主义原则的基础就是他多年来从事实验室工作的习惯性思维方法。这种思维方法的特点，就是使自己所创立的概念建立在自己的生活行为的基础上。正是由此出发，他发明了"实用主义"这个名称。

在谈到"实用主义"（Pragmatism）这个名称时，皮尔斯特别指出了"实用主义"同"实际主义"（Practicism 或 Practicalism）的区别。通过对这两个词的区别的特别说明，我们可以进一步弄清实用主义者所说的"实用"或"效用"与一般正常人所理解的"实践"或"实际"（Practice）之间的差别。

皮尔斯说，在他发表了《怎样使我们的观念清晰？》的论文以后，他的朋友曾建议他使用"实际主义"（Practicalism）这个词。皮尔斯说，"实际"或"实践"这个词来自希腊字 Praktikós，而"实用"则来自希腊字 Pragmatikós。据皮尔斯解释，前者还没有完全摆脱掉"思想"的干预，"还属于思想的领域；而在这个领域中，实验家们的思维类型就不能有坚实的立脚点"；后者则"表现了同某种明确的人类目的的关系"。因此，皮尔斯坚持使用"实用主义"这个词，而拒绝使用"实际"或"实践"。⑧

从皮尔斯的上述解释中，可以进一步看出，实用主义所说的"行为的效用"或"实用"是完全忽视了思想对行为的指导作用的。皮尔斯不愿意采用仍然"属于思想领域"的"实践"或"实际",集中地表现了他想要使行为彻底摆脱思想的影响的尝试。

就在皮尔斯的上述论文中,皮尔斯表示,他的"实用主义"同以前各种旧哲学的区别恰恰就在于:以往的哲学,不管是经验论还是唯理论,都不能割断"行为同思想或精神之间的关系"。他认为,这也是以往一切"形而上学"学说的共同特点。

如果把皮尔斯的这段话,同前面所引述的詹姆斯那段话加以联系,就更明确地表明了实用主义是只讲行为、不讲认识,或只讲结果而反对事先的思索活动的。詹姆斯在那段话中强调:实用主义只注重"最后的事物"、结果、效果、事实,而不重视"最先的事物"、原则、范畴或"虚拟的必然性",即各种符合正常逻辑的认识活动。

综上所述,实用主义所讲的效用,就是指不顾社会关系、不顾他人利益、不加思考的"动作"(action)或"行事"(doing)。实用主义主张,人的本性就是"行动",行动起来就可能获得成功。他们讽刺一般人"三思而后行"的正常生活方式是"无用的空想",把动脑筋考虑问题讥讽为"米考伯主义"(Micawberism,就是所谓的"空想的乐天主义"。米考伯即 Micawber,是狄更斯〔Charles Dickens,1812 – 1870〕的著名小说《大卫·科波菲尔》〔David Copperfield〕中的人物)。

为了更深入了解实用主义的"效用"概念的涵义及实用主义哲学的基本精神,下面,我们进一步探索实用主义是怎样解决人的认识问题的。

第二节　经验与行为

从根本上说,实用主义是很轻视认识的作用的。实用主义者声称,以往的哲学之所以长期争论不休而又解决不了实际问题，就是因为陷入了认识的陷阱。在他们看来，认识与否是无关紧要的。客观存在的世界，我们的生活，以及其他的一切事物，都没有必要去认识。对于我们来说，最有密切关系的是我们的行为的效用，而认识与行为无关。

但是，人是有感觉、有理性的。因此，在人的一生中，在不断的"做"或"行"的过程中，人的感觉和理性总要起作用。实用主义无法一笔勾销人的认识的作用。但是，在他们看来，这种作用，与其说是对于世界的认识，不如说是一种本能的感应，是意识的自发行为。实用主义者把人在行为中所产生的这种意识和人的行为本身都通称为"经验"。

换句话说，人的一切意识行为，从最简单、最朦胧的感觉到理性推理，都是经验的一部分。如果从经验与行为的关系来看，经验不是行为的结晶，更不是人在行动过程中对于他所触及的对象的反映，而是在行为过程中产生的自发的、本能的伴随物或副产品。

杜威说：

> 经验交成首先是做的事情。有机体绝不会徒然站着，一事不做，……等着什么事情发生。他并不墨守、懈怠、等候外界有什么东西逼到他身上去。他按照自己的机体构造的繁简向着环境动作。结果，环境所产生的变化又反映到这个有机体和他的活动上去。这个生物经历着和感受着他自己行动的结果。这个动作或感受（或经历）的密切关系就形成为我们所谓的经验。

从上面杜威的这段话，可以看出：① 实用主义者把经验看作是人类或其他有机体在"做"的过程中的一种反应；② 经验是这种反应的综合体或结果。因此，人在行为中有什么样的反应，就有什么样的经验，而且,经验和行为一样是混乱的、无规律的。

如前所述,实用主义者所说的"做"和"行为",是不断地获取"效用"的过程。在他们看来,"做"和"行为"是根本,是人类赖以生存的前提,也是人类可能生活得好的首要条件。比如,一个人能否中彩票,完全是靠碰运气。在买彩票的几百万人当中,可能会有一两个人偶然地中头奖。中头奖的可能性虽小,但只要买了彩票,毕竟还是有这个可能性。实用主义者所说的"做"就好比买彩票,关键是买彩票这个行为,只要买了,就有中头奖的可能性;若是不买,就连一点中奖的可能性都不存在了。

一个人在买彩票这个行为中,从决定去买彩票到看到彩票揭晓,自始至终都是行为的进行过程。就在这个过程中,人所有围绕买彩票和等候揭晓而产生的反应,都构成为"经验"。所以,在这种经验中,包含了一系列极其复杂的感觉、想象、猜测、寄托希望、自我安慰、自我欺骗等心理活动和各种瞬息即变的喜、怒、哀、乐的情绪变化。这一切,都是实用主义所说的经验。显然,这种买彩票的经验,就是从买彩票这个行为中产生出来的。

围绕买彩票的行为而产生的各种反应是杂乱无章的,无规律的。其中,不仅前后没有一贯性、连续性、必然性和因果性,而且,初级的和高级的意识活动也相互交替或相互混杂。

其实,在实用主义者看来,人的行为与经验的这种关系就如同最低等的动物变形虫的活动一样。变形虫没有神经系统,没有意识,只有最简单的本能性的感应。变形虫的活动是无规律的、无明确方向的。它像桌面上的水滴一样,忽而向左,忽而向右,忽而向前,忽而向后,而当它受到外物的刺激时,马上就会本能地产生反应,改变自己的活动方向。

杜威曾说，由以上对于行为与经验的说明，"可以发现几个哲学上的重要意义"，首先，他认为，"在利用环境以求适应的过程中所起的有机体与环境间的相互作用是首要的事实、基本的范畴。知识反落于从生的地位，即使它一旦确立了，它的地位很重要，其来源也是次一等的。知识不是孤立、自我充足的东西，而是包罗在用以维持和发展生活的方法里面的。感觉失去其为知识门户的地位，而得其为行为刺激的正当地位。眼或耳所受的感觉对于动物并不是世间无足轻重的事情的一种无谓的知会，而是适应需要而行动的一种招请与引诱。它是行为的引线，是生活求适应环境的一种指导因素。"⑨

由杜威的这些言论，可以看出，经验是在行为中产生、又为行动服务的。在人的经验中，并不包含对客观事物及其规律性的任何认识。人在行动过程中自然而然地感受到一种刺激，而对于这种刺激，人们也自然而然地做出自己的反应。行动到哪儿，人的感应也到哪儿，有了感应，随即也就产生新的动作。把这一切综合在一起，就是实用主义所说的经验。

显然，实用主义所说的经验论是为他们的"效用论"服务的。他们为了论证"效用至上、行为第一"，把人的认识过程和认识能力强行隶属于他们所说的那种"行为"中。然后，他们又在行为中，把认识的作用归结为"行为"的简单反应和从事另一个行为的线索或诱导物。至于这种反应是不是正确的，对他们来说并不是重要的。重要的是：这些反应在反过来影响着下一步动作时，能否使动作取得成功。

正因为经验本身不存在正确与否的问题，也不存在前后一贯的必然联系，所以，经验本身并不是认识过程。在实用主义者看来，人不存在认识世界的问题，也无所谓认识能力。从感觉到思维认识能力统统不过是人的本能感应能力，而且，这个感应能力是杂乱无章的，支离破碎的,毫无系统性,毫无规律性的。我们再说一遍,在实用主义者看来,重要的问题,不是提出"这是什么?"而是"做什么"和"怎样做"的问题。

美国著名哲学家卡普兰(Abraham Kaplan,1918-1993),在1959年对加州大学洛杉矶分校所作的哲学报告中说,"实用主义向哲学和一切观念——实际上,也就是向人类的一切努力——所提出的问题,并不是'这是什么?',而是'这意味着干什么?'……对实用主义者来说,必须从功效的角度来理解哲学……。"⑩

这就是说,提出"这是什么"以及诸如此类的认识问题,并不是哲学的根本任务。哲学的根本任务毋宁是解决"怎样作为?"和"干什么?"的问题。

正是从这样的立论点,实用主义者把认识问题归结为"经验"的问题。"经验"这个词成了实用主义者回避认识问题的一个托辞,也是实用主义者以其特有的方式说明认识与行动的关系的一个基本概念。因此,有必要更深入地探讨实用主义所说的"经验"这个概念。

前面所谈到的"经验",都是从它与行为的关系的角度来说明的。这些说明,都还没有从"经验"本身的真正涵义入手去进行剖析。但是至少,从经验与行为的关系来看,已经揭示了实用主义者关于"经验"一词的一个最重要的方面。由此出发,我们就可以更准确地把握实用主义的"经验"涵义。然后,我们将会看到,在进一步弄清"经验"的涵义以后,我们又可以倒回来再看一看实用主义者所说的"行为的效用"。经过这样的反复说明,我们就可以得到关于实用主义的"经验"概念的全面认识。

什么是经验? 杜威说:

"经验"指开垦过的土地,种下的种子,收获的成果以及日夜、春秋、干湿、冷热等等变化，这些为人们所观察、畏惧、渴望的东西，它也指这个种植和收割、工作和欣快、希望、畏惧、计划、求助于魔术或化学、垂头丧气或欢欣鼓舞的人。

从这段话中可以看出，实用主义者所说的"经验"是无所不包的，几乎包括了主观和客观的一切事物。正如杜威自己所说的，"在动作与材料、主观与客观之间"是没有区别的，都包括在一个统一的"不可分析的整体中"，而这个"整体"就是经验。

这样一来，"经验"岂不是囊括了宇宙吗？从杜威的话来看，确实包含了这个意思。这就说明，"经验"这个词是一个非常含糊的概念。它给人一个既可以这样理解，也可以那样理解的印象，就像魔术师手中的魔杖一样，可以随时从这个称为"经验"的魔杖中变戏法似地"变"出许多事物来。值得注意的是，在"经验"中包含了人的行为的对象和人的行为的态度、情绪、思想意识等。在这里，请读者注意，最关键的东西仍然是人的"行为"或"动作"。

如果我们加以仔细地推敲，我们就会发现，杜威的"经验"概念中所说的"土地"、"种子"、"冷热"、"春秋"等，并不是泛指一般的客体世界，也不是指一般的"土地"、"种子"、"冷热"、"春秋"等，而是指那些在特定的环境下和时刻内成为某个人的行为的对象的"土地"、"种子"等。因此，正是在人的"行动"中，特定的那块"土地"才与人，与人的情绪，与人的喜怒哀乐发生关系，交织在一起——用杜威的话来说，"动作与材料"才包括在"一个不可分析的整体中"。

显然，在这里，真正的魔术师与其说是那个行为的主体、那个人，倒不如说是那个动作。仅仅有主体或客体，两者联系不在一起，而联系不到一块，对于实用主义来说是毫无意义的（如前所述，一切存在，如果与人的行为无关,都是毫无意义的)。唯有通过人的行为,才使主体与客体交融在一起。因为通过特定的行为,人将检验出一切存在物对于他的"实用价值"。

经验就在这种把主客体连在一起的行为中应运而生。人的行为不是简单地把主体和客体连在一起,而是通过这种联系,在人的感受中产生了一种能把主客体交融在一起的那种状态或境界,这种境界是人的行为的特产,它表示了"行为"、"主体"与"客体"的某种特殊的关系,实用主义者将此称之为"经验"。

皮尔斯在《怎样使我们的观念清晰?》的论文中说:"思想就是一个**行动**,而且,它包含在一个**关系**中。"在这句话中,皮尔斯在"行动"和"关系"两个字下面打上了着重点,表示这两个词的重要性。

为什么呢? 如前所述,正是在"行动"与"关系"中隐藏了"经验"的奥秘,也烘托了实用主义的最中心的思想——那就是说,关于一切存在物(包含我自己和周围的一切事物)和对于它们的认识以及它们的"价值",都维系于"行动"之中,"行动"产生了"关系",有了"关系"才谈得上存在及其价值。

实际上,在实用主义者上述"经验"概念中,不仅表现了实用主义者解决主客体关系的特有方式,也表现了他们解决认识过程的特有方式。

因为,在实用主义者看来,在上述"行动"中,人不仅在"经验"中统一了主客体,而且,完成了认识与行为的统一。实用主义者认为,在"行动"中,人的感知、情绪、思想都顿时得到了特殊的"感应",这种"感应"实际上就是实用主义所说的"认识"。

按照一般的、正常的认识过程,人往往是通过感觉、感知、表象,进一步上升到理性认识,得出关于客观对象的概念、判断来。在这过程中,推动着人的认识从感性阶段上升到理性阶段,即从低阶段上升到高级阶段的基本动力,是人的实践——人在实践中,感觉到外界事物,又在实践中把感觉得来的感性材料提炼成有条理的概念、判断及由它们组成的理论体系。人们经过这样的认识过程以后,对客观世界有了较为正确的认识,并以此为指导思想,投入新的实践。实践确实把主客体统一起来,也把感性认识与理性认识统一起来。

但是,上述正常的认识过程显然不被实用主义者所承认。他们所说的"行动"并不是一般人说的"实践",而且,他们也根本不承认人的认识会在实践的基础上从感性阶段上升到理性阶段。

在实用主义者看来,认识的基础不是实践,而是"行动",认识不是从感性上升到理性的有规律的过程,而是杂乱无章的迷魂阵,是一阵一阵的"感应",认识没有对象,也没有主体,而是主客体的含糊不清的"统一"。

英国哲学家罗素中肯地指出,实用主义的主要错误就是否认认识在人的行为中的指导作用。罗素责问实用主义者道:如果在行动以前,没有正确的认识过程,怎样能取得行为的效用? 如果到了获致效用以后才"经验",那么,这个"经验"又有什么意义呢? 难道在行为达到效用以前就不存在认识吗?[11]

实用主义者在"经验"概念上大作文章,无非是要混淆主观与客观、精神与物质,混淆感性认识与理性认识,否认认识是在实践的基础上的复杂过程,突出人的"动作"和"行为"的"创造"作用,把"行为"当作主体、客体、精神、物质以及认识的根源,并用行为的效用去决定主体、客体、精神、物质和认识的命运和价值。正是在这个意义上,"经验"成了"行为"的温床,"经验"成为"行为"的盲动性的广阔场所。所以,几乎所有的实用主义者都利用"经验"一词作基础建立自己的哲学体系,而且,他们也无例外地宣称自己的哲学是经验主义的哲学。杜威在《经验与自然》(*Experience and Nature*)一书中说,他的哲学就是"经验论的自然主义"或"自然主义的经验论"。詹姆斯则说他自己的实用主义是"彻底的经验论"(Radical Empiricism)。

实用主义者在"经验"的基地上兴建他们的哲学体系大厦并不是偶然的。因为人的极其复杂的认识过程,恰恰就是通过经验这个桥梁建立起主体与客体的联系。经验是人的认识的最外面的一扇门户,通过它,外界的客体被反映到人的意识中,又通过它,人的主体感触到外界的客体。经验是反映到人的意识中的外在世界的映像的一种概括,经验是感性认识与理性认识相综合的产物,它是主观的认识形式,但它的内容和它的根源却是客观的。

人的认识在反映客观世界的过程中,可以近似地反映外在的对象,并在反复的认识过程中,使这种映像越来越趋近于反映对象的本质。但不管怎样反映,客观对象本身始终都是客观的存在,它是不以人的意识为转移地按其本身的客观规律存在着。认识过程本身不能决定事物的存在。实用主义者利用认识过程中主体与客体的关系,把客观存在说成是主观经验的产物,实际上是混淆了认识内容的客观性同认识对象的客观性,把认识内容方面的某些客观因素夸大为客观对象本身,似乎在人的认识圣体中即包含了和囊括了客观对象。实际上,这是不符合事实的。难道我们能说:眼睛看到房屋就意味着那所房屋被包括在眼睛里? 难道我们能说:我们感触到桌子就意味着桌子被吸收到我们的皮肤中去? 显然不能。

但是,这样一种极其平凡、极其朴素的真理,却被像实用主义者那样的哲学家们论述成极复杂而又离奇的程度,正如 18 世纪法国哲学家狄德罗(Denis Diderot,1713－1784)所说,"那些只承认自己的存在和我们身内彼此更替着的感觉的存在,而不承认其他任何东西的哲学家们"

所创造出来的"怪诞的体系,在我看来只有瞎子才会创造出来! 这种体系虽然荒谬之至,可是却最难驳倒,说起来真是人类智慧的耻辱、哲学的耻辱。"

实用主义所说的"经验",就是哲学史上出现过的许多"怪诞"的哲学体系的一种。由于实用主义的"经验"概念包含有许多混乱,包含有许多容易被人识破的"矛盾",所以,实用主义的哲学家们千方百计把"经验"这个概念弄得很混乱不堪、含糊不清。下面我们进一步对比实用主义者对"经验"概念的不同的解释。

(一)詹姆斯把"纯粹经验"说成是"混沌的"昏迷状态

詹姆斯认为,由于"经验"的极端重要性,有必要集中地研究所谓的"纯粹经验"。所谓"纯粹经验"就是意识的最原始,最朦胧状态,比如在一个刚刚生下来不久的婴儿身上就存在"纯粹经验"。[12]

詹姆斯和其他实用主义者都把"纯粹经验"说成是主观与客观相统一的根源。詹姆斯认为,世界上的一切事物原本是由"纯粹经验"构成的,物质和意识不过是同一个"纯粹经验"在两种不同的特殊关系中的表现。

怎样理解詹姆斯的这一段话呢?

实际上,所谓"纯粹经验"是从实用主义所说的一般经验升华来的。如前所述,实用主义把经验看作是行为的副产品和伴随物,通过行为,经验具有一种创造的魔力,可以由它产生出主观与客观事物,但是,能产生主观与客观事物的那种经验,究竟是什么? 是物质还是意识? 如果它是意识,为什么能产生客观物质世界? 它是怎样从意识转化为客观世界呢? 如果它是物质,它为什么存在于主体之中? 如果它既不是物质,又不是意识,那么,它究竟是什么呢?

詹姆斯回答说,纯粹经验是"净化了的"经验,也就是处于最原始状态的"经验"。詹姆斯说,纯粹经验是一种"原始的混沌感觉",只有新生婴儿或由于睡眠、吃药、生病、被撞击而引起半昏迷状态的人们才能有这种"经验"。他认为这种纯粹经验既非物质的,又非意识,而是一种超越于两者之上的一种"中立性"的东西。

所以,纯粹经验和一般经验的区别是:一般经验是在行为者处于正常精神状态下的"经验",而纯粹经验是在行为者处于昏迷状态下的"经验"。在正常人那里,他所面对的世界是实实在在的事物——汽车在马路上按顺序、按交通规则行驶着,人们在正常地工作和活动着等。但对于处在昏迷状态中的人来说,他所面对的世界是含糊不清和颠三倒四的,一切都是反常的,一切都是混乱的、虚幻的——汽车不是在马路上行驶,而是在人行道上横冲直撞;楼房不是矗立着,而是东倒西歪,甚至升到半空中成为名副其实的"空中楼阁"或"海市蜃楼",人们不是用脚走路,而是头脚倒立地走着……如此等等。詹姆斯自己也曾经说过,在新生婴儿看来,一切映像都是倒立着的——一个婴儿看到一支点着火的蜡烛,会以为火焰就在底部,而不是在顶端。对于一个醉汉来说,他所面对的世界恰恰就是一种"纯粹经验"!因为根据医学上的研究,酒精使大脑皮层麻痹,因而不能正常地反映客观事物,一切感觉到的东西都是紊乱的、颠倒的、无规律的。在这个时候,人的神经系统唯有脊髓部分还起作用,而脊髓的机能就是自发的、本能地维持内脏的活动并作一种所谓的"直线运动"——没有平面感,更没有立体感,即不作二维、三维或多维运动。人类又恢复到他的最早的祖先——鱼类(连哺乳动物、鸟类、爬行动物都不如!因为爬行类、鸟类、哺乳动物还能作二维的或三维的动作)只能在水中漂浮,靠水的波动,昏昏沉沉地摇晃着。据说,鱼类的运动就是仅仅靠它们的脊髓支配着。

詹姆斯认为,纯粹经验就是人的最原始的感应状态。他认为,人的一切经验无非就是由此演变而来和复合而成的。也就是说，把人的一切行为（请注意：在实用主义看来，人的行为就是经验，它既非物质的，也非意识的，而是超越于两者之上。因此，行为到哪儿，哪儿就出现一种"奇异的世界"）加以分析，其最终的、不可再分的因素就是这么一种元素——"纯粹经验"。

为什么詹姆斯要把经验还原到纯粹经验呢？主要的原因有两个：第一，他要借此说明一切经验来自或根源于纯粹经验；第二，他要说明一切经验，因而也是一切事物、一切"动作"的内容和效用都是心物含混不清、物质与意识交错在一起的一种"中立物"，就像血肉不分那样一片混杂，由此，他就可以达到超越于以往一切"形而上学"的哲学之上的目的——在他看来，世界的本原就是纯粹经验一类的非物质非意识的"中立"元素，或者，换句话说，世界从根本上说，就是处于"昏迷状态"，世界的本原就是"昏迷"。

在"纯粹经验"中，也就是在昏迷中，一切才是正常的。换句话说，人只有倒退到昏迷状态，才能把握世界的真谛。如果你要真正地理解这个世界是什么？那么，你就喝酒吧！喝到酩酊大醉为止。这时，你的一切行为都不由自主，你所看到的世界便是你所创造的世界——你要把它变成什么样就是什么样。在这时候，你也无法区分主体与客体。"你中有我，我中有你"，我就是世界，世界就是我。你可以在大街上横冲直撞，不理会来往的车辆，要骂人，要当众出丑，要打人，……等，一切行为由你自便。在这个时候，客观世界及其规律已经不存在。唯一有地位的是你的行为的"效用"。在这个时候，你的行为便是真正的上帝！你在行为中视一切物质和精神为自己的行为的派生物或附属物。你真正地超越于一切之上。

所以，从"纯粹经验"中不仅看出实用主义者否认物质与意识的区别,否认世界的规律,而且也否认自己行为的规律性。在这种情况下,实用主义者推崇行为的效用的哲学原则也突出地表现出来了。

实际上,在实用主义者看来,处于昏迷状态的醉人的行为也起着一切人的行为的"典型"或"模范"的作用。如果你不知道,在这个世界上应该怎样行为,怎样动作的话,那么,你就使自己昏迷一下。在昏迷中,便可以体会到一切生活的奥秘。

(二) 经验就是行为本身

在行为中的一切主观与客观的因素,以及人的行为伴随而来的一切因素——包括行为者主体内部的感受、行为的对象和行为的材料,都是"经验"的组成部分。因此,正如詹姆斯所说,"整个经验都是自给自足(Self-containing)的,而不依赖于什么"。

在实用主义看来,经验有自己的原动力,那就是行为。经验是自我产生的,无须外求于他物。人只要行动起来,就会伴生出经验。经验的内容也是自我产生的,而不是借助于外在的任何事物。经验的内容就是行为的内容。经验的材料则是由经验本身产生出来。

既然在经验中已经包含了一切,它不需要外求于他物,那么,经验本身岂不成为"其大无外,其小无内"的东西了吗? 试问,既然它本身就包含了一切它所需要的东西,那么,还要"内"、"外"之分干什么呢?

其实,在实用主义者看来,内外之间本来是无区别的,就像主观与客观、物质与意识没有区别一样。内外两个词,对实用主义者来说,主要是指行为者与行为的材料、对象的关系而言。就行为的范围而言,行为可以在任何时间和空间内发生,可以在任何范围内进行,行为发生在哪儿,哪儿就出现行为者的世界,就这一点而言,无所谓内外。但是,如上所述,就行为者与行为的材料的关系而言,就必须应用"内"、"外"两个字。也就是说,"内"是指行为者,"外"是指行为对象和行为材料。

行为者在行为的过程中，与行为的对象和材料打交道。如上面引述杜威的话那样，人在种地时，要同土地打交道。这时，人的感受是"内"，土地是"外"。但是，不论是人的感受还是土地，都是"经验"——它们两者在行动中合为一体。这时候，两者又无内外之分了，因此，就行为者与行为的对象而言的"内"、"外"是相对的，就它们两者成为经验的成分而言，都是经验，是无内外之分的"统一"体。詹姆斯曾说：

> "经验"的客观部分是我们在任何一定时间内所想的一切的总和，主观部分乃是内心"状态"……。宇宙的客体，就它是由经验而来这一点说，只是一种理想的形象。这种形象的存在，我们不能从内部认识，而只能从外部看到，其实内心"状态"乃是我们的实在经验，这状态的现实性和我们经验的现实性有着不可分离的统一。

詹姆斯在另一个地方曾经谈到，我们所说的"实在"是由三个因素组成的。第一部分是我们的"感觉流"（the flux of our sensations）；第二部分是感觉间或感觉在我们的头脑中的复本间的关系（the relations that obtain between our sensations or between their copies in our minds）；第三部分是在每次从事新的研究中要加以考虑的以往的真理（the previous truths of which every new inquiry takes account）。[13]

组成"实在"的以上三个部分，都是人的经验的主要成分。所以，"实在"在表面看来，给人一种虚幻的外在物的感觉，实际上是和主观的"感觉流"、"感觉间的关系"和"以往的真理"不可分割的东西。

詹姆斯在谈到"感觉流"时说，它是一种强加于我们的，也不知从哪里来的。人类对于它们的本质、次序和数量，无法加以控制或操纵。詹姆士又说，这些感觉流既不是真的，也不是假的，它们只是存在罢了

(they simply are)。换句话说,它们本身无所谓真假,它们本身只有存在与不存在的问题,而它们的存在与否,又是在我们的经验中决定的。我们一般所说的真与假,只是在论及它们的存在时,在我们给它们名称时,在我们论述它们的根源、本质以及它们之间的相互关系时,才能出现。这就是说,是否真假,不是指客体本身,而是指感觉本身的相互关系。而这种关系又在很大程度上决定我们自己,所以事物的真假在实质上是主观感觉范围内的问题。

总而言之,经验,就整体和本质而言,是一种自满自足的、无所谓内外的混沌事物。人在发生行为时,经验自发地分成主观与客观两部分,然后,这两部分又在行为的影响下,以不同的形式和程度统一在一起。所谓客体,或者说,所谓"外"在物,用詹姆斯的话来说,"只是一种理想的形象"。之所以有这种形象的存在,仅仅是因为我们"只能从外部看到"它,"其实内心'状态'才是我们的实在经验。"所谓"实在",就是我们内心的、意识的一种形象,是主观想象中的状态,其外在性是意识自我外化的结果。

詹姆斯曾详尽地剖析我们的经验的成分。上面已经提到,他把经验分成三个部分,每一个部分又分成更细的附属部分(sub-parts)。但所有这些部分都是经验的自生自成的、不可分割的组成因素。

以他所说的"感觉间的关系"而言,他认为感觉间的关系可以分成两个附属部分:

(1) 在时间和地点方面不确定的和偶然的那种关系;

(2) 在时间和地点方面比较固定的和本质的关系,这种关系的固定性基础是它们有相同的内在本质。

以上两种关系都是认识的直接内容或本质(Both sorts of relation are matters of immediate of knowledge),也都是"事实"(facts),而且两

者都是我们经验的组成部分,是在我们的行为中产生的。没有行动,没有经验,就没有这些关系,就没有认识。而没有这些关系,就没有所谓的"实在"和"事实"。所以,客观事实是我们在行动中任意地把自己的感觉流加以组合的结果。我们可以根据行动的需要,把不同的感觉进行排列组合。如果我们能把不同的感觉,依据一定的时间和地点的关系,加以组合,成为詹姆斯所说的那种较为固定的和本质的联系,那么,我们所得到的经验便是永久性的认识——所有的数学和逻辑知识就是属于这类。

所以,詹姆斯说,所谓客观的实在或我们行为的对象,是依赖于我们自己的存在,是我们自己根据我们的愿望和我们自己所提供的材料(感觉),以及我们自己所设计的形式(感觉间的关系或以往的真理)组合而成的。所以,毫不奇怪,詹姆斯也把"实在"说成了"人化了的实在"。詹姆斯在解释所谓"人化了的实在"时,更彻底地说,这是一种经过人的思想所消化过和烹调过的一个代替物。所以,无论在哪里,我们的行为所遇到的"实在"都是经过人类自己涂抹装扮过的,即经过我们的意识加工过的对象。中国的实用主义先驱胡适也说过类似的话,他说:

> 总而言之,实在是我们自己改造过的实在。这个实在里面含有无数人造的分子。实在是一个很服从的女孩子,她百依百顺的由我们替她涂抹起来,装扮起来。"实在好比一块大理石到了我们手里,由我们雕成什么样"。宇宙是经过我们自己创造的工夫的。

所以,仔细地分析实用主义者所说的"经验"、"实在"、"感觉"和"行为"等,使我们进一步明确,所谓"经验"就是我们在行为中的自我创造活动及其产物的综合体，所谓"实在"或所谓"客观的"、外在的对象，无非是作为行为的对象来说的一部分"经验"，这一部分作为对象的"经验"是整个经验的组成部分，而不是真正的客观世界的一部分。这一部分作为对象的经验与我们意识的不同点在于：它是我们的意识依据不同的关系形式组合而成的。"实在"既然是"感觉流"和"感觉间的关系"，所以，它就不待外求，在自己的意识的自我安排中便可以得到，关键在于：实用主义者要求我们在意识的自我安排的过程中，要始终注意它的实际效用。也就是说，要按照我们的行为的效用价值来排列、组合各种感觉，使我们的行为能获得预期的成功。这样一来，所谓经验也就是根据我们心目中所要求的效用标准来排列的各种意识形式及其关系。

（三）行为是一个过程，所以，经验也是一个过程

前面已经论述了行为与经验的各种关系。现在我们要进一步说明实用主义者所说的"经验过程论"。

如果说，前面所讲的行为与经验的关系是从静力学的角度和观点来看的话，如果说那是就某个单独的"经验"来看的话，那么，下面要论述的问题，就是从所谓动力学的观点，从人的一生中和各个人的各种行为、各种经验之间的关系来论述问题的。

詹姆斯说："经验是一个过程，它不断地给我们提供新材料加以消化（digest）。"[14] 詹姆斯的这段话的意思，如他在《真理的意义》（*The Meaning of Truth*）那本书中所论述的，是包含了如下几个方面的意义。第一，任何"经验"都是在一个过程中获得的，詹姆斯在上面所提的"感觉流"的问题可以很形象地说明这个问题；第二，任何经验都不是一次完成的，也就是说，它可能会出现多次，而每次出现，都有可能有新的内容增添；第三，一个人的一生中要经历许许多多的经验，这些经验之间存在着复杂的关系,所以每个人的一生中所获得的"经验总体"都不一样;第四,各个人的经验之间可以互相交流,但都要在自己"消化"的基础上才能实现;第五,经验是相对的,也就是说,任何经验只有当它发生效用时才得以成立。经验不论在时间上和地点上都是具体的、有限的,没有一种绝对适用于一切行为的经验。经验的内容随着行为者的不同及其时间、地点上的差异而不同。经验没有一个绝对的、固定的、客观的标准。

在理解以上所说的五个方面的涵义时,务必要抓住那自始至终起着关键作用的所谓"行为的效用"。

归根结底,实用主义者所以强调经验的过程性和相对性,就是因为行为的效用经常发生变化。人们在生活的过程中,在不同的时间和不同的地域,要求有不同的利益,不同的行为在不同的条件下可以有不同的实用价值,即使是同一类型的行为也可能会在不同的场合产生不同的效用。比如,一个做茶叶生意的商人,应该在不同的场合买卖不同品种的茶叶,他才能达到效果——赚钱。同样是贩卖一种牌价的红茶,在不同地区和不同时间就会得到不同的效果。因此,这位商人卖红茶的经验就不是绝对不变的。

由于经验随行为者的时间、地点而变化,所以,不同的行为者必须在不同的行为中随时"消化"新增加的材料,以应付不同的环境。在"消化"新材料的过程中,仍然以"效用"为准。这就是说,对于新材料的消化要有一个选择的过程。到底选择什么? 选择到什么程度? 这都要由行为者自己来决定,其决定的准绳就是这些新材料所可能产生的行为效用。

效用在获得以前是处于潜在状态的。潜在状态的效用就是处于主观愿望阶段的目的,就是未实现的理想。一个商人想要在卖红茶的活动中赚到钱,在他的投机买卖过程中,他的心里始终有一种打算。这个打算随着买卖活动的进展一步一步地在行为中付诸实施,达到其效用。效用的实现是一个过程,经验在这个过程中不断丰富。

詹姆斯等人把上述各种处于潜在状态中的效用称为"心像"(mental image),经验的实施过程,也就是这种心像的不断证实的过程。

詹姆斯曾举一个例子说明经验的实施过程和心像的证实过程。比如一个人走进大森林,迷了路、挨了饿。正当他傍徨徘徊的时候,忽然发现地上有牛的脚印。于是,就想到要跟着牛的脚印去寻找人家。走出大森林的侥幸心理不断地引导着人去沿着牛的脚印的线索进行"活动",这种活动,使经验趋于完满。这样,通过这次活动,人也就获得了走出大森林的"经验"。所以,经验的实施过程,也就是主观心像的证实过程。

所以,一个人获得完满的经验的过程,就是把各种本人的内在"心像"和别人的经验加以联络的过程。经验间的联络可以有多种方案。到底采取什么方案,就要在行动中去证实。

经验的实施过程是非常重要的,因为只有在这个过程中才包含了效用的不断实施和不断获得。一个人行为的效用从来都不可能一下子全部达到,而是要在经验的过程中逐步达到。能达到多少就算成功多少,另外,任何人在经验实施前的各种心像,即各种打算和计划,也只有在经验实施的过程中才能逐步地得到证实。实施多少,就证实多少,就成功多少,所以,实用主义认为,经验的实施过程乃是获取行为效果的程度。

一般地说,某一种效用要完满地达到,是非常不容易的。在一次行动中百分之百地达到一定的效用的情况,是比较少的。在多数情况下,行为的效用只能是部分的实施。当然实施的程度有大有小,实施的程度取决于行为者本身在经验的过程中所表现的主动精神，即他的主观感应能力的灵敏度。因此，归根结底，实用主义强调经验的过程性，无非是强调行为主体在经验实施过程中的主观能动精神。比如，上述卖红茶的商人原来抱着一个要达到赚取十万元的利润的雄心。如果通过一次行为能达到这个效用，那当然是最理想的。但是，很明显，要赚取这么多利润，需要这个商人进行多方面的试探和证实过程，其中必然遇到各种不称心的问题。很有可能，这位商人所达到的目的只有原订计划的百分之五十、七十或八十等。

由此可见，由于实用主义把行为看作是经验的实施过程，看作是主观心像的不断证实过程，而且在这过程中可以撇开了客观的条件及客观规律性不管，所以，他们必然把行为分解为一小段一小段的冒险活动，且看且走，边试探边证实，能捞一点就捞取一点利益，直到尽可能地捞取最大的利益为止，这就是实用主义者所说的经验过程论的真谛。

总而言之，经验就是行为的主体和客体的统一体，就是行为的过程和行为的结果，就是行动中的个人所面临的世界，就是行为者所触及的周围环境，也是行为效用的总结。所以，彻底地弄清"经验"的涵义，是我们把握实用主义的"行为第一"和"效用至上"的原则所必需的。

第三节　哲学只是行为的方法

既然效用高于一切，所以，哲学的根本任务就是为达到最大的效用提供最简便、最有效的方法。

前面已经讲过，实用主义认为，以往一切哲学都陷入了"形而上学"的陷阱。而实用主义哲学与以往哲学的最大不同点，就在于它自始至终都研究方法问题。詹姆斯说，实用主义就是一种方法论。

为了达到一定的效用，往往可以找出各种方法和手段，实用主义哲学研究各种达到主观目的的方法。所以，与其说实用主义是以获取行为的效用作为自己的最高任务，不如说它是研究达到最高效用的方法的哲学。詹姆斯说，实用主义的范围包括两个部分，第一是方法论，第二就是真理论，而所谓真理，实质上也是方法和工具。到了杜威那里，干脆把实用主义说成为"工具主义"（instrumentalism），哲学就是研究行为的工具。显然，"工具"一词比"方法"更加突出了实用主义哲学的特点。

詹姆斯在《实用主义》一书中论述实用主义的意义时说，几年前，他和一个野营队伍在山上，正好遇见大家正在进行激烈的形而上学的争论，争论的问题是关于松鼠的问题：一只松鼠，假设它攀着一棵树干的一面，树干的另一面站着一个人，这一个人绕着树走，要去看那松鼠，松鼠也攀着树跑，逃避这一个人，人和松鼠总隔着一棵树，总互相看不见。现在的形而上学问题就是：这一个人是否绕着松鼠走。主张正面和反面的意见的人数相等，并且都坚持各自的意见，各不相让。正在争论相持不下的时候，大家求教于詹姆斯，都希望争取他的赞同而成为多数。他为他们解决了这一场争辩，他说：

> 哪一方面对，哪一方面不对，全看你那"绕着走"的实际意义怎么样。要是你的意义，是从松鼠的北面到东面，再到南面，再到西面，然后再到它的北面，那么这个人确乎绕着它走的，因为他确曾占这些相续的方位的。反过来，若是你的意思，是先在松鼠的前面，再到它的右边，再到它的后面，然后到它的左边，回到前面，那么这个人明明没有绕着松鼠走，因为松鼠的相对动作，使它常常拿肚子向着这人，拿背向着外面。定了这个区别，再没有什么可以争

辩的了。你们都对的,都错的,照你们那"绕着走"的实际上意义是这样或那样。

詹姆斯就从这个故事开始讲述他的实用主义哲学。他认为实用主义就是一个解决形而上学上争论的方法,没有实用主义这个方法,争论就永远没有终结。他认为,实用主义的方法是去探索各个实际上的效果,用来解析每个观念。如果不从实际效果来区别观念的真假,那么两个相对的东西,实际上只是一个东西。所有争论,都是废话。他认为,当一个争论激烈时,我们不应当单说这方面或那方面是对的,我们应当指出这方面或那方面正确的背后的实际差别。你可以说全对了,也可以说全错了。但你不能说这一方面对了,那一方面错了。这就是实用主义者所提供的回避形而上学问题的方法。按照这个方法,确定哪一个问题是对的,要看这个问题所产生的实际效用。而实际效用,如前所述,是因人、因时、因事、因地而异的。

詹姆斯说:"在许多我们所熟悉的事物中,每个人都承认有人为的因素。我们用这个方法或那个方法想象一个实在,去适合我们的目的,而这实在就被动地服从这个概念。你拿 27 这个数,可以说它是 3 的立方,也可以说是 3 和 9 的乘积,也可以说是 26 加 1 的和,也可说 100 减 73 的余数,或其他种种说法,反正都一样是真的。一个棋盘可以说它是白底黑方格,也可以说是黑底白方格。这两种说法都不能说哪一种是错的。"这个例子说明,实用主义并不重视实际对象本身,而注重观察者和行为者对待这些实际对象所采用的方法。方法是主观选择的结果,但它可以决定实际对象对于行为者的意义,决定行为的效果。

在实用主义者看来,同样一件事,可以存在多种解决方案,可以采取多种可能的方法去加以解决。这就要由自己所要达到的实际效用来决定。同样,一个实际效用也可以用不同的方法去达到。你认为哪一种方法可以达到最大的效用,你就可以选择哪种方法。

但是,方法本身也是相对的。同样一种方法,可能对达到某种效果是最合适不过的了,但对于获取另一种效果则成为不合适的。所以,方法的选择对于任何效果来说,都是具有决定性的实际意义。

中国的实用主义者胡适说过,"一样的满天星斗,在诗人眼里和在天文学家眼里,便有种种不同的关系。一样的一篇演说,你觉得这人声调高低合宜,我觉得这人论理完密。一百个大钱,你可以摆成两座五十的,也可以摆成四座二十五的,也可以摆成十座十个的。"

实用主义者强调方法的重要性,是从他们的哲学的基本前提出发的。如前所述,他们的哲学把达到实际效用放在高于一切首要的地位。因此,他们就必然导致于达到效用的实际方法的特殊研究。

实际上,研究方法问题,并非自实用主义始。哲学史上许多哲学家都研究过方法。在西方,较早系统研究方法问题的哲学家要算是苏格拉底(Socrates,公元前 469 -前 399)。苏格拉底的方法首先是一种诘问的方法,它的目的是使交谈者自相矛盾,因而承认自己无知。苏格拉底的方法论对于概念辩证法的制定起了一定的作用,但同时他却用这个概念的辩证法为古希腊奴隶主的道德论服务。

在近代西方哲学史上,也一直没有停止过对方法问题的研究。近代哲学的开创人之一笛卡儿会系统地研究过方法问题。1673 年,他发表了《方法论》(Discours de la Méthode)。笛卡尔在培根(Francis Bacon,1561 - 1626)以及当时其他先进的思想家和自然科学家之后,继续反对当时占统治地位的经院哲学。笛卡尔继培根之后进一步驳斥了经院哲学,宣称必须创立为实践服务的哲学,才能加强人类对自然力量的统治。他写道:"……必须以实践哲学来代替学校中所讲授的思辨哲学,借助实践哲学,我们就会像我们的匠人认识本行手艺的对象一样清楚地认识火、水、空气、星、天以及我们周围的一切物体的力量和作用,这样我们才能像我们的匠人那样,充分利用一切可利用的力量,才能成为自然的主人和统治者。"⑮

培根认为,创立真正的自然科学和社会科学的首要条件是从人类意识中清除各种"偶像"("幻影",即 idol),而笛卡尔除了继续执行与经院哲学作斗争的路线和根本反对科学和哲学中那些被信以为真的、毫无根据的"偶像"似的原理以外,还认为真正的科学的出发点是包罗万象的、方法论的怀疑。

笛卡尔的方法论的基本精神是怀疑一切被信以为真的和一般被当作真理的东西。但是,这种怀疑的方法本身并不是目的,它作为一种方法,其任务是保证认识的基础绝对可靠,绝对没有错误。正因为如此,这位哲学家认为可以怀疑一切,甚至可以怀疑那种显然在今后可能会被认为是真理的东西,但怀疑的结果是要获得可靠的认识。

为了此一目的,笛卡尔曾怀疑一切,不仅怀疑经院哲学的伪学说,而且还怀疑自然科学的材料,怀疑感官的证据。他写道:"……有时因为感觉可能欺骗我们,所以我认为没有一件事物是我们所想象的那样……"⑯ "智慧要求我们不要相信那些即使曾有一次欺骗过我们的任何东西。"

笛卡尔坚决主张摆脱一切被信以为真的见解,主张一切从头开始,从最基本的东西开始,哪怕一生中只有一次这样的尝试也是非常必要的。他认为,丝毫不应该限制怀疑的方法。他写道:"我开始想,天、空气、地球、颜色、形态、声音以及其他一切外在的事物都是一些幻想和梦想……我将设想自己是这样一个人,没有手,没有眼睛,没有肉体,没有血,没有感觉,但却错误地相信自己具有这一切。"笛卡尔认为,怀疑并不是相信没有可靠的东西（否则就会违背方法论的怀疑宗旨），而只是一种假定的方法，这种方法可以预先定出结论，但不能偷换结论。笛卡尔坚决表示，他并不打算模仿"那些怀疑论者，这些人是为怀疑而怀疑，他们随时都做出一副犹豫不决的样子。"笛卡尔继续说，"与此恰恰相反，我的目的是要树立信心，排除流沙和积土，找寻坚硬的基地。"⑰

笛卡尔十分尖锐地提出了关于否定非科学的、无根据的、被教条地理解的知识这个问题，他为认识的发展指出了新的途径。但是，究竟什么东西构成绝对坚固的认识基础，笛卡尔还不能正确地回答。

众所周知，笛卡尔的结论是：即使你怀疑一切，你也不能怀疑你是在怀疑。无论怀疑伸展到多么远，无论你怀疑一切被认为是无可怀疑的事物，但是，毫无疑问，怀疑的行动是始终存在着的。而怀疑就是思维活动，就是我的思想的怀疑。所以，我在思想这个事实证明了我确确实实在存在。"我思故我在"（cogito，ergo sum）。笛卡尔认为，这就是能够作为一切逻辑结论、一切认识的出发点的不可动摇、毋庸置疑的基本原理，如同定理是几何学中的基本原理一样。

然而，笛卡尔这个原理毕竟带有理性至上的性质。他怀疑一切，但归根结底不怀疑自己的思维活动。这位哲学家不懂得，在主体的意识本身中不可能找到认识论的根本前提，而生活本身、实践、客观实在才是认识论的根本前提。客观实在的存在是不需要用逻辑的论据来证明的。因为，客观世界的一切，不管你怎样怀疑，也不管你怎样进行逻辑论证，它的存在与否是由客观世界本身的内在本质所决定的。试问，当笛卡尔怀疑一切的时候，世界上的一切被怀疑的事物难道就因此而不存在吗？难道这些客观事物的存在因被怀疑而发生动摇吗？反过来说，任何不存在的事物，即使经过严密的逻辑论证，也不可能因而变为坚实的存在。难道人的感觉和实际生活不能证明人的存在吗？为什么笛卡尔恰恰把思维说成是人的存在的唯一确凿的证据呢？

很明显，正如英国哲学家霍布斯(Thomas Hobbes，1588 - 1679)所指出的，这个结论甚至在形式上也不是从笛卡尔所制定的基本原理中得来的。如前所述，笛卡尔本来所要否定的是一切经院哲学的、虚伪学说的、不能加以证明和被盲目奉为教条的东西。

笛卡尔驳斥了中世纪的经院哲学和神秘主义，他给哲学提出一个任务，就是用知识代替信仰，用理性代替非理性，用逻辑证据代替权威崇拜。

笛卡尔深信，正确的科学认识方法具有极其伟大的意义。他说："与其完全不用方法去找寻真理，倒不如根本不想去找寻真理……。"⑬他认为，他所发表的方法的好处就是，如果不用这个方法去进行科学研究，那就会带来很大的危害。因为，在他看来，没有正确的方法，即使有眼睛的博学者也会像瞎子一样盲目摸索。

不难理解，笛卡尔的这些强调方法论意义的哲学观点，不仅是为了反对在他以前的经院哲学家，而且也反对与笛卡尔同时的一部分自然科学家。因为这些自然科学家违背了此前早已由培根制定的关于科学试验的正确方法，都把实验研究和神秘主义、天文学和迷信的卜星术、化学和炼金术混淆起来。

笛卡尔从伽利略和开普勒(Johannes Kepler，1571 - 1630)的发现出发，从自己的自然科学上的成就出发，企图论证自然科学及其他科学研究的方法论，论证自然科学的逻辑。他把这种方法论看作是能够为正确而有效地研究周围世界的一切现象指出一条通道来的"普遍科学"。

笛卡尔所创立的方法，并不是当时卓越的自然科学家们所运用的那些从经验中获得的研究方法的简单复制，而是这些方法的进一步的创造性发展。他把这些方法系统化，并从哲学上加以概括和论证。所以，笛卡儿对于伽利略抛弃经院哲学而采用数学方法来研究物理现象这一点给予很高的评价，但对于他向经院哲学所做的某些让步，例如承认"自然界害怕虚空"这一原理，却严加斥责。

根据笛卡尔的学说，方法应当以绝对可靠的理论原理为依据，应当是无所不包的、一成不变的、适用于一切知识领域的。笛卡尔认为，欧几里得（Euclid of Alexandria，约公元前 3 世纪）的几何学的演绎法（又被称为"系统思维典范"）就是这样一种方法。这样把几何学的方法加以绝对化，明显地表现出笛卡尔哲学的某些局限性，表明他不了解认识的各个客体的特殊性。

笛卡尔认为，只有自明性才是真正的知识和真理的基础和标准。自明性既不需要经验的证据，也不需要逻辑的证据。他认为，这种自明性只是"理性直觉"，即直接推理所特有的。笛卡尔认为，几何学的定理就是一个明显的例子，表明自明的原理是科学研究的出发点。

笛卡尔主张，只有好的理性是不够的，主要的是要很好地应用它。他认为，所有人的理性思维能力大致都是一样的，我们所观察到的人们在智力水平方面的差别，仅仅是系统思考的能力的大小而已。这点是和他对科学方法所下的定义相联系的，他所说的科学方法的实质就是"一些确切而简单的规则，严格地遵守这些规则，就会永远避免把虚假当成真实，就可以不耗费很多心力而逐渐不断扩充知识，而且可以帮助心灵去真正地认识它所能够认识的一切。"[19]

笛卡尔把方法归结为主观上采用的研究方法的总和，即归结于与被研究的客体本身所固有的规律没有联系的研究方法的总和。笛卡尔在表述他的方法的第一条规则时，试图确定真理的标志，指出真理的标准。他认为，真理不可缺少的标志是清晰和明确，是通过直觉意识的、没有任何怀疑的"自明性"。他在《方法论》（*Discours de la méthode*）一书中系统地总结了他的方法论的基本原则。这个方法论在理论上概括了 16 世纪末至 17 世纪初的自然科学所特有的研究方法。

　　如果说培根把归纳法当作实验科学的方法而摆到首要地位的话，那么，笛卡尔却从数学材料出发，着重指出了与经院式的思辨相反的唯理论的演绎法的意义。

　　我之所以要如此详细地论述笛卡尔的方法及意义，是想由此说明：在实用主义哲学以前，已经有很多哲学家研究了方法，方法论和认识论本来是不可分割地统一在一起的。实用主义的特点不在于他们把方法问题放在第一位，而在于他们把方法看作是达到行为效用的权宜手段。在实用主义看来，方法不是认识事物和达到真理的手段，而只是获取效用的手段。实用主义者研究方法的上述出发点，决定了他们的方法论具有如下几个突出的特点。

　　（一）不承认任何一种一成不变的原则和教条，一切随效用和目的而异

　　既然实用主义者把获取效用当作首要目标，那么，在他们看来，凡是能达到这个目标的一切方法，都是可以采用的。

　　如前所述，实用主义者在实现自己的效用目标时并不承认世界有什么不以主观意志为转移的客观规律，因而，他们也否认认识世界本质的必要性。从这个前提出发，他们必然感到自己的作为是无规律可循的。实用主义在确定自己的某一个效用目标时，完全是根据主观的需要，而非客观的可能性和必要性。这样，就便实用主义者的行为带有很大程度的盲动性和偶然性。所有这些特点，就决定了他们的方法的易变性、非固定性。

　　什么是实用主义者所说的方法论的非固定性、非原则性呢？他们所说的非固定性和一般人所说的事物的变动性有何不同呢?

须知,万事万物本来是千变万化的。人们在长期的实践活动中,早已认识到世界的变动性,并认识到:为了使自己的行动成功,必须随时变动自己的认识和行动方法。早在两千多年以前,希腊的哲学家赫拉克利特(Heraclitus,约公元前 540 - 前 475)就说过:"人不可能两次进入同一条河流。"自那以后,人们在认识世界的变动性及其变动规律方面已经总结出许许多多深刻的认识原则和方法。所有这些承认世界变动性及其规律性的认识,对于人类的生活和实际生活都有一定的指导意义。

到了近代,由于科学的发展,人们认识世界的规律性有了进一步的深化,总结了许多有益的方法论原则。在实用主义者以前,德国古典哲学家黑格尔以辩证法的哲学体系概括了世界变化的规律性。他的辩证法虽然是以绝对精神的活动为前提,因而带有很大的片面性和局限性,但无异于是人类认识的一大成果,对于人们的实践活动具有重大的意义。

实用主义者所说的方法的变动性,显然与上述所说的方法论基本原则根本不同。他们所说的方法的变动性,并非以世界的客观规律性所反映的事物本身的变动性为基础。如果那样的话,那么,实用主义者所说的方法变动性就与科学的方法论没有根本的冲突。实质上,与此相反,实用主义者所说的方法的变动性是以不承认世界变动的规律性为前提。因此,他们所说的方法的变动性是完全受制于他们在主观上所提出的实际效用的。

在实用主义者看来,"效用至上"的原则是不可变的。正是为了坚定地坚持达到自己所设定的效用目标,他们认为方法应该有高度的灵活性。"效用"一点也不可放弃,方法则是可以随机应变。这就是实用主义的方法论的最大特点。

如上所述,他们的方法变动性的观念是以不承认世界变动的规律性为前提的。因此,他们的方法变动性也带有极大的盲目性和无规律性。实用主义者认为,在任何时候都不能说哪一种方法是"最好的"、"最满意的",只能说:在某一件事情上,某一种方法是可取的、是好的。对于这件事情有用的一种方法,对于别的事物来说,不一定是有用的。

有人把实用主义者所说的方法比做一种黏滑的鲥鱼——它应该有极大的灵活性,足以应付各种不同的环境,顺利地滑过各种困难的关卡,善于察言观色、见风使舵,机动灵活地然而又是不顾一切地达到自己的效用和目的。

更确切地说,实用主义者并不是不承认世界的变动性,也不是不承认世界变动的规律性,而是强调世界变动规律的不可知性,强调世界变动的规律与己无关。他们认为,世界变动的规律性对于实现自己的目标非但无所帮助,简直是有很大的妨碍。因此,与其认识客观世界的变动规律性,不如不去管它,置它于不顾。显然,这是对世界变动性的无可奈何的表现。

由于一方面感受到世界变动的规律性,另一方面又觉得这种规律性于己不利,有碍于自己的效用的实现,所以,他们所说的方法的灵活性,也就是绕过客观规律性或避开客观规律性的灵活性。

有人说,如果想躲过世界规律性,必然要碰壁。这种说法只说对了一半。世界确实有规律性,否认这个规律性必然要失败。所以,这个说法确实是说对了。但是,这是指从全局、从归根结底的角度来说的。如果从实际具体行动来说,由于世界规律的复杂性和万事万物的复杂性,所以,就在世界规律性起作用的大前提下,还存在着许多偶然性的缝隙。因此,在某一件事上,不顺着客观规律,善于见风使舵,就可能抓住某些缝隙,在偶然性之中钻空子。实用主义者所说的方法灵活性,指的就是这种钻空子的灵活性。

当然,偶然性的缝隙本身也是必然性的表现。正如黑格尔所说,偶然性就是必然性的交叉点。所以,所谓偶然性就是复杂的客观世界的多种多样的规律性和必然性交互作用的产物。正是在这个意义上,我们可以说,偶然性就是必然性的表现。

正是由于这个道理,实用主义所说的无视规律性的方法灵活性,有时也可以偶然地与必然性相顺应,达到预期的效用。

所以,严格地说,实用主义所说的方法灵活性是利用了世界及其规律的复杂性,主张在复杂的世界事物及其规律性的缝隙中像上面所说的那条黏滑的鳚鱼那样钻空子。

要在复杂的世界事物中钻空子并非不可能,所以,灵活地使用各种可能的方法钻空子有时也确实可以获得成功。正因为这样,实用主义所说的方法灵活性具有一定的迷惑性,在社会上有一定的市场。

我们不能简单地否定实用主义者所说的上述灵活性。重要的问题在于说明这种钻空子的灵活性何以可能、这种可能性可达到什么样的程度、有什么样的危害性、有什么样的片面性和局限性等。

意大利作家帕皮尼(Giovanni Papini,1881－1956)曾经把实用主义比作旅馆里的一条走廊——在走廊两边开了许多房间。在一个房间里,你可以看到一个人在写无神论著作;在第二个房间里你可以看到一个人在跪着祷告;第三个房间里是一个化学家在研究物体的属性;在第四个房间里是一个唯心主义的形而上学家在思考;在第五个房间里是一个主张形而上学不可能存在的人。走廊是大家公有的,大家进出各自的房间都必须通过这条走廊。⑳詹姆斯认为,帕皮尼把实用主义比作"走廊"是很恰当的。㉑

其实,把实用主义哲学比作"走廊"也好,比作狡猾的"鳚鱼"也好,都是为了突出它的高度灵活性。这种灵活性是利用客观规律的复杂性，而在各规律性之间寻找各种缝隙，抓住各种偶然性，为自己的目的服务。既然偶然性和缝隙是在各种规律性之间出现的，所以，在使用这种方法时，要求行为者有锐利的目光，有灵活的手法，并放弃一切原则，而且，一旦抓住了时机，就要有不顾一切的冒险精神，当机立断地去钻营。

比如说，如果一个小偷可以利用上述实用主义的"走廊"，躲避警察的追捕——当警察追捕他时，他可以随机应变地把自己装扮成"无神论者"、"祷告者"、"化学家"、"唯心主义的形而上学家"或"主张形而上学不可能存在的人"等。反正，只要他能躲过警察，他什么方法都可以采取，对小偷来说，暂时装扮成什么样子是次要的、无所谓的事情，最要紧的是躲过警察的耳目、蒙混过关，以便继续干他的小偷勾当，达到他的行为的"效用"——偷东西。

（二）实用主义的方法强调调和

这是由上述特点决定的。既然，实用主义的方法要求有高度的灵活性，那么，它就要求有提供灵活的条件。这个条件就是调和性，所谓调和性，就是能容纳各种各样的方法，尽可能地包含各种各样的、可能的方法，如同上述"走廊"两旁有许许多多尽可能完备的房间一样，以便使行为者在任何条件下都能拿出一种合适的方法来应付突如其来的问题。

因此，所谓实用主义哲学容纳最大限度的调和性，用更形象、更通俗的比喻的话，就是要成为一种变戏法的百宝箱——里面装着各种物件，应有尽有，以便在必要的时候，可以拿出任何一种蒙混观众耳目的物件，达到魔术师变戏法的效用。

这就是说，到达到灵活的目的，就必须在实用主义的方法体系中包含有各种各样的、应有尽有的手段，这就像魔术师的百宝箱一样，它能容纳多少种物件决定了他变戏法的品种的数量。他的变戏法的百宝箱中如果不准备好鸽子、刀子、球等，他就变不出鸽子、刀子和球等。

詹姆斯在他的《实用主义》一书中，在第一讲就重点介绍实用主义的调和性。他认为实用主义是"调和的体系"（Pragmatism as a mediating system），他说："实用主义使各种理论不僵化，它使它们柔和起来，并使它们都有可能发生作用。实用主义本来不是一件新东西，它是调和许多古代哲学的各种倾向的。例如，它常注意各单个事项，这是与唯名论相符合；它强调实用方面，这是与功利主义相符合；它鄙弃字面上的解决和无用的问题以及种种形而上学的抽象，这是与实证论相符合。"詹姆斯说，"在实际上，你究竟找到哪一种类型的哲学来满足你的要求呢？为了达到你的目的，你可以找不充分严谨的经验论哲学，也可以找到不充分强调经验的宗教哲学。"㉒

正因为这样，詹姆斯也把实用主义哲学比做"多元论的哲学"。他认为，所谓"多元论的哲学"就是防止"僵化"（unstiffen）。㉓

为了论证实用主义的调和性，詹姆斯首先抹杀了哲学史上各种派别的哲学家之间的原则争论，认为他们的争论是不必要的；其次，他特别强调世界本身的"多元性"，反对"一元论"，似乎他的多元论哲学是最适应现实世界的要求。

詹姆斯在《实用主义》一书的第一讲，开宗明义地宣称，哲学史上无休止的争论就是来自各派哲学的僵硬性。而实用主义哲学的提出，就是为了调和，为了把各种观点的哲学加以调和。

詹姆斯把以往的哲学家分为两类，一类是所谓"软心的"（The Tender-minded），这一类哲学家是从原理出发的唯理论者，是乐观主义者，是有宗教性的，是意志自由论者，是一元论者，是独断论者；另一类是所谓"硬心的"(The Tough-minded)，这一类哲学家是经验主义者，是唯物主义者，是悲观主义者，是无宗教性的，是定命论者，是多元论者，是怀疑论者。在詹姆斯看来，实用主义者既不是"软心的"，也不是"硬心的"，而是两者的调和。

实用主义哲学作为一种方法，就是引导大家去寻获哲学上的折中方法，就是用来调和"软心的"和"硬心的"哲学家的一种方法。由此可见，詹姆斯企图给人一种印象，似乎实用主义哲学之强调"方法"，乃是出于调和的需要，出于"公正"和"全面"的需要，出于"不偏不倚"的需要。

詹姆斯说，实用主义哲学"事实上一点也没有私心，没有一点碍手碍脚的教条，没有任何一点需要加以论证的严谨教义。它完全是温和的(completely genial)。它要享用任何一种假设，它准备考虑任何一种论证方法。这样一来，在宗教领域中，它比实证经验论和宗教理性主义都有较大的优越性，……。"㉔

这一段话，很形象地说明了詹姆斯调和各种哲学的"方法"的真正目的——这就是可以随机应变地找到了"钻空子"的可能性。

人的概念本来是具有一定的灵活性的，概念的灵活性乃是现实世界复杂性和灵活性的反映。黑格尔看到了世界的各种事物间的多种多样的联系，在他的辩证逻辑中强调了概念的灵活性。在黑格尔看来，概念本身就包含矛盾，因而它可以凭借自己的运动而发生转化。黑格尔的这种辩证法在某种意义上说认识到了事物的规律性，是有深刻意义的。

但是，实用主义者并不承认黑格尔的概念辩证法。实用主义从另一个角度来看概念的灵活性。他们认为，概念和原则可以随意改变，没有本身的特定规律，像黑格尔所说的那样。实用主义认为，概念的灵活变化是取决于概念使用者的行为目的。为了达到每一行为的效用,概念的内容可以任意改变。这就夸大了概念的灵活性,使其不受客观的规律性的限制而成为纯粹的主观灵活性。如前所述,由于世界的复杂性,使概念的主观灵活性有可能"钻空子"而获得偶然的成功。实用主义者为了扩大和增加主观灵活性的程度和机会,有意识地把各种各样的原则吸收到自己的方法体系中去,把各种方法都调和在一起。这样,一旦行为者需要达到某一个效用,就可以从中选取最有利于自己的原则,就像前述的那个小偷,为了躲避警察的追捕这个实际"效用",可以选择任何一个他认为最合适的"房间",从"走廊"走进那个房间里去,掩饰自己的本来面目。

所以,实用主义者要设法吸取各种方法,使自己的方法成为"多元的",即包罗万象的、应有尽有的方法体系。

詹姆斯曾直截了当地指出坚持一种原则的一元论的局限性。他认为,只坚持一种原则的一元论必然导致绝对化和僵化,无法应付多变的世界,因而无法保证自己的行为获致实际效用。与此相反,詹姆斯认为,"多元论并不需要这种独断主义的严谨特性,只要容许你把事物分割成某些部分,允许事物的某些独立性,允许各个部分某种程度的自由活动,允许某种偶然性和机遇的存在,它就可以充分地满足你的需要……。"㉕

另一方面,詹姆斯还把他的实用主义方法说成是"纯理性的多元论"(noetic pluralism)。所谓"纯理性的多元论",指的是可以凭自己的主观想象,凭意识的灵活设想,极其"浪漫"地、不受物质条件的限制地容纳各种可能的方法。这些方法是纯理性的产物,随各种需要而想出的。所以,"纯理性的多元论"恰恰证实它本身是"主观的多元论"。

（三）实用主义强调其方法的"假设"性和"试探"性

前面已经谈到方法的主观性和多元性，但是，在实际的行为中，究竟采用什么方法最合适，什么方法最能有效地实现行为的目的，这就要靠行为本身的反复试探。

因为实用主义是否认认识事物的必要性，所以，在行动之前，究竟采用什么方法，是不能靠认识来解决的。这样，就决定了实用主义者选择和实施的方法所固有的特征。这个方法必定是从"假设"（即主观猜测）出发，经过反复试探进行大胆冒险的过程。这就是实用主义选择方法和贯彻方法的实际过程。如前所述，这一过程是实用主义否认认识的作用及强调行为效用的必然结果。

实用主义认为，在行为过程中，如果也存在思维的话，那么，思维的作用仅仅是提出"假设"，然后，又在行为中不断试探、不断思考、不断论证。

詹姆斯说，一切思维都不过是一种假设，是为自己的行为设定各种可能的方案。杜威也指出，一切理论和思维体系都是假设。因为这些理论和思想体系再怎么完备，也有待在行为中证实。如果经过自己行为的证实，没有达到效果，就证明原有的思维假设是错误的。

每个人在行为发生之前所思考的各种问题，都是为行为设计实施方案的，都是要由行为的效果来检验其真假的。

这里，就产生三个明显的问题：

第一，任何理论、任何真理，不管它多么准确地反映了客观规律性，如果不为某个个人提供一定的实际效用，那么，它们统统都是不可采纳的假设。

第二，任何理论或概念，不管它多么远离客观实际及其规律，不管它多么违背人们公认的道德或客观真理，只要能为某个个人提供一定的实际效用,就是可以采纳的假设,这种假设,一经行为效果所证实,不管其原来的内容是多么荒谬,也是真理。

第三,任何概念和理论,在未经行为的效用证实以前,都是"假设",都是有待试探和证实的。正如詹姆斯所说,"普遍概念,在不使用时,实际上都没有意义和没有现实性。"㉖而同一个概念和理论,即使经过一次试验得到证实,也不能预示它在别的行为中必然再次得到证实。所以,任何一个在特定行为中得到证实的概念和理论,从根本上说,都只能是假设而已。

正因为一切理论充其量只能是"假设"而已,所以,实用主义的方法论要求,在假设阶段要"大胆",在试探和证实阶段则要谨慎小心,用中国的实用主义者胡适的话来说,就是"大胆假设,小心求证"。

所谓"大胆假设",就是因为实用主义所要求的假设都不是以对于客观世界的正确认识为基础,而是以未来的行为效果的要求作标准。为了达到一种行为的目的,实用主义者要求人们首先假设出最可能达到理想的手段和方法。实用主义者要求人们首先全神贯注于实际效用,认真思考自己所要达到的实际效用的内容和意义。在此基础上,可以大胆地进行主观的设想。

设想的过程乃是思维的过程,但实用主义者认为,思维并不反映客观现实,只是一种适应环境的手段或工具,而且思维之所以必要,仅仅是为了效用而已。

杜威曾把思维分为五个过程:第一,暗示;第二,问题;第三,假设;第四,推理;第五,试验。他在解析这整个过程的"假设"阶段时说,假设是用一个一个的暗示作为观念的指导,以引起人的心智活动。在思维的全部过程中,假设居于承上启下的举足轻重的地位。居于这样重要的地位的假设,是从何而来的? 它起源于暗示。而暗示就是观念的一

种形式。思维的诸形态都是从观念产生的。杜威认为判断就是思维的
单位,而观念就是判断的单位。所以,观念是思维的元素和基本因素,
它在假设的过程中起着重要的作用。人们在推论和思维的过程中,由
观念来引导,进行各种各样的观察,控制我们对事实的搜集和检查。在
观念的引导下,可以把握事物的意义。所以,实用主义的"假设"就是从
观念出发的。

所谓大胆的假设,就是在观念的启示和引导下设想出有利于实施
行为效用的各种方案。在实用主义看来,观念的启示和引导都是自发
地、自然而然地产生出来的。观念本身就具有这种本能的启示和引导
作用,它可以不受时间和空间的限制,在理性的天空中自由翱翔。

在观念的指引下进行自由的思考,可能会沿着两种不同的形式进
行。一种是逻辑思维,一种是实在思维。前者是超然于人的态度和意
愿的,是一成不变的,似乎是先天的原则;后者则依靠人的习惯,并往往
发生于不安定的环境中,因而也经常发生变动。

但不管是以上两种思维中的哪一种,都不是客观世界的规律性的
反映,而是思维本身能自发地进行本能的理性活动。

为了达到行为的效果,这些本能的思维活动必须有大胆的设想。
在这里,所谓"大胆",包含两层意思:一方面要有胆量,敢于提出行为
的大目标,敢于提出高标准的行为效用;第二,敢于在机遇性出现的一
瞬间和在各种复杂的条件下,当机立断,捕捉偶然性。

实用主义强调"大胆",还带有鼓动人的涵义。因为他们的行为和
思维活动,本来就不是以充分认识客观规律性为前提的,也不是以遵循
客观规律性为目的。所以,他们怕人们的假设,即思维活动受拘束,怕
人们陷入前顾后瞻的重重顾虑之中,才冠以"大胆"二字来鼓动人。而
且,实用主义者也顾及上述种种"假设",有可能在行为中落空,失去效

用,所以鼓励人们放大胆些,尽可能放开手脚去作种种设想。在实用主义者看来,想得越自由,即越大胆,失败的可能性就越小。因为思想越自由、越大胆,越可能找到最合适的行为方案,越可能获致成功。

这几乎符合所有买彩票的人的心理状态和思维方式及行为方式。买彩票的人,把握不到中彩的规律性,他们明白中彩全靠偶然性,全靠所谓的"命运"。所以,他们也深知中彩的可能性很小,但他们仍抱希望,幻想在某次投注中能偶然达到中彩的"效用"。

既然幻想中彩,又无从把握规律,人们只好进行"大胆的假设"。这就是说,在投注时,尽可能凭自己脑中的观念的"启示"和"引导",设想出各种方案,设计出各种各样的数码排列。例如,有的人完全凭着梦的启示去猜测数码,有的人甚至根据其他更离奇得多的观念"启示"和"引导",大胆地设想出各种数码的组合方案。总之,在所有这些买彩票的人当中,其"大胆的假设"的形式和种类可谓应有尽有、千奇百怪!这里用得上中国古代的一个俗话——"八仙过海,各显其能"。

对于投注着了迷的人,在很大程度上是实用主义哲学的信徒。其中的狂热者,在进行投注假设时,表现得最为"大胆"。他们付出惊人的代价,设想出许多为一般人难以设想的"大胆假设",不愧是实用主义者的典范。

所谓"小心求证",指的是要仔细地、灵活机动地捕捉偶然性的机会,要善于设想各种可能性,使自己的"大胆假设"尽可能减少或甚至避免失败的概率。

"小心求证"是"大胆假设"所决定的。因为大胆的假设是主观设想的,所以,设计者和行为者本人要经常牢记本假设的不牢靠性,在一步一步的实施过程中,注意观察周围各种事物对本假设的实施的反应,注意观察可能出现的有利的或不利的因素,及时地依据情况来修正原有的假设，或采取措施使假设避免失败。

正因为一切方法都是试探性的，都是假设，所以，在实用主义者看来，一切知识，都不是"孤立、自我充足的东西，而是包罗在用以维持和发展生活的方法里面。……它只是行为的引线，是生活求适应环境的一种指导因素。"就连科学也只是假设，是可能获取行为效果的假设性手段。杜威还说，任何"概念、学说、体系，不管它们怎样精致，怎样坚实，都必须视为假设"。

实用主义者认为，托勒密（Claudius Ptolemaeus，公元 2 世纪）的天文学、欧几里得的空间、亚里士多德的逻辑、伽利略的物理学、牛顿（Isaac Newton，1642－1727）的力学、爱因斯坦（Albert Einstein，1879－1955）的相对论等，都不过是"假设"而已。这些科学充其量不过是供人们达到行为效用的可能手段。这些科学虽然经过了严密的论证，但只是在特定的环境内和一定的范围内有效。当它们对某些人的行为不起指导作用的时候，它们就失去了方法和工具的意义。

显然，实用主义者利用了特定科学的有限效用，而否定了科学的普遍有效性。任何科学，就其反映客观规律性而言，是普遍有效的。也就是说，在任何时间和任何地点，只要存在着类似的客观条件，某种特定的科学就会发生效果，就会对我们的行为起指导作用。比如，牛顿的万有引力定律说，只要存在着不同质量的物体，就一定会相互吸引，而且其吸引的强度与物体的质量成正比。但是，这个定律却在社会生活中，在道德行为上失去了效用。这是因为任何科学都是只在一定的范围内有效。科学所反映的规律只是在特定的条件下发生作用。我们不能因为万有引力定律不适用于社会生活及人与人之间的关系，就否定万有引力定律的科学性。

实用主义者要求一切假设都从行为的效用出发，都为效用服务。

实际上,他们自己也找不到一种放之四海而皆准的绝对好方法。他们显然和哲学史上的一切相对论者一样,利用真理的相对性反对真理的绝对性和客观性。

为了进一步揭示实用主义者否认科学的认识论错误根源,让我们回顾一下哲学史上出现过的相对主义者的论点及其论证过程的错误根源。

在古希腊,公元前 5 世纪中叶有一位哲学家叫芝诺(Zeno of Elea),他追随他的老师巴门尼德(Parmenides,公元前 6 世纪末至前 5 世纪),认为"真正的存在"是统一不可分的、不动的,是感觉所不能认识的,只有理性(思维)才能认识它。芝诺认为,万事万物是不动的,事物的运动性和多样性乃是感觉或感性认识的不可靠的幻象。

芝诺对运动的第一个反驳是所谓"二分法"。芝诺的"二分法"是这样说的:运动着的物体在达到某段路程终点以前,必须先到达该路程的一半,而在经过这一半路程以前,又必须经过这一半路程的一半。依此类推,以至无穷。芝诺从这里得出结论:承认了运动,就会引起矛盾,就会导致理性的混乱,所以,存在本身并不运动。

芝诺在这个论点中的根本错误在于:他忽视运动的不间断性,而把运动的间断性绝对化。其实,真正的运动是间断性和不间断性的统一。如果我们要不停地向前走,当然,我们就会经过路程的各个部分。但是,我们每走一步都是向目的地迈进。因为路程的每一个单独部分都是和整个路程及不间断性紧密地联系在一起的。

芝诺反对运动的第二个论据,就是大家所知道的"阿基里斯追乌龟"。他是这样说的:当快跑运动员阿基里斯开始起跑的时候,在他前面的乌龟也开始向同一方向爬行。阿基里斯永远追不上乌龟,因为当他到达乌龟的出发点时,龟已经向前爬行了。而当他追到龟的新的出发点时,龟又已经向前爬行了。以此类推,以至无穷。

芝诺由此得出结论说,最慢的不会被最快的赶上。由此,他又说,承认了运动会引起混乱,会产生出类似于上述实例的极其荒谬的事情。由此可见,运动是不可能的。

实际上,阿基里斯当然会赶上乌龟的。芝诺只承认空间和时间的间断性、无限可分性,却忽视了另一方面:在考察物体的运动时还要考虑到物体运动的不间断性。运动就是上述间断性和不断性的统一。否认了其中的任何一个方面,都可能歪曲和否定运动本身。

芝诺反对运动的第三个论据,是所谓"飞矢不动"。这个论据是这样说的:在路程的每一点上,飞箭都占有一定的位置;而物体的运动所要求的位置比物体本身大。但是,箭不可能同时有两种长度。可见,飞箭在路程的每一点上都是静止不动的,而静止状态的总和并不等于运动,所以,运动也是不可能的。

实际上,芝诺把运动看作是静止状态的简单总和,而忽略了运动和静止的辩证统一,看不到运动本身就意味着物体同时既在一个地方又不在一个地方。

芝诺关于"谷粒"的论断也可以说明他的观点的特征。古代一位作家把芝诺的这个论点转述如下,且让我们分析其问题所在。

　　他说:"普罗泰哥拉,你告诉我,一颗谷粒或一颗谷粒的万分之一落地的时候,真能发出声音吗?"对方回答说,不能。芝诺又说,"那么一袋谷粒倒下来的时候会不会发出声音呢?"对方回答说,一袋谷粒倒下来的时候会有声音。于是芝诺说,"由此看来,一袋谷粒跟一颗谷粒或一颗谷粒的万分之一是否有数的关系呢?"对方回答说,在它们之间有数量关系。芝诺说,"那么,在声音这方面

> 为什么没有类似的相互关系呢？要知道，发出声音的物体有什么
> 样的关系，声音之间也就有类似的相互关系。如果这样，既然一袋
> 谷粒落地会发出声音，一颗谷粒或一颗谷粒的万分之一落地也应
> 该发出声音的。"

芝诺的这些论证方法，都犯了同样类型的错误，即任意地割裂了事物本身所固有的不同方面的客观关系，夸大某一方面，否认另一方面。

实用主义者关于科学是"假设"以及把一切方法归结为"假设"，归结为只有偶然的、孤立的有效性的观点也和芝诺的上述论证方法一样存在类似的毛病。

如上所述，事物本身本来是变化的，同时又有相对稳定性，人的认识既是相对的，又是绝对的，人的认识能力既是有限的，也是无限的。如果只片面地夸大其中的某一方面，忽视另一方面，就会走向相对主义或绝对主义，就要否认科学的价值。

实际上，即使是实用主义者所说的那种"假设"本身，也是与科学上一般所说的"假设"毫无共同之处。

实用主义的"假设"与科学的"假设"的根本区别是：前者以主观的观念作"启示"和"引导"，只考虑这个假设对行为效果的作用，而不顾及客观的规律性，后者则以反映和接近客观规律性为任务，其目的是揭示客观事物的本质。

众所周知，科学假设是正确地认识世界上各种事物的必经步骤和必要手段。在许多情况下，当人们掌握了事物的某一方面的规律，而不了解其他的与此有某种联系的事物的规律时，可以采用"假设"的手段。这种假设，如前所述，并非主观臆想出来的，而是在此前所得认识的基础上，进行符合逻辑的推理，向前一步或几步去预测或预想未认识的事

物的某种规律性。这种预测虽然是尚未被认识的事物的可能规律,但这种预测的基础是以往的正确的认识和逻辑的推论,这种预测是已有认识的正常的、自然的延续。

因此,在科学史上,往往有过许多正确的假设后来被事实证明是正确的,这种假设推动了人们对事物的认识过程,表现了人们渴望更深入地了解未知事物的迫切愿望,是具有积极的科学意义的。

有没有科学假设是不一样的。在没有科学假设的情况下,人们对未知事物的认识受很大的限制,对未知事物的认识尚处于紊乱的、零碎的、盲目的阶段。有了科学假设以后,人便可以把已有的认识导向一个明确的方向,并在此基础上,推进一步去预测未来,把这些推测性的认识组织在系统的方案内,可以促使人们的认识自觉地、有目的地向一个有利的方向发展和深入下去。所以,只要自然科学在思维着,它的发展形式就是假说。一个新的事实被观察到了,它使得过去用来说明和它同类事实的方式不中用了。从这一个瞬间起,就需要新的说明方式了——它最初仅仅以有限数量的事实和观察为基础。进一步的观察会使这些假说从原有的粗略形式发展成为更精致、更完备的形式。在这一过程中,假设中原有的某些不适当部分被修改、被取消、被舍去或被纠正,而原来假设中所没有的、更为合理的部分则被添补进去,从而使这个假设逐步地完备起来。

显然,如果要等到构成新认识、新定律的所有材料、所有因素都完备起来以后才总结出新定律,这就等于要待到事物本身自我暴露本质以后才向前认识一步。这无异于消极等待,无异于要求科学家们在未达到新认识以前只能停留在旧有认识的范围之内,等于要把运用思维的研究停顿下来,而这样一来,新的定律就永远也不会出现。

如上所述,科学假设的提出往往是由于一个新的事实被观察到了。

所以,科学家们说,事实是假设之母,是假设的基础。假设常常是未完成的形式,是一个新的说明方式,是在原有认识的基础上,当人的认识有了某种程度的新进展而又不能完全认识新事物的时候提出来的。

从新观察到的事实到假设的提出,这只是建立定律的第一步。假设提出后,还有待观察大量事实和研究大量材料来证明假设、验证假设。然后,在充分证明和实验的基础上,才能使假设的形态过渡到定律。

在自然科学发展史上,证明了许多自然科学的定律和定理的建立是经过假设这个阶段的。哥白尼的日心说,起初也只是一个假设,以后它是怎样成为科学学说呢?

哥白尼的太阳系学说提出后有三百年之久一直是一种假说,在未被证实之前,它尽管有百分之九十九、百分之九十九点九的可靠性,也毕竟是一种假设。而当勒维烈(Jerm Joseph Le Verrier,1811－1877)从这个太阳系学说所提供的原理和数据中不仅推算出一定还存在一个尚未知道的行星,而且还推算出这个行星在太空中的位置的时候,当后来加勒(Galle,1812)确实发现了这个行星的时候,哥白尼的假说也就成为科学的理论。

达尔文(Charles Darwin,1809－1882)的进化论起初也只是一种假设。经过达尔文本人全面地、大量地搜集材料,观察生物界的事实,论证了有机体类型的发展理论,进化论才成为说明世界上物种起源的科学理论了。

为了解析原子的构造,在 20 世纪初期,物理学家提出了原子构造的行星体系构造假设。这个假设同麦克斯韦(J. C. Maxwell,1831－1879)、洛伦兹(H. A. Lorentz,1853－1928)的电磁说相反,以后又有应用量子说来解析原子构造的设想。这就很生动地说明了科学假设是一个不断地深化、清洗、完备化的过程。在这一过程中，不可避免地要遇到部分的或甚至大部分的修正、更改的阶段。

俄国著名的化学家门捷列夫（Dmitri Ivanovich Mendeleyev, 1834 - 1907）说，"假设是科学、尤其是科学研究所必需的。它能提供一种没有假设便难达到的那种严整性和单纯性，整个科学史都证明了这一点。因此，可以大胆地说，提出一个将来可能是靠不住的假设总是比没有假设好。假设使科学工作——探求真理——更易于正确，就像农民的犁使谷物容易栽培一样。"

实用主义者所主张的假设显然与上述各种科学的假设不同实用主义者非常重视假设在思维过程中的作用，是因为他们把假设看作是一种随心所欲的工具，看作是为主观目的服务的手段。

杜威曾经特别强调"信念"或"目的"在思维和假设过程中的作用。他认为，科学的，即反省的思维（reflective thinking）具有三个特点：第一，它是观念的有秩序的连贯；第二，它具有一种可控制的目的；第三，它出于个人自动的探究。所以，杜威认为，假设是出自观念的自动、自发的趋向导出的，是向着个人预定的目的前进的一种思维形态。思维和假设是受"目的"支配的，观念的流动必须向着一定的主观目的，假设的结论必须由目的和效果来判断，而不是以事物本身的客观规律性作标准。

正因为这样，只要能达到自己的目的，任何假设都是合理的，都是正确的。正是在这个意义上说，科学也不过是假设而已，是为各个具体的、暂时的、个人的目的服务的试探工具。

美国哲学家卡普兰说，"实用主义的思维方法首先意味着，把每个问题都放入它的具体的行为和社会体系中，把每一个观念都分析为某种行动过程中的一个抽象物。"这种实用主义"意味着所有的问题的材料和解决方案都是相对的，……而且，它还意味着，一切材料和解决方案归根结底都是具体的，都是根植于造成行为联系的那个特殊存在中，而不是根植于抽象的一般性中。这种观念体系表示，任何一个问题的解决都不可能是一劳永逸的。原因是很简单的：我们只能在我们自己具体存在的那个环境中遭遇到具体的问题，在另一个环境中，我们就将遇到完全不同的问题。……"⑦

另一位美国哲学家艾肯（Henry Aiken，1912 - 1982）也说，实用主义者，作为哲学家，他们对于科学的方法比对于具体地描述自然科学本身更感兴趣。他们所崇拜的，既非科学，也非科学所描述的自然，而仅仅是那些能获取个人目的的手段和方法而已。⑧

总之，实用主义者强调假设及其他方法的根本目的是为了行为的具体的、实际的效用。

综合以上各点，可见实用主义是一个研究行为效用的哲学，不论在他们对于"形而上学"的批判中，还是在他们对"经验"的说明中以及在他们关于方法的论述中，都突出地表现了"效用至上"的原则。因此，我们在研究实用主义哲学的时候，自始至终都要抓住这个基本原则和基本精神。

注释

① 亚里士多德：《形而上学》，Book IV, Ch. 1。
② 同①。
③ 引自《奥义书精要》（*The principal Upanishads*）。
④ 参见维纳（Philip P. Wiener）主编：《价值在偶然性世界中的地位》（*Values in a Universe of Chance*，New York，1958），第 6 章。
⑤ 詹姆斯：《实用主义与真理的意义》（*Pragmatism and The Meaning of Truth*，Harvard University Press，1978）。

⑥ 杜威:《哲学的改造》(*Reconstruction in Philosophy*, Holt, Rinehart and Winston, Inc. , New York, 1920)。

⑦ 休谟:《人类理解论》(London, 1882),第 2 卷,第 126 页。

⑧ 皮尔斯:〈什么是实用主义?〉,摘自《价值在偶然性世界中的地位》,第 10 章。

⑨ 参见杜威:《哲学的改造》。

⑩ 卡普兰:《哲学的新世界》(*The New World of Philosophy*, Vintage Books, New York, 1961),第 16 页。

⑪ 罗素:《我的哲学发展》(*My Philosophical Development*, Unwin Books, 1975)。

⑫ 詹姆斯:《真理的意义》。

⑬ 参见詹姆斯:《实用主义》(1978),第 117 - 118 页。

⑭ 参见詹姆斯:《真理的意义》。

⑮ 笛卡尔:《谈谈方法》。

⑯ 同⑮。

⑰ 同⑮。

⑱ 参见《笛卡尔选集》。

⑲ 同⑱。

⑳ 参见帕皮尼:Il Pragmatismo Messo in Ordine, Leonardo, 1905 年 4 月。此文后来载入帕皮尼的《实用主义论文集》(*Sul Pragmatismo*, Milan, Liberia Editrice Milanese, 1913)。

㉑ 参见詹姆斯:《实用主义》(1978),第 2 讲,第 32 页。

㉒ 以上均引自詹姆斯:《实用主义》(1978),第 9 - 26 页。

㉓ 同㉒,第 78 - 79 页。

㉔ 同㉒,第 43 - 44 页。

㉕ 同㉒,第 78 页。

㉖ 参见詹姆斯:《实用主义》(1978),第 8 讲,"实用主义与宗教"。

㉗ 卡普兰:《哲学的新世界》,第 19 - 20 页。

㉘ 巴雷特与艾肯合编:《二十世纪哲学》,第 1 卷,第 51 页。

第 7 章

实用主义是商人哲学

第一节 "兑现价值"

在前面所论述的实用主义基本原理,归根结底,是商人生意经的理论概括。要理解这一点,必须把实用主义哲学的上述原理同当代商业社会的现实生活密切联系起来。然后,我们就会发现,实用主义哲学的整个体系,就是商人的人生观在哲学上的翻版。

如前所述,实用主义哲学是在 20 世纪 70 年代形成,并一直流行到现在。促使实用主义哲学家考虑创立和发展这一新哲学体系的主要原因,包括社会方面和哲学方面的两类因素。在这里,为了说明实用主义哲学同商人的人生观的关系,先分析社会方面的因素,即实用主义哲学的社会根源。然后,在本书的其他章节中再分别分析产生实用主义哲学理论上的根源。

美国和欧洲的工业生产在 19 世纪上半叶获得了迅速的发展,商业经济的神经网渗透到了社会生活的各个方面,使整个社会生活都商业化了。这就是说,英国社会自 17 世纪克伦威尔(Oliver Cromwell,

1599 -1658)领导革命成功,法国社会自 18 世纪资产阶级革命成功以及美国社会自 1773 年至 1776 年的独立战争胜利和 1861 年至 1865 年的南北战争结束以后,社会的商品生产和商品流通急剧膨胀和扩张。不仅经济商品化了,而且,人与人之间的关系,政治、文化、科学和其他一切社会生活也商品化了。

商品生产使社会生活全部打上了金钱关系的烙印。在现代的商品社会中,一切都是商品。商品成为社会最基本、最常见、最普遍、最简单的细胞。而商品最本质的特点就是它的交换价值。任何一个商品都具有使用价值和交换价值。使用价值体现了商品的外在特征,而交换价值则更深刻地反映了商品的内在本质。人们购买商品固然是为了使用它,没有使用价值的商品是没有人买的。但是,商品的生产者之所以生产商品和交换商品,主要是因为它有交换价值。交换价值的大小决定了商品本身重要性的大小,一个商品的交换价值越大,商品的所有者越能获取较大的利益。在商品社会中,一个人所拥有的商品的交换价值额越大,他的财富就越多,他的社会地位就越高、越强固。

莎士比亚(William Shakespeare,1564 - 1616)说过:

> 失势的伟人举目无亲,
> 走运的穷酸仇敌逢迎。
> 这炎凉的世态古今一辙:
> 富有的门庭挤满了宾客;
> 要是你在穷途向人求助,
> 即使知己也要情同陌路。①

莎士比亚还很形象地揭示在当今社会中备受人们崇拜的黄金的

"万能"：

> 金子！黄黄的，发光的，宝贵的金子！它可以使黑的变成白的，丑的变成美的，卑贱变成尊贵，老人变成少年，懦夫变成勇士。这黄色的奴隶可以使异族同盟，同宗分裂；它可以使受诅咒的人得福，使害着癞病的人为众人所敬爱；它可以使窃贼得到高爵显位；它可以使鸡皮黄脸的寡妇重做新娘，即使她的尊容可以使害染恶疮的人见了呕吐，有了这东西也会恢复三春的娇艳；它会使冰炭化为胶漆，仇敌互相亲吻；它会说任何的方言，使每一个人唯命是从。它是一尊了不得的神明，即使它住在比猪巢还卑劣的庙宇里，也会受人顶礼膜拜。②

莎士比亚的语言一针见血地揭示了当代社会的特点。崇拜金钱，成为许多人的本能行动。

商品生产和商品交换中所体现的金钱关系，黄金崇拜，是支配社会生活的杠杆，是人们的实际行动的出发点和归宿点。为了获得越来越多的金钱，商人们拼命钻营，不择手段地活动。在他们看来，能赚到钱就是唯一的目的，赚的钱越多越快越好。在他们看来，除了赚钱以外，其他的一切都是不重要的，都是没有效用的。有了钱就有了一切，所以，赚钱就是最实际、最根本的效用。

但是，自19世纪中叶以后，现代商品社会中越来越严重地存在着人与人之间、国与国之间的激烈竞争。在竞争中，有些人财运亨通，扶摇直上，另一些人则一败涂地。越是发展到今天，竞争越是激烈和尖锐化。商品生产的无政府状态，社会的灾祸，使激烈的竞争沿着破坏的方向无限度地发展下去。在竞争中，资本越雄厚、手段越高明的人，越能获得胜利，而资本越单薄、手段越僵化的人则有破产的危险。这就给一些人造成一种假象，似乎竞争本身并不存在什么内在的客观规律，而起决定性的根本因素似乎是实力和手段。

商品社会的这些特点越来越强烈地影响着 19 世纪和 20 世纪的哲学家们的思想。西方思想家和哲学家反映当代社会特点的形式和方法是多方面的，曲折的、复杂的。他们可以从正面或反面、积极或消极、乐观或悲观、肯定或否定的立场和态度去反映，也可以从其中的某个侧面、某个角度或某种形式去反映。大体说来，从 19 世纪中叶以来，西方的哲学家们就开始越来越重视商品社会的上述特点，并在自己的哲学体系中或多或少地以不同形式表现出来。

哲学这种意识形态和思想形式有其独特的特点，正如我在本书前言中所说的，哲学自古以来就是人类社会生活经验的最高总结。所谓哲学，就是经过职业哲学家们加工的各种类型和各个阶层的人们的人生观。各个不同的哲学流派的产生，反映了社会上各个阶层的人们的思想代表人物企图把本阶层的人生观提炼到理论高度并使之普遍化和永久化的尝试。

但是，由于哲学采取最抽象的概念形式，所以，它反映社会现实的形式不仅表现得极为隐晦，而且也极为缓慢。社会上的种种变化，反映在哲学上往往要经历一段相当长的时间，所以，上述商业社会的特点，也是在经历了一段相当长的酝酿和演化过程之后，才逐步地在 19 世纪下半叶出现的各种哲学流派中表现出来。

19 世纪下半叶，德国古典哲学的最高成果黑格尔哲学的解体，标志着西方哲学的发展达到了一个新的阶段。

由笛卡尔和康德开创的近代哲学经历了一段相当长的演变以后，到了 19 世纪中叶就酝酿了一次根本性的转折，黑格尔哲学解体了，究竟应该采取什么样的形式才能适应现代商业社会发展的要求呢？

在 19 世纪中叶到 19 世纪 70 年代之间，哲学领域中先后出现了新康德主义、新黑格尔主义、实证主义、功利主义、意志主义等哲学流派。这些流派一方面要挣脱黑格尔以前各种旧哲学体系的羁绊，另一方面也力图或多或少地反映社会现实生活的各种不同要求。

应该指出，在上述新出现的哲学流派中，实用主义要算是一个较成功地反映商业社会特点的哲学。正是在皮尔斯所创立的实用主义哲学中，较全面而系统地体现了商业社会的上述特点。"效用至上"以及为获取效用而主张不择手段，千方百计地研究最能够有效地达到目的的方法，这一切反映着商人的活动特点的思想方法都成为实用主义哲学的主要内容。

所以，自从实用主义诞生以来，有很多哲学家都把它说成是"商人哲学"(The Philosophy of the businessman)③，罗素则把实用主义说成是"工业哲学"(Industrial Philosophy)。其实，不管称之为"商人哲学"还是"工业哲学"，都是因为实用主义突出地强调哲学的"兑现价值"(Cash value)以及为实现"兑现价值"而注重方法。实用主义哲学的这一特点恰恰是它的"商人哲学"面目的写照。

首先，我们看看詹姆斯所说的"兑现价值"。

詹姆斯在《实用主义》一书的第二讲"实用主义的意义"中说，实用主义区别于其他哲学的基本原则就在于它最注重效用、实际的结果。任何概念的意义必须通过它的实际效用来说明和检验。"实用主义的方法力图通过该概念的有关的实际结果去说明每一个概念。"他认为，对于任何一个概念来说，如果不从它的实际结果方面的差别去辨别，那么，一切争论就毫无意义。詹姆斯说，实用主义哲学从诞生的时候起，它的创始人皮尔斯就特别强调"我们的信念实际上是行动的原则"。因此,要充分弄清一个认识对象,我们只要看看它在实际上所产生的效果就行了。"所以,我们对于这些效果的概念,不管是直接的或间接的,就是我们对于那个对象的全部概念……。"

詹姆斯说,由皮尔斯开创的实用主义哲学要求我们从实际出发,针对不同的具体环境,应用它的基本原则。任何一个原则或概念,只有放在一个特殊的、具体的环境中,只有在一次特定的行动中,才能看出它的实际效果。实际效果是在一定的时间和地点中呈现出来或获得证实。所以,离开具体的环境中的具体行动,什么效果都是空洞的和虚幻的。因此,实用主义所讲的效果就是指每一次特定的行动的具体效果。

詹姆斯讽刺和嘲弄以往的哲学无休止地争论"上帝"、"理性"、"物质"、"绝对"等抽象概念,并纯粹在理论领域探讨其真伪。他认为,这些极其抽象的名词远远地脱离具体实践中的具体环境,无从考察其实际效果,因而,围绕这些概念而引起的争论肯定是毫无结果的。

接着,詹姆斯说,实用主义所主张的上述基本方法,无非就是要发现每一个概念的"兑现价值"。"你必须指出每一个词的实际的兑现价值,使它在你的经验的流通中发生作用。"④

詹姆斯指出:"实用主义方法无非就是这些!""兑现价值"这个经常被商人们使用的普通概念,最能体现实用主义哲学的基本精神。所以,在《实用主义》一书中,詹姆斯在论述对实用主义来说极其重要的真理问题时,始终都没有离开过"兑现价值"这个概念。

在《实用主义》发表两年后,詹姆斯紧接着又在《真理的意义》一书中集中地探讨真理的"兑现价值"问题。在这本书的序言中,詹姆斯开宗明义说:他的《实用主义》一书的中枢部位就是真理问题。在真理这个根本问题上,詹姆斯是完全依据商人的生意经来解决的。他认为,是否真理的问题固然要看概念是否与实在相符,但是,归根结底,所谓"与实在相符"，也就是在实际结果中与行为者的主观目的相符合，就是行为者得到了一个令他本人满意的结果，即"兑现价值"。

詹姆斯直截了当地说，用"兑现价值"这个词来概括实用主义真理观的要义是最简明扼要的了，"因为每个人都仅仅从金钱上的利润和亏损(pecuniary profit and loss)的角度来考虑你的意思"。⑤詹姆斯又说，为了理解实用主义的精髓，也可以把真理看作是"权宜手段"(the expedient)，因为"权宜手段这个词的意义无非是自身利益(self-interest)"。⑥

总之，不管是"兑现价值"还是"权宜手段"，都是最形象地表达了实用主义的真理观及其整个体系的基本特征。

詹姆斯抓住了商业社会中商人的心理特点，试图集中表现商人的根本利益。詹姆斯急商人之所急，想商人之所想，用商人所熟悉的语言代替最抽象的哲学概念，活灵活现地表达出商人的世界观。

在商人看来，金钱就是真理。有了金钱，就有了真理，袋子里的金钱越多，手中的真理越多。除了追求金钱以外，其他的一切都是毫无意义的。有了钱，人生才有意义。

詹姆斯把商人的这种人生观提炼升华，成为以"兑现价值"为中心概念的实用主义哲学。在实用主义看来，一切哲学问题，一切认识活动和一切行为，都只能以有无"兑现价值"或有多大的"兑现价值"作最高标准。

根据这个标准，有关世界的本质的一切探讨都是"无用的"(useless)、"无意义的"(nonsense)或"无效用的"(idle)等。最有意义的、最有用的、最有效的，唯有能获得"兑现价值"的实际行动。

根据这个标准，实用主义认为哲学的根本任务就是探索人生的"兑现价值"，就是指导人们在实际生活的现实活动中寻求最大的、最直接的"兑现价值"。

因此，整个说来，实用主义哲学的研究范围远比它以前的哲学更加缩小了，它把哲学范围缩小到仅仅研究人生的"兑现价值"——即使探讨诸如真理范畴的认识论问题，它也是从人生的"兑现价值"的角度去研究。

所以，为了深入地说明实用主义作为商人哲学的实质，下面，我们以实用主义的真理观作典型集中进行解剖。

詹姆斯反复地在他的著作中说，实用主义的范围包括两个方面，第一是方法论，第二是真理论。其实，他们的方法论和真理论都是一个东西，其中心目的就是要以他们所论述的方法和真理为工具去获取最大的效用，即达到"兑现价值"。

从上述中心思想出发，实用主义真理观的最大特点，就是否认真理的客观内容和客观标准。

在实用主义者看来，所谓"真"，仅仅是一种观念而已。它是人的思维活动所本能产生出来的，它独立于客观世界，超出客观事物。

实用主义者认为，人的头脑本能地产生各种观念，其中有一些是"真"的，有一些是"错"的。"真"的观念和"错"的观念，就它们都产生于人的主观意识这一点而言是一样的，没有区别的。换句话说，所谓真理或谬误，在本质上都是观念，都是人的意识的产物，都是独立于和不依赖于外在的客观世界。在人的意识中，经常本能地出现一堆一堆的或一串一串的或个别的分散的观念，在这些观念中，真假是非相混淆。

实用主义者关于观念的主观根源的上述论点，是他们的真理观的一个基本出发点。我们必须重视这个问题，因为在往后我们要分析的实用主义的"真理有用论"是同这个出发点有密切联系的。而且，一般说来，实用主义关于真理的主观性的论点，也是一般商人所犯的主观主义错误的主要根源。

　　一般的商人，由于只顾自己的个人利益和得失，往往只想到自己的主观目标——赚钱，而忽视客观的条件对自己赚钱活动的限制。当然，有的商人也看到了这样一个事实，即为了赚取利润，不得不深入地调查市场、原料供应、顾客的购买力等客观因素的变化情况，并力图总结出其中的内在规律。但是，他们这样做的目的也是为了赚钱，所以，这种对客观世界的认识往往受主观愿望和个人利益的很大限制，有时往往要为主观利益所干扰和影响。因为归根结底，在商人的心目中，主观的因素、个人的利益——赚钱问题是占据首要地位的，是决定一切的。正是从这个意义上说，商人们即使承认和研究客观规律，也是从属于他们的主观目的和个人利益——赚钱。这就决定了商人的世界观带有极其浓厚的主观主义的成分，而他们的真理观也不可避免地打上主观主义的烙印。

　　我们说商人的世界观和方法论是主观主义的，是忽视客观规律的作用的，是从根本上讲的。这就是说，商人的生活目的和活动目的，即赚钱，决定了他们把主观的利益和目标放在至高无上的神圣地位。有的商人并不是不知道或认识不到经济的客观规律，但他们的直接的、现实的利益迫使他们不得不违背客观规律，把自己的行动建立在"碰运气"的主观猜测的基础上，建立在冒险赌注的基础上。

　　詹姆斯等人特别强调观念的主观性就是这种世界观的典型表现。詹姆斯说，观念具有"自我超越性"（self‑transcendency）。[⑦]观念的自我超越性使詹姆斯深入地研究了"兑现价值的自我超越性"。[⑧]这就表明，观念的"自我超越性"与"兑现价值的自我超越性"有不可分割的密切关系。换句话说，商人们所普遍关心的"兑现价值"，使实用主义者把观念看作是人的意识自生的东西。

正因为观念是意识的产物，是独立于外在的客观世界，所以，观念的真假也就同客观世界无关。这就是说，实用主义者关于观念来自主观意识的论点导致他们否认真理标准的客观性。

但是，实用主义否认真理标准的客观性所采取的形式具有它本身的特点。他们不同于以前的唯心主义哲学家否认真理的客观标准的那些论点和论证方法。在这一点上，詹姆斯等人倒是更加反映了商人的具体特点。

我们在上面已经提到，一般商人只注意自己的利益，只关心自己的"兑现价值"。但商人的主观主义并不单表现在他们只在自己的头脑中冥思苦想赚钱的方案，而且还表现在他们一味追求"兑现价值"的实际行动中。说得更确切些，他们的主观主义，与其表现在他们的思想活动，不如说更形象、更集中、更典型地表现在他们的赚钱活动中。

实用主义者和商人一样，侧重于强调寻求效果的主观主义的行动。他们认为，真理的问题只有在行动的效果中才能最后解决，在付诸实施以前，关于一切观念的真假问题的争论都是无从制定、无从解答的，也是毫无意义的。

观念的真假唯有在实际行动中方能检验出来，这种看法似乎有些道理。但是，在理解实用主义的上述论点时，务必不要忘记三个重要的问题：第一，如前所述，他们所说的观念不是客观世界的反映，而是主观自生的；第二，他们所说的实际行动是实施"兑现价值"的活动，并不是指社会上绝大多数人所从事的社会实践；第三，他们所说的实践不是以寻求和遵循客观规律为主要目标，而是以达到"兑现价值"为主要目标，因此，即使在个别条件下，他们为了实现"兑现价值"而可能不得不尊重某些客观规律，也毕竟与那些自觉遵循客观规律的人们的活动有根本的区别。

由此可见，孤立地谈论"观念的真假必须在实际行动中检验"还是不够的。我们在实际生活中经常看到这样的复杂情况：某人对于某一事物的认识是正确的，也就是说，他对某一事物的认识是如实地反映了事物本身的客观规律性的，但在实施过程中，由于缺乏其他的客观条件，也会导致行动的失败。如中国民主革命的先驱者孙中山先生早在19世纪末就正确地揭露了满清社会的腐败本质，并主张用革命的方式进行根本性的社会改革。但在辛亥革命前，他多次领导起义都遭到了失败。失败的原因显然不是由于孙中山的认识有错误，而是由于其他客观条件尚未成熟。到辛亥革命时，其他各方面的条件基本上成熟了，他的正确的革命纲领——正确的认识，才在实际行动中获得证实。

这个事实表明，我们一方面要看到真理归根结底是要在实践中得到证实的，但另一方面还要看到：这个证实过程并非简单的、直接的，而是曲折的、反复的。

同样的道理，我们说："错误的观念最终会在实际行动中导致失败"，并不是说，这个过程是很简单的、一次完成的。有时，错误的观念可以在实际生活中维持一段相当长的时间。例如，中世纪流行于西方的所谓"地心说"，即认为地球是太阳系的中心，太阳和其他行星都是围绕着地球旋转的，曾经在相当长的时间内被视为不可动摇的真理，只是经历了反复的科学实验、天文观察和其他的斗争过程，才终于推翻了上述错误观念。

这也就可以看出，凡是在具体的行动中取得成功的观念，并不一定是真理。这种貌似真理的、在某些具体行动中获得成功的观念，归根结底是要被推翻的。在某个具体活动中，特别是在某个个人的主观行动中获得兑现价值的观念，并不一定是真理。我们不能片面地、孤立地强调要在具体的行动中获得效用，而是要在实践的整个过程中，从全面的观点来看实践检验真理的问题。

正因为真理在实践中的检验问题是非常复杂的问题，所以，片面地割裂和夸大这个复杂过程中的任何一个片断、方面和部分，都会导致完全不同的理论体系。基于这个原因，实用主义者所说的真理的"兑现价值"可以被许多人所接受，特别是在商品生产发达、商人生意经泛滥的当代社会中更是如此。

如前所述，商人一般都把赚钱看作是最高的、也是最迫切的目标。因此，他们往往期望在最直接的实际行动中就达到"兑现价值"。因此，他们并不关心那些要在比较遥远的长久过程中才能见效的活动，特别是不关心这些活动本身是否符合客观规律性。如果商人的每一个具体行动都能获取最大的、最理想的"兑现价值"，他们就会欣喜若狂，就算达到了目的。至于下一步的行动能否达到兑现价值，那是下一步的问题——当然，即使下一步，或以后的每一步，商人都期望步步成功、步步赚钱。

所以，实用主义所说的那种检验真理的过程和标准正中商人的下怀，最生动不过地反映了商人们的思想情绪。

但是，有些哲学家，如美国的罗伊斯（Josiah Royce，1855－1916）曾在《诚实的哲学》（*The Philosophy of Loyalty*，1908）一书中强调实用主义哲学并非"商人哲学"。罗伊斯认为，詹姆斯仅仅选用了商人们所喜欢使用的语词作为隐喻（metaphor）来表达他的思想，而实际上，詹姆斯所引用的"兑现价值"、"权宜"和"利润"等概念并不同于商人的意思。

果真像罗伊斯所说的那样吗？实际上，实用主义不仅仅借用或引用了商人的语言，而且也把商人的人生观和生意经渗透到他们的哲学体系中。换句话说，实用主义哲学并不是像罗伊斯所说的那样，仅仅把商人的语言当作隐喻，或仅仅在形式上与商人有某种联系，而且，实用主义哲学的整个内容就是贯穿着商人追求"兑现价值"的生意经的精神。"兑现价值"并非单纯的表达形式，而是实用主义哲学的精髓。

在前面所谈到的实用主义真理观中，皮尔斯、詹姆斯和杜威等人并不满足于一般地否认真理的客观根源、客观内容和客观标准。如果仅仅是这样的话，那么，他们的哲学就同以往的许多唯心主义哲学毫无区别了。实用主义者的一个重要特点就是突出了主观的行动效果在检验真理的过程中的作用，我们说实用主义是商人的哲学主要是从这个意义上讲的。

前面已经提到，在商人看来，赚钱就是一切。但是，具体说来，商人是怎样进行赚钱活动的呢？在进行赚钱活动中，商人们的思想和行为的特征是什么呢？实用主义所强调的主观行动效果与商人的赚钱活动、与商人在赚钱活动中的思想和行为的特征有什么关系呢？

实际上，詹姆斯所用的"兑现价值"一词恰恰回答了这个问题。

商人在追求最大利润的商业活动中，总是从唯利是图的立场出发。因此，在商人看来，重要的并不是使认识符合客观实际，使行动符合客观规律性，而是使自己的行动达到赚钱的目的。达到赚钱的目的，即取得"兑现价值"，就是有用的，有用的也就是真理。

实用主义的真理观中，把达到主观的行动效果放在第一位，就是这种商人心理的哲学总结。在实用主义看来，真理就是效用，有效用的便是真理，没有效用的便不是真理，效用是真理的唯一标准，也是追求真理过程中的唯一指导原则。詹姆斯说："真理，如同任何一本字典所说的那样，乃是我们的观念的某种属性。真理就意味着同'实际'的'符合'，而谬误就是与实际不符。实用主义者和理性主义者一样承认这个定义。他们的争论仅仅是在提出'符合'这个词的确切意义和'实际'这个词的意义时才开始发生。……"⑨

　　这就是说,如果仅仅从一般的真理概念来看,实用主义与以往各种哲学似乎并不存在分歧,而且,实用主义作为商人哲学的具体特征也表现不出来。但是,一旦更具体地探讨具体的真理问题,更深入地剖析实用主义真理观的具体内容,诸如剖析他们所说的"实际"、"符合"等概念,就会发现他们的真理观的商人气息。

　　我们还是沿着詹姆斯论述真理的思路来完成上述探讨和剖析。詹姆斯在说了上述那段话以后说,实用主义同以往的理性主义和唯心主义不同,并不停留在关于观念是否与实际相符合的认识上,而是进一步提出它的使用意义。实用主义者提出了这样的问题:"如果承认一个观念或信念是真的,那么,'它是真的'这一点,在各个人的实际生活中究竟起着什么样不同作用? 那个真理应该怎样理解? 如果我们所得到的信念是错误的,那么由此获得的经验将会有什么样的区别? 简言之,从实际经验的角度来看,什么是真理的兑现价值?"⑩

　　詹姆斯的这些说明已经说得很清楚,在他看来,真理固然是"观念同实在的符合",但重要的是要研究这一"符合"本身在每个人的具体生活中所产生的不同实际效果,即具有什么样的兑现价值。

　　对于商人来说,问题也归结为实际的效用。如果说,"观念与实际的符合",仅仅是停留在理论王国里的话,那么,这种争论本身并不是最重要的,也不是商人们所企望的。如前所述,商人对一切问题都从赚钱的角度去认识、去辨别、去鉴定。如果一个观念"与实际相符合"并不能给商人的赚钱活动带来实际的兑现价值的话,那么,这样的观念再多、再有真理价值,也不是商人所需要的。同商人谈论那些对于赚钱不产生实际效用的"真理",就如同"对牛弹琴"一样,说得更确切一些,商人所需要的是这样的"与实际相符合"的观念,即具有"兑现价值"。

所以，重要的问题是要把那些"与实际相符合"的观念拿到商人的实际活动中去检验——凡是能产生有用效果的，才是真理，凡是没有用的，就是谬误。

詹姆斯理解商人的这个迫切要求，所以他所概括的实用主义真理观把重点放在这样一个问题上，即：检验一个观念是否真理，归根结底，要看对个人的实际行动所产生的效果。所以，詹姆斯在往后的论述中，很自然地把上述所谓"与实际相符合"的问题直接地改换成为"与实际效果相符合"的问题。所以詹姆斯说："当实用主义者提出这个问题的时候，它的目的是要寻找这样的答案：真的观念就是我们可以融会贯通（assimilate，原意为'消化'或'同化'）、可以生效（validate）、可以确证（corroborate）和可以证实（verify）的那些观念，而错误的观念就是我们不能那样做的那些观念。"⑪

在解释上述真理观的时候，詹姆斯说，"观念的真理性并不是观念本身所固有的一个凝滞属性（a stagnant property）。真理是碰巧遇到的一个观念（Truth happens to an idea），它变为真的和成为真的是通过事件（events）。它的确证是在一个事件的事实中，在一个过程中——这个过程就是它的自我证实过程、它的证明过程，它的有效性就是它的发生效力的过程。"⑫

这就是说，真理只有在实际活动中确证其有效的时候，才是真正的真理，脱离有效的实际活动，真理无从谈起。

在上述论述中，值得注意的是詹姆斯所说的"碰巧遇到的一个观念"这个提法。在詹姆斯的原著中，"碰巧"一词，即"happens"，是用着重号写的。这就是说，前面詹姆斯所说的真理是"与实际相符的观念"，乃是在实际活动中偶然碰到的那个观念。所以，哪个观念属于真理的范畴，不是取决于观念本身是否与实际相符，而是要等到各个人从事实际活动时是否"碰巧遇到"它，这是商人的生意经的又一形象表现。

在实际的商业活动中，往往有这么一个特点：商人为了获取"兑现价值"，事先设想过各种在他看来是最有效的行动方案。这些观念就其被看作"可能有效"的方案而言，乃是可能"与实际相符的观念"。但在付诸实施中，由于商人无法驾驭整个客观的经济舞台上所发生的经济生活过程，所以，他只能见机行事、见风使舵，以求一逞。很有可能，形势的发展使商人决定采取某一个行动，符合上述诸方案中的一个，便可能将上述"碰巧"遇到的方案付诸实施。所以，商人在行动之前是没有把握自己究竟应该采用什么方案。非但如此，商人即使进入了活动阶段开始实施某一方案时，也很难断定此方案肯定会取得好的、有用的效果。只有在完成整个动作，这个"事件"的整个过程告一段落的时候，才能最后看到该观念的效果。这一切都带有很大的机遇性和偶然性，这种偶然性只有在行动结束时才能最后揭晓。

在上述詹姆斯的原话中，还有一个值得注意的地方，这就是他在写"证明过程"时，是把它写成"veri-fication"，而在写"发生效力的过程"时，也写成"valid-ation"。这两个英文原字的后半段不仅与前半段分离开来，而且是用着重号写的。

詹姆斯这样写，不是单纯的表达方法问题，而且也包含有很深的意义。这一意义同上述"happen"一词一样，很形象、很深刻地表示了实用主义的本质。

上述被着重号印出的后半段，也就是语法上所说的"后缀"，是表示"……化"的意义。一般地说，当一个英文动词变为名词时，都用-ation表示"动作"、"状态"或"结果"，用-fication 表示"形成……"或"……化"。可见，詹姆斯用词语结构的这一种特点，企图突出说明"证明"和"发生效力"这个活动过程和这个动作的"结果"。在他看来，观念的真理性只有这些动作的过程和结果中才能得到证实。真理并非那种"凝滞"的观念，而是在行动中被碰巧遇到的、可以产生有用的效果的观念。

詹姆斯说："正是实际上的差别才使我们掌握真观念，因此，这种实际上的差别才构成真理的意义……。"⑬他又说："一个观念（它们自身是我们经验的一部分）是真的，只要它们能帮助我们和我们的其他部分的经验得到圆满的关系……。无论什么样的观念，只要它能安安稳稳地把我们从一部分经验引到另一部分，把事物联络得满意，应用得妥帖、简单、省力，就是真的，这观念能这样做到什么样的地步，它便真到什么地步。……"接着，他还补充说：说我们的观念是真的，就是指它们的工作能力（Power to work）。

到这里，实用主义者又引出"工作能力"这个词来说明真理的意义。其实，所谓"工作能力"就是进一步说明了真理的主观行动本质。在实用主义者看来，工作能力是从"人"这个主体中派生出来的，它是人的"本能"，是不依赖于客观实际的。

照此说来，哪一个的工作能力愈大，它就越有真理；真理是观念的工作能力的指标。这就意味着真理是工作能力所创造的，是"工作能力"的体现。

实际上，实用主义者所说的"工作能力"并不是局限于一般人所狭隘理解的那种"工作能力"，它同时也就是人的一般活动能力、创造能力、投机能力、竞争能力等。"能力"（Power）一词本来就包含有"主动"（active）的意味，如果说得更确切些的话，它是一种"实力"，是一种"自我扩张的实力"。

也许一般人都会同意，商业社会是讲"实力"的社会。商业社会把一切关系都融化在冷冰冰的金钱关系之中，谁的钱越多，他在社会上的地位越高，他的说话、活动、影响也就越有分量。实力的大小决定了行动的成功率的大小,也就决定了真理的程度。前面引用过的莎士比亚赞美"金子"的那几句话,最形象地说明了"金子"是商业社会中衡量"实力"或"能力"的尺度,"它可以使黑的变成白的,丑的变成美的,卑贱变成尊贵,老人变成少年,懦夫变成勇士。……"

在当代社会中,这种以"实力"或"能力"作后盾进行活动的例子是举不胜举的。谁都知道,近百年来,商业经济活动中的竞争程度越来越剧烈,甚至可以这样说,整个社会是靠激烈的竞争来维持的,而支配着竞争活动的铁的规律是"大鱼吃小鱼,小鱼吃虾米"。谁的实力越雄厚,他就会获得成功,谁的实力小,他就可能被淘汰,就可能失败。

所以,在另一个地方,詹姆斯又说,任何命题"如果要被当成真理的话,就必须与实际相符合。而实用主义所说的'符合',就是指某种'工作'方式,不管它们是实际的或者是潜在的。"⑭"我认为,对于一个命题来说,如果与命题的工作无关的话,那就没法向你说出'真的'这个词的真实意义。"⑮

如前所述,这里所说的"工作"(working)是泛指一切活动,而且,正如詹姆斯自己所承认的,它也包含实际的和潜在的活动两个方面。由于实用主义者在所有谈论"能力"、"实力"、"活动"、"工作"时,都从来没有谈到它们与客观规律的关系,所以,他们显然认为这些"能力"和"活动"都是与客观规律性无关,它们是纯粹主观的"能力"和"实力"。在实用主义者看来,这种主观的"能力"和"实力"是主观行动获得成功的基础,也是真理的决定性因素。

正因为真理不存在客观基础和客观标准,只是取决于它在实际活动中的效用,所以,真理可以是人为的,可以任意制造出来,尽管它的制造需要以"实力"作后盾。这就像银行制造货币一样。货币是人造的,但它要取得效用,要发挥作用,必须以制造货币的银行的实力作后盾和基础。如果该银行的黄金储备和经济实力下降，它所发行的货币马上就会贬值，甚至不被人们信任，终将被抛售出去。在这个意义上说，真理也好比一种"信托制度"——只要有人信任它，它就存在，若没有人信任它，它就消失掉。所以，詹姆斯说："事实上，真理大半是以一种信托制度的形式而存在，我们的思想和信念不拒绝使用它们，就'通行'无阻，好像银行钞票只要没有人拒绝使用，就总可以流通一样。"这也就是说，实用主义者把真理看作是类似人造的钞票的东西，它是依赖于"人生"这个准备金而存在的，也依赖于制造这个"真理"的人的实力的大小。

实际上，所谓真理是"信托制度"的观点乃是真理是"工作能力"的又一种说法。如前所述，"能力"的大小，"实力"的雄厚程度，是商业社会中取得人们信任的基础和前提。

总之，实用主义者把真理的主观性改造成了最适应于商人要求的形式。实用主义者的上述关于真理的"兑现价值"的种种观点，乃是真理的主观性的具体体现。正如詹姆斯所说，"一个新观念能最适当地发挥它的功用，满足我们双倍需要的，这便是真的。""你可以说'它是有用的，因为它是真的'，也可以说'它是真的，因为它是有用的'。反正这两种说法都是一样的。所谓'真'只是一个观念开始证实过程时的名称，而所谓'有用'则是在经验中完成了功能的那个观念的名称。"

另一位实用主义者杜威也说："如果观念、意义、概念、学说和体系，对于一定环境的主动的改造，或对于某种特殊的困苦和纷扰的排除确实起着工具般的作用的话，那么，它们的效能和价值就全在于这个工作的成功与否。如果它们成功了，它们就是可靠、健全、有效、好的、真的。如果它们不能排除纷乱、避免错误，而它们作用所及反致增加混乱、疑惑和祸患，那么它们便是虚妄。所谓坚信、确证、证实，就在于作用和效果。"杜威在这一段话中,已经很明白地说出了真理的主观性,并且,也很明白地表示了实用主义者真理观的主观性的主要特征。

第二节　在渐进中获得个人的成功

实用主义认为,人生活在世界上,要取得成功,最要紧的是从承认现实的存在状况出发,逐步地采取灵活且有效的方法,以改善自己的处境,不断增强个人的实力地位,成功的目标和个人野心的程度是无限的,所以,这种逐渐改善自己的地位和增强自己的实力的过程也是无止境的。从这个意义上说,人生就是一个渐进的改善过程,只要不死亡,这个过程就没有完结。人生不存在一个固定不变的目标,似乎达到了某一程度的成功和满足以后,就可以停滞不前。

实用主义的这种"改善主义"(meliorism)是商人的人生观的又一表现。它的特点是:(1)承认个人发财和成功必须从现实基础出发,反对一切不切实际的、纯幻想的发财梦;(2)承认现有的基础是可以通过个人奋斗和个人努力而逐步改善的;(3)这种改善过程是无止境的,对于财富的追求永远是不能满足的。

"改善主义"来自拉丁文"改善"(melior)一词,它的意思是"渐好"(better),所以,所谓"改善主义"从字面上说就是"逐渐改好"(betterment)或"改进"(improvement)。

詹姆斯在阐述他的"改善论"的时候,是把这种人生观说成是介于"悲观主义"(pessimism)和"乐观主义"(optimism)之间的一种处世哲学。⑯而杜威则更明确地说:"改善主义认为,存在于某一时刻的特定状况,无论它们是比较坏的还是比较好的,都是可以改善的。它鼓励智慧来研究善的有效办法,找出实现'善'的障碍,并设法努力地改善情况。"

对实用主义者杜威来说，"有意义的不是静态的结局和结果，而是生长、改良和进步的过程。……这是一个不断的过程，目的不再是努力所要达到的终点或极限，它是改变现状的积极过程。"⑰

显然，改善主义所要反映的就是一种只顾眼前利益，但又不安于现状，充满着无止境的欲望的商人哲学。要理解这个商人处世哲学的真谛，不能脱离产生这种哲学的现实社会基础。

如前所述，西方社会发展到 19 世纪下半叶，由于社会生产的无政府状态和激烈的竞争，以及社会财富越来越多地集中在少数财政寡头手中，西方社会开始滋长一系列尖锐的矛盾。剧烈的社会冲突也日益频繁地发生。在这种情况下，在 19 世纪下半叶，西方哲学家当中纷纷提出了各种疗治社会创伤和改良社会的方案。

有一些哲学家认为社会的崩溃不可避免，人们无法掌握自己的命运，于是产生了像叔本华那样的悲观主义哲学。还有一些哲学家认为，社会尽管存在着各种矛盾，但前途是乐观的。这些所谓乐观主义者实际上也是悲观主义的变种，因为他们的乐观主义并不是基于实事求是地调查和分析，而是单纯从主观愿望出发，无视矛盾和事实。所以，他们的乐观是虚假的，没有基础的。在他们的乐观中包含着对现实世界的逃避态度。

同以上两种哲学家不同，比较多的哲学家一方面看到了现实的矛盾，另一方面则设法维护原有的基本制度，企图在不根本否定原有基本制度的前提下设法寻找一个改良办法。持有这种主张的哲学家在当时的条件下实际上除了实用主义者以外，还有斯宾塞（Herbert Spencer，1820－1903）等人。另外，在社会上也普遍地流行改良主义思潮。在英国，就有费边主义（Fabianism）者，如韦伯夫妇（Sidney James and Beatrice Webb，1859－1947/1858－1943）、威尔斯（H. G. Wells，1866－

1946)、萧伯纳(George Bernard Shaw，1856 - 1950)和瓦拉斯(Graham Wallas，1858 - 1932)等人。

斯宾塞认为事物的发展只是量的增加，没有质的飞跃，他用"力的平衡"来说明各种关系，断言各种对立的力量总是不断地得到调和、保持平衡。因此，一切事物都是可以互相适应的。把他的这种哲学观点应用到社会问题上，认为当时的西方社会是最理想的、平衡的社会。他认为，社会的发展只能通过逐步的、渐进的改善方式，各种矛盾和困难也只有用逐步改善的途径才能解决。他坚决反对社会冲突，因为在他看来，社会冲突会破坏"均衡"。为了保证社会的均衡发展，他主张社会上各个不同阶层和不同职业的人要"合作"、"分工"，使整个社会像动物的有机体那样协调。他说，有机体能健全地生活，是靠有机体各系统、各器官的互相合作，保持均衡。所以，要达到一个符合理想的"完全的社会"和获致"完全的幸福"，也要设法保持社会的完全均衡。

斯宾塞主张：一个"完全的社会"必须依靠社会各成员之间的相互依存；所谓"文明"就是在相互"倾轧"、相互冲突的两种要求之间实现真正的"合作"，并使之"醇化"。

斯宾塞把人类社会分为两种类型：军事型社会(The militant type of society)和工业型社会(The industrial type of society)。在军事型社会中，社会成员和社会的关系就像士兵服从长官一样，社会成员的意志完全受社会支配。他认为，原始公社的社会就是属于这种类型。在工业型社会中，社会尊重"个人自由"，尊重"个人意志"。雇佣关系、商业行为，都是建立在"自由意志"和契约之上。斯宾塞说，人类社会是从军事型社会进化到目前的工业型社会。在他看来，现行的工业型社会真正地实现了各成员间的"均衡"，所以它是人类进化的顶点。因此，对于这种社会制度中的缺点和问题只能用改善的方法，而不能用推翻该制度的方法去解决。

显然,实用主义的"改善主义"是直接从斯宾塞那里搬来的。

但是,实用主义总结了斯宾塞的上述社会观发表以来的各种社会反应,对斯宾塞的理论又作了某种"改善"。在"改善"的过程中,主要是添加了达尔文主义、边沁主义(Benthamism,即功利主义)、叔本华的悲观主义的因素,把它改善成为更加灵活的理论体系,使它能为多数人所接受。

皮尔斯、詹姆斯和杜威等人很熟练地应用了商人的生意经,采用了上述"灵活"手法,调和了各种走极端的论调,使实用主义的"改善论"突出地显示了"既是这样、又是那样"、"既主张进步、又反对过激"的貌似公正的面目。

商人在做生意的过程中,为了达到赚钱的目的,必须准备有足够的手段和方法,必须有极其灵活的应变能力。商人们周转于社会的各个领域之中,接触到极其广泛的社会阶层,摸透了各个阶层人们的脾气、情绪、爱好,也逐渐地了解到他们对社会的各种态度和反应。为了做生意,商人的利益促使他们能随机应变——遇到什么人说什么话,"到什么山唱什么歌"。对于商人来说,为了赚钱,为了取得顾客的信任,为了迎合顾客的心理,改变自己的信仰,改换自己的脸谱,变更自己的腔调,都是无所谓的。遇到一些对现实不满的顾客,可以随和地说几句不满于社会现状的牢骚话,遇到一些盲目乐观的人,则可以同样地说出类似的赞颂社会的话如此等。

采用了这种灵活的调和态度,可以使商人本身的利益得到保护,并巩固自己的社会地位,取得各阶层人们的支持,同时也为商人自己无止境地发展自己的事业打下了基础。

实用主义把这种处世哲学归纳成哲学上的改善主义,从而使实用主义比前此出现的斯宾塞主义、边沁主义、社会达尔文主义等学说都更可以获得社会上较多人的信任。

前面在谈到实用主义的方法时,曾指出其调和性。实际上,实用主义的整个体系的特征即调和主义。它应用了商人的上述处世哲学,力图使自己摆动在各个极端之间,既保护了本身的利益,又博得了所谓"公正"的评论。

所谓"改善",在近一百年来几乎成为社会大多数人的普遍要求。社会的各个阶层都不满于现状,力图改善自己的地位,但是在客观上,社会各阶层的利益是相互冲突、相互牵制的。当你强调要"改善"工厂主利益的时候,工人的利益就会被损害,当你"改善"地主的利益的时候,农民的利益就要受到侵犯,反之亦然。实用主义的改善主义避而不谈"改善"谁的利益,似乎哪一个社会阶层、哪一个人都应该得到"改善"。所以,实用主义笼统地提出"改善"的口号,就可以争取到更多人的拥护。从商人的根本利益来说,获得社会多数人的信任和支持是攫取最大限度的"兑现价值"的一个重要条件。

实用主义者为了调和各种人的需要,极力宣称人类社会是人性的产物。他说:"有一种需要和兴趣,自然就会有一种人群发生。比如男女之欲,是一种天生的情欲。有了这种需要,然后有男女居室,成一家族。又如饮食和自卫保身之欲,也是一种天性的欲望。有了这种天性的欲望,然后有工商业、交通业。人类又有权力的天性,所以有纷争,有纷争然后有政府,有法律,所以有国家。人类有信仰的天性,所以有宗教。这都是人群所以发生的原因。总而言之,人类有天性、情欲、兴趣、需要,每一种天性、情欲、兴趣、需要,便可产生一个人群。"社会上的不同的人的各种需要,都是各种天性的产物。因此,各种需要都是合理的、自然的。实用主义认为,对于各种需要,不能摧残或压制,而是要承认它们的存在,并允许它们不断地得到改善。

由于社会是以人的不同天性为基础而形成的,所以,据杜威分析,社会的存在有四个理由:① "势力集合";② "同情心";③ "信任"和"忠实";④ "宗旨一致"。

所谓"势力集合",是由于人有获得"权力"的天性。为了加强和维护权力,需要聚集成群体,使势力集合起来,增加力量。比如在原始社会,人在这种天性的驱使下联合起来,共同抗拒猛兽和各种敌人。

所谓"同情心",是由于聚集在一起的人有某种共同利益,使彼此间自然地产生相互同情。杜威说:"一个社会如同一个人身体的各个部分那样,各部分间互相交感,其中存在着一种共同的情绪。比如一个手指受伤的时候,我不仅觉得一个手指疼痛,而且觉得我的痛苦影响到了全身。又如多数人结合成为一个家庭时,家庭中一个人感受艰苦的时候,其他的人同时也感到不愉快。而当一个人愉快的时候,其他的人也觉得快乐。推而广之,整个大社会也是如此。"在杜威看来,这种天生的同情心是维系社会存在的纽带之一。

关于信任和忠实,也是从人的天性而来的。杜威说:"因为各个人彼此间是交相感应的,有共同利害关系,所以彼此间必须能做到相互信任和忠实。虽然卑鄙如盗贼及专图私利的政党,如果想进行有效能的工作,彼此间亦必须相互信任,但他们却不信任局外人。假如一个社会中各个人彼此不肯信任,那么这个社会就必然瓦解。"

至于"宗旨一致",杜威说:"各种社会之组织,皆需有一个共同的宗旨,或为营利,或为学术,或为社交,然后才能号召群众。因为有一定的宗旨,然后众人方能知所趋向,注意方有所集中。"实际上,在实用主义者看来,小至家庭,中至公司、商号,大至社会,都必须有一个"共同的宗旨"才能生存下来,而这个共同的宗旨,就是要使各方都集中到维持社会的存在这个方向上。各个人的利益以不动摇这个社会的存在为基本前提。只要符合这个宗旨，个人的利益再大也可以尽量地发展。

总之，实用主义者的改善主义首先要求所有的人为"均衡"这个社会而作出自己的贡献。各个阶层的人，要相互同情、信任、忠实，要保持"势力集合"，承认"共同的宗旨"，使这个社会保持"和谐"、"安宁"和不断"改善"、进步。

那么，什么样的社会才是进步的呢？所谓不断"改善"，它的标准又是什么呢？

实用主义者认为，社会有"法理上"（de Jure）和"事实上"（de facto）两种意义。杜威说："在法理上，社会系指可欲的、有价值的事物，即表示我们之所企望且应当存在者。""所谓社会的事实上的意义，系描写现存的社会之状态，而法理上之社会者，则系我们理想中所悬拟的社会。"由此可见，事实上的社会是指现实存在的社会，而法理上的社会则是理想中的社会，即所谓"轨范"的社会。

杜威承认，事实上的社会是兼存着好的和坏的现象的。所以，事实上的社会包括了良社会和恶社会两种，实用主义所说"改善"和进步，指的就是朝着良社会的方向不断前进。

实用主义者把良社会的标准归结为两项：第一，多数人有共同兴趣；第二，各分子间保持着协作的相互关系。这就是说，实用主义者所提出的"良社会"的标准是从上述"社会人性论"而来的。在实用主义者看来，人性越多的社会，这个社会就越好。人性越少，这个社会就越坏。因此，为了使这个社会改善成"良"社会，必须尽可能保持均衡，使每个人的人性都能得到发展。他说："我们须极力增加社会上各个人之间的共同兴趣，使之觉得个人与个人间、个人与社会间的关系，无不息息相关，如一机体然，个人发展，全体即可因之蒙其利益，而全体发展亦即个人的发展。"

只要稍加分析,我们便可以发现:实用主义所鼓吹的"良社会"、"共同利益"等,都是以维护商人的个人利益为出发点和归宿点的,所谓人性,是指商人个人的利益和要求。

在商业社会中,每个人都是"平等的"——一手交钱,一手交货,这是一种平等的交换形式,它不仅通行于一切买卖活动中,也渗透到社会生活的各个领域,因而具有普遍的意义。所以,实用主义所强调的"平等"的个人发展以及在"平等"的基础上的"合作"、"同情"、"信任",无非是那些普遍的商业活动原则的理论化。

商业只承认金钱的作用,只用金钱这个唯一的标准来衡量社会上的一切事物和一切现象。就金钱这个标准的唯一性和普遍性而言,这个社会确实是"平等的"——因为这个标准适用于一切人。既然标准只有一个,就可以有条件在这个标准之下相互交流、相互通融、相互协作。

正是在这个意义上,实用主义者反对靠暴力维护这个社会的统治,也反对用暴力推翻这个社会。杜威说,他是反对独裁统治的,反对靠强力、靠法律的力量。他说:"独裁政治一定没有共同生活,一定不能使各部分的感情兴趣互相影响。"杜威的理想社会是所谓"民主社会",他说:"民主政治是想叫社会互相交通,互相影响,根本不靠武力,只靠兴趣来维持——社会各分子都有表示兴趣的机会,各方面交相帮助,使社会巩固。"显然,这样的民主社会是以个人人性的"平等"发展为基础的,是以"平等"的金钱标准作为一切人的"人性"和"才能"的衡量基础的。

实用主义者认为,从人性方面考虑比用法律更易于限制人们的行为,更易于协调人们的需要,以维持社会的安宁。杜威说:"因为人性无论如何改变,总要有点限制,这是人身自然的组织,人性自然的趋势,即使完全推翻,也还会有别种限制起而代之。这就像让路一样,虽然没有法律，自能互相为让。"在他看来，人性是和谐的、合作的，彼此能互相礼让，果如此，则社会就可避免各种纷扰，就可以安宁，因而得到了"改善"的条件。

实用主义非常重视"交往"和"接触"，把它看作是社会进步和获得"改善"的重要条件。这也是商业交换活动的普遍化和理论化。杜威说："当社会上各个人所组成的各种团体彼此间没有多少关系，如学者与没有知识的人，治者与被治者、强者与弱者、资本家与劳工各分隔成为孤立的社会时，彼此间即无接触机会，经验与感情不能交换，则社会要导致一种静止的状态。"为了改变这种静止状态，使社会成为不断上进和不断改善的社会，成为动态的、有生机的社会，就必须打破这种彼此间的孤立状态，要加强交流和互相了解。交流就为彼此间发展各自的"人性"创造条件，这也就为和谐的共处创造了条件。杜威说：

再举一个例子，政治社会之进步，系由治者与被治者间之密切接触而受到刺激。在民主主义之下，管治者必须顾虑人民之好恶欲望，重视他们的习惯风尚等，绝不能专门顾全自己的权利与私利。使他们不得不注意人民之利益者，乃是由选举上所生之压力，因为一遇选举时，人民都是倾向那些能以满足他们期望之人物。有些人以为现今各国资本家势力雄厚，有操纵一切之势，而劳动者之权利则极为微弱，不能与之对抗。所以，在社会上皆是资本家独占势力的情况下，似乎很难保持一个民主主义的社会。但实际上虽如此，他们也不能兼顾劳动者之欲望，而造成纯然的专断政治。因为劳动者的利益若被藐视时，他们自己也能组织"劳工联合"，去在政治界争他们的位置，由此双方面的相互作用，即可保持民主主义社会继续前进，而成为一个移动的有生机的社会。

杜威以资本主义社会的上述例子说明不同阶层的人的相互合作和相互刺激，可以成为社会进步的条件。杜威说："当交换意见、共同生活和共同经验的情绪的力量，或可说神秘的力量，自然而然地被感觉出来的时候，现代生活的残忍粗鄙就将被沉浸于从未照临过这个世界的光明里。"

综合上述，实用主义的改善主义是以人性论为基础的。就这一点来看，实用主义的关于社会逐步改善的理论也没有什么特别的创新。

如前所述，改善主义的最大特点是调和社会各方面人的利益，企图用协调利益的办法来维持这个社会，而这样做的目的，归根结底是有利于商人开展商业活动的。

改善主义是在社会矛盾日益尖锐化的情况下，尽可能维护现有社会秩序以利于商人继续赚钱的唯一可能的办法。詹姆斯说，改善主义的实质就是指出社会进步的可能性，给人以希望。改善主义并不认为社会的进步是必然的、不可避免的。如果这样的话，它就同那些主张必须用暴力或其他革命办法改造社会的观点一样了。改善主义承认社会可以进步，但这种进步只是一种可能性，它的实现必须通过长期不断的努力。另一方面，改善主义也不是绝对拒绝社会改造，因为那样的话，它就同反对任何改善的保守主义、悲观主义一样了。改善主义强调社会改进的可能性，恰恰表达了他们反对保守主义的决心。詹姆斯说，改善主义是最好的、最理想的中间道路，防止对社会采取上述两种极端态度。

为了说明改善主义的中间性和调和性，詹姆斯以实用主义对"救世"（salvation）的态度为例。

"救世"是基督教的概念，它表示承认人类社会的"苦难"，但它认为只有靠上帝派来的耶稣基督才能拯救人类，把全人类从大苦大难、灾难深重的尘世中拯救出来。对于这个问题,詹姆斯说,实用主义是走"中间道路"(midway)的。詹姆斯指出,悲观主义者认为"救世"不可能,而乐观主义者则认为"救世"是必然可以实现的。

实用主义则主张"改善主义",这种改善主义反对悲观主义者所说的"救世不可能",也反对乐观主义者所说的"救世必定能实现"。改善主义只认为救世是可能的,救世之所以可能,就是因为它是逐步实现的。改善主义认为,救世既然只能一步一步地实现,那么,它只能在实现的那个限度内才是现实的,但它在某个特定的现实阶段内只能达到"救世"目标的一部分,同这一部分相比,那些未实现的部分总是处于可能性之中。这就是说,改善主义承认社会的改善是一步一步的,而且,只有那些已实现的一步才是现实的,那些未实现的部分就只是可能的——这可能的部分能否成为现实,要看行动和效果才能证实。所以,改善主义永远向人们提供一种改善的希望,可以激发人们永不满足于现状,寄希望于未来的可能性中。⑱

但是,改善主义鼓吹走"中间道路",归根结底是为了"改善"自己的个人利益,使自己的永无止境的欲望能不断地、一步一步地得到满足。

对于商人来说,任何一次商业活动都不过是他们的无限循环往复的商业活动的一个环节。只有那些已经完成的交易,即见到"行动效果"的生意才是现实的,所有那些将要进行的买卖,在未见到实际效果以前,都是"可能性"。正是这种可能性,起着吸引商人的作用,使他们产生永无止境的赚钱欲望,并永不满足于现状。詹姆斯在论述改善主义时说,我们始终生活在"可能性"之中⑲,就是指这个意思。

这种改善的可能性并不是虚幻的、可望而不可即的彼岸乐园,而是可以通过自己的行动去实现。当一种可能性通过自己的行动而成为现实的时候,更新的可能性,则新的赚钱目标又在向我们招手,于是又进入了新的行动的实施努力中。这是一个连续的过程,杜威说,"幸福只能在成功中获得,但成功就意味着连续不断地完成(succeeding)、不断向前(getting forward)和向前运动(moving in advance)。这是一个主动的过程,不是一个被动的结局。因此,它包含着克服障碍、消除缺欠和错误的根源。"[20]

杜威的这几句话典型地反映了实用主义的"改善主义"的特点。

首先,他们认为改善过程就是个人获得幸福的过程。改善主义非常重视"人性"、"合作",但它的基础和重点是"个人幸福"。正如詹姆斯等人所说的,改善主义的理想的本质是个人的人性无拘束地、无止境地发展,它反对一切"集体主义",反对一切压制个人要求的暴力或强力。所以,改善的过程是个人幸福的不断升级,是个人幸福的程度的不断丰富。整个社会的改善是个人幸福的总和和结果。杜威说,在个人专断的极权主义社会中也有个人幸福,但这种个人幸福只属于极少数专制主义者所享有,多数受专制的对象是没有个人幸福的。所以,这个社会不能算作好的社会。只有每个个人都有幸福,即每个个人的人性都得到发展,才算是好的社会,改善主义所期望的就是这样的社会。

这种社会当然是符合商人的喜好。因为在商人看来,所谓个人就是在商业活动中处于各个环节中的个体,这些个体依据本人的现实的、已有的地位,用"金钱"这个唯一的标准去"平等"地衡量,发挥着他们自己的"人性"。就这一点而言,他们发展他们的"个性"是"自由"的,不受任何拘束的。显然,谁的钱越多,谁的现实地位越高,获得个人幸福的程度就越多。试问,这样一种"自由地"追求个人幸福的社会,难道不正是商人的最高理想吗?

其次,所谓幸福就是获得个人"成功"。正如杜威所说,"幸福只能在成功中获得"。所谓幸福,如果不是在个人成功中找到自己的归宿,就是虚幻的幸福。商人是最讲实效的，除了拿到现款以外，无所谓其他的理想。在商人看来，那些革命的理想主义者或浪漫主义者，是和奉行禁欲主义的苦行僧没有区别的。"理想"究竟能值多少钱？没有"兑现价值"的任何"理想"或行动，都是为商人所鄙弃的。在商人看来，一切没有获得成功的行动或方案，都不是"幸福"，所以那些为实现某一理想而屡遭失败的人们，在商人眼里都是"不幸者"。商人不可能理解为革命理想而英勇牺牲的人们。

由此看来，所谓"改善"，是以商人的个人成功为中心的。"改善"在实质上并不意味着整个社会的逐步进步，而是强调商人们个人成功的逐步获得过程。

正因为改善主义的目标是个人成功，所以改善主义者主张：为了达到自己的成功，可以不顾一切、不择手段。关于这个问题，前面已经多次谈到，此处不再重复。

现在要着重讲的是实用主义所强调的个人成功与"理想"之间的相互排斥。杜威说："固定目的之说总不免把思想引到充满着莫衷一是的争论泥坑中去。例如，假如有人提出只有一种至善、一种最高目的，那么，就要争论这个目的是什么。一考虑这个问题，就使当代又置身于二千年前一样的激烈争辩当中。"

显然，在杜威看来，在个人成功之外是不存在任何"目的"、"理想"或所谓"至善"的。因此，每个人没有必要去考虑那个"抽象"的目的和"理想"。

为了论证个人成功之外不存在"抽象的理想"，杜威特别强调个人经验的特殊性。他认为"行为总是特殊的、具体的、个性化的、独一无二的"，所以，个人的成功是立足于各个人的特殊要求的。每个人只能从自己的个人特殊处境中定出一个具体的目标，达到这一目标就算是成功的,达不到这个目标就算是失败的,除此之外,就不再有其他可使个人幸福的"抽象理想"。

再次,个人成功是一个不断推进的过程。用通俗的话来说,也就是要"得寸进尺"、"贪得无厌"。个人成功不是凝滞在一点上,而是要时时向前推进。

在竞争日益激烈的商业社会中,不进则退,满足于现状就意味着为自己的对手让路,因此,凡是不再前进的商人就有被淘汰的危险。向前推进是个人努力的结果,正如杜威所说,是"主动的过程,不是一个被动的结局。"所谓主动,就是要千方百计地施展自己的手段和方法,灵活地钻营。

最后,所谓主动钻营,当然主要是指"克服障碍和消除缺点"。杜威所说的"克服障碍"包括消除竞争对象、克服商业经营中的缺点等。但是,发现障碍和克服障碍一样,必须在行动中,即上述所谓"不断前进"中才能实现。杜威说:"道德的福利和目的,只有在做事中才能实现。要做事这个事实,就证明现有的情境有缺点、有坏处。这个坏处只能是个具体的、特殊的坏处。它总不是任何别的坏处的一模一样的重现。因此,这种情境下的福利何在,要去发现,并且恰恰要根据改良的哪个缺点、哪个困难去预计、去达到。这福利不能够明明白白地由外面投射到这情境里头。而智慧的任务就是要去比较各个不同的事例,搜查人类所遭受的灾祸,并把各种福利加以归纳概括。"在这种情况下,每个人为了达到自己的个人成功,就可以采取各种手段去克服那些在自己的行动中遇到的"障碍"和"灾祸"。这些"障碍"和"灾祸"对于不同的人和不同的环境来说,都是不一样的。每个人只能根据自己的具体情况去找出和发现"障碍",然后去克服它。

但是,杜威认为,个人在追求成功过程中所遇到的困难和障碍是无可预测的。他直截了当地说,既然每个人所处的环境都是"具体的",所以很难说有什么规律性可循。因此,杜威承认,"这个经验事物的世界包括不安定的、不可预料的、无法控制的和有危险性的东西。"杜威又说:"人发现他自己生活在一个碰运气的世界,他的存在,说得粗俗一些,就包含着一场赌博。这个世界是一个冒险的地方,它不安定、不稳定、不可思议地不稳定。它的危险是不规则的、经常的,讲不出它们的时间和季节。这些危险虽然是持续的,但它们是零散的、出乎意料的。它是刚要黎明之前最黑暗的时期,骄傲之后即将继以失败,最兴盛的时候就是恶兆最多的时候。……灾祸、饥荒、欠收、疾病、死亡、战争中的败北,总是随时可以降临,而丰收、强力、胜利、欢宴和歌舞也是如此。运气在它的分配中,按照谚语所云,既是好的,也是坏的。神圣的东西和被咒骂的东西是同一情境的潜能,无论是人物、字句、场所、时间、空间的方向、岩石、风向、动物、星辰等,没有一个事物范畴不是既曾体现过神圣的东西,也曾体现过被咒骂的东西。"杜威又说,"可看见的东西就是在看不见的东西里面,而结果,未被看见的东西决定着已被看见的东西里所发生的事情。可触知的东西动荡地躺在未被触及和未被把握到的东西上面。在事物之直接的、显著的和中心的方面同决定着现有东西的来源与发展的那些间接的和隐蔽的因素之间,存在一种对立和潜伏着的不协调状况,这是任何经验所具有的一种不可磨灭的特征。"

这就是说,人世间的一切都是瞬息万变的,不可捉摸的。要获取自己的成功,就要碰运气。运气不可预测,所以,唯一的办法是"逐步改善","不断地向前推进"。实用主义者把这种"逐步改善"的冒险过程比作蜗牛的向前蠕动过程——一个蜗牛闻到前面有食味,决心向前推进,但它无法预测前进中会遇到何种敌人与障碍,因此,只好一步一步地伸长它的身躯,用头上的触角向外试探。对它来说,只有向前走动了的那一步才是现实、可靠的。未来是要摄取,但未来的命运不可知。于是,在达到了某一目的以后,它往往又探出一步去实践。说不定在路途中,突然出现敌人。于是蜗牛就尽快地缩回它的硬壳中;如果来不及收缩就要遭遇危险。在蜗牛收缩的时候,如果它像商人一样的话,它就要针对自己的行动中所遇到的问题和曲折进行思索。思维的结果,或迟或早,蜗牛不甘心于长居硬壳之中,它于是又伸出脑袋,接着是身躯向前推进。在上面所描述的这种"渐进"的过程中,蜗牛只有在遇到困难时才"思考"问题。这就是杜威所说的:"思维起于岔路的疑难,起于两歧的取舍。如果行动平顺而毫无困难,如果思维只是聊以慰藉的幻想,那便没有反省的必要。只有遇着困难、阻碍,而将信将疑之时,我们才会停顿下来,细细思索。只有停顿在疑难之中,我们才会遐想高瞻,找出观察新事实的立场,从这立场决定各事实的关系。"

既然改善的过程是无可预测的,是碰运气的过程,所以,它是一个冒险的过程,而由于这一过程是无止境的,所以冒险的过程也是无止境的。换句话说,人生就是个人永无止境地在冒险中碰运气的过程。

综上所述,改善主义是商人的社会观和人生观的一个侧面,是商人们讲求实效、步步进取,然而又永无止境地追求个人利益的生活态度的总结。

第三节　商人的"善"的概念

前面已经提到,实用主义哲学只注重行动及其效果。人们不禁要问,这些行动有没有统一的道德标准呢?如果说实用主义是商人的人生观的话,那么,在"善"与"恶"的问题上,他们的看法是什么呢?

关于道德的"善""恶"标准问题，自古以来，各派哲学家一直进行激烈的争论。杜威在论述实用主义道德观念时，从一开始，就承认思想方法的变化对道德观念的影响。他在《哲学的改造》一书的第六章"道德观念的改造"中，说：

> 科学的思想方法对于道德观念的影响，一般来说是很清楚的。善和目的都多样化起来。道德规则都软化成原则，而原则又变成为理解的方法。伦理学理论在希腊人那里是企图寻求生活行为的准则，以便使这种准则具有一个合理的基础和目的，而不是单纯来自习俗。但是，代替习俗的理性必须提供同习俗所流传的对象和法则一样固定的对象和法则。自此以后，伦理学说特别着迷于这么一种概念，即认为它的工作就是发现某些最终的目的、或善、或某种终极的和至高的法则。这是许多不同的理论中的共同因素。有些人认为，道德的目的是对较高的权力或政权的忠诚或服从，而这些人对这个较高的统治者的看法又有差异：有的认为是上帝的意志，有的认为是世俗统治者的意志，有的以为是维持那些实施优等人的意图的制度，有的以为是对责任的合理的理解。但是，他们虽然彼此分歧，他们都承认这样一点：即存在着一个单一的和最终的法则来源。另一些人则断定，要使道德同制定法则的权力相吻合是不可能的。因此，他们主张道德必须在善的目的中寻找。还有一些人在自我实现中，另一些人在神圣中，某些人在幸福中，某些人在快乐的尽可能大的总和中——去寻求善。但是，甚至连这些人也同意这样一个假定，即认为有一个单一的、固定的和最终的善。由此可见，他们之所以能够相互争执，仅仅是因为他们都有一个共同的前提。

　　杜威之所以如此繁复地叙述哲学史上围绕善恶问题的争论，主要目的是要归纳以往的道德观的共同基础，即认为"有一个单一的、固定的和终极的善"。不仅如此，杜威还想由此说明实用主义道德观与以往道德观的根本差别，从而显示实用主义道德观之"独创性"。我们要把握实用主义道德观的基本内容，不能不进一步顺着杜威的分析去探究实用主义善恶观同旧的道德观的区别。

　　杜威认为，要解决这些矛盾和冲突，要根除各派哲学对于哲学善恶问题的剧烈争论，不能不对上述所谓"共同的前提"提出怀疑。根据杜威的说法，以往的哲学未能把理性的力量用于道德的改造中。因此，现在实用主义认为有必要对道德观念进行一次"理智的改造"（intellectual reconstruction），而这种改造的目的是要承认道德的善与目的并不是如以往的道德学家所说的那样——是固定不变的、单一的——而是"在变动、运动和个体化的方面表现多元化的善与目的"，而且，通过这个实用主义的改造，要建立这样一个信念，即"道德的原则、标准和法则都是分析个人的或单一的形势的理智的工具"。

　　在谈到要对道德观念进行上述改造的理由时，杜威说，认定每一种道德行为之特殊性"并不毁弃责任（responsibility），而只是认清责任所落在的地方"。这就是说，实用主义强调道德行为之特殊性和具体性，强调道德行为的主体的个别性，并不是要毁灭一般所说的"责任"，而是进一步明确使这个责任落在个人的肩上，即由每个人承担其行为效果的责任。杜威认为，这样做的结果不但不能毁坏社会道德的统一标准，而且，由于把道德责任分担在每个个体上，道德的善和目的就更加牢固地和札实地得到实施。

　　杜威的这个观点同我们在前面提到的商业社会的性质有密切联系。商业社会中，每个人的行动只对自己负责，同以前的封建社会相比,这是大大地向前进步了。因为在封建社会中,正如杜威前引言论所说的,把实行"上帝的意志"、"世俗统治者的意志"等看作是"善"的标准。商业社会中只承认每个个人的"责任",并把每个个人实施自己意图的效果看作是他对社会履行道德责任的程度的标志。诚如杜威所说,这种基于个人行动效果的道德标准不但不能毁坏商业社会的地基,反而能有效地巩固它。当然,杜威所说的"个人行为",指的是符合商业社会基本制度要求的那些行为,超出了这个范围,或违背了这个前提——比如说,提出用革命暴力的方法推翻现有的社会制度——就会被看作是不道德的。

实用主义者在这里说的"道德行为的特殊性",既然是指商业社会中的个人行为的多样性,那么,假如我们把这种道德观念同前面所谈的实用主义基本原则联系起来的话,所谓道德的善,也就是"个人的成功"。杜威曾明白地说,所谓"善",也就是指个人的成功,即"行为者的一些意愿和权力的满足、实现或完成。"杜威强调说:"行为总是特殊的、具体的、个性化的、独一无二的。"㉑所以,"对应有的行为之判断,一定也同样是特殊的。说一个人求健康或正义,只是说他求健康地、公正地生活着。这些,像'真'一样,是谓词性的。它们是特殊事例中的行为的疏状者(modifiers)。怎样才能健康地或公正地活着,是随个人而不同的事情。这事情随着他以往经验、他的机会、他的气质的和弱点或能力而差异。……因此,关于他的健康的意义,同任何别人所谓健康的意义,不能完全相同。"正因为行为都是个人的具体行为,所以,善和恶只能与个人有关。对于个人来说,行为的善恶就是成功与否。就这种成功的内容而言,各个人的成功是不相同的,因此,不能对个人的成功提出一个统一的标准。就"善"的概念都一致地以成功与否为标准而言,这种成功本身就有普遍的意义。这就是说,不管各个人的行为的成功内容如何,就其把成功当成善,都是统一的。所以,实用主义者认为,他们的善的概念,一方面同以往的道德家不同,只承认善的概念是因人而异的;另一方面,又认为善的概念仍有一个统一的标准,即对一切人来说,都承认成功就是"善"。

按照这样的观点,实用主义的道德观就是鼓励商业社会中的各个人都以各人的成功作为自己的行为的目标。每个人都只关心自己的事业与自己行为的成功。谁的能力或本事大,谁能取得成功,谁就是"善"的典范,小成功是小"善",大成功是大"善"。在香港和台湾这种典型的商业社会中,我们经常看到这样的情况:谁的生意兴隆,谁的成功越大,他在社会上的地位就越高。在人们的心目中,只有那些有能力使自己的事业不断获得成功的人,才是社会上最有道德的人。同样,我们也看到这样一种情况,即越是有钱的人,他越有机会在大庭广众之中"行善"——或捐助某慈善机构,或兴建福利设施,他也就越加获得公众的信赖,被当成"善"的偶像。至于这些成功者在这以前究竟采取什么手段、什么方法达到自己的目的,那么,人们所关心的并不是这些手法本身之是否合法、是否合理,而在于这些手法怎样发挥了它的成功的作用。

杜威曾经论证采纳这种善的标准的好处。他认为,最重要的好处就是鼓励了各个人最大限度地"发挥他对社会的责任感"。实用主义认为,一个人对社会的"责任"或"义务"不是抽象的,而是具体的。这一具体责任之履行程度依赖于各个个人的能力大小及其发挥程度。而个人能力之大小,如前所述,主要表现他的成功之大小。所以,归根结底,善及善的高低主要取决于成功与否及成功之大小。

杜威认为,把道德生活标准从封建社会中强调遵循某一固定原则转变为强调个人行为之成功,"可以消除掉道德理论上无休止的争辩以及使道德成为对实际事变毫无作用的原因"。他认为,提出一个固定的标准作为"善"的目标,必然像过去几千年所发生过的那样,陷入无休止的争论中。"固定目的之说总不免把思想引到充满着莫衷一是的争论泥坑中去。例如,假如只有一种至善(Summun bonum),一种最高目的,那么,就要考虑这个目的是什么。这就要置身于同 2 000 年前一样的剧烈争论中。"

实际上,实用主义的这个看法是不符合历史事实的。因为哲学史关于"善""恶"观念之长期争论并不是由于追求"一种至善",而是由于不同历史时期的不同社会阶层的人们具有不同的"善""恶"观念。一个非常明显的例子是:地主认为地租越多越"善",农民则认为是"恶",奴隶主认为不劳而获是"善",奴隶则认为是"恶"……如此等。人们都是从自己的社会地位出发,探索行为上善恶问题,才产生不同的善恶观点。所以,历史上对于善恶观点的争论的根源,必须从道德之外的其他更为广泛和更为深刻的社会历史因素中去寻找。像杜威那样,就道德争论本身的范围内来寻找这个答案是毫无出路的。

就以实用主义道德学说本身来看,他们之所以主张以个人行动的成功当作"善"的标准,去取代封建主义的那种固定不变的标准,就是由19 世纪末以来西方社会结构的深刻变化所引起的。使伦理学从封建时代的"莫衷一是的争论中"解脱出来,并不是实用主义哲学的功劳。实用主义所提出的上述道德观念是商人的道德观念的升华罢了。

既然"善"是个人行为的成功,所以,道德学不能向人们提供一个统一的行为模式。因为,如前所述,实用主义认为个人行为所处的情势、状态、环境不同,个人的目的也不同。在实用主义看来,硬性规定某人的某一个具体行为是人人必须学习的模范是错误的。因为对某个人来说是成功的行为,对另一个人来说就不一定是成功的。所以,杜威说:

　　道德并不像药方或食谱上的规定那样，既不是用来照做的行为清单，也不是一套现成的法规。道德所需要的是为研究和考虑计谋提供特殊的方法——研究的方法是用来找出困难和恶的所在，考虑计谋的方法是用来设计实行的计划，作为我们克服困难和恶的工作假设方案。实用主义说明每个个体所遇到的特殊情况，说明它们各有本身的不可更替的善和原则，就是要使道德理论把注意力从一般概念转移到展示有效的研究方法上面。

这就是说，实用主义道德从认定个人成功是最高的善出发，不再研究道德的一般概念，而是研究"有效的方法"，更确切地说，就是研究达到成功目的的有效方法。

　　谈到这里，实用主义者再次表示反对在人的生活和行为中设定一个固定不变的目的或所谓"理想"。杜威批判了封建主义道德所鼓吹的那种虚伪的精神性理想——如中世纪道德家鼓吹成为"至圣"或其他"圣人"等。杜威把这种生活目的称为"理想的善"（ideal goods）。杜威认为这种纯理想的"善"是没有实用意义的，而且，"一旦在实际行动中实行，它就有悲惨的意义"。杜威还说，即使到了近代，仍然也有一些自由思想家提倡"理想的善"。其结果，和上述中世纪的道德家所提倡的一样。这种被有些人称为"内在的善"（intrinsic goods）的理想的目的，是远远地脱离为大多数群众所关心的日常生活利益的。

　　实用主义者反对确立固定不变的善作为行为的目的，而是强调使道德成为达到个人成功目的的手段和方法。

　　作为方法的道德，首先应该是勘定困难和不幸的工具，是克服困难的障碍的工具。在作每一个具体行为的时候，行为者所考虑的，主要不是使自己的行为符合被一些人硬性规定的抽象伦理规范,而是如何千方百计地克服行为中遇到的障碍,使自己的行为获得成功。因此,在实用主义看来,为了使自己的行为获得成功而采取种种有效手段的人,就是最有道德的人,就是"善"。

因此,概括地说,实用主义的道德观认为,善与恶的标准就是成功与否的问题,而成功与否,主要又取决于行为者本身能否千方百计地选择和采用最有效的手段。

但是,手段和方法的高低又主要表现在行为和活动过程中如何具体地处置具体问题,如何解决行动过程中出现的难题。由此,就引导出两个重要的结论:

第一,个人的智慧和才能,在决定行为的善恶方面起着决定性的作用。

第二,所谓"善"就是一种"过程"。

怎样理解实用主义关于道德问题的这两个观念呢?

关于智慧与道德的关系来说,实际上是认识与行为的关系。这个问题长期以来为许多哲学家所研究。大体说来,对这个问题的解决方式有两种:一种认为,行为要藉助于智慧,要凭认识能力来指导;另一种认为,认识与行为无关,认识问题与道德问题是属于两个互不相关的范畴。

例如,前面提到的古希腊哲学家苏格拉底就是属于前一种人,德国的黑格尔也属于这一类型的哲学家,康德则属于后一种人。总的来说,古代的和中世纪的许多哲学家都认为认识论与伦理学有密切关系,认为人的行为是要有正确的思想来指导的,脱离开正确的思想观点的指导,人的行为就要走上歪路,就会违背正确的道德原则。

康德等人则认为,人的行为应该遵循什么样的道德规范,这不是属于认识论的范围。从根本上说，人的理性无力解决行为的规范，也不能论证哪一个行为规范是合理的还是不合理的。如果说，在认识论领域人们要解决的是正确与错误的关系的话，那么在伦理学领域人们要解决的是"应该"和"不应该"的问题——哪一个行为该做，哪个行为不该做，这是理性无法证明的。人在行为中，对于该做的事应该采取绝对服从的态度，就像士兵服从长官的命令那样。所以，康德曾把道德法则称为"绝对命令"（Kategorische Imperativ），康德的这一道德思想对于现代哲学界有很大的影响。英国哲学家罗素就是其中一个重要代表人物，罗素认为，关于行为之正义与非正义问题，不能靠理智来论证——独裁者无法论证其独裁行为的正当性，民主主义者也无法论证独裁行为的非正当性。

实用主义者按其哲学体系来说，是属于第二种。因为实用主义者都把人的行为放在至高无上的地位，反对由正确的认识指导人的行为，他们还认为，只要行为达到目的，不管是否符合理性，都是"真理"。这就表明，实用主义者在行为的问题上是主张意志主义、自觉主义，是反理性主义的。我们在前面论述实用主义的经验论时，已经提到这个问题。所以，总的来说，实用主义道德观必然会自然而然地把行为同理性、智慧分裂开来，甚至对立起来。

但是，上述原则仅仅是实用主义的一般指导思想。当涉及每个具体行为的时候，当涉及应该怎样取得行为的成功的问题时，实用主义者对认识与行为、理性与道德的关系的看法就千变万化。这就是说，当考虑到每一个行为取得成功的具体途径时，实用主义者出自成功的目的，可以不择手段地采用各种方法，其中当然也包括动用他们的理智。所以，非常明显，理性的地位在实用主义者那里是从属于"取得成功"这个前提和基本条件的。我们说，实用主义反对理性，指的是他们把行为及其效果放在高于一切的地位,看作是比理性更高尚、更珍贵的东西。理性是行为及其效果的奴隶,是取得成功的手段。因此,理性可以被行为者任意地处置——当行为需要理性时,就让理性为行为服务,当行为不需要理性时,就把它搁置一边。从行为与理性的这个总的关系来看,理性的地位是低于行为的。

然而,就每个具体行为而言,就理性有助于行为取得成功的限度内,实用主义者又要千方百计地利用理性为行为服务,让理性充分发挥理性的机能,为行为提出更多的、更合适的、更有用的行动方案和行动方法。从这个角度看,实用主义者为了取得成功,也会强调理智在行为中的作用。这就是我们在前面所说的"个人的智慧和才能在决定行为善恶方面起着决定性的作用"的含义。

显然,实用主义在具体的行为中重视理性的作用,主张发挥智慧的作用,并不是要理性充分地认识客观存在的规律,使理性正确地总结出符合科学规律的认识去指导行动。所以,杜威在《哲学的改造》中说:"道德所需要的是为研究和考虑计谋提供特殊的方法——研究的方法是用来找出困难和恶的所在,考虑计谋的方法是用来设计实行的计划,作为我们克服困难和恶的工作假设方案。"这段话的意思就是很明确地说:智慧是为成功效劳的,智慧的任务就是发现困难的所在及找出克服困难的办法,使行为取得成功。杜威还说:"当物理学、化学、生物学、医学有助于具体的人类苦难的考查和救治计划发展的时候,它们就是道德的,它们就是道德研究和道德科学的一套工具。"

由此可见,实用主义者对于道德问题也和他们对其他一切问题的态度一样,是没有原则性的。他们唯一原则就是"一切为了个人的成功"。因此,当他们谈论行为的地位、作用和意义时,他们把行为放在高于一切的地位,理性也不在话下,或者说,理性成了行为的奴隶。当他们不顾一切、不择手段地追求成功的时候,他们又因理性和智慧有利于成功而强调发挥理性在"考查"和"寻找"障碍以及克服障碍方面所起的作用。就此而言,实用主义的道德观不仅与苏格拉底、黑格尔等人的伦理学不同,也与康德、罗素等人的伦理学不同。

杜威自己对实用主义的道德观念有过明确的论述:

> 当科学意识与人类价值意识完全结合起来的时候,目前压抑着人类的最大二元论——在物质的、机械的和科学的理想同道德的理想之间划一道鸿沟——也就消失了。目前由于这个区分而动荡不定的人力将会统一增强起来。如果目的并不是根据特殊的需要和机会而个体化了地来思想的话,那么,人的精神就会满足于抽象,因而,促使自然科学和历史材料应用于道德的和社会的用途的适当刺激也不存在了。但是,当我们把注意力转向复杂多样的具体事物时,就必须求助于那些需要弄清具体情况的所有理智材料。当道德集中于理智的时候,理智的事物也同时被道德化了。自然主义与人道主义之间恼人而废时失事的冲突也就终止了。

杜威曾将上述论断具体地深入地扩充成四个方面的内容:

(1)在道德学中,也像自然科学那样,需要进行认真的探究和发现。这就是说,在道德领域中,为了保证个人行为的成功,也必须像自然科学那样,认真地探究行为的方法,发现那些妨碍行为获得成功的各种困难和障碍,考虑出克服它们的具体方法和手段。至于那些方法的确认(validation)、证明(demonstration)都变成为"实验性的"(experimental),成为"效果的事情"(a matter of consequence)。

一向在伦理学中受到尊敬的理性,在详察各情境的具体需要、条件、障碍、资源,并妥筹改良计划之方法中付诸实施了。远距离的和抽象的概括会促使论断跳跃式地获得(即超越出具体条件和行为的具体行程而得出抽象的结论)……反之,把中心移到特殊情境的分析,使研究成为义务,使机警的观察成为必要。以往的决定、旧的原理都不能被当成完全可靠的东西,被当作一个行动过程的正当理由。在一定事例中所建立起来的一个目的并不是终极的,采取这个目的所取得的效果必须细心地加以注意,而这个目的在其结果未肯定它的正确性以前只能被看作是工作的假设而已。错误并不是缘前此所认为的那样,只是应该悲悼的一种不可免的事件,或者是应该赎偿和懊悔的道德上的罪孽。错误乃是关于不当的运用智慧方法之告诫,并且是指示将来较好的途径的教训;它是需要改正、发展、整理的征兆。这样一来,目的得到发展,而判断的标准也得到改进。……这样一来,道德生活得到了保护,不至于陷入形式主义和死板的重复。它变成伸缩自如的、有生命力的和增长着的东西。

上面这段摘引自杜威的原话,已经很清楚地说明了实用主义重视智慧的目的及用意。在这段话中,可以看出,实用主义者强调把智慧与行为结合起来,其目的是为了利用理性的智慧来保证行为的成功。他们所说的"理性的道德化"或"科学的道德化",无非就是使理性和科学一样成为个人取得成功的手段。

(2)道德行为实施过程中所遇到的每一种境遇和其他所有的特殊情况一样,都具有很重要、很迫切的意义。这就是说,实用主义要求:在做任何事情的时候,道德行为所要求的各种具体条件,同其他与道德无关的因素,都必须加以同等的注意,不能按其性质而加以分级看待。这个道理,对于实用主义来说是不言自明的。因为实用主义强调道德的"善",仅仅是为了个人的成功。所以,善并不是至高无上的,而是取得成功的权宜手段。既然为了成功可以不择手段,那么,为了成功也可以把一切有用的因素当成"善"。因此,实用主义者要求行为者不要单纯地、绝对地遵循道德的善的原则,而是要同时注意一切可利用为成功手段的因素,包括与道德无关的,甚至与道德对立的、反道德的因素,只要这些因素有利于取得成功就行。所以,杜威说:"在一个特定环境中是目的和善的一切事物,对于其他任何条件下的任何一个善来说,都是同等有价值的、同等级别的、同等有尊严的,因此,应该受到同样的理智的注意。"在这里,杜威更进一步明确地说,在每一个特定环境中被看作善的东西,不管它是什么,都是和其他条件下有"善"一样有价值。例如,在一定的条件下,为了达到行为的成功所采取的一切手段,包括为成功而偷窃、杀人、放火等,不仅对于该具体条件而言是善的,而且也同其他条件下的善的事物一样是有价值的、高贵的。换句话说,只要能达到成功,就都是善,不能把一定形势和条件下所采取的有利于成功的手段,看作是只适用于该条件的有限的善,而应看作是与其他的善同样有价值的东西。在任何条件下,为了成功都必须随时采用不同的有利手段。因此,各种因素都应留心观察,都应考虑使用它们的可能性。在实用主义者面前,不存在任何一种东西是注定要被当成"善"或"恶"——任何事物都可能是善的或恶的,关键在于它们是否有利于成功。正因为这样,杜威要求:在行为过程中,在使用理性时,要对一切因素都加以考虑、加以观察,并学会使自己能随机应变地把观察到和考虑到的一切都尽可能迅速地为自己的成功服务。

(3) 消除虚伪的形式主义(Pharisaism,直译为"法利赛主义")的根基。杜威说,用一个固定的标准去要求一切人,是一种虚伪的形式主义。不同的人,在不同的具体环境里,其行为标准显然是不一样的。一个强盗处于正在改正的过程中,决心逐渐地少抢别人的东西,在杜威看来,就比一个正常人开始偷别人的(哪怕是极少量的)东西还好得多。所以,杜威说,"无论判断个人或集体,不应以他们赶得上或赶不上某个固定的结果作为衡量标准,而应照他们的变动方向去判断。坏人就是开始腐化,变成没有那么好的人,无论他前此怎样好法。好人就是开始变成更好些的人,也无论他前此道德上怎样不行,这种概念使人严于律己而宽于责人。"

所以,重要的事情不是某一个静止的结果,哪怕这个结果是很令人羡慕的,而是发展和进步的过程。杜威说,"健康,作为一种一经固定就不再变化的目的和善,并不是真正的目的和善,我们所需要的是健康的增进——一个持续的过程——这样的健康过程才是善和目的。目的不再是必须达到一个目的地或界限,它是改造现存状态的主动过程。生活的目的不是作为最终目标的完满性,而是正在完成、正在成熟、正在精炼化的永久持续的过程。诚实、辛勤、节制、公正,也像健康、富有和学问一样,如果把它们当作必须达到的固定目的的话,也不是我们必须保有的善。它们都是经验在性质上的变化方向。只有发展本身才是道德的目的。"②

以上提到的第三方面的内容,集中起来讲,就是要表达这样两层意思:① 道德行为没有客观的统一标准;道德标准因人、因地、因时而异;② 所谓道德,不是固定的,而是一个不断持续的过程。

这两层意思,前面稍有提及,现在进一步申述并分析前此没有提到过的部分。

所谓道德是一个过程,所谓道德自身的目的就是过程,这都是说:

善是当前的东西，是眼前正在流动的事物，是眼睛能看见、手能摸得着的实际利益，而不是眼睛见不着、手摸不着的抽象理想，也不是属于遥远的将来的东西，不是固定在某一处的过程终点。这也就是说，善存在于过程中的每一环节，善都会突然地存在于各种可能性中，关键是要不惜一切代价、不择手段地抓住它。正如杜威在另一个地方所说的那样，"其实所谓善，除非包括我们在上面所说的一类境地里面所经验到的满足以外，乃是一个空洞的名词而已。"

把善看作只是满足人类的感性生活经验的东西，把善看作只是为获取眼前利益的工具，道德就没有什么客观标准了。实用主义者认为道德行为仅仅存在于一定活动的范围之内，是在具体境遇下产生的行为，所以具体境遇所发生的具体行为是道德规范产生的泉源。正因为这样，具体境遇产生着具体的道德行为，并规定出具体的、各自特殊的道德标准。每一道德境遇具有各自的道德标准，这又是多元的世界观在道德论上的表现。

把道德标准置于每一个具体的道德境遇中，这就是说，人们的行为应该考虑的是怎样成功地度过当前的境遇。我们不能用同一的尺度去衡量善。不同的环境总是相应地产生各自特殊的善。

人们在各个特殊的境遇中所遵循的"善"，就是人们在该特殊境遇中的具体需要和具体利益。在这个世界上，永远都没有一个可供人们效法的至善，也没有一个固定的"好人"或"坏人"，至于善与恶、好人与坏人，都是由各个境遇内各个人的实际需要来决定。即使在同一境遇内，对于不同的人也有不同的"善"，对于我是善，对于你也能是恶，关键在于：在同一境遇内，你和我之间的钩心斗角和竞争，究竟谁获胜——获胜者取得成功的结果，证明他的手法和能力高超，表明他达到了善。

综上所述，实用主义的善的概念乃是商人的道德观的缩影。在商业社会中,这种善的概念相当广泛和相当深刻地影响着各个领域的生活。我们可以由此看出商人整个世界观的特点,看出商业社会的特点。

注释

① 参见莎士比亚:《哈姆雷特》(*Hamlet*)。

② 参见莎士比亚:《黄金梦》。

③ 参见巴斯摩尔(John Passmore):《哲学一百年》(*A Hundred Years of Philosophy*,Penguin Books,1978),第 547 页。

④ 参见詹姆斯:《实用主义》(1978),第 31 - 32 页。

⑤ 参见詹姆斯:《真理的意义》,第 8 章。

⑥ 同⑤。

⑦ 参见詹姆斯:《真理的意义》,第 4 章。

⑧ 同⑦。

⑨ 参见詹姆斯:《实用主义》。

⑩ 同⑨,第 96 - 97 页。

⑪ 同⑩。

⑫ 同⑩。

⑬ 同⑩。

⑭ 参见詹姆斯:《真理的意义》,第 9 章。

⑮ 同⑭,第 10 章。

⑯ 参见詹姆斯:《实用主义》,第 8 讲。

⑰ 参见杜威:《哲学的改造》。

⑱ 参见詹姆斯:《实用主义》(1978),第 137 - 138 页。

⑲ 同⑱。

⑳ 参见杜威:《哲学的改造》,第 6 章"道德观念的改造"。

㉑ 同⑳。

㉒ 杜威:《哲学的改造》。参见巴雷特与艾肯合编:《二十世纪哲学》,第 1 卷,第 341 页。

第 8 章

詹姆斯的"彻底经验论"

第一节 生平与基本思想

如果说皮尔斯是从数学和物理学转向哲学的话，那么，詹姆斯就是从医学、生物学和心理学转向哲学的。詹姆斯在转向哲学以前，曾经是做出了卓越贡献的生物学家和心理学家。皮尔斯和詹姆斯的上述不同经历，使他们创立的实用主义哲学具有各自的特点，也使他们对以往的传统哲学抱有不同的态度。

詹姆斯生于 1842 年，他和皮尔斯一样，自幼受到特殊的家庭教育。他的父亲亨利·詹姆斯（Henry James，1811 - 1882）也是一个哲学家。亨利·詹姆斯深受美国 19 世纪哲学家爱默生（Ralph Waldo Emerson，1803 - 1882）的影响，亨利·詹姆斯还对瑞典哲学家和神学家斯威登博尔格（Emanuel Swedenborg，1688 - 1772）的哲学观点颇有研究。亨利·詹姆斯也是一个在西欧负有盛名的世界主义者，他的一生中有大量的时间是在国外度过的。詹姆斯父亲的这种思想观点和生活经历，对他本人的影响很大，特别是他们长期住在国外，使詹姆斯有条件接触到西欧的各种思想和文化遗产,这就使詹姆斯从小就养成一种能容纳多方面哲学观点(包括相互对立的观点)的思维习惯。

在 19 世纪上半叶,美国的哲学界中流行着所谓的"先验论哲学"。先验论的拥护者们对哲学问题并不持有统一的观点,虽然他们基本上都是唯心主义者。他们中有些人接近谢林(Friedrich Schelling, 1775 - 1854)的"先验唯心主义",另一些人则以康德学说的精神来发展先验论,还有一些人又把先验论看作是一种"超越日常生活范围"的宗教神秘主义学说。所有的美国先验论者都对 18 世纪末至 19 世纪初的德国古典哲学体系特别感兴趣,也都力图摈弃此前一百多年由富兰克林(Benjamin Franklin, 1706 - 1790)所创建的美国本土的启蒙唯物主义哲学。

美国先验论者在 1836 年成立了一个先验论俱乐部,其发起人是波士顿的一些对哲学感兴趣的大学生。1842 年,先验论俱乐部的主要领袖之一爱默生写信给他的朋友卡莱尔(Thomas Carlyle, 1795 - 1881)说,先验论俱乐部的成员们,即那些对哲学感兴趣的波士顿大学生们,"彼此互不相识,他们按世界的本来面目来对待世界,并向自己的父母承认——男青年不希望从事商业,女青年们不希望早晨出去访问和晚间出去做客。他们全都信教,但又仇视教会——他们反对别人的所有的生活方式,但又不能提出自己的生活方式来代替。"①由此看来,先验论俱乐部的成员是十分复杂的,但他们都是多多少少对现实有些不满而又找不到正确出路的美国青年知识分子。他们的一个共同点,是对美国教会的阻碍自由思想发展的政策表示不满和怀疑。但是,更为复杂的是,先验论俱乐部的成员们虽然不满意现实,在哲学思想上却都抱着唯心主义的观点,他们企图把西欧在一百年来发展起来的各种极不相同的哲学观点折中在一起。而且,在他们那里,道德问题掩盖了包括自然科学在内的其他一切问题,并在道德问题上公开反对美国早期启蒙运动唯物主义者的道德理论,特别是普利斯特利(Joseph Priestley, 1733-1804)和库珀(Thomas Cooper,1759-1840)的所谓"合理的利己主义原则"。

对詹姆斯父子有很大影响的爱默生就是上述"先验论俱乐部"的主要代表人物。因此,为了更全面地了解詹姆斯的实用主义思想同 19 世纪上半叶美国哲学的关系,有必要介绍一下爱默生的基本哲学观点。

爱默生本来是波士顿大学的学生,毕业后获得了唯一神教教会的牧师职位。到 1832 年,他对官方宗教很感失望,便放弃了牧师的职位,从事的私人传教活动六七年之久。但到 1838 年以后,爱默生就不再进行教会活动,成为一个世俗哲学家,爱默生直率地声明说:"……教堂的讲坛在我们的世纪发出了不可靠的和不真实的声音……"。②

爱默生在 1833 年到欧洲旅行,这对他的世界观的形成发生了很大的影响。在欧洲,他同英国哲学家卡莱尔建立了密切的关系,并从此确立了自己的先验论哲学。

爱默生的主要哲学著作《自然界》(*Nature*,1835)乃是先验论者的宣言。1841 年,爱默生发表了他的轰动一时的《论文集》(*Essays*)一书的第一部;1844 年,发表了《论文集》的第二部。1847 年,爱默生第二次访问英国,并在英国以《人类的选民》(*Representative Men*)为题发表了一系列的哲学讲演,这些讲演录出版于 1850 年。1860 年,爱默生发表了《生活中的行为》(*The Conduct of Life*)一书,这部著作在当时也取得了相当大的成功。

爱默生的哲学观点是很不彻底的。甚至像曾经为他的著作写导言的约翰·摩莱那样崇拜他的人也不得不承认,要想清楚地说明爱默生的哲学立场是一个极其吃力不讨好的工作。就是爱默生本人也往往以自己观点的模糊自居,标榜这种折中性和模糊性恰恰是他的"大胆"的表现。正是在这一点上,表现了爱默生哲学的相对主义性质和唯心主义本质。例如他认为,真理都带有"条件性",可以按任何方式加以说明。我们在前面提到过的实用主义真理观和下面将要介绍的詹姆斯的哲学观点,都可以清楚地听到这种相对主义和唯心主义真理观的回音。

爱默生否认知识的客观内容,认为人所创造的艺术和科学是"他的头脑的自由的产物"③。在《人类的选民》这部著作中,爱默生以同样敬仰的心情论述柏拉图和歌德(Johann Wolfgang von Goethe,1749 - 1832),也就是说,以同样的敬仰论述着古希腊客观唯心主义的创始人和具有唯物主义倾向的德国启蒙运动主要代表人物。爱默生宣称,柏拉图的客观唯心主义是唯物主义的自然科学家哥白尼和牛顿的哲学观点的来源。爱默生把客观唯心主义者柏拉图的哲学不正确地解释成仿佛是可以调和唯物主义与唯心主义的一种学说,他把柏拉图说成一个"同时崇拜理想(或精神规律)和命运(或自然规律)"的思想家④。

作为一个折中主义者,爱默生把柏拉图的客观唯心主义同费希特(Johann Gottlieb Fichte,1762 - 1814)的主观唯心主义结合起来,承认康德的那个不可认识的"物自体",同时宣称人的"自我"是现实的创造者。爱默生说:"人在自己周围所看到一切,都是符合他的心灵状态的……"。⑤爱默生由此得出导致唯我论的结论,宣称:除了人以外,没有任何东西,而"自然界的泉源就在人自己的精神之中……"⑥。

当然,爱默生作为折中主义者不愿使自己始终停滞在唯我主义的结论上。有时,他又试图走出唯我论的死胡同,而求助于柏拉图的理念论。它断定说,这些"理念"是客观存在的,而最主要的"理念"则是最高的伦理、道德、正义等理念。因此,爱默生否认认识世界及其规律的必要性,而号召人们在世界上寻求某种超自然的所谓"美德"。爱默生把道德原则看作是宇宙的精神本质、基督教的上帝,从而用客观唯心主义的观点去说明宇宙的本质。但是,当爱默生把道德看作是独立于外部世界的人的个性的自律活动时,他又成了一个主观唯心主义者。

但是,值得注意的是,爱默生的哲学观点中不仅存在着主观唯心与客观唯心主义交错的内容,而且其中也包含着某些自发的唯物主义倾向。例如,在《自然界》一书中,爱默生就跟自己的唯心主义观点相矛盾,把自然界看作决定性的本源,是人的全部活动的出发点。爱默生断定说,人是自然界的一部分,正因为如此,他才能作用于自然界并认识自然界。爱默生说:"一切科学知识都具有一个任务,那就是去论证自然理论。"⑦他甚至企图在自然现象中寻找某种规律性,例如他说:"自然界中的每一个事物,即使是最微不足道的沙粒和羽毛,它的活动基础也是某种规律性,而不是偶然的奇妙作用,"⑧在这里,表现出富兰克林和歌德的唯物主义观点对爱默生的影响。

爱默生在《自然界》一书中阐述自己对认识问题的观点时,和他的前述唯我主义认识论有矛盾,并承认人的一切表象和概念归根到底都起源于自然界。他写道:"空间、时间、社会、劳动、食物、移动、动物、机械力等等,每天都给予我们最直接的教训,这些教训的意义是无限的……物质的每一种属性——它的硬度和抗力、它的惰性、它的长度、它的几何形状、它的可分性——都是人的理智的老师。理智进行堆积、分割、结合、计量,并在这个值得重视的舞台上寻找食物和自己的活动场所。"⑨

但是,爱默生在恢复自然界的权威和承认自然的某种规律性的时候却倒回来用谢林的唯心主义精神进行解释,并试图给自然界强加上一种本来不属于自然界本身的某种精神本质。结果,爱默生又在实际上放弃了他的刚刚萌芽的一些唯物主义观点而导致唯心主义的结论。

他甚至公开断言,唯心主义哲学是最符合人类心灵需要的世界观。最后,他的先验论又径直转向宗教的神秘主义和信仰主义,他特别欣赏古代罗马"希腊化时期"的新柏拉图主义的神秘哲学,还热烈地赞扬瑞典哲学家和神学家斯威登博格的神秘主义。他把斯威登博格称为天才,并说这个天才"注定要越过时间和空间的界限,瞥视朦胧的精神世界,并试图在世界上确立一种新的宗教。"⑩

作为黑格尔的同时代人,爱默生并不对黑格尔的唯心主义辩证法感兴趣,因为对爱默生来说,黑格尔哲学太过于理性主义了。爱默生所感兴趣的毋宁是黑格尔哲学中的神秘主义观点。爱默生夸大了黑格尔的神秘主义,要求人们直觉地依赖感觉和无意识的情感,以便在变化着的现象中去直接地发现神性。爱默生说:"让人在易变的、流动的东西中寻求不变的东西——让他在注视着他所敬仰的事物消失的时候不丧失这种敬仰——让他知道,他在这个世界上并不是要去创造什么,而是为了充当一种被创造的对象——虽然深渊一个接一个暴露,一些意见代替另一些意见,但归根究底,它们全都包含在永恒的始因之中。"⑪这样,爱默生就通过神秘主义而走向了神学。

从上面我们所看到的以爱默生为代表的美国先验论哲学中,可以大致看到在这个哲学影响下的 19 世纪下半叶包括詹姆斯实用主义哲学在内的美国哲学的未来倾向。简单地说,爱默生的哲学似乎已经预先的定下了詹姆斯哲学的某些最重要的特点,这些特点就是:第一,有浓厚的先验论倾向的所谓经验主义;也就是说,以"经验"作为幌子宣传某种夸大人的主观意识的作用的哲学;第二,带有极其明显的折中主义的色彩,也就是说,千方百计地把各种不同倾向的哲学观点混合在一个哲学体系中,试图建立一个比较灵活的但又不彻底的"美国式"的哲学。在这里,之所以把它称为美国式的哲学,就是因为这种哲学也和美国的其他文化一样，从各个民族的文化遗产中吸收多种多样的养料，不管这些养料在它们的原有基础上本来就是相互对立的因素。

詹姆斯就是生活在这样一种有特殊的精神生活特点的环境中。如前所述，詹姆斯的父亲本来就是爱默生的追随者，而且他本人又多年研究过欧洲的各种哲学，并特别地崇信斯威登博格的神秘主义，所以，詹姆斯所接受的家庭教育就是一种有浓厚宗教色彩的多元化的折中主义哲学。

但是，我们还要注意这样一个重要特点，即詹姆斯从这样一种历史环境和家庭环境中所受到的教育，从一开始就是多元化的文化，而不是一种固定的、严谨的、只执著于某个特定派别的哲学。詹姆斯所受到的教育兼蓄着各种观点的文化，所以，在詹姆斯没有成为完全成熟的哲学家以前，他所从事的研究课题远远超出了哲学的狭窄界限，他所涉猎的知识包括了各种自然科学在内。后来，随着自己的思想逐渐成熟，詹姆斯开始集中研究心理学，最后才从心理学转向了哲学。他的这一经历，使他的哲学摆脱了欧洲哲学的那种刻板性和"学院式"传统，而是更多地体现了非哲学家出身的一般文化人的著述特点。

当我们分析詹姆斯哲学的历史背景的时候，仅仅停留在上述所说的文化和哲学的领域还是远远不够的。决定着詹姆斯的未来哲学观点的，还有美国社会本身的种种因素，这些因素包括了经济、政治和社会生活等各个方面。在 19 世纪中叶和下半叶，美国的社会生活中发生了什么重大的事情对詹姆士的新哲学的建立产生影响呢？

美国社会的重大变动集中地发生在 19 世纪 60 年代至 70 年代这个时期。在这一时期内，美国国内发生了历时五年的南北战争（1861－1865），接着，从 1870 年到 1871 年，欧洲发生了震撼世界的普法战争和巴黎公社革命。国内外的这些重大历史变革，是美国历史、也是世界近代史的一个重要转折点。这些事件的发生变更了世界范围内的政治、经济和军事力量的对比,使美国的经济和军事实力大大加强,提高了美国的国际地位,而在美国国内,由于南方奴隶制的废除,工业界和商业界的实力也大大增强了,对美国整个社会生活,包括美国的文化精神生活产生了决定性的影响。从此,反映美国实业界利益和人生观的各种哲学学说便应运而生。

美国南北战争的结束,打碎了束缚着现代生产发展的最后一道枷锁。南北战争后的短短五六年内,美国工商业获得了突飞猛进的发展。美国特殊的优越的自然条件以及在完全崭新的基础上发展生产这一事实,使其在打破了人为的社会障碍以后,能够以一种比欧洲任何一个国家更快的速度发展自己的经济。因此,在 19 世纪 70 年代美国迅速地把欧洲各先进国家,包括号称"日不落国"的英国都远远地甩在她的后面。从 70 年代起,美国取代了英国的"世界第一强国"的地位,成为西方世界中最发达的工商业国家。

美国工商业者在发展国内经济和世界贸易的过程中,创造了一种很成功的、取得了重大效果的工作方法。美国的商人们所创立的这种特殊的工作方法,最重要的是所谓求实精神和一种能够适应各种复杂环境及对付各种对手的随机应变的方法,这种方式很自然而然地需要吸收各种文化的成果和不同的哲学方法论。对他们来说,重要的不是什么原则,也不是什么能够勾起人们的虚荣心的种种抽象的道德标准,更不是那些要在几十年后经过艰苦奋斗和作出重大牺牲才变成现实的理想,他们所追求的是能够立即看得见的利益,而且由于美国是在英国和法国之后登上世界的政治和经济舞台,所以,美国面临着迅速占据那些所谓"真空地带"的任务,甚至抢夺那些已经被其他国家占领的商品市场。这样一个迫切的任务,也要求美国的工商业者争分夺秒、高效率地发展自己的利益。所有这些特点,对美国社会的影响是远远超出了经济的领域,它造就了美国整个一代的新人,影响着他们的生活方式、思想方法和世界观。

詹姆士就是在这样的历史条件下成长起来的美国新一代。在他的思想意识中,既包含了像他父亲那样的上一代人的思想方法(这种思想方法集中的表现在上面提到过的爱默生等人的哲学中),也产生了一种能够反映美国实业界精神的新的因素。简言之,詹姆士的哲学就是这种新老哲学因素、新老文化因素相结合的产物,它是真正能够体现美国实业界的精神面貌和实际利益的新哲学。换句话说,它是美国作为新时代的第一号强国而迈入现代史时期的第一个完整的美国哲学派别。

当然,美国所处的所有这些社会历史条件对于詹姆士哲学形成的影响并不是直接地而是通过许许多多五花八门的文化因素作为中间环节而发生作用的。在这些中介物中就包括着构成美国文化的重要成分的宗教意识、自然科学知识和道德思想等。所以,毫不奇怪,詹姆士所建立的哲学远比欧洲的哲学家们所建立的哲学都更加包含着文化方面的种种因素,也更广泛地反映着美国现实的社会生活,特别是美国工商业活动的脉搏。因此,如果谁要掌握"美国精神"的实质,那么,最好的办法就是认真地钻研詹姆士的哲学。

1870年,詹姆士从哈佛大学毕业,获得了医学博士学位。两年后,他担任母校的心理学和解剖学讲师。然后,他调到心理系和哲学系,这是詹姆士一生中的重大转折,它意味着,詹姆士经历了十几年间各种文化,特别是医学、生理学、心理学的熏陶以后,才开始以新的姿态迈入哲学领域。从那以后,他就把以前的各种文化教育当作他创立新哲学的酵母。

詹姆士到哲学系以后,对哲学产生了更深的兴趣。他全面地探讨了各种哲学,总结了在他以前的各种哲学的发展历程,试图在新的基础上创立一种能适应新时代的哲学。他的哲学研究越深入和越广泛,他就越强烈地感到有必要克服以往各个相互对立的哲学的"极端主义"和"僵硬"原则,他也就越感觉到有必要建立一个综合多方面特点的折中主义的哲学世界观。

詹姆斯沿着这个方向向前进展着。1880 年,詹姆士因研究哲学有了显著成果而成为哲学副教授;1885 年,他又升为哲学正教授;1889 年,他担任了心理学教授。由此可见,詹姆斯的哲学世界观的创建过程是同他的心理学研究的进一步深入同时进行的。

詹姆斯在这一时期所发表的哲学方面和心理学方面的著作,使他迅速地成为世界闻名的学者。他在哈佛大学建立了美国第一所心理学试验室。1890 年,詹姆斯发表了两卷本的《心理学原理》(*Principes of Psychology*),使他被世界公认为心理学中的"身体机能学派"(the physical school of psychologists)的主要代表人物。

詹姆斯的《心理学原理》共分两卷廿八章,詹姆斯不同意德国的费希纳(Gustav Theodor Fechner,1801 - 1887)和冯特(Wilhelm Wundt,1832 - 1920)的心理学观点,强调人的心理意识是对于环境的适应机能是有机体求得生存的手段。因此,心理意识也同人的其他器官一样,构成为人的生存竞争的重要手段。詹姆斯反对将精神过程同物理过程割裂开来的"二元论",注重于分析大脑决定心理意识的实际过程。他还将"自我"进行多层次的分析,将"自我"分析成"物质的"、"社群的"、"精神的"和"纯粹的"四种类型,分别考察自我的不同含义。詹姆斯严厉地批判了"灵魂说",反对将"自我"同人的基本的生理机能分割开来加以研究。因此,在皮尔斯看来,"心理学"应该可以同研究身心关系的形而上学哲学理论相容。

詹姆斯在《心理学原理》中还突出地研究"意识流"（Stream of Consciousness）。他认为，意识并非片断地相连接的，而是像河流那样连续流动的、独一无二的思想流程。这就为艺术创作中注重内心独白和自由联想，主张多样的象征表达手法的理论提供了丰富的养料。

詹姆斯还在该书中详细地考察了人的情绪及其变化，强调人的情绪是人的身体器官生理活动的反射产物。由于詹姆斯的情绪理论与丹麦生理学家朗格（Carl Georg Lange，1834－1900）的观点相类似，所以，学术界称之为"詹姆斯—朗格情绪说"。

詹姆斯的《心理学原理》成为他的思想发展的一个里程碑，其中的重要理论观点，后来成为他的实用主义哲学的重要出发点。

在1898年，詹姆斯在加利福尼亚大学发表了题为"哲学概念与实际结果"（Philosophical Conception and Practical Results）的学术演讲，后来被收入他的《论文和评论集》（Collected Essays and Reviews）中。在这篇演讲稿中，詹姆斯修正了皮尔斯的重要观念，以致使实用主义的含义远远超出皮尔斯在19世纪七八十年代所界定的范围。詹姆斯认为哲学命题的有效意义就在于它们在人的行为中所能产生的特殊效果，詹姆斯认为，人的经验总是特殊的。因此，实用主义应成为制定各个个人的特殊的和具体的行动纲领的指导性原则。詹姆斯明显地夸大了经验的特殊性和主观性，为他今后发展出一套彻底经验论的主观主义的实用主义哲学铺平了道路。

正是在这里，已经显示了由皮尔斯所开创的实用主义的重大分野——从此以后，皮尔斯所重视的观念意义的明晰性和语言符号的逻辑性的理论，被追求个人的特殊行为效果的实用主义真理观所压倒，而同时新兴的语言分析哲学也才有可能垄断对于"意义"和"语言符号"的专门研究，从此开创了实用主义和语用论分道扬镳发展的特殊新时期。

詹姆斯的更重要的哲学研究成果最先集中地体现在他的哲学讲演集——《实用主义》(Pragmatism)。他在这本书中所制定的哲学原则，很快就像旋风一样席卷北美大陆，成为全美国最有影响的哲学理论。接着，他的以皮尔斯的哲学为基础而发展起来的实用主义体系，从美国传向欧洲，在相当长的时间内，直接或间接地影响着西方各国的现代哲学派别。

但是，詹姆斯所撰写的这些有广泛影响的著作，并不是轻而易举地产生出来的。这不仅是因为要经过艰苦的思索和解析以往的几乎全部人类文化的成果，而且，就詹姆斯个人来说，他是在不断地受到疾病侵袭的条件下，在同自己所遭受的多种疾病的斗争中写出来的。

詹姆士多年来身患心脏病。有一天，当詹姆士在阿迪朗达克(Adirondacks)度假时迷路了，他费了九牛二虎之力东奔西闯，极大地耗费了他的体力，从此他就一蹶不振，健康状况一天不如一天。

1907 年，由于身体极度虚弱，他不得不从哈佛大学退休。此后，他到欧洲去旅行，所到之处受到了热烈的欢迎，欧洲人亲切地称他是"伟大的威廉·詹姆斯教授"。1910 年夏，他回国后得了不治之症，就在这一年，他离开了人世。

詹姆斯的主要著作还有《真理的意义》(The Meaning of Truth)。1885 年，他发表了《真理的意义》的第一章"论认知的功能"(The Function of Cognition)。

如前所述，由于受到他的父亲亨利·詹姆斯的影响，由于受到爱默生等人的先验哲学的神秘主义的影响，詹姆斯自始至终都对宗教有强烈的兴趣，他写了一系列论述道德和宗教问题的论文。这些论文后来在 1897 年编纂成一本名为《信仰的意志》(The Will to Believe)的书。

作为这一系列道德宗教论文的基础的，是这样一个论断，即：关于

"上帝是否存在"、"有没有道德上的真理"等问题的解决是不能单靠理智作为根据的。他认为,在道德问题和宗教信仰问题上,是不能完全凭人的理智来解决的。他和爱默生等人一样认为:必须诉诸情感上的需要(emotional needs)。詹姆斯在《信仰的意志》一书中说,存在着这样一种状况,即"除非伴随着预先存在的信仰,某一件事实(fact)是不可能完全实现的。"这就是说,在我们的日常生活中,在自然界、在社会生活中,某一个客观事实的发生,必须以预先存在的一种信仰作为前提条件。所以,他认为,单纯地依靠着人的理性只能认识一部分事情,而绝不能认识所有的事情。在他看来,世界上许多事情是理性的逻辑所不能达到的。除了理性以外,更重要的是靠非理性的直觉、"体验"、冲动以及神秘的"启示"等。既然这样,人的行动中必然会遇到许许多多意想不到的、不可被理性认识的事情,这就是命运的安排。因此,他认为,只有依据实用主义的原则才能充分满足人类的宗教方面和道德方面的需要。但是,詹姆士和哲学史上一切否认人的认识能力的哲学家一样,并没有真正彻底地论证他的上述原则。正如英国著名哲学家艾耶尔(Sir Atfred Jules Ayer,1910-1989)所说,"我们认为,他(指詹姆斯)所设想的达到上述目的的道路并没有清楚地加以说明。"⑫

继《信仰的意志》之后,詹姆斯出版了《宗教经验的多样性》(*The Varieties of Religious Experience*),这本书是詹姆斯于1901年至1902年间在苏格兰的"吉福德讲座"(Gifford Lectures)的讲演稿。这部著作不论就内容或写作方法而言,都是很成功的。这是一部关于宗教心理学的著作,在当时英美和西欧各国仍然流行基督教的情况下,它对社会公众发生了很广泛的影响。

就这本书的文风而言,詹姆士表现出和他的弟弟、小说家亨利·詹姆斯(Henry James,1843-1916,与其父同名同姓)的文学语言一样漂亮的文采。詹姆斯用幽默的语言表达出他的深奥的哲学思想,而且,正是由于詹姆斯所使用的语言本身表现出高度的灵活性,也使他的本来就相当模糊的、伸缩性很大的哲学观点变得更加容易被误解——也就是说,他那文学性的语言反而给他的哲学概念赋予了更大的流动性,使人们既可以这样,也可以那样去理解。

詹姆斯在 1903 年到 1904 年发表了一本哲学论文集《彻底经验论论文集》(*Essays in Radical Empiricism*),这本论文集和在 1907 年出版的《实用主义》一书,是他的晚年时代的主要著作。《实用主义》是詹姆斯在 1906 年底在波士顿的"罗威尔讲座"(Lowell lectures)上的讲演稿。1907 年 1 月,他又把这同一内容在纽约哥伦比亚大学的讲座上重复了一遍。实际上,《实用主义》这本书的某些论题早在 1898 年就已经在加利福尼亚大学的讲座中发表了。当时,他的讲座题目是"哲学概念与实际结果"。

《实用主义》这本书在出版后的短短三年内,连续重版了十次,畅销于美国各地。但是詹姆斯的这本著作在英国所遭遇到的命运并不像在美国那样理想,他遭到了一些职业哲学家的尖锐批判,其中就包括罗素、G. E. 摩尔(G. E. Moore,1873 - 1958)等人的批评。尽管如此,据统计,詹姆斯的这本书在英国的销售量六年之内达到了五千本。詹姆斯为了回答各个哲学家们对于他的哲学的批评,在 1909 年发表了《真理的意义》,就在同一年,詹姆斯着手写另一本书,书名是《哲学的几个问题》(*Some Problems of Philosophy*),但这本书一直到詹姆斯逝世后才出版。

在同一时期内,詹姆斯还将他在牛津大学的讲座演讲稿汇集成书,书名是《一个多元化的世界》(*A Pluralistic Universe*),这本书的书名本身就已经显示了詹姆斯的实用主义哲学的一个重要特点。如前所述,他的哲学宣称包含了各种类型的哲学观点,他把相互差异甚至对立的哲学观点混合在一起,形成了与一元论哲学根本不同的哲学体系,即所谓多元论。

实际上,詹姆斯的多元论并不是他自己的独创。因为从19世纪70年代起,整个欧洲的哲学思潮开始发生巨大的变革,其中最重要的一个特点,就是德国古典哲学黑格尔的绝对唯心主义,犹如临死前的病人的回光返照一样,在哲学史上发出了理性主义的最后一道金光以后就寿终正寝了。正如一个强大的统一帝国在它富有权威的最后一个皇帝逝世以后就会出现全国的分裂一样,黑格尔这位古典哲学的顶峰人物的逝世很快就导致了欧洲哲学的分崩离析。19世纪的最后25年,是多元化哲学的酝酿阶段。在这一时期内出现了各种多元化的哲学,这一类哲学的特点是想要把以往已经瓦解了的各种哲学都兼收并蓄地继承下来。这一类哲学,在英国,几乎与詹姆斯创造实用主义哲学的同时,也出现了像实证主义、穆勒(John Stuart Mill,1806－1873)的经验主义、边沁主义等多元哲学。更确切地说,所谓多元哲学就是折中主义。

严格地说,在19世纪下半叶所出现的各种新哲学,绝大多数都带有折中主义的色彩。就连那些表面上反对多元哲学的新一元论者(包括罗素、G. E. 摩尔等)也在实际上从许多哲学遗产中吸收了各种观点,所以他们也是折中主义者。

只有黑格尔哲学的崇拜者千方百计地想要保护古典哲学的统一性,标榜他们是真正的一元论者。在这些人当中,最知名的有牛津大学的布拉德利(F. H. Bradley,1846－1924)、剑桥大学的麦克塔格特(J. M. E. McTaggart,1866－1925)和詹姆斯在哈佛大学的同事罗伊斯。这些人就是所谓的新黑格尔主义者。他们并没有严格地遵守黑格尔的原则,而且彼此之间的观点也并不完全一致。例如,剑桥大学的麦克塔格特就经常激烈地同布拉德利和罗伊斯发生争论,但是他们有个共同点,那就是他们认为"实在"是一个精神性的统一体(Spiritual Whole),即"绝对"(The Absolute)。布拉德利认为,任何两个东西如果没有统一性就不能相互关联——而世界上的任何东西,不管它们之间在表面上有多大的差别,都是相互关联的,所以,在万物之中就存在着一个唯一的实体,也就是那个"绝对"。罗伊斯认为,人类之所以能够在认识过程中和"实在"发生联系,就是因为在人的思想和实在之间有一个共同的东西,即"绝对",对于这样一种一元论哲学,詹姆斯曾经给予尖刻的讥讽。詹姆斯说,照这些一元论的哲学家们的观点来看,一只猫就不能看国王,要不然的话国王和猫就有统一性了。布拉德利和罗伊斯都和詹姆斯发生过激烈的争论,詹姆斯所写的那本《实用主义》和《真理的意义》就是为了回答这场争论中提出的问题。

　　布拉德利和罗伊斯都认为"绝对"是完美无缺的。他们的区别仅仅在于:布拉德利认为"绝对"必然是超越于善与恶之上,而罗伊斯认为"绝对"促使了善与恶的协调,在他看来,恶的存在乃是至上的存在的先决条件。

　　詹姆斯反对这些理论,他的反对重点,如前所述,是所谓的"精神统一性"。因为詹姆斯的哲学的目的就是要克服"一元性"而转向"多元性"。但是,也正是因为这样,詹姆斯对于那些一元论者的反对,不可能是彻底的。他仅仅反对他们的"一元性",而不反对他们的其他理论,不但不反对,还要吸收它们,使它们变成为"多元化"的实用主义哲学的一部分。

　　以上所谈的,是詹姆斯的实用主义和其他派别的哲学之间的区别。在了解了上述区别以后,在了解了实用主义哲学的一般原则以后,下面,我们再进一步分析詹姆斯哲学和其他的实用主义哲学家的观点的某些区别。

第二节　詹姆斯实用主义的三大特征

同皮尔斯和杜威等人的实用主义哲学相比,詹姆斯的实用主义哲学有以下三个特征。

(1)正如我们在前面所看到的,皮尔斯的实用主义的原则,主要是用来说明科学信念的意义(the meaning of scientific beliefs)的。詹姆斯的实用主义和皮尔斯实用主义的最大差别(当然,这个差别指的是表面上的和形式上的),就是詹姆士仅仅以真理的理论为中心。我们在前面不止一次地说过,詹姆斯的实用主义主要是真理论和方法论,现在我们要进一步的说明:即使是方法论也是真理论的一个组成部分,也就是说,在詹姆斯看来,所谓方法,无非就是达到真理的方法。⑬由于前面我们已经较多地论述了詹姆斯和其他实用主义者的真理论,所以现在我们不再过多地重复这方面的内容。现在要重点讲的是詹姆斯真理论的两个特点,其一是詹姆斯把真理看作是各种信念(也包括皮尔斯所说的科学信念)即宗教的、道德的和认识的概念,这就是说詹姆斯的真理概念远比皮尔斯的“科学信念”广泛得多,也深刻得多,他所论及的范围几乎囊括了人类生活的所有领域;其二,詹姆斯更多地强调了功利主义的原则。他那本著名的代表作《实用主义》就是献给英国的功利主义者穆勒的。詹姆斯曾经被人们称为认识论的功利主义者(epistemological utilitarian),当然这个称号并不是非常确切的。因为詹姆斯并不强调认识的作用;其次,詹姆斯作为一个实用主义者,他和一般功利主义者不同,多数的功利主义者都强调认识的意义,重视理性的作用,他们的功利主义的原则并不是非理性主义的,而詹姆斯强调行为的效果,是根本否认理性的作用的。但不管怎样，詹姆斯的实用主义和英国的穆勒的功利主义之间毕竟还是有密切的关系的。

（2）詹姆斯的宗教哲学。这是詹姆士实用主义的一个重要内容，它是建立在他的真理论的基础上的。既然真理就是"对自己有用"，那么，当宗教信念和行为也能够带来益处的时候，它们也就成为真理。

詹姆斯认为，宗教的真理性并不在于它是否反映了客观的存在，也不在于它的逻辑结构，而在于它"有用"。在日常生活中，经常有这样一种现象，即人们有时需要宗教。从人们的眼前利益来看，某些宗教信念是有用的。譬如，当一个人陷于苦闷时，他到教堂去听听圣曲，参加祈祷活动，也许可以起解闷的作用，甚至有时还可以进一步起着安慰作用和鼓励作用。如果这个苦闷者见到教堂中的象征着彼岸世界的结构和装饰，又能够通过祈祷和圣曲的启发，在语言和文字的带领下，发挥自己的主观想象，他就可以陷入一种所谓"到达天国"的冥想中。在这种冥想中，他还可以发挥自己的想象力，想象自己遇到了各种奇迹，并在这些奇迹中得到了自我满足。这种宗教上的精神安慰，对一个苦闷者来说有时是很有用的——哪怕这种用处是短暂的、自欺欺人的。又例如，对一个统治者来说，出自他的统治目的和利益，他也可能认为宗教是有用的。在中世纪漫长的历史中，历代帝王一次又一次地强调宗教的作用都是为了巩固自己的统治。所以从"真理是有用的"这个结论中可以直接得出"宗教是有用的、因而也是真理"的结论。

詹姆斯在他的《实用主义》一书的第八节中讲了宗教的"有用性"，即"真理性"。他说："在实用主义看来，如果上帝的假设有满足的功用，这个假设便是真的，"这句话是詹姆斯的实用主义宗教观的核心。在这里有两个问题需要说明，这两个问题既反映了实用主义和一般宗教观的相同之处，也反映了他们之间的区别。

第一，詹姆斯认为宗教是一种"假设"。在宗教学者看来，把宗教看作是"假设"，显然是贬低了宗教的意义。自古以来，所有的宗教学者都千方百计地论证"上帝"是"真正的存在"，与论证上帝的"真实性"相适应，他们还论证了"天堂"、"地狱"、"灵魂不朽"等概念的真实性。

与这些宗教学说相反，詹姆斯论证宗教的真理性及其必要性，不是基于它们的"真实性"，而是在于"有用性"。从"有用"的角度来看，"真实性"的论证方法反而不利于宗教本身的存在。詹姆斯很清楚，一般人心目中的"真实"概念不管各种派别的哲学家怎样主张，都是以他们的日常生活体验作判断标准的。这就是说，为了征服人心，论证宗教原则的哲学，不能忽视一般人的思想方法。詹姆斯比以往宗教学者更高明的地方是顺应了一般人的思维习惯，他不强求人们承认"上帝的真实性"，而只是从"是否有用"的角度来考虑宗教。这样，詹姆斯的宗教观就可以回避关于"真理性"的问题。

把宗教问题从"真实性"的问题转向"有用性"，就使宗教理论避开了几千年来一直困扰着宗教学者的棘手问题。把詹姆士的主张更直率地讲出来，实际上是说："别管它是真是假，反正只要有用，你就可以信它，你认为没有用，就别信它。"

早在公元 150 年到公元 200 多年，教父学派（Fathers of the Church）的最早代表之一、迦太基人德尔图良（Quintus Septimius Florens Tertullianus，约 150 - 240）就认为，宗教信仰问题与认识和理性无关。他公然宣称："正因为是荒谬，所以我才相信，"这就再明显不过地表明：宗教从产生的第一天起，就遇到了同理性、同常识之间的不可克服的矛盾，要靠理性和经验来证明宗教的"真实性"和"必要性"是无望的。所以，宗教学者从一开始就试图撇开理性去说明宗教的"必要性"，德尔图良就是这一批宗教学者的典型。当然，还有一些宗教学者也意识到,撇开理性去说明宗教,会给人造成一种印象,似乎宗教是不讲道理的、反理性的,而这种印象是不利于宗教的发展。所以,在宗教史上,还有更多的宗教理论家也千方百计想从认识论的角度"论证"宗教原理。然而,宗教的本质又确实与理性不相容,所以,这后一种努力往往陷入明显的逻辑矛盾。

在公元 12 世纪末至 13 世纪初,亚里士多德的主要著作被译成了拉丁文,这显然是为了进一步适应从"理论上"论证宗教原理的需要。在中世纪,利用亚里士多德的理论来论证基督教教义的主要宗教哲学家是意大利多米尼克教派(Dominican order)的阿奎那(Thomas Aquinas,1225 - 1274)。阿奎那企图编纂一部关于中世纪统治思想的百科全书,并以伪造的亚里士多德主义来论证基督教教义。阿奎那认为,哲学和神学不应该有矛盾,但哲学低于神学,犹如人的理性低于上帝的理性一样。他断言,自然界是上帝从"无"中创造出来的,它永远为上帝的意旨所支配。物质是不确定的消极可能性,只有观念形式才使它成为真实的存在。自然界是上天的,即上帝的王国的基座。世上万物都是按等级的阶梯来安排的,这种阶梯从非生物体开始,往上数经过人到天使和圣徒,最后到天主。每一个较低的等级都有自己的高一级的目的并力图达到这个目的,整个系统则都倾向于上帝。

经院哲学按其本质来说是毫无结果的争辩、论证和分类的方法。经院哲学家对于争辩的内容几乎完全不感兴趣,对他们来说,最重要的是外在的形式:"定义"、"差异"、并列关系、区分等。经院哲学家不想寻找什么新的东西,对他们来说,真理就是早被宗教以绝对不变的形式规定下来的那些东西。经院哲学家对自然科学不感兴趣,他们完全排斥经验。

所以,宗教家们对于宗教理论的论证,归根到底是反理性的,是无济于事的。只是在封建国家的强力支持下，这些反理性的宗教"理论"才能够灌输到人民中去。

从文艺复兴开始，由于社会的发展和科学的进步，更重要的是由于封建国家的没落和衰弱，宗教家们的种种"论证"开始发生了动摇。到了 19 世纪下半叶，再用假理论来论证"上帝的存在"，已经越来越困难了。詹姆斯的"假设"说恰恰就适应了时代的需要，表面看来，把宗教看作是"假设"似乎是宗教的退让，但实际上，这是在宗教教义所基于站立的理论支柱发生动摇以后加固宗教的基地的有效步骤。

实际上，按照詹姆斯的"假设"论，不但没有贬低宗教的地位，反而把宗教和科学、文化、道德等"真理"并列起来。如前所述，詹姆斯把科学也看作是一种"有用的假设"而已。

第二，詹姆斯认为，宗教是有用的，所以，它也是"真理"。

詹姆斯从宗教的"有用性"论证宗教的"真理性"。詹姆斯在他的《宗教经验的多样性》一书中说，"只要人能利用他们的上帝，那么，关于'上帝是谁'，甚至'到底有没有上帝'这个问题就是无关紧要的了。"詹姆斯在书中引用了另一位实用主义者关于宗教的言论，他认为这位实用主义者道出了实用主义宗教观的真谛。詹姆斯所引的是路巴（James H. Leuba, 1868－1946）教授的下述一段话："上帝并非被认识，并非被了解，上帝是被使用——有时用作供给肉食的人，有时用作精神上的援助，有时作为朋友，有时作为爱的对象。假如上帝证明他是有用的，那么，宗教意识就不再求别的什么了。真有上帝吗？上帝以什么方式存在呢？上帝是什么性质呢？这些都是无关紧要的问题。归根到底，不是上帝，只是生活，更多的生活，更广大的、更丰富的、更满意的生活才是宗教的目的。"

实用主义者把宗教变成一种工具，一种对人人"有用"的东西，这就剥下了宗教的"神圣"外衣,而从一向被神秘化了的"天国"降到了尘世间,从超自然的彼岸世界回到了现实的此岸世界中来,这是被道道地地的商人世界观改造了的宗教,宗教的"神圣"被赋予了对生活"有用"的价值。

从这种"有用论"出发,实用主义者把宗教看作是一种手段和工具。这是实用主义宗教观和中世纪宗教观不同的地方。在封建社会里,宗教被看作是至高无上的圣物,要求人们为宗教做出一切牺牲。封建主义的宗教观还要求人们"禁欲"。例如,被教会奉为"圣人"、被中世纪天主教称为"真理的台柱"的奥古斯丁(St. Bishop of Hippo, Aurelius Augustine, 354-430)就说:人生在世,是过路的旅客,"风中的烛光"。因此,现实生活只是死后生活的准备,现实生活是不值得留恋的,越早摆脱物质世界的束缚和引诱,就能越快达到"极乐世界"。

与奥古斯丁的这种"来世论"相反,实用主义认为宗教不过是现实生活的附属物,是为肉体的人服务的。

但是,既然是宗教,实用主义的"上帝"也不可避免地采取"超人间"的形式。在实用主义者看来,神是有用的,但它的有用性与金钱的有用性有差别。实用主义的"上帝"是幻想中的"假设",是非人间的力量。它的有用性就在于麻醉意志和理智。这就像人的生活一样,在物质上的享受以外,还需要精神上的消遣和麻醉。但是,宗教生活的麻醉作用与物质上的麻醉剂(如酒精、鸦片等)不同,采取了虚幻的"假设"形式,它是摸不着、看不见的。就这一点而言,它是非人间的。

正因为实用主义把宗教降到了人间,所以,实用主义的神不再是高居于万物之上的"上帝",而是可以被每个需要它的人创造出来的一种"对象"。这样一来,实用主义的宗教观就不可避免地采用了泛神论(Pantheism)的形式,但是,实用主义的泛神论与传统的泛神论不同。

　　泛神论在历史上有过各种发展形式。最早的时候，希腊人中的泛神论者认为自然界就是神。泛神论这个词就是来自希腊字：Pan，就是"一切"的意思，theism，来自希腊字"theos"，即"神"的意思。所以，"泛神论"的原字 Pantheism 表示视万物为神。这种泛神论试图消除"造物主"与"被创物"之间的区别。由于把万物看作神，所以，它也接近多神论(Polytheism)。泛神论的一个重要特点是否认神的超自然性质。在西方哲学史上，第一个明确地使用"泛神论"这个概念的哲学家是英国18世纪哲学家托兰德(John Toland，1670－1722)，他在说明荷兰哲学家斯宾诺莎(Benedicte Baruch Spinoza，1632－1677)的《神学政治论》(*Tractatus Theologico-politicus*)时，正式地引用了"泛神论"这个概念。但是，也有另一些基督教神学家不同意托兰德对泛神论所作的说明，如神学家克劳斯(K. C. F. Krause，1781－1832)就断言，泛神论的意义是说："万物均存在于上帝之中"。这种解释的目的，是要在泛神论的概念中继续保留作为造物主的上帝的位置。

　　不管泛神论的概念在哲学史和宗教史上发生过什么样的变化，实用主义的泛神论乃是一种独特的泛神论形式，它既不同于斯宾诺莎等人的泛神论，也不同于克劳斯的基督教泛神论。

　　实用主义的泛神论来自它的宗教有用论。一切有用的东西，都可以成为神，都可以转化为非人间的形式，反过来说，一切作为神的对象之所以存在，乃在于它的有用性。所以，在这个意义上可以说，实用主义的泛神论是上帝有用论的副产品。

　　詹姆斯在他的《实用主义》一书中说，他所信仰的是一种"多元的道德主义的宗教"。这种宗教之所以是多元的，就是因为它所信仰的不是一种神，而是许多神，不是超脱生活境界的神，而是可以在现实生活中经验到的神。他认为，凡是对生活有用的信仰，就都是对神的信仰。神无所不在,它渗透到我们的生活中,时刻伴随着我们,而这种宗教所以是道德主义的,是因为它可以规范人类的生活,使信仰者规规矩矩,"不逾矩"。宗教就其有用而言,又是道德问题,所以,在詹姆斯那里,泛神论的宗教又和道德的有用性连在一起。所以,说得更确切些,实用主义的泛神论乃是一种拜物教———切有用的东西,都值得崇拜,都是神的化身。

詹姆斯在 1902 年出版的《宗教经验的多样性》(*The Varieties of Religious Experierce*)一书中,记载着许许多多关于上帝显灵、救世主出现的奇迹。他还举了许多例子作为"觉得有物在旁之感"的"见证"。最后,在该书的"结论"中,詹姆斯概述了宗教生活的五个特点:

第一,可见的世界是一个更具灵性的世界的一部分,前者的主要本质特点系由后者产生出来。

第二,同以上更高的世界的统一或协调关系,乃是我们的真正目的。

第三,建立在上述更高的世界的基础上的精神(不管它是精神上的"上帝"或"法则"),同祈祷者的心理上的共融乃是人类活动和工作的基础,它是一个过程,而心灵上的能力所产生心理的或物质的效果都发生在现象世界之内。

第四,它是一种能增添生活趣味的礼物。

第五,它是安全的保证和平静的性格,而且,在同别人的关系上,它是爱。

以上五个方面,可以概括成前面提到的两个方面:经验的和道德的。也就是说,宗教的世界对于我们所产生的作用,都可以在经验世界和道德世界中体现出来。在詹姆斯看来,非人间的神尽管可以产生奇迹——我们可见的世界只是它的一部分,而且其特性也产生于非人间——但是,这个非人间的世界对于我们所发生的作用都是在"现象世界之内",是可以被我们体验到的。

(3)詹姆斯关于精神和现实世界的本质的观点使他在某些方面趋向于实在论哲学。

在詹姆斯的早期著作《心理学原理》中,他曾严格地区分了"认识事物的精神同被认识的事物"之间的差别。在那本书中,詹姆斯认为,思想和精神的特殊功能就是"追寻未来的目标并为它们的实施而选择手段"。詹姆斯时常把思想看作是"意识的主观精神状态",而这种精神状态是通过内省(introspection)向每个个人显现自己的。依据这样的观点,意识是一种能够感知到外部物质世界的一种独特的现象,而且它认识外部世界的方式也是很特殊的。怎样理解詹姆斯的这种观点呢?第一,他特别强调人的意识和精神只是一种实现目的的手段;第二,所谓意识只是一种主观的精神状态,它与客观的物质世界的关系不是相互依存,而是各自独立的;第三,意识是通过内省表现出来的。

詹姆斯的上述观点,显然是有二元论的倾向。如果翻开詹姆斯的另一本书《彻底经验论论文集》(*Essays in Radical Empiricism*)的话,那么我们就可以更清楚地看到上述二元论的观点。在他看来,经验既不是外部世界的反映,也不是单纯存在于思想中的东西,就其本质而言,经验是中立的。我们所说的思想和物质都不是和经验相区别的某种东西,而是用来组织和联结各种类型的经验的分类原则。由此看来,詹姆斯把思想和物质看作是我们对经验进行分类的一种工具,思想和物质都是要在经验中联结起来,经验是思想和物质相通的桥梁。简言之,物质世界就是依据自然科学的原则而被我们描述的经验世界,精神世界就是依据心理学的原则而被我们描述的经验世界。两者在本质上都是一样的,都是"经验"的一部分,但彼此间是相互独立的。

　　詹姆斯的上述关于物质和精神本质的观点,在他的晚年显著地变成为多元论。用詹姆斯自己的话来说,就是"彻底的形而上学多元论"。在他晚年,放弃了上述二元论之后,詹姆斯认为现实世界的终极本质是和经验本身完全一致的。他认为,一般的常识所认为的现象与"实在"之间的区别完全是经验范围内的区别。詹姆斯举例道:我们说"海市蜃楼的经验是一种幻象",并不是说否认我们自己有"海市蜃楼"的经验,或者否认它的存在。我们所否认的只是按照我们所说的那一种"真实的存在"的标准去衡量的经验。实际上,詹姆斯认为,整个世界既包含着可靠的现实,也包含着海市蜃楼式的幻象。正如本书第一章第二节所说,"经验"变成为包罗万象的范畴,把一切物质的、精神的、幻想的、可靠的现象统统都包罗进去了,而詹姆斯的这种多元论的形而上学是和他的整个实用主义体系相协调的。

　　詹姆斯关于思想和物质的本质的上述观点是充满着逻辑的混乱的,也是不可能彻底的。因为用"经验"一词包罗一切现象,只能表明"经验"这一概念的含糊性。用"经验"去说明一切现象之后,人们有权反问:那么,到底什么是"经验"呢?"经验"本身又是什么呢? 对此,詹姆斯和一切实用主义者一样,是没有作出明确的答案的。所以,严格地说,詹姆斯的"彻底经验论"只是起到混淆物质与精神的作用,而没有真正地说明它们的本质。

注释

① 爱默生:《人类的选民》。
② 同①。
③ 同①。
④ 同①。

⑤ 参见《爱默生全集》第 1 卷。

⑥ 同⑤。

⑦ 同⑤。

⑧ 同⑤。

⑨ 同⑤。

⑩ 爱默生：《人类的选民》。

⑪ 同⑩。

⑫ 参见艾耶尔：《詹姆斯哲学导论》。

⑬ 参见詹姆斯：《实用主义》,第 2 讲。

第 9 章

杜威的"工具主义"

第一节　生平与基本思想

杜威比詹姆斯小 17 岁,但比詹姆斯多活了 42 年。在欧洲哲学史上,能够与杜威相比的寿命最长的哲学家只有罗素一人。罗素活了 98 岁,而杜威活到 93 岁。

杜威在 1859 年生于美国佛蒙特州(Vermont)伯林顿(Burlington)附近的一个农场里,在杜威出生的那一年,达尔文发表了他的著名的划时代著作——《物种起源》(*Origin of Spicies*)。

杜威活了将近一个世纪,在他出生以前,美国正处在上升时期,在他逝世以后,美国开始走下坡路。所以,他生活的这一百年恰恰是美国社会最繁荣的一百年,是美国的黄金时代。毫不奇怪,他所处的独特环境使他能以"美国生活方式"的真正发言人登上哲学舞台。

19 世纪中叶,当杜威出生的时候,他的故乡佛蒙特州和美国东北部各州都是经济繁荣的地区,那里是美国民主势力的基地。杜威从小就受到了美国民主精神的教育。他也和詹姆斯一样受到了爱默生先验论哲学的影响,因此,在他的思想中混合着社会民主的精神和唯心主义的观点。值得注意的是,杜威对于爱默生哲学中的柏拉图主义特别感兴趣。我们将在以后的论述中看到柏拉图关于社会道德、人与人之间等级关系的思想几乎一直在指导着杜威的哲学,成为杜威实用主义哲学的一个支柱。杜威比皮尔斯和詹姆斯以及同时代的西方哲学家都更加重视社会问题,关于社会政治学说和伦理观点是杜威哲学的主要部分。

另一方面,杜威还受到欧洲的社会民主思想的影响。在 19 世纪中叶到 19 世纪 70 年代,欧洲思想界出现了一批社会民主主义者。这些人和马克思(Karl Marx, 1818 - 1883)的社会主义根本不同。他们的社会主义的重点是所谓个人的民主和福利。在这批人当中有边沁(Jeremy Bentham, 1748 - 1832)、穆勒和托马斯·格林(T. H. Green, 1836 - 1882)等,对杜威影响最大的是托马斯·格林。从哲学观点上看,托马斯·格林是属于黑格尔派。他和布拉德利等人都属于新黑格尔主义,所以,托马斯·格林是用黑格尔的历史观来分析社会民主主义的。在这方面,杜威也深受托马斯·格林的影响。但是,不论是托马斯·格林还是杜威,都是从他们本身所处的社会历史地位去理解黑格尔的社会历史观的。他们从黑格尔那里所吸取的是,反映了普鲁士等级制的那些从本质上说来与民主不相容的消极成分。

除了黑格尔的那些消极的社会历史观以外,杜威还吸收了实证主义者斯宾塞的观点和达尔文的进化论,杜威对于达尔文的进化论主要是吸取其中的所谓渐进主义思想。这种渐进主义和上面所说的黑格尔的消极社会历史观以及斯宾塞的实证主义结合在一起,就成为杜威的社会历史观的基础。

所有这些,使杜威的思想不仅仅局限于哲学的范围,他广泛地研究了社会问题。但是,杜威的这个特点也使他的哲学获得了广阔的发展前景,这对于他的哲学的未来命运有很大的影响。正因为杜威的哲学论述到了极其广泛的社会问题,所以引起了人们很大的兴趣。

1894 年,杜威开始担任芝加哥大学的哲学教授。与此同时,他创建了一所学校,而从此以后他开始研究教育问题,连续写了很多论教育的著作,他在这一时期所写的教育论文后来汇集成一本书,书名是《学校与社会》(*The School and Society*),这本书于 1899 年出版后,产生了很大的影响,从此他成为著名的教育家,他在一生中所写的教育著作和他所写的哲学著作一样多、一样重要。

在杜威的一生中,他积极参加社会活动。和罗素一样,他先后访问过苏俄和中国,而且其时间也和罗素几乎同时。但他对于苏俄的态度与罗素不同——罗素多多少少还有一点客观的成分,而杜威则全盘否定苏俄的制度。他为了反对苏俄,曾经积极地参与调查托洛茨基(Leon Trotsky,1877 - 1940)案件,借此攻击斯大林(Joseph Stalin,1879 - 1953)的独裁。

从哲学观点来看,杜威哲学的中心问题是他的真理论,而这部分理论,他自己称为"工具主义"(instrumentalism)。在他以前,许多哲学家把真理看作是静止的、终极的、完满的和永恒的。还有一些哲学家甚至把真理和"上帝的思想"等同起来。在这些哲学家看来,真理就像一张桌子那样,是有固定的形状、固定的位置和固定的范围的"模特儿"。凡是和这个"模特儿"相重合的就是真理,否则就是谬误,杜威却认为真理和人的思想一样是一个进化的过程,这一点杜威是吸收了黑格尔和达尔文的思想。但是,如前所述,杜威所吸收的是黑格尔和达尔文的消极因素。所以,当杜威强调真理的过程性时,他主要是从"真理的不可捉摸性"和"真理的不确定性"这个基本论点出发的。正确地说,真理是发展的,但并不是不可捉摸的,真理是有相对的稳定性的,正如客观事物有相对的稳定性一样。当我们说"真理是发展的"之时,我们是强调:人的认识必须跟上事物的发展,事物是发展的,所以,真理也是发展的。真理不是人头脑固有的东西,而是客观事物在人的意识中的正确反应。杜威完全不谈真理的客观基础,只讲真理的"过程性"和"进化性",所以,他必然得出"真理是不可捉摸"的结论。

由此看来,杜威是以错误的立场反对以往哲学家的错误的真理观的。他反对把真理看作绝对静止的东西,但他走向另一个极端——把真理看作是可以任意变化的东西。

在这个错误的前提下,他主张"渐进"地接近真理。但是,这种"渐进"是在否定真理的可知性的基础上进行的,所以,"渐进"过程也是带有很大的主观盲目性。这就像"盲人骑瞎马"一样,不知道前面会遇到什么,只好一步一步地摸索向前走。因此,在"渐进"的过程中也不可避免地带有很强烈的"侥幸"心理。冒险、猜测、试探的心情混合在一起,直到一步迈出后得到了明确的效果,才终于松一口气。下一步怎样,要待到走完下一步后才能确定下来,如此向前延伸,一直到自己的生命的尽头。

正是在这个意义上说,真理是获取个人成功的"工具"。这样一步一步获取的成功,必须靠"渐进中的真理"来指导。而真理本身也只有作为"工具"而存在才有资格被称为真理。

杜威说,一切概念、理论和其他工具一样,"它们的价值不在于它们本身,而在于它们所能造就的结果中显现出来。"在杜威看来,"工具"这个词和"实力"是同义词。这就是说,作为"工具"的真理根本不是正确认识的产物,而是"实力"。你手中的"工具"是否灵活和有效,全看你手中是否握有实力。有了实力,你的"工具"(即"真理")才能发挥效用。

罗素曾经一针见血地指出：杜威的哲学是一种权力哲学。①

　　杜威的"工具主义"和詹姆斯的哲学一样，是以"经验论"为基础的。杜威一再强调他的哲学是"经验论的自然主义"或"自然主义的经验论"。这就是说，他只承认一种处于"自然状态"的经验作为宇宙和社会生活的基础，他的哲学把一切都归结为"经验"。而所谓经验，就是人所看到、想到、做到、碰到的一切，也包括人将要看到、做到的一切。人在过去、现在和将来所经历的一切，都是经验。历史的、现实的和未来的世界，就是人的经验的综合体。换句话说，离开了人的经验，历史、现实和未来，一切就都不存在。

　　显然，杜威所说的"经验"就是人的意识以及被人意识到的客观世界的总和。杜威把这样一种"经验"世界和客观存在的、无边无际的物质世界等同起来，说明他的经验论无非是历史上出现过的唯心论的翻版。客观实际并不因为杜威的这种武断而有丝毫的变化。在这个无限的宇宙中，人所经验到的世界只是一个小小的部分，未被人类经验到客观世界是大得无可想象的。现代自然科学的许多新发现不断地扩大了我们所经验到的世界，证明着在我们经验到的世界之外还存在着更大的物质世界。

　　杜威为什么要在他的"经验"之上加上"自然"两字呢？杜威认为，"经验"并非已经被人的意识加工了的那部分，而是我们在行动中直接碰到的那部分，这个保持原状的世界就是真正的经验。所以，杜威加上"自然"二字进一步强调了他对人的认识能力的鄙视。他的哲学的出发点是行动中直接遇到的"自然"。理性和意识只是行动的工具，理性和意识只能为行动效劳，是完全依赖于行动的。

　　总之，行动所直接遭遇到的环境就是"自然的经验"或"经验的自然"。他说："凡有生命的地方，即有行为、活动。想要生命继续下去，这个活动就必须连续不断并与环境相适应。"所以,"经验成为主要是行为的事情。……有生命的东西经历着和承受着他自己的行为的结果。行为和这种经历和承受之间的密切联系就构成为我们所说的'经验'。如果行为和承受都没有联系,就不是经验。"②

由此可见,杜威的工具主义和自然经验主义是反理性主义和主观唯心主义的混合物。

第二节 《哲学的改造》

杜威的主要哲学著作有:《经验与自然》(*Experience and Nature*)、《哲学的改造》(*Reconstruction in Philosophy*)、《心理学》(*Psychology*)、《作为经验的艺术》(*Art as Experience*)和《逻辑——探究的理论》(*Logic,The Theory of Inquiry*)和《确定性的探究》(*The Quest for Certainty*)等。我们不可能对他的这些著作一一详尽介绍。下面,主要是简单地概述《哲学的改造》一书的主要内容。

《哲学的改造》共分八章,此书是杜威的实用主义哲学的缩写本。全书从批判哲学史上对哲学概念的片面认识开始,探索了哲学思想的简单发展过程。杜威认为,人类与一般动物的区别在于:人可以保存他过去的经验。人可以在记忆里重新经验着那些已经过去了的事情。而且,人类的经验不像动物的经验那样是相互孤立的。杜威说:"人的经验与此不同。每一件事往往都带有过去的经验的回响和追忆,每一件事都使人想起其他的事情。因此,我们可以说,禽兽生活的世界只是一种物质的世界,而人生活的却不仅是物质的世界,而且是一个充满着符号和标志的世界(a world of Signs and Symbols)。"对人来说,一块石头就不仅仅是坚硬的、阻碍人行走的东西,还可能是一个祖宗的墓碑,一团火不仅是炙热、燃烧的东西,也可能是家庭生活的一种标志。……如此等等。

但是,人的记忆并非样样如实或客观。一般说来,人们往往先记住那些他所感兴趣的事情。因此,人的记忆在开始时是感情方面的,而非知识性的和实用性的。这种记忆带有自发性和无意识性,除了能给当前的生活带来一些慰藉以外,不会给人增加新的知识,也对人的行为无实际用途。

在杜威看来,人的哲学思想就是从这些最原始的、无意识的追忆开始的。接着,杜威得出结论说:"哲学的原始材料既与'科学'无关,也与'解释'无关。它只是寓言的、想象的、暗示的,与那客观的实际世界毫不相干。"

显然,在杜威看来,人的思想从一开始就带有纯主观的倾向——人只凭自己的兴趣来回忆以往的经验,由此得到一种启示(suggestion),而它是与客观世界无关的,哲学就是从"启示"开始的。随着社会的发展,人的经验越来越丰富,于是就将各个孤立的、偶然的经验统一起来。在统一的过程中,增加了许多新的主观成分——其中包括经验者自己的习惯和社会上的褒贬。这样一来,"人的记忆与想象都趋合那共同遗传的信仰和风俗习惯。歌谣变成了经典,传奇变成了模范,当初演出感情上一桩重要经验的戏剧,至此就变成了一种宗教,当初可以自由添加的暗示,至此就变成固定不变的教条了。"

不仅如此,随着社会的发展,由于政权和各种社会组织的影响,人类的经验在统一化的过程中也越来越掺杂进各种新的人为的因素:"社会组织的影响把社会上的教义与教条渐渐固定起来,连贯起来,使各个人的理想带有普遍的性质,使各个人的行为依据着普遍的规矩。"

人类生活的继续发展,使人类从不断的失败和教训中,慢慢学会了逻辑思维。杜威说："环境的逼迫有时关系到生死存亡。因此，人不能不受到事实的制裁，人就不能不要求自己做到最低限度的正确性。"这就是说，人们尽管可以主观地联想、回忆、想象，以及进行系统的归纳，但不能不尊重某些最起码的事实。不然的话，就要受到事实的惩罚。所谓逻辑思维和辩证方法，就是要求人的思想去顺应那些最起码的事实。杜威说："这种日用的常识渐渐多起来，保存着、传授着一个民族关于天然界许多因果性事实的知识。"这样，人们才逐渐学会逻辑思维。

上述个人习惯、社会传统、社会势力和逻辑思维以及科学的发展，使人类逐步地发展着自己的哲学思想。杜威说："哲学起源于对生活中呈现的困难的某种广阔的和深刻的反应方式，但只有使这种实际的反应成为有意识和能相互交通的材料的时候，它才能发展。"

从上述对于哲学史的考察中，杜威得出结论说，哲学应该研究现实生活中所遇到的最普遍的问题，应该研究人的行为和它的实际效果的关系。因此，应该抛弃以往传统哲学所作的各种无实际意义的争论，转而研究人的行为的出发点、过程和目的——而这一切，就是杜威所说的"经验"。

为此，杜威提出了一系列的问题：什么是经验？什么是理性和思想？经验有多大的范围和界限？作为信念的可靠根据和行为的稳当的指导，经验可以达到什么程度？在科学和行为中，我们是否可以信赖信念？……所有这些问题，都是围绕着经验这个中心的。杜威的实用主义就是在研究"经验"的基础上展开自己的体系。但是，如前所述，他的哲学最终并没有彻底解决这些问题。

杜威在《哲学的改造》第四章——"经验与理性概念之变迁"中简略地回顾了哲学史上经验论和唯理论的发展过程。他认为，从历史的回顾中所得出的一个启示，就是要摆脱开物质与意识、客观与主观的关系,只须径直研究人的行为。如前所述,杜威使经验"变成为主要是行为的事情"。

以人的行为为轴心,回过头来再去研究感觉、理性等问题,其结果就是把感觉、思维和客观对象都看作是"行为"的附属物,是次于"行为"的消极因素。杜威说:"感觉,作为意识的一个元素,乃是前此开始的行为在进行中受了阻截之符号。"在杜威看来,感觉不是认识的一个阶段,不是获得知识的一个门户,而是行为"受阻"的一个标志或符号。"感觉是由于先前的协调受到阻碍而引起的,是变动引起的震动。它们是调整行为方向的信号。"这就是说,一个人产生某种感觉,主要是因为他的行为遇到客观存在的某种"障碍",遇到他意想不到的困难。这个感觉给他敲起警钟,要他改变行为的方向,重新安排自己的行为。在这个意义上的感觉,只有"实用价值",没有认识价值。杜威说,"感觉是思考与推断的刺激物。由于它是一种阻断,就引起了疑问:这个打击意味着什么? 什么事在发生? 这是怎么一回事? 我和发生麻烦的环境之间的关系是什么? 应该做些什么去应付它? 我应该怎样改变我行为方法去应付环境上所起的变化? 我应怎样重新调节我的行为而作出反应? ……"

由于经验变成为行为本身,所以,经验就成为主动性的东西,用杜威的话来讲,就是:"经验本身,因而就包含着指引它自身的自我改善的过程。"经验是怎样通过它自身去指导未来的行动呢? 怎样使行动本身能不断得到改善呢? 最重要的,就是它能够利用自己的以往经验去建立未来的新的更好的经验。在杜威看来,经验自己可以创造经验。经验是自足的,是自我改善的,而自我改善的原料是以往的经验。

《哲学的改造》的第六、七、八章分别论述逻辑、道德和社会生活的

意义在历史上的变化,并强调要以实用主义的基本原则改造它们。在
这方面的内容,我们在前面已经多次论述到了,此处从略。

注释

① Bertrand Russell：*A History of Western Philosophy*，Simon and Schuster，New York，p. 827.

② 巴雷特与艾肯合编:《二十世纪哲学》,第 1 卷,第 313 页。

美国实用主义发展的几个问题

  实用主义是道道地地的美国哲学,是美国民族精神的哲学理论表现。杜威曾说:"我们不再是欧洲任何一个国家的或他们全体的集体的殖民地。我们现在是这个世界上的一个新国体和一个新精神。"①这句话的深刻意义就在于指出:美国国家和民族的真正独立,从精神上而言,是以美国实用主义哲学的建立作为基本标志的。如果说美国文化的最早来源,除开原住民印第安文化以外,一点都离不开欧洲各国的文化的话,那么,只有到了实用主义哲学真正地在美国文化界扎下根、并获得蓬勃发展之后,美国民族才有了自己特有的精神支柱。

  正是在完成了实用主义的体系化之后,美国的文化才有了自己的民族特色,才显示出美国文化对于欧洲文化整体的独立性。换句话说,也正是在实用主义哲学创建之后,美国才有了自己的哲学发展体系和传统。从那以后,美国任何一个哲学派别的产生和发展,都跟实用主义有所联系。回顾一下从 1865 年到 1940 年的美国历史中"黄金时代"的各种哲学派别的发展,不论是新实在论(Neo-Realism)、批判实在论(Critical Realism)、自然主义(Naturalism)以及各种观念论,甚至包括第二次世界大战期间和第二次世界大战之后兴盛起来的各种实证论和逻辑经验论的各种哲学派别,都紧密地同实用主义的基本哲学原则相关联。罗蒂(Richard Rorty,1931－2007)在其著作《实用主义的后果》(*Consequences of Pragmatism*)一书中说:尽管当代哲学家们经常认为实用主义哲学已经过时,虽然实用主义的主要代表人物詹姆斯和杜威对于柏拉图主义的批判,经常被美国的现代和当代的分析哲学家们指责为"不够严谨",同时也经常被美国当代追随欧陆哲学(尤其是那些尾随法国哲学家德里达、福柯及德勒兹〔Gilles Deleuze,1925－1995〕等人的新尼采—海德格尔派哲学)的美国后现代派哲学家们指责为"不够彻底",但是,对于美国实用主义的上述评判毕竟是缺乏论证的。在罗蒂看来,首先,如果要总结美国当代分析哲学的发展过程的话,那么,美国分析哲学运动的历史的基本标志,正是逻辑实证主义的原初宗旨的逐步实用主义化(a gradual pragmaticization of the original tenets of logical positivism)[②]。

第一节　实用主义的起源

在美国新英格兰地区各州扎根落户的加尔文派的清教徒们,由于成功地将柏拉图的观念和共和主义哲学加以结合而创立了宗教上的自由主义派别。但曾经何时,这种宗教上的自由主义迅速地演变成一种有浓厚宗派色彩的唯一神论的教义(Unitarian Orthodoxy),因无法解决美国社会发展中所提出的各种实际问题而逐步地让位于实用主义,因为实用主义"有可能将演化论科学同一种宗教的世界观相结合"[③]。

谈到实用主义的演化论根源,不能不同时谈到实用主义与实验科学(Experimental Sciences)的姻缘关系,而两者都和新英格兰地区的知识分子精英分子的科学和文化生涯不可相分割。达尔文的《物种起源》的发表和杜威的诞生，不谋而合地发生在同一年，即 1859 年。当时，以新英格兰地区的美国最早一代知识分子精英为核心，以剑桥的哈佛大学为基地，开始精心创制美国新民族的独立哲学。在达尔文主义的启蒙下，于 1865 年在巴尔的摩创办了第一所美国非教会学校——约翰·霍普金斯大学（The Johns Hopkins University）。此后，美国哲学的发展进入了自己独创的时代。

虽然不能说当时美国哲学的所有各派理论都同属于实用主义，但正如皮尔斯所说，美国各派哲学都分享了"实验室的精神"（The spirit of laboratory）。但是，所谓"实验室的精神"，并不是仅限于严格意义上的"科学实验"，而是指最广泛意义的"经验"。正如本书第一章第二节所已经指明的，实用主义者把人在行为中所产生的一切意识和一切后果都看作是经验，其中包括科学实验所证实和肯定的经验，也包括生活中所经历和体验到的一切经验，特别是人的行为所遭遇到的各种实际经验。因此，毫不奇怪，当 1907 年詹姆斯发表《实用主义》一书的时候，几乎所有反叛抽象的形而上学传统哲学的人，都声称自己是属于"实用主义"派别的，其中甚至包括法国思想家布龙德尔（Maurice Blondel，1861 - 1949）和柏格森（Henri Bergson，1859 - 1941）等人。

实用主义者最早重视的科学经验，主要是注重于它的方法。詹姆斯曾经明确地指出："科学家们的行动领域是很有限的……。一般地说，他们的权威性只停留在方法问题上，而实用主义的方法则进一步将科学家们的方法加以完善化和展示出来。"④在杜威看来，实验主义乃是人类文明史上最伟大的成就之一，因为它使我们有可能"依据实施的操作过程去界定思想观念的本质，并依据这些操作的结果去证实观念的效用。"⑤在实用主义者看来，达尔文主义的演化论的意义正是在于对于事实的重视,把思想既从感性论的经验主义,也从先天论的理性主义解放出来。杜威在《达尔文对当代思想的影响》(*The Influence of Darwin on Philosophy and Other Essays on Contemporary Thought*)一书中说:"毫无疑问,在现代思想史上,最能够解决老问题的最新方法、最新意图和最新问题的最大的促进者,就是以《物种起源》为其最高成就的近代科学革命所产生的成果。"⑥

当然,从历史的角度而言,实验科学和达尔文的进化论,都是从多种不同的途径而对哲学发生影响的。就实用主义的发展而言,皮尔斯、詹姆斯和杜威也实际上通过不同的途径而和实验科学和同演化论发生关联。

具体地说,和实验科学的关系,皮尔斯比较多地经常引述英国科学史家兼哲学家魏威尔(William Whewell,1794-1866),詹姆斯经常引述英国哲学家穆勒,而杜威则较倾向于魏恩。至于和达尔文演化论的关系,皮尔斯是通过拉马克(Jean-Baptiste Lamarck,1744-1829),詹姆斯是通过达尔文本人,而杜威则通过赫胥黎(Thomas Henry Huxley,1825-1895)和斯宾塞。

关于实用主义与实验科学的关系,杜威分别在《达尔文对当代思想的影响》和《哲学与文化》(*Philosophy and Civilization*,N. Y. Capricorn Books,1963/1931)两本书中作了较为详尽的说明。

杜威首先概述了达尔文《物种起源》在美国出版的历史背景,接着指出:在美国哲学中关于研究和考查**方法**的争论,正是从对于"演化"这一概念的不同理解所引起的。杜威强调指出,由《物种起源》的出版所引起的围绕着方法问题的争论,使当时的美国哲学家们,进一步认识到:单纯地作为科学实验的方法和测验手段是可以过时的,但作为测验手段本身所孕育的一种技术手段,它是由"实验室的精神"所产生的,是对于科学实践操作规则的尊重。因此,实验主义的伟大功绩,就在于它使思想家们从旧有的方法论中解放出来,它使思想家们认识到:"确定观念的本质,必须依据完成的操作过程,依据由贯彻这些操作过程所取得的成果对于观念的有效性的证实程度。"⑦

杜威在这里所强调的,不仅在于解决方法问题,而是把人类精神及整个自然界,彻底地从旧有的形而上学思想中解放出来。

虽然实验科学和进化论学说对哲学的影响是多样的,它们在不同的哲学家那里产生出不同的反应,但它们确实构成19世纪末美国哲学家的新的思想推动力,使这些哲学家们受到不同的深刻启发,各自开创他们的新的哲学发展道路。正是在此基础上,詹姆斯在1898年发表了《实际主义或实用主义的原则》,并同时宣布说,实用主义的原则应归功于皮尔斯,因为皮尔斯早在1870年至1872年就已提出了这一原则,并在1877年的一篇论文中论述了这一原则。詹姆斯思想的研究专家佩里(Ralph Barton Perry,1876–1957)指出:"尽管'实用主义'一词的起源仍不很清楚,但可以肯定地说,关于实用主义起源于皮尔斯的想法,最早是来自詹姆斯的。"⑧当杜威在1903年提出一种新的工具主义的逻辑基础的时候,詹姆斯和皮尔斯都曾经认为这是与实用主义的精神无关的。当时,詹姆斯说,杜威的工具主义只是一种"新学派",而皮尔斯则说杜威是一位"精确的逻辑主义者",他俩都不同意杜威所要创建的"思想的一种自然史"的说法。

因此,可以这样说,美国的实用主义有两个起源,第一个起源,是以皮尔斯和詹姆斯为代表的剑桥学派,他们最早在马萨诸塞州剑桥创建"形而上学俱乐部"(Metaphysical Club),作为他们的研究活动基地;第二个起源,就是以杜威为代表的芝加哥学派,杜威自己曾经宣称:

不打算缩小皮尔斯的命题的优先地位及其更为一般化的逻辑性,实际上,我是通过不同渠道而终于获得我的结论的,我想,我的自己的命题,在某种意义上说,具有独立地论断的价值。⑨

杜威承认,他曾经阅读过詹姆斯的 1877 年的那篇文章,并深受他的影响。

第二节　形而上学俱乐部

"形而上学俱乐部"是在 1871 年至 1876 年之间,由皮尔斯及其追随者在马萨诸塞州剑桥市创立和活动的。有时在皮尔斯的家中,有时在詹姆士的家中,他们召集俱乐部成员开展非正式的学术讨论会。俱乐部的名称是带讽刺性的,同时也带有针对形而上学的挑战性质,因为俱乐部的成员个个都不是传统意义上的"形而上学者",其中,包括科学家兼哲学家詹姆斯本人、科学家兼逻辑学家昌西・赖特(Chauncey Wright,1830 - 1875)、皮尔斯、法学家尼古拉斯・格林(Nicholas Green,1835 - 1876)、拜恩(Alexander Bain,1818 - 1903)、荷尔默斯(Oliver Holmes,1841 - 1935)及费斯克(John Fiske,1842 - 1901)等人。

昌西・赖特是科学家和逻辑学家,被皮尔斯称为"最优秀的成员"。他针对斯宾塞的观点,提出了一种关于科学研究中的哲学中立性的理论,在这种理论中,他并不同意皮尔斯、詹姆斯和杜威的"行为目的性"观点,反而强调科学活动中的非目的性的性质,他所追求的是古希腊苏格拉底方法。但在他的纯科学主义的方法论中,可以看到一些实用主义原则的影响,特别是实用主义关于"意义"和"真理"的观点。他说:"客观的方法是通过感性测验和感性经验来验证,并通过从理论到结果的演绎，来验证在结果中包含的感性经验是否正确。"⑩他还肯定实证主义的方法："这些科学理论的价值，据实证主义者的说法，只能通过诉诸感性经验，通过演绎法来验证，在这些演绎的基础上，我们才能通过意义的确定无疑的证明去肯定结果。"⑪

更重要的是，赖特得出结论说："建立在数学力学和计算学基础上的那些观念，自然史的形态学观念及化学理论的依据，乃是操作性的观念（Working Ideas，也可译作"运作式的观念"）。这些观念是创造性的，它们并非单纯地总结真理。"⑫这就是说，实用主义所追求的，是具有创造作用的"操作性的观念"，它和传统意义上所说的"与实在相符合的真理"是不一样的。

同样是在 1865 年，皮尔斯也发表了类似的思想观点。皮尔斯当时严格地区分了"归纳"和"假设"，接着他又把"假设"称为"一种总结形式"（Abduction），是从结论及从大前提（规则）和小前提（应用于特定状况）中所得出的总结形式，因此，它既不是演绎，也不是归纳，而是从"原因"所遭受的"作用"中引申出来的"总结形式"，是科学假设的一个构成部分。⑬这种"总结形式"，是在"假设"中加入某些观察中所未曾察觉到的因素，或者，更确切地说，是要保障在"假设"中的某些"不同于"观察到的事物的"因素"。

赖特还从达尔文演化论观点论证一切假设的"临时性"。赖特为了维护达尔文主义式的假设的"中立性"，批判了阿博特（F. E. Abbot，1836 - 1903）的先验论⑭和耶稣会思想家米瓦特（St. G. Mivart，1827 - 1900）的反科学观点。

赖特的"中立性"理论，后来成为实用主义者詹姆斯的一个重要观点。詹姆斯和他一样，为了尊重科学实验，强调"物质"和"精神"是"并存"的，因为在他们看来，任何科学原则都不能证实物质和精神的相互因果性。詹姆斯曾说,"物质"和"精神"的相互区别只是在"纯经验"或最原始的"中立"的范围内,才是存在的。如同赖特一样,詹姆斯在达尔文主义的演化论中,找到了关于"自我的个体性"的物质基础的证据。

当然,赖特在接受达尔文主义的同时,也采纳了拉马克等人的观点。而皮尔斯在接受达尔文主义时,也批判了机械主义的观点,强调科学并非和偶然性相对立。

1872 年皮尔斯在形而上学俱乐部发表他的论信念和论怀疑的论文的时候,俱乐部其他成员拜恩、尼古拉斯·格林等人也发表了讨论性意见。拜恩认为,"信念是一个人准备由此出发去行动的那个观念"。而"由信念这个定义出发,实用主义无非是它的一个推理结果"。[15]拜恩还指出:"信念乃是产生一系列行为的某种原始心情……","这是我们的理智本性的一个事实和一种后果,尽管信念的动力是仰赖于我们的积极的和情绪上的趋向。"[16]

赖特和拜恩等人的上述观点,直接地影响着皮尔斯的信念理论的形成。也推动了詹姆斯的创造活动。詹姆斯曾在 1870 年的一封信中供认:

> 我想昨天是我的一生中的关键性的转折。……今天,拜恩认为:为了形成一个习惯,必须提出具有特别兴趣的主动创造精神,正是我,继续关注这个问题。要得到拯救和解放,既不是在原则中,也不是在所谓的"世界观"之中,而只能是在不断累积的思想行动之中。……我以我的意志向前走了一大步,我不只是依据意志去行动,而且,我意识到了:我对我个人充满自信,对我的创造性能力充满信心。[17]

而在皮尔斯的信念理论中,我们也同样可以看到拜恩的科学理论的深刻影响。

当然,谈到皮尔斯的实用主义思想,就不能不考虑昌西·怀特的影响,因为皮尔斯认识昌西·怀特比认识拜恩还更早些。而且,在皮尔斯的思想中,不仅受昌西·怀特和拜恩的科学思想的影响,也深受康德和邓·司各脱的唯名论(Nominalism)的影响。皮尔斯在 1902 年为鲍德温教授主编的百科全书《心理学和哲学辞典》撰写"实用主义"条文时,曾引用了康德的"实用人类学"的定义:"实用人类学,在康德看来,是实用道德学,""而实用的范围包括将我们的一般知识应用于道德上的影响。"[18] 而邓·司各脱则促使皮尔斯严格地区分了唯实论和唯名论,并在此基础上加深了皮尔斯本人的逻辑研究。

如果说詹姆斯早在 1870 年便将拜恩的思想原则贯彻于他个人的活动中,那么,在同一时期,詹姆斯是应用了皮尔斯的观点和方法,去研究哲学和宗教问题的。

且让我们稍加分析詹姆斯在这一时期的三篇文章:《论认知的功能》(*On the Function of Cognition*)、《同时地认识许多事物》(*The Knowing of Things Together*)及《哲学概念与实际结果》。[19]

詹姆斯的《论认知的功能》一文,并未清晰地表达实用主义的思想体系。但是,正如研究实用主义的起源的专家克劳沙尔(Otto F. Kraushaar)所说,詹姆士的这篇论文确实有资格被称为"实用主义的源泉和起源"(fons et origo of Pragmatism)[20]。詹姆斯自己在 1909 年将上述论文重印而编入《真理的意义》一书时,严肃地指出:

　　　　读者将会在这篇最早的文章中,看到已经明白地表达出来的、在后期的《实用主义》一书中加以发展并只能在后来加以界定的有关真理的关系的说明。在这篇论文中，我们发现已很明确地肯定以下几点：

第一，实在是在正确的观念**之外**；

第二，依据其自身信念进行批评的读者或认识论思想家，可以看作是这种实在的存在的保证人；

第三，其自身作为经验对象的那个处所，作为使认识主体和被认知的对象发生关系的中介因素，同时地提供认知的**关系**；

第四，导向实在的某种**方向**的概念，通过这个中介，乃是使我们有能力说我们认识实在的必要条件；

第五，为了证实：我们是针对着这个实在、而不是对别的事物进行活动，就有必要**模仿**这个实在，或者，有时有必要**对这个实在施以行动**。

第六，要克服这个"认识论的无底深渊"，就必须使整个真理的关系都在具体的经验中产生出来，而且，使整个真理的关系也由各个特殊的过程建构起来——这个特殊过程，随对象与主体而变化，同时，也必须能够详尽地被描述出来。[21]

在 1895 年发表的《同时地认识许多事物》一文中，詹姆斯强调认知的脉络、处所及中介的三重性。认知的处所是认知主体可以感知到的，而且，詹姆斯又说，由于人具有某种意识流，人们可以凭着有倾向性的情绪去认识这个处所。"处所"乃是认识某物必经的通道，"认识一个对象，就是通过世界所提供的那个脉络去靠拢它。"[22]

在 1898 年发表的《哲学概念与实际结果》一文中，詹姆斯为了更深入研究宗教问题，并将实用主义原则具体地应用到宗教研究中，他不再迷恋于实用主义的哲学思考。在这里，詹姆斯的思想，正是体现了实用主义的下述基本特点：实用主义首先是一个关于**方法**的理论。

第三节　芝加哥学派

在 1903 年 10 月 29 日的一封信中，詹姆斯写道：

　　在最近六个月期间，芝加哥大学终于产生出约翰·杜威从事十年领导工作的丰硕果实。这个成果是杰出的，简直构成一个**真正的学派**和一种**真正的思想**！这是一种很重要的思想！你听说过这个城市或这个大学吗？在哈佛这里，我们有一股思想，但没有学派，而在耶鲁，存在着一个学派，但没有思想。芝加哥却两者兼备。㉓

芝加哥大学自 1892 年成立以后，在首任校长哈珀（W. R. Harper，1856－1906）的领导下，由于得到石油大王洛克菲勒（John Rockefeller，1839－1937）及其财团的资助，由于推行真正的学术自由的政策，迅速地吸引了富有进取心的美国知识界的精英分子，其中包括杜威及其友人。杜威是在 1896 年离开密歇根大学而到芝加哥大学任教的，杜威就任之后，即担任哲学系主任，同时极其关心实验心理学和教育学的教学和研究工作，使他所领导的团队很快地成名并被称为"杜威学派"或"实验室学派"。

杜威所倡导的芝加哥学派中的成员除了他自己以外，还有先前早已在芝加哥任教的塔夫茨（James Hayden Tufts，1862－1942）以及杜威先前在密歇根大学或明尼苏达大学的同事米德、安吉尔（James Rowland Angeil，1869－1949）等人。另外，还包括富有创造力的新研究成员：摩尔（Addison Webster Moore，1866－1930）和艾梅斯（Edward Scribner Ames）等。这个学派以 1903 年出版的《逻辑理论研究》（*Studies in Logical Theory*）作为标志，集中围绕工具主义展开教学和研究活动。杜威在一封致詹姆斯的信中说："关于一般的观点，当然还必须在各个研究方向上加以发展。但有一件事使我满意，这就是：那些准备博士论文的大学生以及那几个还没有学士学位的学生们，都很理解一般的观点，而且，他们为此而制定一种工作方法。我知道，那些为《逻辑理论研究》写文章的人，并没有学过我们所教的任何一门课！但是，他们把一种观点看作是个人讨论或调查的工具，而这是一个很好的标志——不管怎样，对一个实用主义者，这是很重要的。"㉔

当杜威在 1905 年离开芝加哥大学而前往纽约任教于哥伦比亚大学时，芝加哥学派继续沿着自己的研究路线和方法去从事研究，使它在哲学、心理学、教育学、宗教学、社会学、经济学及政治学各个学术领域中，都取得了辉煌的成果。

杜威从实用主义的经验论出发，把行为看作是人对环境刺激的反应。杜威曾在《经验与自然》一书中系统地提出他的经验自然主义的理论，强调经验和自然的不可分割的统一性。杜威认为，他的经验自然主义并不是本体论，而是一种哲学方法。哲学的任务是在不稳定的经验事物中寻求稳定的东西。但是，这并不意味着哲学旨在获得固定的物质或精神实体。哲学所追求的毋宁是一种不断进行的实际活动和过程。在杜威看来，人之所以能运用语言和思维作为工具去同自然保持联系，是因为认识主体同被认识的客体、经验与自然、精神和物质本来就是统一在一起的整体。杜威反对把经验当作知识，经验既不是主体对客体的反映，也不是独立于客体（自然）之外的主体本身的属性。经验是主体和客体、有机体和环境之间的相互作用和互动。人与动物之根本区别就在于：人总是积极主动地建立他自身同自然之间的连续性。杜威就是从人的心灵的个体性和主观性出发，通过说明个人的创导、发明的特性和自然的可变性、特殊性的关系，精辟地论述人的主观能动性。因此，经验并非自然以外的东西，而是和自然相关联、并发生于自然之内的东西。作为经历着经验的人，他的有机体是和其他有机体一样随着整个自然界而进化，所以，人的经验也只能是自然的产物。这就是为什么杜威称之为"自然主义"。但是，杜威又强调：与经验相连的自然是"经验中的自然"。作为人的经验对象的自然乃是经验本身的产物。人的一切认识和行动都发生于经验之内，以经验为出发点，又复归于经验，因此，这种自然主义是"经验主义的自然主义"。杜威始终都没有完全否定经验以外的自然界的客观存在，但他特别强调未被人经验到的自然是不稳定的，没有认识的意义，并不构成经验的来源。杜威更强调的是人的主观能动性，在论述身心关系、意识的意义和价值的本质的基础上，重视"批判"对经验的决定性意义。在杜威看来，哲学应当成为有关批判的一种概括性理论。哲学对于生活和经验的最高价值，就在于它可以不断地为经验的一切方面（信仰、制度、行动和生产等）所发现的价值提供进行批判的工具。杜威尖锐地指出：以往的传统哲学将自然和经验分割开来，中断了其间的连续性，因此构成为批判的主要障碍。

在上述经验自然主义的基础上，杜威把人的一切活动都归结为适应环境的反应。人和一切自然中的有机体一样，为了生存，都要对周遭环境的刺激作出反应，刺激和反应的过程就是行为。

行为如同经验一样是有机体和环境、主体和客体的连续化过程。从行为的观点看，没有一个有机体可以离开环境，也没有一个环境可脱离开有机体而存在。换句话说，环境、自然和客体，都是相对于有机体、经验和主体而存在的,是有机体和主体的创造。

杜威的学生沃森(John Broadus Watson,1878 - 1958)把行为分为可以从外部观察的外显行为和需要用仪器观测的内潜行为。沃森将人的行为分为五大类:第一类是个人行为,包括个人的生长、发育、学习、意见等;第二类是团体行为,包括团结、互助、合作、友好、谅解、默契、分歧、对抗、破坏等;第三类是社会行为,包括社会控制、社会变迁、社会要求、社会保险、社会文明、社会进步、社会发展、文化艺术活动、教育活动、体育活动以及学术研究等;第四类行为是管理行为,包括计划、组织、领导、激励、控制、民族团结和国际关系等;第五类是战争行为,包括思想战、心理战、谋略战、团体战、情报战、宣传战及军事战等。

沃森从生物学和心理学的观点进一步发展了杜威的行为主义。"适应"(Adaptation)就是把行为纳入生物学的公式的一个重要概念,因为通过"适应"这个概念,正如米尔斯(Wright Mills,1916 - 1962)在他的著作《社会学与实用主义》(Sociology and Pragmatism)一书中所说,"可以避免'价值─决定'(to avoid value-decisions)[25]"。沃森在他的《行为主义观点的心理学》(Psychology from the Standpoint of a Behaviorist)一书中引述杜威的话说:"生物学的观点使我们确信:人的思想,不管它是什么,至少是为控制环境服务的一个工具,而对于环境的控制,则是与生活过程的目的相关联的。"[26]

米尔斯曾经深刻地指出:"在杜威的思想中,'行为'(behavior)或'行动'(action)的概念,其根源是两方面的:一方面是物理科学的实验程序的某种概念(a certain conception of the experimental procedures of physical science),另一方面则是生物学取向的行为主义心理学(a biologically oriented behavioristic psychology)。"[27]

沃森等人强调行为是对内在和外在刺激的反应,因此,基本的行为公式就是"刺激—反应",即 S-R。在此基础上,行为的所有方面包括思想、情绪、语言表达等,都可以纳入到上述 S-R 体系之中。人的本能和任何遗传的能力,包括语言的使用,都是在社会中形成的条件反应。因此,行为主义也强调学习在行为和语言使用中的重要性。行为主义还认为,人的思维也是行为,是一种内隐的语言运动。

杜威曾经将实用主义同行为主义结合在一起,在强调人的行为是人对环境刺激作出的反应的时候,也指出了行为如同"经验"一样是一种贯通作用(Transaction)。这也就是说,人的经验和行为并非一种确定的事实,而是一个"作用者"和"被作用者"之间彼此融合、相互作用和互动的过程。这一过程,就是杜威所说的"贯通作用"。在贯通作用中,主体和客体、认知者和被认知者、观察者和被观察者、作用者和被作用者,不仅不是相互分离,而且简直就是不存在彼此间的界限,以致相互贯通和融合在一起。在相互贯通的过程中,言语交流是始终伴随着行为活动的。

沃森和杜威的行为主义后来被斯金纳(B. F. Skinner,1904-1990)进一步发展成为"行为技术学"(Technology of Behavior),强调人并非道德主体,道德并非人的行为特性,而是环境的特性。人的行为是有机体的操作性行为,操作性行为是由三个要素构成的:① 作为反应起因的辨别性刺激;② 反应;③ 强化作用。在刺激和反应之间,人的作用是作为一种中间环节而出现的。人的作用决定着人的积极性和人适应环境的可能性。人可以对外界强化刺激进行选择,即可以在肯定强化和否定强化之间进行选择。人的选择是很少同人的信念、动机、目的、立场和道德意识有关联的。在斯金纳所著《超越自由与尊严》(*Beyond Freedom and Dignity*)一书中,斯金纳非常注重在实验室条件下的行为的"环境控制"(environmental control of behavior under laboratory conditions），因为它迫使行为主体更加被动，使主体感受到自由选择的有限性。

行为主义的方法虽然遭到各个方面的批评，但它特别强调对人的思想和行为的客观的和全面的观测，要求对人的行为的各种实际表现进行尽可能详细的统计和分析，以便对行为的性质、特点及其动向进行更为可靠的分析和评判。沃森在他的《行为主义》（Behaviorism）一书中，尤其强调从最实际的和细小的行为特征中去判定最难于表现出来的思想倾向，这对社会科学提供客观主义的方法论无疑是有贡献的。

杜威的实用主义和行为主义，在研究行为同环境的积极的适应关系时，也加深研究思维和语言的作用。在杜威看来，人的心灵并非一个固定不变的结构，而是努力使人适应和改造环境的一种主观过程和能力。那么，人的思想是如何为此目的、并在此过程中进行运作的呢？最重要的，人的思想是怎样同行为与环境相适应？又如何去处理行为和环境呢？杜威说：

> 深思熟虑就像想象中的戏剧排演，各种不同的行动方案轮流出现、登场演习，……思维过程是一场实验，旨在找出各种不同行动方案的细节，并对经筛选出来的因素进行各种排列组合，以便预见行动开始后会产生什么样的后果。㉘

显然，杜威把心灵看作是行为开始前的想象性预演能力，也是依据经验和环境反应不断进行协调、进行选择和做出决定的能力，是行为和环境相调适过程中的重要中介环节，也是总结经验和改善环境的决策过程。

芝加哥学派以杜威的工具主义的实用主义，作为基本的指导精神，着重于伦理和社会方面的研究。但其中的各个代表人物的研究重点，有所不同：米德致力于建立社会心理学，发展了象征性互动论，爱迪生·摩尔注重于认识论方法论和逻辑问题的研究，塔夫茨注重于伦理学、美学和社会学的研究，艾梅斯集中研究心理学和宗教哲学，而安吉尔的专长则是心理学方面的。㉔

在这里值得一提的是米德的象征互动论。米德从实用主义出发，成功地将达尔文的演化论、冯特的实验心理学及沃森的行为主义心理学(The Behavioristic Psychology)结合在一起，提出一种作为社会心理学说的社会行为主义。在他看来，人的意识可以表现为心灵和自我，而两者都是同人的有机生命一样是不断演化的。人的自我只有在同他人的沟通和交往中，才能在行为中真正地存在。米德还认为，人的每一种直接经验的内容，决定于人与某一特定的环境之间的联系。每一种这样的联系，都是一个"前景"或系统，它体现了一个特殊的经验世界。米德高度重视在自我与他人的沟通中起中介作用的**语言**，特别强调语言的象征符号在互动行为中的决定性作用，这对语用论的发展是有重要意义的。

米德逝世后，由他在芝加哥大学的学生和同事莫里斯等人，根据米德生前的讲课速记稿、手稿片断和笔记，整理编辑出一本《心灵、自我和社会》(*Mind, Self and Society from the Standpoint of a Social Behaviorist*)的重要著作。米德的这部著作深刻地分析了人的思想和自我的性质及作用，同时揭示了思想和自我的产生的社会过程，在米德看来，人的精神、心理和思想并非某种作为"精神实体"的"习性"或"属性"，而是人的有机体同它的生存环境互动的结果，是人的复杂的行为过程的产物。米德重申必须依据人的行为去解释人的心理意识现象。但他又特别强调：人的心理意识现象并非有机体行为的消极被动的产物,而是同人的复杂的心灵运作和反思能力有密切关系,同人的"自我"的自觉形成及其发展有密切关系,也是同人在其生活中的语言沟通能力有密切关系。

因此,米德认为哲学和社会学的基本问题是研究人的有机体同环境的适应和互动的关系,并在这一基本关系网中去分析人的思想和心理意识的发展变化及其作用。在米德看来,人的有机体与其他生物的有机体不同,人不止是有自己的生理结构,而且,更重要的是有特殊结构的心灵和自我有进行反省的能力。因此,人对周围环境具有积极的改造倾向,能使环境符合人的需要,对环境做出能动的反应。

近二十年来,对米德的理论的研究,更进一步地发现了米德的理论中的可贵价值。正如德国著名社会学家和哲学家约阿斯(Hans Joas,1948-)所说:米德的理论贡献甚至可以同韦伯(Max Weber,1864-1920)、马克思(Karl Marx,1818-1883)和涂尔干(Émile Durkheim,1858-1917)的成就相比美。[30]

米德的杰出的理论贡献,在于应用了实用主义的行为主义和胡塞尔(Edmund Husserl,1859-1938)现象学的方法,对人的行为过程中的心灵、思想和语言的运作进行了独到的分析,放在人与人之间的互动以及社会文化脉络中去分析,同时又高度重视每个主体的心灵活动的具体运作过程及其"自我"的特征。

在米德看来,人要使自己具备自我意识,就必须首先把自己当作自己的对象,必须像同其他对象发生关系一样同自身发生关系,必须像别人对待他那样来对待他自身。这就是所谓"通过他者来领略与自身的关系"。换句话说,"自我"的形成,一方面要认识自己,把握自己的主体性,另一方面又必须认识他人,通过他人,通过对他者的沟通和认识,再反转过来重新认识和比较自己。

人的行为既然是在社会中进行,人的自我也必须在社会行为和人的主体间的互动中才能形成、发展并发挥作用。因此,自我是"宾格"的"我"和"主格"的"我"的反复的重合和结合。作为宾格的"我"是作为社会一员的"自我",受社会的规则、规范和各种倾向的约束,受社会行为和社会整体的影响。作为主格的"我"是对社会和社会规则作出反应的"自我",具有自由的主动性,能使社会环境发生变化。所以,作为宾格的我和作为主格的我是一个人的统一的自我的两个不可分割、相互影响的两方面,是在社会行为网络中逐渐形成和发展的自我的相互联结的生动表现。这样一来,正如德国社会学家文策尔(Harald Wenzel)所指出的:"米德把个人认同性的建立看作是一个社会经验过程,在这个过程中,每个人通过学习同普通的和抽象的沟通共同体的前景相适应。"③

社会按照每个个人的行为对于社会所产生的后果,去调整每个个人的行为,对每个个人的行为的方向和内容发生影响。同样地,每个个人又依据社会各成员对其自身的作用而不断调节自己的行为,决定自己的自我意识,并不断地对社会作出相适应的反应。每个人的每一种思维活动和行为都在某种程度上对社会结构发生作用,有时甚至导致社会结构的某些变化。

米德认为,人的反思能力、心灵和自我并不是在人的行为以前便抽象地存在着的,它本身也是人的行为,特别是人的社会行为发展和互动的产物。人的行为固然是同各个行为的主体有关系,而且,也同整个社会的历史的、文化的和现时的行为网络中的互动过程相关联。因此,任何行为都不能单纯地从一个孤立的行为主体及其自我的角度加以观测,而是必须从主体间的互动去分析。

语言是人的社会行为的符号,是互动网络的必不可少的中介环节。

因此,米德在《心灵、自我和社会》一书中很重视对语言的分析。在他看来,只有通过对语言的分析,才能了解人的社会行为,才能把握各个主体。

米德在《心灵、自我和社会》中,用大量篇幅分析语言符号的作用,并对行为中的语言使用的主客观条件作了深入的分析。米德很细致地分析了从动物的"姿势语言"和人类文字语言的发展过程,并在此基础上,区分了动物的本能行为同人类的借助于语言的反思的自觉性行为。

在米德看来,人类心灵具有以下三大特点。首先,人的心灵都是运用符号来确定环境中客体的能力;其次,它是对客体内在地尝试可能的各种行为路线的能力;最后,它是决定选择适当的行为路线的能力。米德曾把心灵的这些隐秘地运用语言符号的内在过程称为想象性的预演(imaginative rehearsal),正是借助于这种想象性的预演,人类心灵对各种可能的反应性行动方案进行反思的评估、选择和决定,从而对各主体间的社会合作行为有所比较和抉择,也有助于提升自我的能力。

米德曾对个体的最原初的各种姿势(gestures)进行详细的观测和分析。在他看来,人在婴儿时期最初拥有的只是无意识的和毫无选择的姿势。经过同他人和周围环境的"学习"过程,婴儿学会表现那些屡屡受到赞扬的、有利于个人生存的姿势,从而不断地养成自己的选择性的心灵活动能力,把握那些能与周遭共同体成员指认同一客体的姿势和符号,不断巩固和扩大同周遭社会世界的各成员的互动范围和程度。这样,就逐步形成米德称之为俗成姿势(conventional gestures)的互动符号体系。

姿势和符号运用的范围和层面,随着个体与社会各成员的互动的加强而不断扩大。这样一来,心灵、自我和社会便同步发展起来。库克(Gary Allan Cook)说:"在他的社会心理学著作中,米德认为,人类的个性或自我同一性的结构必然地反映着周遭的社会化过程,而个人同一性又同时地在这个社会化过程中展示出来。……米德同时强调:自我同一性又不只是它作为其中一部分的那个社会化过程的纯粹反映,自我同一性还是这个社会化过程的重建的一个积极力量,也是这个社会化过程中的精神性改造的潜在根源。"[32]

在社会行为中,通过个体间的各种姿势和语言符号的沟通和互动,通过扩大辨认俗成姿势,解释和确认各种符号,个体就能"想象性地预演"各种行动方案,谋求彼此间更好的协调和互动。由此可见,个人间的互动使个人有可能扮演他人角色,并在这种"扮演他人角色"的过程中,尽可能地使用语言,不断地提高预演行动方案的能力。人的心灵,在米德看来,归根结底就是一个有机体在行为过程中,对于俗成姿势的理解能力,就是运用这些姿势去扮演他人的能力,也就是想象地预演各种行动方案的能力,一句话,就是这些能力的总和和表现。

米德在建构"自我"概念的过程中,无疑是吸收了詹姆斯和库里(Charles Horton Cooley, 1864 – 1929)的理论成果。詹姆斯在《心理学原理》一书中明确地分析了"物质自我"(material self)、社会自我(social self)和精神自我(spiritual self)的概念。[33]在詹姆斯看来,人对自身的各种感情和感受,都是在与他者的互动过程中形成的。正如詹姆斯所说:"一个人究竟有多少社会自我,决定于认识他的其他个体。"[34]

詹姆斯从心理学的角度强调每个个体都有能力把自身当作对象,有能力培养对自身的自我感受和情感。人正是在建立对自身的自我感情和自我认识的同时,培养和发展对周围环境的反应能力。反过来,人也是在象征性地对待周围环境的时候,在形成对环境的反应并认识环境对象的时候,建构和发展对自身的认识和感情,形成"自我"概念的。

库里通过自己的两大著作《人性与社会秩序》(*Human Nature and*

the Social Order）及《社会组织：对更广泛的思想的研究》（Social Organization: A Study of the Larger Mind），进一步发展了"自我"概念。他创立了"初级团体"（primary group）的概念，库里认为，"初级团体"是构成该团体诸成员的情感生活和各种心理活动的温床，使他们意识到自己是这个作为"我们"团体的一个分子。因此，这个团体建构了各个个体的道德理念和社会意识。正是从这个团体中，每个人看到了作为对象的自己，看到了在他人的眼中的自己。库里把这个经他人而看到作为对象的自己的过程，称为"看镜中的自我"（looking glass self），简称"镜中自我"。这就是说，在同你接触、沟通和互动的他人的评判和判断中，在经他人折射出来的资料综合体中，你获得了理解自身和认识自己的咨询依据。库里认为，"镜中自我"包括以下三个因素："想象他人中我们的形象；想象他人对这个形象的评判；某种自我感受，诸如骄傲或耻辱。"⑤库里认为，想象他人对自己的评判就是一种最可靠的社会事实，因而这些想象应成为社会学研究的基础。库里说："人们所具有的相互间的想象就是可靠的社会事实，因此，观察和解释它们应该是社会学的主要目标。"⑥"镜中自我"以直观的形式，表明人与社会是在交往与社会活动中逐渐形成自我的性格，逐渐适应于社会生活和周围环境。

米德吸收了库里等人的上述理论，强调每个个体把自己放置在他人位置上的那种能力，正是人的自我、心灵和社会三者交互作用的结果，也是人和社会的本质过程的基本标志。人的心灵、自我意识和社会的互动程度，可以集中地表现在每个人"扮演他人角色"（take the role of the other）的能力上，因为这种能力表现出个人预演适应社会的活动方案的熟练程度，也表现出社会对其成员的适应和反应的影响程度，表现出社会和各个成员的互动性质及水准。

在米德看来，"扮演他人角色"是在互动的沟通过程中实现的。在这过程中，每个人"设想其他个人的态度，并在他人中召唤出来"。米德又把这种活动称为"自我互动"（self-interaction），米德很形象地把"扮演他人角色"说成为"使自身置放在他人的鞋中"（putting himself in the other's shoes），即使自身站在别人的位置上观察自己。米德说："他自身是在那位对他发生刺激和发生影响的其他人的角色上。正是通过这种扮演他人角色，他才能够返回他自身，并因而指导着他自身的沟通过程。我经常使用的'扮演他人角色'这个表达词，并不只是具有暂时的重要性。它并非只是某种源自姿势的偶然性结果而发生的，它却是合作性活动发展中的重要因素。这类角色扮演的直接效果就在于那种促使个人能对其自身的反应行为实行控制。"⑰米德的学生、象征互动论理论家布鲁默（Herbert Blumer，1900－1987）指出："人的行为是通过自我互动而建构起来的，正是在这过程中，行为者（角色）才可以注意到并评估环境的某些特征，或者是他的行为所引起的某些特征。行动是通过这个自我互动的过程而建构起来的，不管这种建构是理智地或愚蠢地完成的。自我互动使角色把握他所看到的，并依据他所看到的而把握他自身。行为之隶属于自我互动，使行为具有历程性——行为才有可能停止、受限制、被放弃、被恢复、被延后、被加强、被取消、被改造或被改道。"⑱

在米德看来，社会就是个体间有组织的和模式化的互动。米德指出："因此，社会的制度是群体或社会活动的有组织形式。这种形式能够使社会的个体成员借着理解他人对活动的态度，来采取适当的社会性的行动。……但是，并不存在必然的或充足的理由，可以推断出社会制度将是压制性的，或刻板保守的，也没有理由说社会制度是压抑个性的，因为实际上，社会制度有许多弹性的、先进的，且培养个性的

发展。"㊴

　　由此看来,行为者之间及其内部的象征性互动,使得社会性的协调模式得以持续和发生变化,而社会就是代表着这些被建构的"模式"。(关于米德等人的象征互动论的语用论因素,详见本书第三编第十二章第三节。)除了米德之外,在芝加哥学派中,以杜威的理论和方法为指导,在社会学研究方面卓有成效者,还有托马斯(William Isaac Thomas,1863-1947)、帕克(Robert E. Park,1864-1944)、库里及斯莫尔(Albion Woodbury Small,1854-1926)等人,这些思想家把都市看作一个"实验室",以杜威的工具主义和行为主义方法论为基础,在都市社会学的研究方面取得了重大成果。此后,在社会学领域中,只要提到芝加哥学派,便直接同这些理论家的都市社会学相联系。

第四节　胡克的自然主义

　　在美国的实用主义哲学家中,胡克(Sidney Hook,1902-1989)是唯一对马克思主义进行过系统研究的人。他对社会运动极为关心;对社会正义的追求,使他对马克思主义发生兴趣。然而,他对民主制的热爱和他所受到的实用主义教育,又使他严厉地批判斯大林对马克思主义的教条主义的诠释。胡克以实用主义批判马克思主义的著作,有:《为了理解卡尔·马克思———一种革命的诠释》(*Towards the Understanding of Karl Marx: A Revolutionary Interpretation*)、《从黑格尔到马克思:对马克思思想发展的研究》(*From Hegel To Marx: Studies in the Intellectual Development of Karl Marx*)、《马克思与马克思主义者》(*Marx and the Marxists*)及《马克思主义中的生与死》(*What is Living and Dead in Marxism?*)等。

　　胡克是纽约犹太青年知识分子中最激进的领袖人物之一。1923年入哥伦比亚大学,成为杜威的学生,1927 年获哲学博士学位后,直至1972 年退休,他一直在纽约州立大学任教。在 1928 年至 1929 年间,曾先后到柏林大学、慕尼黑大学和莫斯科马克思恩格斯研究院进行访问研究。

　　在胡克看来,哲学是一门经验学科,其研究方法应该继承自然科学与社会科学研究的方法。他从杜威的实用主义立场出发,严厉地批判形而上学的思辨。他在博士论文《实用主义的形而上学》(The Metaphysics of Pragmatism)中,深刻地批判"存在"(Being)概念:"存在"不成其为一个范畴,因为这个词并没有其对立的可理解的概念。所谓"非存在"并非"存在"的对立概念,因为"非存在"有时被理解为"虚无",而"虚无"是一个"实体性统一体",因此,它也是某种事物,它也有它的"存在"。正因为这样,由谢林提出、又被海德格尔再次探讨的问题是:"为何某物存在? 为何虚无不存在?"这个问题是毫无意义的。

　　胡克论述实用主义的著作,首先当属《约翰·杜威:一幅思想心智的写照》(John Dewey: An Intellectual Portrait)。在这本书中,胡克指出:一切价值,都应在其效用中获得验证。既没有自在的、自满自足的"善",也同样没有自在的、自满自足的"真"。一切价值评判,都是在特定的脉络和行为过程中进行,而这些行为的动机和意图,都是可以在经验中获得验证。

　　在他的另一篇论述实用主义的著作《实用主义和生命的悲剧性》(Pragmatism and The Tragic Sense of Life)一书中,胡克论述了实用主义关于"目的与手段"的理论:"关于目的证实手段的说法,忘记了这样一个事实:手段本身包含着目的,而把唯一的一种目的置于首要地位,就等于超越人类的极其多样的和不可化约的目的。"

胡克尤其继承和发展了杜威的自然主义,强调说:"人们在成功地解决人类经验中的问题和困难时,总是采用一些程序,而自然主义作为一种哲学,就是对这些程序的系统思考和加工的结果。"接着,胡克又说:"把科学探索方法中所涉及的一切加以系统化,这就是我们所说的自然主义。"⑩正如本书第二编第九章论述杜威的基本思想时所已经指出的,这种自然主义就是将自然科学中的经验实证的方法扩展到各个研究领域的结果,也是它的一种哲学总结。杜威曾经将这种自然主义的方法简单地归结为:辨认出问题,提出假设,进行推理论证,然后再从实验和观察中加以验证。因此,哲学所要解决的基本问题,并非像形而上学者那样探索抽象的"世界本质"的问题,而只是指导人的行为完成和实现合理的程序。

胡克的其他著作,包括:《对存在的探究,以及自然主义与人文主义的其它研究》(*The Quest for Being, and Other Studies in Naturalism and Humanism*)、《理性、社会迷思与民主》(*Reason, Social Myths and Democracy*, New York)、《论历史上的英雄》(*The Hero In History: A Study in Limitation and Possibility*)及《现代人的教育》(*Education for Modern Man: A New Perspective*)等。

胡克在论述他的自然主义原则时,强调其自然主义原则同日常生活中的常识经验的联系和区别。在他看来,自然主义并不是与常识相对立,毋宁是对常识的一种批判态度。自然主义作为一种哲学,总是把常识中习以为实际存在的事物,付诸经验去检验,并借用自然科学的方法加以观察。

和杜威一样,胡克很重视方法,并主张把方法教育列为教育工作的重要内容。他说:"方法在自由哲学中正像在科学中那样,是中心问题。""方法应该是教育活动的中心,因为它不只是对已经发现的以往传统的评价,而且也有助于提高和丰富它的能力。"⑪

对于人文科学和社会科学的方法,他主张采用一种"批判的方法"
(A Critical Method),因为这一方法是符合自然科学方法的基本精神,
它有助于确立信念、建构行为习惯及树立正确的价值观念。胡克指出,
批判的方法和科学的方法具有同样的结构:先是发现疑问,继而辨认
并明确问题,然后提出假设,最后采取实验和经验的观察,对其效果进
行验证。

在胡克看来,社会科学既然是研究**人的行为**的理论体系,在某种意
义上说,它同自然科学是一致的。因此,实用主义从自然科学中所提炼
出来的自然主义方法,也应该成为社会科学中的批判方法的核心。他
指出:"一切社会理想和社会哲学,都将被认为是假设,它们首先是关
于一套现有的社会问题、一种可以感觉到的要求和需要的假设;其次,
作为判断,它们必须使用某种客观的和可以觉察到的手段;同时,它们
也必须采用某种程度上的变革的假设;第三,关于手段和变革上可以证
实的后果的假设性的判断,将与预见的后果相符合。更为简单地说,这
就意味着:我们按照原因和后果来判断社会的理想或目的;而实际的
后果既然是随着可以觉察到的手段为转移,那么,我们便用手段来判断
目的。我们是用手段,而不是用意图或单是用预见的后果来判断目
的的。"⑫

第五节　实用主义与实在论的结合

美国的实用主义发展到 20 世纪初,便面临着已经兴盛起来的英国
新实在论(Neo-Realism)的挑战。由英国哲学家 G. E. 摩尔(George
Edward Moore,1873 - 1958)以剑桥大学为基地所建立起来的新实在

论,是在同新黑格尔主义的思辨哲学传统的斗争中,在 19 世纪末创建和发展起来的。他们坚持依据自然科学的经验分析方法论,建构一种符合科学时代的新哲学,因此,他们也被称为当代分析哲学的真正创始者。

在 G. E. 摩尔周围,先后聚集了亚历山大(Samuel Alexander, 1859 - 1938)、摩根(Conwy Lloyd Morgan, 1852 - 1936)、布罗德(Charlie Dunbar Broad, 1887 - 1971)、怀特海及罗素等人,形成了一股强大的哲学力量。在 20 世纪初,新实在论的思潮传入美国,同美国的实用主义相互渗透,迅速地形成了美国的新实在论和批判实在论(Critical Realism),前者大约形成于 1910 年左右,以詹姆士的学生、哈佛大学教授佩里、霍尔特(Edwin Bissell Holt, 1873 - 1946)和哥伦比亚大学教授威廉·蒙太古(William Pepperell Montague, 1873 - 1953)为主要代表人物;后者大约形成于 20 世纪 20 年代,以桑塔亚那(George Santayana, 1863 - 1952)和塞拉斯(Roy Wood Sellars, 1880 - 1973)为代表。佩里和蒙太古等人强调分析方法的重要性,主张具体事物和抽象实体的独立存在,被称为一种"直接呈现论"。佩里的主要著作《新实在论》(*The New Realism*),强调一种批判的和逻辑的方法,实际上综合了罗素的逻辑分析方法和行为主义的方法。佩里在其实用主义和新实在论的伦理著作《一般价值理论》(*General Theory of Values*)一书中,则拥护霍维森(George Holmes Howison, 1834 - 1916)、布莱特曼(Edgar Sheffield Brightman, 1884 - 1953)和霍金(William Ernst Hocking, 1873 - 1966)等人所鼓吹的人格主义(Personalism),强调人的"自我"作为人格是一种独立的精神实体。其实,佩里在伦理问题上之倒向人格主义,并不奇怪,因为不管是佩里还是霍金,都深受詹姆斯的实用主义道德观的影响。

批判的实在论者桑塔亚那巧妙地将詹姆斯的实用主义和罗伊斯的

人格主义相结合,强烈反对新实在论的"直接呈现论",主张"本质"和"共相"是连接主体和实体的中介。桑塔亚那在其评论杜威的自然主义的著作《论杜威的自然主义形而上学》(*Dewey's Naturalistic Metaphysics*)⑭ 中,坦率地说:

> 就我而言,在杜威的方法、并像他那样应用这些方法的范围内,我是完全地被杜威的天才和他的观点的深刻性所说服了。……而且,我将用我在这个论题上所能够暂时地获得的结论,附加在杜威自己为突现其体系的特征时所说的那句话上:**自然主义的形而上学**。⑭

桑塔亚那虽然主张尊重各个不同层面的"实在",但他从来都不打算以简单的信条建构起一个关于"实在"的理论体系。在桑塔亚那的著作《论存在的领域》(*The Realms of Being*)一书中,他强调有生命的、精神的和理想化的"实在"都具备其自身特有的本质性特征;它们都不能化约为物质性的因素。但是,桑塔亚那在其另一著作《论理性的生命》(*The Life of Reason , or , The Phases Human Progress , 5 Vols.*)一书中,他又宣称这些有生命的、精神的和理想化的"实在"具备某种类似物质的"附带性的存在样态"。

在《怀疑主义与动物的信仰》(*Scepticism and Animal Faith: Introduction To A System of Philosophy*)这部论述认知论问题的著作中,桑塔亚那强调:一种同其肉体相连接的精神实体的认知活动,是由环境或外界境况决定着其方向的,而在这个认知活动中,外界条件的各种因素尽管可以被注意到,但其内在性却无法被深入了解。在他看来,一般地说,物质最终是不可知的。我们至多只能通过物质所例证的本质去认知物质,但这些本质又根本不能代表物质领域所特有的过程和扩散因素。物质存在于时空中,独立于和外在于意识,但物质的存在是偶然的、不稳定的、易变的。当然,桑塔亚那又说,物质的变化毕竟还保持某种动态的连续性。正是在这个意义上,我们才可以将物质也称为一种实体。

桑塔亚那在美学的研究成果是很引人注目的。他的美学著作《论美的感觉》(*The Sense of Beauty: Beings the Outlines of Aesthetic Theory*)一书,论述美的本质是一种客观化了的快感,并像康德一样,主张美的快感是非功利的和非官能的,但桑塔亚那把美的快感说成为某种"直觉",它满足于一种自然功能,满足我们心灵的一些基本需要和能力。但在后期,桑塔亚那又放弃这些观点,强调审美愉快是一种"中性"的感觉经验,既非客观、又非主观的。桑塔亚那在晚期所要强调的,是艺术同人的经验和自然本能的关系。另外桑塔亚那,还把审美判断看作是一种内在的愉悦感受,是一种价值判断。

在桑塔亚那的早期思想中,充满着浓厚的宗教激情。他的自然主义把宗教看作是与诗具有相同本质的东西。在他看来,宗教的宗旨是为了使自然生活纳入道德生活的轨道,因此,宗教应对自然生活进行富有诗意的改造。为此,他设想创立一种理智性的和怀疑性的新宗教。

在科学理论方面,桑塔亚那更集中地表现了实用主义的影响。桑塔亚那认为,科学无非是寻求"方便"和"实用功效"的语言体系和符号体系罢了。由于他将柏拉图观念论加以神秘化的结果,他把哲学看作是寻求"本质"、"物质"、"真理"及"精神"四种存在的意识活动。在他看来,意识活动基本上是怀疑主义的。

美国批判实在论和自然主义的另一代表人物塞拉斯,以批判的态度对待实用主义。在他任职于美国密歇根大学期间发表的《批判实在论》(*Critical Realism*)，是他糅合实用主义与实在论的尝试。塞拉斯和实用主义者一样，很重视感知经验。在这一点上，他继承了另一位较早成熟的批判实在论者洛夫乔伊（Arthur Oncken Lovejoy, 1873 - 1962）的感知主义知识论，强调人所认识到的结果，是"被认识到的外在对象，而不是关于对象的那个观念"⑮。但塞拉斯强调，人的认识过程并非直接的。在对象与感知者之间，存在着人的有机体与物理的、物质性的世界。有机体只是首先承受感觉材料，并且对这些感觉材料不作任何解释。因此，在此阶段并无知识。这一阶段所谈及的，只是客观的被结构化的刺激，对象向积极地感受它的有机体施与其结构的印象。为了真正地获得知识，人的精神必须对其意欲感知的对象所提供的感觉材料进行解释。在这里，人的有机体对于对象进行认知的**意向性**是有决定性的意义的。塞拉斯指出：人的感知并非感知**一切**，而只是意向性地选择了对象；只是有意向地选择了"便利于有机体"的那些因素；同时，在对感觉材料进行解释的时候，有机体也是意向性地利用感觉材料而对对象进行意向性的解释。⑯塞拉斯还说："当我们感知的时候，我们就是在对我们所处置的对象进行感觉性地符号化和象征化的过程……事实上，在必要的时候，我们可以确实地做到：在朝向对象前进时同时地把握它。"⑰虽然塞拉斯的上述观点已属其晚期观点，是他经历多阶段思想历史演变，将实用主义、自然主义和唯物主义结合在一起的结果，但体现了他的批判实在论的自然主义观点在认识论方面的表现。

　　塞拉斯和桑塔亚那一样，在继承自然主义传统方面，同杜威有许多类似之处。美国的自然主义是一股多元化的极其混杂的思潮，它在美国的发展，可以一直上溯到 18 世纪。正如法国研究桑塔亚那的专家杜隆（Jacques Duron, 1904 -）在其著作《论桑塔亚那的思想》(*La pensée de Santayana*)一书中所说的，"自然主义是一种哲学形态，它只承认自然的实在,把它看作是一切存在、一切理智性和一切价值的原则。"⑱最早的 18 世纪的自然主义,把一切都归化为物质,因此,曾被称为化约论的自然主义。但到了 19 世纪下半叶以后,由于实证性经验科学的巨大成果而产生的实证论思潮,在反对"形而上学"的基本精神的推动下,也部分地演变成一种反对化约论的、反形而上学的新自然主义倾向。这种倾向在美国慢慢地分化为"连续主义的自然主义"(Continuist Naturalism)和"非连续主义的自然主义"(Discontinuist Naturalism)两大主流。前者集中地表现在杜威、伍德布里奇(Frederick J. E. Woodbridge,1867 – 1940)及柯恩(Morris Raphael Cohen,1880 – 1947)的思想中,后者则表现在塞拉斯及桑塔亚那等人的思想中。

显然,美国的自然主义,诚如美国自然主义史研究专家兰道尔(J. H. Randall,1899 – 1980)所指出的,"与其说是一个体系或一种理论系统,毋宁说是一种态度和一种精神上的秉性。"⑲

美国自然主义流派的上述特色,使它与新实在论、批判实在论有所不同,它不像新实在论和批判实在论那样力图解决某个特定的问题,而是一种态度,表达了美国自然主义者一方面反对将"理性"和"自然"、"精神"和"物质"加以绝对分离的二元论,将"理性的人"加以自然化和将"物质"加以精神化;另一方面,也反对在自然之外寻求解释自然的原则,主张在自然内部去探求说明自然的原则。在美国自然主义者看来,自然虽然是物质的,但它并不像古典的自然主义者斯宾塞或海克尔(Ernst Haeckel,1834 – 1919)的机械论的说明所论证的那样。自然的物质性首先是一种在经验中可以感受到的东西。

桑塔亚那在谈到自然性质的描述时,主张由科学家们去完成。桑塔亚那显然反对对于自然的形而上学的描述。因此,桑塔亚那说:"我期待科学家们就他们所发现的范围内对我讲出物质的性质……但不管物质是什么,我总是大胆地称之为物质,就像我在不知道他人的奥秘的情况下仍然可以称呼他们斯密特或琼斯等一样。"[50]尽管如此,美国的自然主义者,总的说来,多多少少继承了皮尔斯的自然主义,具有形而上学的性质,但它确实从自然科学中吸取了不少丰富的营养,既采用了自然科学的方法,也采纳了科学的成果。因此,美国的自然主义,一般说来,是实验主义和演化论的存在论。所以,美国哲学史家施奈德(Herbert W. Schneider,1892－1984)说:"皮尔斯把共相理论看作是自然科学总体的组成部分,并把他的范畴体系看作是科学操作程序的形式分析和一种存在论。"[51]所以,美国自然主义总是试图发现自然的"逻辑结构",而为此目的,他们总是应用自然科学的方法和科学试验的技术。当然,杜威非常谨慎地使用"形而上学"这个词。杜威的《经验与自然》一书,毋宁是为了突出他的哲学的"经验论的自然主义"或"自然主义的经验论"的性质。[52]

第六节　实用主义与逻辑
实证主义的结合

在 20 世纪初至二三十年代期间,实用主义与新实在论的相互渗透,早已预告了实用主义同二次大战期间自德、奥传入美国的维也纳学派的逻辑实证主义的进一步结合,因为以 G. E. 摩尔和罗素为代表的新实在论和以卡尔纳普等人为代表的逻辑实证主义,本来都是以对科学经验的逻辑分析作为基础的。美国的实用主义在受到英国的实在论影响以前,已经在其创始人皮尔斯那里,强调了科学试验的方法论对于哲学理论研究的基础意义,同时,正如本书第一编第一、二章所指出的,皮尔斯的实用主义哲学作为自然科学实验方法的哲学理论形态,同时也包含了对于逻辑的研究成果。皮尔斯把实用主义哲学同逻辑研究相结合的传统，不仅体现了皮尔斯实用主义对科学逻辑的重视，也表现了自然科学方法论本身所固有的深刻逻辑基础。不论是皮尔斯，还是德国的希尔伯特、弗雷格和罗素，虽然他们各自从自己的不同研究领域出发，但都意识到：在把自然科学的方法论移植到哲学的时候，除了重视科学研究本身的经验观察分析方法的认识论意义以外，还不可避免地面临着一般语言和科学命题中的科学语言的逻辑建构的比较研究的问题。因此，皮尔斯的实用主义和注重分析精神的罗素等人，在考察自然科学方法论的哲学建构途径的过程中，不约而同地从各自不同的研究领域，提出了有关数理逻辑和符号逻辑的类似问题。此后，在实用主义发展的过程中，詹姆斯和杜威等人都分别以"实验主义"和"工具主义"突现其实用主义同自然科学方法论的内在联系。逻辑实证主义的代表人物之一费格尔（Herbert Feigl，1902－1988），在谈到逻辑实证主义的自然主义性质时说："我们有充分的历史方面和语词方面的正当理由，说科学的世界观是自然主义的。它不同于机械论的唯物主义，以便避免化约论的暗礁……真正意义的科学无论如何都不依靠形而上学。科学只是试图以最简单的法则去发现最大限度的事实。另外，成熟的人文主义再也不需要神学的或形而上学的支持。仰赖于科学的进步，人们逐步地更好地理解人的本质和人的历史。因此，没有理由将科学同人性对立起来。自然主义和人文主义应当成为我们在哲学上和在文化领域的基本原则。"⑬当实在论的分析精神和逻辑实证主义的科学经验的验证原则传播到美国的时候，美国的实用主义正醉心于科学的自然主义。当然，维也纳学派的逻辑实证主义所重视的，是科学命题的验证性条件，而实用主义者则重视作为方法的科学实验，把提出假设及其证实完全听凭实验效果来认定。所以，在美国实用主义和欧陆的逻辑实证论相结合的道路上，始终存在着一个关于"可证实性原则"的不断修正的过程。

另一方面，在英国传统的分析哲学和实用主义相结合的过程中，也存在着语言逻辑分析及其使用的关系的问题，使美国的分析哲学逐渐地在语言逻辑分析的实用化和语用论的成长中，显示出其独有的特征。

除此之外，美国本土发展起来的语言学研究理论，也以其特殊的独特贡献，促进了分析哲学和逻辑实证主义的美国实用主义化。本书第三编在探讨语用论中的"意义理论"时，将对此再作深入分析。

当然，为了深入分析实用主义同逻辑实证主义的相互融合的问题，有必要首先区分两者的特征。

莫里斯作为实用主义和逻辑实证主义相结合的一个产儿，曾严肃地指出实用主义与逻辑实证主义的区别。他在《实用主义与逻辑实证主义的"意义"概念》（The Concept of Meaning in Pragmatism and *Logical Positivism*）中说，实用主义是同逻辑实证主义相对立的，因为前者是从生物学和社会的观点，而后者是从逻辑和个人主义的观点去探讨经验的可验证性的问题的。[54]

逻辑实证主义的创始人石里克（Moritz Schlick，1882－1936）坚持认为，一个命题的可验证性必须是完备无误的。石里克说："没有一种理解意义的办法不需要最终涉及实指定义，这就是说，显然是全部都要涉及'经验'或'证实的可能性'。""我觉得再没有比这更简单、更无可置疑的了。当我们断言只有指出一个命题在经验中证实的规则，才能指出该命题的意义时，我们所描述的就是这个情况，不是别的。"[55] 在同一篇论文中，石里克反驳了刘易斯从传统经验论的角度所提出的问题。刘易斯尖锐地指出："假如认定只有能够交给明确的证实去检验的说法是有意义的，而且只有在主体的直接当下的经验中才能出现证实，那么,就只有实际出现在包含着那种意义的经验中的东西才能有意义。"⑤换句话说,在刘易斯看来,如果一定按照石里克的证实条件去完成的话,归根结底,只有诉诸作为个体的主体所直接感受到的经验观察,才能达到确实无误的证实标准。这样一来,一切命题,不只是形而上学的、道德的命题,而且也包括科学命题在内,都将因而丧失掉"意义"。石里克在探讨刘易斯的评论时,除了指明"可证实性"同"在此时此地可以证实"和"当下证实"的区别之外,明确地提出了"经验的可能性"同"逻辑的可能性"的区别。石里克指出,维也纳学派所说的"同意义相联系的证实可能性不能是经验可能性","当我们讲到可证实性时,是指证实的**逻辑**可能性,除此之外,没有任何别的意思。"⑤⑦

由此看来,当逻辑实证主义同美国实用主义相遇的时候,作为第二代美国实用主义的代表人物之一,刘易斯所提出的"概念的实用主义认识论",由于强调概念和范畴的效用性,并试图把实用主义经验论及对知识的实用性的重视同康德先验论及逻辑经验主义的某些理论结合起来,强调分析真理同经验知识的区别,因而,对于促进维也纳学派从"逻辑**实证**主义"到"逻辑**经验**主义"的转变,具有重要的意义。正如维也纳学派的重要成员之一克拉夫特(Victor Kraft, 1800-1875)所说:"把维也纳学派称为逻辑实证主义,从 20 世纪 30 年代的石里克、卡尔纳普、纽拉特(O. Neurath, 1882-1945)、哈恩(H. Hahn, 1940-)以及他们对于维特根斯坦的见解来说,是完全有理由的。但是,这个哲学运动由于这些年来进一步的发展,与实证主义观点有了一定的距离——至少部分是如此的。当前,维也纳学派所坚持的主张,是一种新的经验主义。"⑤⑧逻辑**实证**主义之转向逻辑**经验**主义固然有许多复杂的原因,但可以肯定的是,美国实用主义的经验论对于逻辑实证主义的不断批判和修正,是一个重要的因素。

　　在实用主义同逻辑实证主义相互结合的过程中，维也纳学派原有成员赖辛巴哈（Hans Reichenbach，1891－1953）对于可证实性问题曾作过独创性的研究。他作为数学家和物理学家，通过他对几何学基本原理和物理学逻辑结构的深入研究，在"物理的验证"之外，他又导入了"验证的逻辑可能性"，以便区分"实际的验证"和"验证的可能性"两个层次和两个概念。㊿卡尔纳普则坚持强调验证的方法，以及我们有验证能力的那些命题的可验证性。他不同意把"可验证的命题"同"可肯定的命题"加以混淆，因为在他看来，对于后者人们所知道的，只不过是肯定它们的那些条件。⑩ 显然，这里的问题已经不再是"经验的验证"，而是变成为"验证的可能性"和"验证的方法"的问题。

　　正是在这里，逻辑实证主义通过美国的操作主义（Operationism）而进一步同实用主义相结合。正如本书导论部分所指出的，在将逻辑实证主义同实用主义相结合方面，操作主义起了重要"中介"作用。美国的操作主义的代表人物布里奇曼指出："一个概念的'意义'，不是别的，只是一系列操作的总体；**概念是相适应的操作总体的同义词。**"⑪布里奇曼显然从实用主义传统出发，把验证的内容、方法、过程及效果，都同实际操作结合在一起，完成了"实用"同"实证"的结合。

　　实用主义同逻辑实证主义在这一阶段的相遇，可以明显地表现出两者的两个趋近点：一方的逻辑建构和另一方的操作实施。操作过程取代了直接的感性经验观察，使验证的方法和可能性超出了个体性的主体的直接验证的狭隘性。操作主义至少补足了逻辑实证主义在其前期有关可验证性的概念的不足之处，因为"操作"在这里赋予了"概念的"和"公共的"意思，因而具有"一般性"和"普遍性"的意义。这样一来，"操作"变成为一种认真严肃的探究过程，而感觉方面的表现只是它的一个信号，任何一个有能力释读这个信号的研究人员都可以把握它。

而这样一来,感性观察再也不只是向一个个别的个体提供关于世界的
信息,而是可以验证、并被一切研究人员在其通用的数学化的物理语言
中沟通的。

当然,正如杜威所指出的:"逻辑实证主义和操作主义把逻辑理论
限定在形成这些命题的操作以外的命题转换之上。"[62]杜威在此并不是
认为逻辑实证主义和实用主义没有认识到验证是操作性的。杜威所要
说的,"是操作并不单纯地验证与预先存在的物质材料相关的那些假
设,而且验证新的假设——这些假设的操作性的应用,提供着重建预先
存在的材料的新材料。"[63]

卡尔纳普对此似乎表示赞同。卡尔纳普在接受上述关于验证的实
用主义理论的同时,强调"可验证性原则"的自我修正的漫长过程。因
此,问题并不在于在一个给予的现有系统内确定一个命题的逻辑有效
性或经验验证的有效性。问题的关键是系统本身;而这样一来,便只能
通过实用的手段来确定。卡尔纳普说:"对于想要发展或使用语义学
方法的那些人来说,决定性的问题不是关于抽象对象的存在的所谓'本
体论问题',而是关于抽象的语言形式的使用,或者用专门名词来说,是
超出事物(或现象资料)变词以外的变词使用对于语义分析的用途,即交
流语言,特别是科学语言的分析、解释、阐明或构造,是否便利于和富于
成果的问题。这里既不判定、也不讨论这个问题。它不是简单的'是'或
'否'的问题,而是一个程度问题。在那些做过语义分析、并考虑过这个
工作的适合工具的哲学家中间,从柏拉图和亚里士多德开始,和在现代
逻辑基础上以更技术性的方式,从皮尔斯和弗雷格开始,大多数人都接
受了抽象对象。当然,这并不是证明。毕竟专门的语义学仍然处于其发
展的最初阶段,而我们必须对于方法上可能的根本改变有所准备。"[64]

从卡尔纳普的上述这段话中,已经可以感受到卡尔纳普等逻辑实

证主义者转变其证实性原则的思想准备。这是在实用主义、经验论、语义学研究成果的推动下，朝着语用论方向转变的准备。卡尔纳普从中也加深了对于皮尔斯和弗雷格以来语义学和语用论研究成果的认识。

不仅如此，有趣的是，卡尔纳普还进一步说了以下这段意味深长的话："抽象的语言形式的接受或拒绝，正如在任何一门科学中任何其他的语言形式的接受或拒绝一样，最终将决定于它们**作为工具的效率**和决定于所取得的**成果**与所需要的努力的总量和复杂性的比率。武断地禁止使用某些语言形式，而不通过它们在**实际使用**中的成功或失败来检验它们，比无效还更坏；它是肯定有害的，因为它会妨害科学的进步。……让我们给在任何专门研究领域工作的那些人们，授予使用看来对他们**有用的任何语言表达形式**的自由；这个领域中的工作迟早会导致那些缺乏有用功能的形式被淘汰掉。**让我们在作出断定时要谨慎从事，并且批判地检验它们，但在允许使用语言形式方面，却要采取宽容态度。**"㊸

卡尔纳普的上述态度转变，表明莫里斯在 1937 年写的《实用主义与逻辑实证主义的"意义"概念》中所强调的实用主义与逻辑实证主义的区别，已经被逐步克服了。"意义"理论的内容和接受范围，随着实用主义真理观及语用论的发展，已在逻辑实证主义内部不断地扩展开来，以致在维特根斯坦及其他日常语言学派的研究成果的推动下，语用论的重大突破及其深远意义，早已预示着 20 世纪下半叶人文和社会科学的方法论的重大改革。

第七节　席勒在英国发展的实用主义

实用主义在美国获得蓬勃发展以后，迅速地影响到英国哲学的发展。早年深受黑格尔主义哲学影响的原英国亚里士多德学会会长、牛津大学教授席勒(Ferdinand Canning Scott Schiller，1864 - 1937)，是把美国实用主义带回英国，并致力于传播实用主义的关键性人物。

席勒原籍德国，在牛津大学获文学硕士之后，于 1893 年赴美国康奈尔大学任讲师。席勒在 1907 年发表的《人本主义研究》(*Studies in Humanism*)一书，已经很明显地表达了席勒的实用主义观点。全书六章，广泛地讨论了实用主义和人本主义的基本内容、真理的歧义性、真理的本性、真理的形成、自由以及"实在"等问题。这是从人本主义出发对实用主义所作的系统论述，因此，该书以"人格"为中心，强调真理的价值标准。在席勒看来，真理就是在逻辑上站得住脚的价值，而一切真理判断的真实性，归根结底，是取决于其应用的实际效果。同样，任何思维或行动规则，其真正意义，都应在其使用过程中得到证实，而且，这样一来，任何规则和任何真理命题的意义，也只有在其实际应用中才呈现出来。

席勒在这本书中对于"实用主义"所作的七条定义，充分地表现了席勒的人本主义的实用主义同他早期的新黑格尔主义以及同美国的以霍维森、波温(Borden Parker Bowne，1847 - 1910)、布莱特曼、弗留厄林(Ralph Tyler Flewelling，1871 - 1960)、霍金为代表的人格主义的密切思想联系。在席勒看来，实用主义就是人本主义在认识论上的应用。整个世界无非是以人为中心的整体。在这个意义上说，席勒完全采纳，并彻底发扬古希腊智者普罗泰戈拉(Protagoras，公元前 485 - 415)的著名的"人本尺度命题"(der "Homomensura" Satz)，即："人是万物的尺度，是存在者存在的尺度，也是不存在者不存在的尺度(Der Mensch ist das Mass aller Dinge, der Seienden, dass sie sind, der nichtseienden, dass sie nicht sind)。"⑥换句话说，世界是"人"的世界，一切以"人"为标准进行衡量,而由于席勒是实用主义者,所以,他又进一步将苏格拉底早已揭示的普罗泰戈拉的相对主义真理论^㉗加以发展,并以实用主义的"经验"概念为基础,使世界的真理性变成为可以在实效中得到验证的主观经验的总体。如果说,在普罗泰戈拉的真理论中已经包含着相对主义的话,那么,席勒的人本主义实用主义便使这种相对主义真理论改换成实用主义经验论的新形式,以借助于其实用主义的人本主义心理学加以论证。

世界作为人的世界,也因人的经验的变幻性而变成未定形的世界。这种未成形的世界,对于实用主义者席勒来说是不重要的,重要的是,由于这个世界可以以人为中心而变化,人又是主要以其功利和利益来指导自己的行为,并力求使利益在行为的效果中获得,所以,"人"正好可以以其利益作为标准来选取经验的材料,在自己的行为中构造出一个有利于自己的经验的"实在"。

席勒在《人本主义研究》中很重视心理学的研究。但他的人本主义心理学有很浓厚的目的论,强调一切意义取决于目的。真理作为一种人人选定的有利于自身的价值,归根到底,取决于**目的**。因而,真理是有歧义的。一切真理和实在,由人在行为中的努力而定,凡满足人的需要者,即是"真理",凡符合人之目的者,即是"实在"。

席勒在 20 世纪 20 年代末至 1937 年,曾任美国南加利福尼亚大学哲学教授,除《人本主义研究》外,还著有:《人本主义》(*Humanism*)、《柏拉图还是普罗泰戈拉?》(*Plato or Protagoras?*)及《应用逻辑》(*Logic for Use: An Introduction to the Voluntarist Theory of Knowledge*)等。

席勒的应用逻辑(Applied Logic)虽然试图像康德那样看作是研究具体思维的经验条件的,并借助于心理学去探讨思维规则的具体应用,但由于席勒的明显的人本主义实用主义观点的影响,他强烈反对传统逻辑脱离人的利益和目的去探讨人的"纯粹思维"的形式化规则,主张以经验为基础探讨逻辑规则。一切逻辑规则和原则,归根结底,是为人的行为,或更确切地说,是为人的行为获致有益的实效及其成功服务的。因此,其可靠性和有效性,只是取决于它们是否符合和满足人的目的,能否引导人的行为获致成功。

席勒的"应用逻辑"实际上就是以"人"为中心的实用主义逻辑,就是旨在指导人的行为达到成功的逻辑。

注释

① 引自 *The Philosophy of John Dewey*, ed. by John J. McDermott, The University of Chicago Press, 1981, p. 41。

② 罗蒂:《实用主义的后果》,第 xviii 页;亦可参见 Richard Rorty, *Philosophy and the Mirror of Nature*, Princeton University Press, 1979。

③ Herbert W. Schneider, *A History of American Philosophy*, N. Y., Columbia University Press, 1946, pp. 226 – 232.

④ William James, *Extraits de sa correspondance*, trad. Floris Delattre et Maurice Le Breton, Paris, Payot, 1924, p. 283.

⑤ 杜威:《确定性的探究》(N. Y., Minton, Balch & Co., 1929),第 114 页。

⑥ 杜威:《达尔文对当代思想的影响》(New York, Henry Holt & Co., 1910),第 19 页。且收在 *The Middle Works of J. Dewey*, Carbondale, Southern Illinois University Press, Vol. IV, p. 14。

⑦ 同⑤。

⑧ R. B. Perry, *The Thought and Character of William James*, Boston, Little, Brown & Co., 1935, Vol. II, p. 404, Note 5.

⑨ J. Dewey, *Problems of Men*, New York, Philosophical Library, 1946, p. 228, Note 7.

⑩ Edward H. Madden, *The Philosophical Writings of Chauncey Wright*, New York, The Liberal Arts Press, 1958, p. 7.

⑪ *Ibid.*

⑫ *Ibid.*, p. 14.

⑬ S. Peirce, *On the Natural Classification of Arguments*, 1867.

⑭ 参见：Philip P. Wiener, *Evolution and the Founders of Pragmatism*, Harvard University Press, 1949, p. 42.

⑮ A. Bain, *The Emotions and the Will*, 1859.

⑯ A. Bain, *Mental and Moral Science*, Part I, p. 100.

⑰ W. James, *Letters of William James*, Boston, Atlantic Monthly Press, 1920, Vol. I, pp. 147 - 148.

⑱《皮尔斯论文集》, 第 5 卷, 第 1 页。

⑲ 这三篇文章依次分别载于：*Mind*（1885, pp. 27 - 44）, *Psychological Review*（March 1895, pp. 105 - 124）, *The University Chronicle*（Berkeley, Vol. I, No. 4, Sept. 1898）。

⑳ 参见 Otto F. Kraushaar, Lotze's Influence on the Pragmatism and the Practical Philosophy of William James, in *Journal of the History of Ideas*, 1940; 亦可参见 Wiener and Noland, Eds. *Ideas in Cultural Perspective*, p. 643。

㉑ W. James, *L'Idee de verite*, trad, fr. de Veil et David, Paris, Alcan, 1913, pp. 33 - 34.

㉒ 詹姆斯：《同时地认识许多事物》, in *The Writings of William James*, John J. McDermott, Ed. N. Y. Random House, 1967, p. 156。

㉓ W. James, *Letters of William James*, Vol. II. pp. 201 - 202.

㉔ R. B. Perry, *The Thought and Character of William James*, Vol. II, p. 525.

㉕ 米尔斯：《社会学与实用主义》（Oxford University Press, New York, 1966）, 第 380 页。

㉖ 沃森：《行为主义观点的心理学》（Philadelphia and London, 1919）, 第 ix 页。

㉗ 同㉕, 第 365 页。

㉘ John Dewey, *Human Nature and Human Conduct*, New York, Henry Holt, 1922, p. 190.

㉙ Darnell Rucker, *The Chicago Pragmatists*, Minneapolis, University of Minnesota Press, 1969.

㉚ Hans Joas, hrsg. *Das Problem der Intersubiektivität*, Suhrkamp Taschenbuch, Frankfurt am Main, 1985, p. 7.

㉛ Harald Wenzel, Mead und Parsons: Die emergente Ordnung des sozialen Handelns, in *Das Problem der Intersubjektivität*, p. 33.

㉜ Gary Allan Cook, Moralität und Sozialität bei Mead, in *Das Problem der Intersubjektivität*, p. 131.

㉝ 参见詹姆斯：《心理学原理》, 第 1 卷（New York: Henry Holt, 1980）, 第 292 - 299 页。

㉞ 同㉝, 第 294 页。

㉟ 库里:《人性与社会秩序》,第 184 页。
㊱ 同㉟,第 121 页。
㊲ 米德:《心灵、自我和社会》(Chicago: University of Chicago Press, 1934),第 254 页。
㊳ H. Blumer, *Comments on Parsons as a Symbolic Interactionist*, p. 60.
㊴ 同㊲,第 261 - 262 页。
㊵ S. Hook, *Naturalism and The First Principle*.
㊶ 科维茨和肯尼迪编:《美国的实用主义者》,英文版,第 379 页。
㊷ 胡克:《理性、社会迷思与民主》。
㊸ in George Santayana, *Obiter Scripta*, Charles Scribner's Sons, N. Y. 1936, pp. 213 - 240.
㊹ 桑塔亚那:《论杜威的自然主义形而上学》,收录在巴雷特与艾肯合编:《二十世纪哲学》,第 1 卷,第 367 页。
㊺ R. W. Sellars, *The Philosophy of Physical Realism*, 1932, p. V.
㊻ *Ibid.*, p. 64.
㊼ R. W. Sellars, Le realisme critique et le materialisme moderne, in *L'activite philosophique contemporaine en France et aux Etats Unis*, Paris, P. U. F. Tome I. p. 126.
㊽ 杜隆:《论桑塔亚那的思想》(Nizet, Paris, 1950),第 413 - 414 页。
㊾ J. H. Randall, *Naturalism and The Human Spirit*, Y. H. Krikorian, Ed. N. Y. Columbia University Press, 1944, p. 324.
㊿ 桑塔亚那:《怀疑主义与动物的信仰》,第 VII 页。
(51) H. W. Schneider, *A History of American Philosophy*, p. 27.
(52) 杜威:《经验与自然》,第 1 章。
(53) H. Feigl, The Scientific Outlook: Naturalism and Humanism, in *American Quarterly*, I. 1949.
(54) 莫里斯:《实用主义与逻辑实证主义的"意义"概念》,收录于 Amelie Rorty, Ed., *Pragmatic Philosophy*, N. Y. Doubleday & Co., 1966, pp. 374 - 381.
(55) 石里克:"意义与证实"(Meaning and Verification), in *Philosophical Review*, No. 4, Vol. XLV, July 1936, p. 341。
(56) C. I. Lewis, Experience and Meaning, in *Philosophical Studies*, March, 1934, p. 151.
(57) 同(55),第 350 页。
(58) Victor Kraft, *Der Wiener Kreis. Der Ursprung des Neupositivismus*, 1950, p. 163.
(59) H. Reichenbach, The Verifiability Theory of Meaning (1951); in Feigl/Brodbeck, Eds., *The Philosophy of Science*, p. 97.

⑥ R. Carnap，Testability and Meaning（1936 - 1937），in Feigl/Brodbeck，Eds. ，
The Philosophy of Science，p. 47.

⑥ P. W. Bridgeman，The Logic of Modern Physics，1928；in Feigl/Brodbeck，
Eds. ，*The Philosophy of Science*，p. 36.

⑥ J. Dewey，*Logic*，1938；in french version，1967，p. 624.

⑥ *Ibid.*

⑥ R. Carnap，*Empiricism*，*Semantics and Ontology*，1950；in Amelie Rorty，Ed.
Pragmatic Philosophy，p. 411.

⑥ *Ibid.* 此段引文，除了最后一句是由卡尔纳普原加的重点外，其余的重点号是引者
所加。

⑥ 参见 Plato，*Theaetetus*，152a。

⑥ *Ibid.* ，161c，sq.

第三编

语用论及其发展

第 11 章

现代语用论的理论准备

　　语用论(Pragmatics；Pragmatik；Pragmatique)经历了近百年的酝酿、形成和演变以后，从 20 世纪 60 年代开始，逐步发展成为现代符号论(Semiotic；Semiotik；Sémiotique)的重要组成部分，同语形学(Syntactics；Syntaktik；Syntactique)和语义学(Semantics；Semantik；Semantique)一起，被称为符号论的三大组成部分。早从皮尔斯开始，语用论的问题便紧密地同哲学、符号学、逻辑学、语言学及其他研究符号、语言、人的行为与人的思想的人文科学和社会科学有密切联系。20世纪 60 年代以来，由于西方人文和社会科学对于语言研究的重大突破，语言问题成为解决一系列重大理论问题的关键，在社会科学和人文科学的发展史上，开辟了一个"语言学转折"(Linguistic Turn)的新时期，因此，原来作为符号论组成部分的语用论，又进一步同哲学和人文社会科学中的多种学科紧密地连接和交叉在一起，尤其是同现代哲学中的实用主义、结构主义、存在主义、分析的语言哲学、诠释学等各种流派联系在一起，远远地超出了原来的语言学和符号论的狭小范围，同社会学、人类学、文学、美学、政治学、历史学及伦理学等领域的核心问题交织在一起，成为社会人文科学领域内实现科际整合以及完成新的理论重建的一个带普遍性意义的基础。从语用论目前发展的状况和争论的情况来看，要全面和深入地理解语用论的各个基本概念和基本方法论，不可避免地必须首先弄清语用论酝酿和发展过程中同其他有关学科的关系，也不可避免地要将语用论的酝酿、形成和发展过程，放置在各个不同学科和论题的历史脉络中去考察和加以分析。

第一节　语用论发展的历史轮廓

早在皮尔斯那里，语用论作为研究各种符号在其使用中同符号的使用者的关系的专门学问，特别强调了对于**符号本身、符号所指的对象和意义**以及**符号使用者**三大因素的重点研究，而为了考察以上三者的关系，皮尔斯又进一步强调必须在符号使用者的**思想**和**行为**的实际进行及其效果的环境和脉络中去分析。这就是为什么皮尔斯的最初的语用论能很自然地成为他的实用主义哲学的一个组成部分。

在谈到自己的实用主义哲学原则的时候，皮尔斯曾在《怎样使我们的观念清晰？》和《什么是实用主义？》的论文中，强调说：他的哲学总是把"意义问题"（The Problem of Meaning）以及确定"意义"和"信念"的方法问题视为哲学的中心问题，并认为一个概念的意义，就在于其中所蕴含着的那些可以感觉到的效果。因此，实用主义所要注重研究的，是在人的"行为"中所体现的人的本质，并同时考察和发现同人的"行为"紧密相关联的"思想"的活动和运作的条件。所以，皮尔斯最初便将"实用主义的准则"说成为"使概念澄清的一种方法"。也正因为如此，皮尔斯又说："精密地思考及其在与实践相关的范围内的效果，就成为我们的观念中加以描述的那个作为我们的概念的对象。"[①]

皮尔斯与庸俗的实用主义者不同,皮尔斯特别强调:真理并非完全同事实上的效果相同。皮尔斯所理解的"行为"及其效果,是紧密地与人的**思想行为**以及思想活动中的**语言符号的使用**相关联,而思想、行为和语言使用的相互交叉和相互影响,也构成了皮尔斯实用主义逻辑学、真理论和行为论的重要研究课题。在上述所引的皮尔斯论实用主义的著作(参见本书第一编第二章、第四章和第二编第六章第一节)中,皮尔斯把人的思维活动放置在一种不断地遭受怀疑、论证和在效果中得到证实的实际的复杂过程中,放在苏格拉底意义上的那种不断得到修正的"对话"过程中,这一过程又同行为过程中的"同意"和"共识"的获得相关联。在皮尔斯看来,实用主义所强调的行为实效性并非表明对行为中的思索性、反思性和怀疑性的忽视。相反,皮尔斯强调:怀疑是思维和行为的出发点,有了怀疑,才促使行为者进行反思,并在反思中使用语言符号,以便达到"**同意**"和"**共识**",并不断地依据实效进行语言符号的对话及反思,进一步修正和补足语言符号使用中所标示的不完备之处,调整人的行为。所以,作为皮尔斯的行为理论的基础的"同意"理论或"共识"理论,也构成语用论的重要组成内容。由于皮尔斯很重视"同意"过程对于"行为的可靠性"的意义,所以,波普尔(Sir Karl Raimund Popper,1902－1994)高度估价皮尔斯关于概念澄清和关于行为纠正的理论②,并成为波普尔的可否证性(或证伪性)理论的一个重要参考。与此同时,哈贝马斯也在他 1968 年发表的《认识与利益》(*Erkenntnis und Interesse*)一书中,在探索认识、行为、思想和语言的关系时,高度评价皮尔斯的行为理论、共识理论(Konsenstheorie)及语用论(参见本书第三编关于哈贝马斯的普遍的语用论部分)。哈贝马斯还把皮尔斯的"共识理论"中有关语言、思想和行为的重要思想观念,看作是沟通行为理论的一个重要理论来源,也看作是当代语用论的重要基础。③

德国的当代著名语用论学者阿佩尔在 1975 年编著《语言应用论与哲学》(*Sprachpragmatik und Philosophie*)一书时说:"早在几十年前,莫里斯和刘易斯就已要求以语用论补全语形论和语义论,以便在语言使用的脉络,或者更确切地说,在符号诠释的脉络中,同时论述到诠释者主体。莫里斯当时甚至试图跟随皮尔斯所建构的实用主义的符号学,构想出由上述三学科所组成的一个普遍的符号论整体。莫里斯通过上述研究计划的彻底贯彻,就像较晚时期的卡尔纳普那样,考虑到了一个由'形式的'和'经验的'语形学、语义学和语用论所构成的三重平行关系。在随后的时代里,许多哲学家和科学论的理论家们,同语言学家、符号论学者以及社会科学家们,都在补全和整合语形学和语义学的观念下,发展语言的应用论。在许多场合,往往把莫里斯和卡尔纳普的用语搁置一边,例如晚期的维特根斯坦的语言游戏概念(Late Wittgenstein's Notion of the Language - Game),以及奥斯丁(John Austin, 1911 - 1960)、格莱斯(H. P. Grice, 1913 - 1988)和席尔勒等人的言语行为理论(Theory of Speech - Acts)都是这样,在这里,人们很明显地都在探讨着一种语言的应用论意义上的概念。在最近几年,语言学们也同样地,或者是在补全或扩展生成的语句学和语义学的研究规划中,或者是在更多的社会科学的主导性概念(社会语言学、心理语言学、文本语言学和实用语言学)中,开始解决语言的应用论的研究对象领域的问题。"④

阿佩尔试图概括地总结自皮尔斯以来的语用论发展过程,强调了语用论从**第一阶段**的皮尔斯的**实用主义符号论**(Ch. S. Peirce begründeten **pragmatistischen Semiotik**),经莫里斯和卡尔纳普的改造和补充,发展成由"形式的"和"经验的"**语形学、语义学和语用学**所构成的三重平行关系网（im Sinne eines triadischen Parallelismus von "formaler" und "empirischer" **Syntatik，Semantik** und **Pragmatik**）。阿佩尔对此**第二发展阶段**的语用论的上述概括，突出了皮尔斯实用主义语用论经逻辑实证主义采纳和改造之后所表现的特征：第一，这时的语用论已隶属于逻辑实证主义符号论体系中的一个组成部分；第二，作为逻辑实证主义符号论的一个组成部分，这一时期的语用论是在逻辑实证主义的符号逻辑（或数理逻辑）和科学语言分析哲学的观点下，被加以研究的；第三，这一时期的语用论是由"形式的"（即纯逻辑结构的观点）和"经验的"（即实证的经验观点）语用论（Formal and Empirical Pragmatics）两大部分构成的——两者的区别，潜伏着 20 世纪 60 年代后语用论的发展中有关"形式的语用论"的"普遍性"或"先天性"（Universal or Transcendental Pragmatics）以及"经验的语用论"的"具体条件"等问题的重大争论。

　　阿佩尔在上述概括中，还突出了莫里斯和卡尔纳普的逻辑实证主义语用论传统之外的日常语言学派（Ordinary Language School）的语用论，并以维特根斯坦的语言游戏理论和奥斯丁等人的言语行为理论为例，强调他们与逻辑实证主义语用论之不同就在于突出**语言的使用**。如果可以把维特根斯坦和奥斯丁等人的**语言应用论**归结为语用论发展的**第三阶段**的话，那么，从 20 世纪 60 年代起，在语言学家及其他社会科学家中广泛地探讨的语言应用问题，以及由此激发起来的跨学科的语用论研究和争论，便构成为现代语用论发展的**第四阶段**。

　　阿佩尔对现代语用论的形成和发展过程的上述概括，只是从历史演变的渠道约略地分析其重要发展阶段的特征。阿佩尔在上述历史分析中，一方面忽略了语用论发展中，在分析的语言哲学和实用主义之外的其他学派和其他学科领域中的研究成果；另一方面，也没有充分估计到 20 世纪 60 年代后语用论研究对于社会科学和人文科学的新发展所起的变革意义及其面临的新问题。为了更深入地分析现代语用论的形成和发展过程，更具体地解析现代语用论发展中的关键论题的性质及其发展可能性，必须更细致地从语用论的各个构成部分的发展脉络去进行分析。

另外，从历史发展的轨迹来看，语用论从 20 世纪 60 年代后的进一步演变一方面同诠释学、现代语言学、解构主义以及各种科学哲学的新流派相融合；另一方面，语用论本身又在同各个学科的融合中独立地成长起来，逐渐地正在演变成为一个新型的学科，并反过来又进一步推动了社会科学和人文科学的各个新型科学的诞生和发展。所以，如果可以把 20 世纪 60 年代后 20 年称为语用论发展的第四阶段的话，那么，从 20 世纪 80 年代至今的近十五年，可以构成语用论发展的**第五阶段**。在这第五阶段中，语用论以 20 世纪 60 年代至 80 年代的发展成果为基础，一方面它本身已完整地形成为横跨人文科学和自然科学之间的重要学科，另一方面，受它的影响而发展起来的沟通行为理论、商谈伦理学、符号论、逻辑构造论（Logical Constructivism）、象征诠释学（Hermeneutics of Symbol）、模态逻辑（Modal Logic）以及后现代主义的多种重要理论，也进一步得到完善化。因此，从 1985 年到 1993 年短短的八年中，先后召开了四次重要的专门讨论语用论的国际性学术会议：1985 年在意大利的维亚莱乔（Viareggio），1987 年在比利时安特卫普（Antwerp），1990 年在西班牙的巴塞罗那（Barcelona），以及 1993 年在日本的神户（Kobe）。国际语用论学会（The International Pragmatics Association，简称 IPrA）也是在 1985 年建立的。此后，《语用论学刊》（*The Journal of Pragmatics*），从原来一年一期 800 页扩展到一年一期 1 400 页，接着又从年刊相继地变为季刊和月刊。

　　早在 20 世纪 70 年代中期，当语用论越出语言学的范围而同各个有关学科相通，构成为跨学科的研究时，当时的理论家们就由于语用论的不断变动性和扩展性，而无奈地只用模棱两可的定义去界定语用论的研究范围。例如，1978 年，约翰·本杰明（John Benjamins）曾经以《语用论及其外》（*Pragmatics and Beyond*）为名，发表并出版了一系列有关语用论的丛书。著名的语用学家列文森（Stephen C. Levinson，1947 –）正确地指出：除非已经有一个完备而系统的语用论，关于语用论的确切内容及其原则才能确定而具体化。⑤

　　在谈到语用论自 20 世纪 60 年代至今的最近两个发展阶段时，为了表明语用论发展中的"扩展性"，英国语用论学者利奇（Geoffrey N. Leech，1936 – 2014）干脆把语用论的这种"扩展性"及其对其他学科领域的"入侵"称为"殖民化"（Colonization）。利奇说："这种殖民化，无非是语言学从一门研究言谈的实质内容的狭隘学科，一步一步地扩展到考虑到言谈的形式、意义和脉络的广阔学科的最后阶段罢了。"⑥

　　丹麦著名的语用论学者雅各布·梅（Jacob L. Mey，1926 –）在谈到语用论近 30 年来发展中的"殖民化"问题时，更深刻地指出：这种"殖民化"现象，与其是由于语用论本身，毋宁说是此前的伟大的有见识的哲学家们所开拓和启发的结果。雅各布·梅说："特殊有趣的事实是，并非那些语言学家们首先发现这些语用论的生疏的土地，而是那些哲学家们。这些哲学家们对于语言现象的反思对于近代语言学，特别是语用论的发展，是有意味深长和决定性的影响的。"⑦

　　由此可见，在语用论的发展史上，尤其是在近 30 多年的语用论发展过程中，语用论在各个学科间的扩展，不仅是语用论本身的演变结果，也是各学科相互整合的理论趋势的一种表现。在这个意义上说，研究语用论发展史上各学科相互整合的过程，将有助于从语用应用的角

度全面地考察现代社会科学和人文科学的发展逻辑,也同样有利于重
建适合于现时代的新型社会科学和人文科学。

第二节　实用主义对语用论的研究

　　在实用主义的脉络中,语用论的发展,一方面同严格意义的实用主
义哲学家皮尔斯和杜威等人的理论贡献相关联;另一方面也同深受实
用主义影响的其他学派的思想家的研究成果相关联。这后一部分思想
家,包括将实用主义同行为主义结合起来而创建象征互动论的米德、概
念论的实用主义者刘易斯、科学的经验主义者莫里斯、操作主义者布里
奇曼、普通语义学理论家科日布斯基(Alfred Korzybski, 1879 - 1950),
以及逻辑实用主义学派中的蒯因、古德曼(Nelson Goodman, 1906 -
1998)、帕普(Arthur Pap, 1921 - 1959)等人的"逻辑实用主义"密切
相关。

　　显然,上述**实用主义**脉络,指的是一切受实用主义哲学影响的思想
流派,其中除了纯属实用主义的思想家,如皮尔斯和杜威以外,还包括
深受实用主义影响,但同时又在实用主义之外将其他流派的理论与方
法,贯彻于语用论研究的思想家们,首先要说明的是,米德**将实用主义
同行为主义**结合在一起,在研究社会哲学、文化人类学、社会心理学及
社会学的过程中,深入分析语用论的问题,创立了"象征互动论"(The
Symbolic Interactionism)。米德在象征互动论中,阐述了"思想"、"自
我"和"社会"之间,如何以**语言的运用**作为中介而实现相互间的互动体
系。有关米德对语用论的贡献,本书第二编第十章第三节已有专门论
述和评论。

　　现在,为了更清晰地分析实用主义对语用论发展的贡献,有必要在

本书前述分析的基础上，进一步阐明在美国实用主义哲学和行为主义方法的影响下，米德和他的学生布鲁默在象征互动论方面的理论贡献，以及其中包含的语用论的因素。

米德和布鲁默的象征互动论，都强调人在社会生活和社会行为中创造和运用**符号**（Symbols）的能力。在象征互动论看来，人及其社会的最本质特征，正是来自人类使用符号的特殊能力——这一能力使人类凭借符号的创造和运用，不仅表达彼此的思想、情绪、意见，表达各自内在的精神活动的内容和倾向，使人的生活和行为超越出物质的和肉体的活动和需要的范围和界限，成为极其复杂又高尚的特殊生存物，而且，更重要的是，还可以创立、调整和发展由符号的多样体系所建构的社会制度、组织、机构、规范等，使人生活在层层分化而不断完善化的符号和象征系统之中，使人的社会具有比物质性的自然世界更复杂得多的性质，使人在很大程度上摆脱了本能的、生理的和肉体的控制，不仅能适应，而且能改善生活环境，使人从服从环境的被动地位，转变成控制和改造环境的主动行为者。

由米德和布鲁默所倡导的象征互动论，是皮尔斯的实用主义和原初语用论在社会学领域的应用。米德和布鲁默都很重视人类在社会行为中应用语言符号的能力及其伟大意义。人类正是通过对口语及肢体姿势的意义的认同，使得彼此间可以有效地相互沟通，并表达出隐藏在内心深处的极其复杂的、无形的思想感情和意向。米德和布鲁默都认为：人们在社会生活中彼此沟通和相互协调的中介，并非单纯地局限于语言符号，而且还包括一系列非语言的符号性沟通（symbolic communication）和符号性的协调（symbolic coordination）。

如前所述，米德曾把人类通过辨认和解释他人的身体语言进行沟通和互动，并预期他人的反应的能力，称为"扮演他人角色"的能力。这也就是每个人能看到别人的态度行为意向的能力。⑧

角色扮演过程是社会的人彼此间互动得以实现的最基本途径。在米德和布鲁默影响下，罗斯（Arnold Rose）明确地指出："角色扮演意味着每个沟通者想象——即内心唤起——对方是如何理解这种沟通的。"⑨同样，林德史密斯（Alfred Lindesmith，1905－1991）和斯特劳斯（Anselm Strauss，1916－1996）也认为："角色扮演是对其他人立场和观点的想象假设。"⑩这就表明，社会学的象征互动论者已经很深刻地认识到：人类社会行为中的象征性的符号互动的运作，是以人类心灵的想象能力及其对象征的意义的理解能力为基础的。

米德的象征互动论把符号在行为中的应用和运作，同人的心灵、自我和社会的整体性协调运作紧密地联系在一起。因此，米德在研究符号在行为和社会生活中的运用时，总是很重视分析人类性（humanness）的起源和互动模式之间的关系。这对以后的语用论的发展，无疑地具有深刻的启发意义。在这方面，最重要的是突出了语言符号使用者（即人）的心灵、自我及其社会生活的特殊性质，强调心灵是一种特殊的思维能力，它能以符号来指示、衡量、评估、想象、预期、计划、谋略及建构各种行为方式。罗斯为此指出："思维是一个过程。人通过它才能对行动的各种可能的符号性方案和未来过程进行考察，才能依据个人的价值观念来衡量各种方案的好处和坏处，然后选择一种行动方案。"⑪

林德史密斯和斯特劳斯还进一步明确地以"情境定义"（the definition of the situation）的概念，说明人类心灵在各种情境中辨认、分类和调适各种客体的能力，以及由此评估和选择各种行动路线的能力。⑫米德等人的象征互动论中的"情境定义"概念，仍然突出"自我"的中心地位及其重要意义。这也表明，人类在行为中的符号运用，必须以他们对自身的比较稳定和持久的反思能力作为基础，必须以获取自我意象(self-image)，在社会环境中以自身作为对象的想象能力作为基础。

布鲁默在其重要著作《象征互动论》(*Symbolic Interactionism: Perspective and Method*)一书中，特别强调：作为符号使用者的人类(Human as symbol users)是他们自身及其生活环境的积极创造者(active creators)，是能在符号使用中发展思维、确定意义，并进行自我反省的行动者和行为角色。布鲁默指出：人类行动者在互动中，除了彼此互为客体外，还**通过符号**选择并指谓附加的客体(actors select and designate **symbolically** additional objects)，即选择并指谓那些除了自身和他人之外的其他物体。

在这里，布鲁默已经很明确地指明了：人类在互动行为中通过符号所选择和指谓的客体包括：① 符号使用者自身；② 与符号使用者互动的那些"他人"，即接受、理解并同样可以发出符号的"他人"；③ 与互动的、作为符号使用者的"自身"和"他人"相关联，并组成符号使用者的客观世界的其他所有对象；④ 由符号使用者在特定的客观世界中所期望建构的设想的结构，诸如一系列规范、价值和制度等。

显然，布鲁默的象征互动论，注重于符号使用者在应用符号过程中的一系列创造性的建构的和可变动的思维能力和活动能力。在这里，人类行为的互动的符号特性，人类行为中的灵活的符号使用网络，与其是为人类行为所必需的遵循渠道提供既存的心理方面的、社会方面的和文化方面的结构，不如说是为了使社会的、文化的和心理的结构能随时随地依人类行为和环境的改变而变化。

米德和布鲁默等人的象征互动论，尤其突现了人类作为符号使用者的特性，因而有力地推动了语用论的发展。

至于在 20 世纪二三十年代之后在美国发展起来的刘易斯的"概念

论的实用主义"、布里奇曼的"操作主义"、莫里斯的"科学的经验主义"、科日布斯基的"普通语义学"和蒯因等人的"逻辑实用主义",显然是从美国原有的实用主义的传统观点,去分析他们的语用论。毫无疑问,他们都同时又是美国逻辑实证主义的重要代表人物。因此,在以下有关章节从逻辑实证主义脉络分析语用论时,仍然要再次论述他们的语用论的逻辑实证主义基础。所以,只是为了分析和论述的方便,先按不同思想流派的脉络,去寻求现代语用论形成的来龙去脉,才把他们分别放在实用主义和逻辑实证主义的两个不同系列中去作比较。

从上述的实用主义脉络中,我们可以明显地发现:实用主义对发展语用论的重要贡献,在于始终突出人的行为、思想及语言的"使用"问题,把人的行为、思想及语言问题的讨论,直接地同人的行为实效、实际用途及使用条件相联结。这也突出了实用主义本身的反思辨、反空谈、反形而上学的优点。正是实用主义的这个优点,使实用主义从它的创始人皮尔斯开始,便重视语用论及其在探讨真理、行为问题时的重要意义。也正是实用主义的这个优点,使实用主义有可能补足逻辑实证主义从单纯逻辑观点探讨真理语言结构的某些片面性。美国的刘易斯、莫里斯、布里奇曼、科日布斯基及蒯因等人,在这方面所做的贡献,便是范例。

第三节　逻辑实证主义中的语用论问题

在**逻辑实证主义**的脉络中,语用论的探讨应上溯到弗雷格。弗雷格在逻辑研究中,为了对抗当时流行的以冯特为代表的"心理逻辑主义"(Psychologismus)的那种认为"心理学是包括逻辑在内的一切哲学领域的基础"的片面观点,为了明确定逻辑符号的客观意义,主张以数学模式重建逻辑体系，拒绝心理因素在探讨逻辑意义时的干扰作用，从而创建了从**纯逻辑**观点探索真理意义的符号体系的数理逻辑。弗雷格以数学为模式寻求真理符号体系的理想，也促使他追求一种与外界现实事物无关的**纯粹语言**符号体系，希望通过这种理想的纯粹语言符号体系的建构，能一方面达到切断语言符号同千变万化、千差万别的现实事物（对象）的关联的目的，另一方面又能像精确的数学符号体系那样，达到把握精确的真理语言结构的目的。弗雷格在上述思想指导下所进行的对于"意义"问题的研究，可以看作是现代语用论发展史上最早的文献。弗雷格在他的重要著作《算术的基础》（*Die Grundlagen der Arithmetik*）一书中，强调"词只有在命题中才真正地具有意义"⑬。弗雷格为此开创了单纯在**命题**结构范围内探讨语词的意义及其使用问题的逻辑主义传统，对后来的逻辑实证主义长期固执地仅从命题语句结构探讨语词意义及其使用，产生很深远的影响。

　　在弗雷格之后，对逻辑实证主义迟迟地研究语用论产生重大影响的第二个人，要算是德国数学家和逻辑学家希尔伯特。以希尔伯特为代表的哥廷根学派（The Göttingen School）把作为数学和物理科学基础的公理体系，看作是独立的和无矛盾性的体系。在希尔伯特于 1899 年发表的《几何学原理》（*Grundlagen der Geometri*），以新的概念重建了欧几里得几何学，使几何学在**形式符号系统**中，完全摆脱内容和直观图像，变成一种逻辑上的投射性透视摄影照片那样，只看到其中的形式架构，几何学的对象不再是点、线、面，而是 A、B、C……，α、β、γ……，等无内容的纯粹符号。希尔伯特将几何学建立在**无矛盾性**（die Widerspruchslösigkeit）的概念的基础上。这样一来，希尔伯特把数学符号看作是纯粹的记号，没有任何意义，各种数学公理和命题，也只是无意义、无真假的符号之间的排列组合。由此，希尔伯特完成了数学公理系统的形式化和符号化,具体地解决了一些公理方法的逻辑理论问题。希尔伯特还在 1917 年提出《公理思维》(*Axiomatisches Denken*)的重要论文,强调公理方法不仅要排除已发现的悖论,而且要说明在某一科学领域中根本不存在逻辑矛盾。在希尔伯特看来,在数学和物理等科学领域中,我们所面对的只是依一定秩序排列而成的事实;而这些秩序的获得只能依靠**一定的概念体系**所组成的科学理论本身。一切理论是以**公理**(Axiom),即少量的特殊命题为基础的系统。1922 年当希尔伯特发表《数学的新基础》(*Neubegründung der Mathemathik*)时,更明确地强调,作为一切数学科学的基础,形式的图像是最重要的。形式图像是一种形式系统,或者更确切地说,是一个符号系统。一切思维对象都是通过一个符号而确定下来的。数学的本质就在于:它是一种**符号游戏**。符号,就其本质而言,具有一套旨在防止错误的理智性规则,而且具有一套规定着它的活动和变换法则。所以,希尔伯特说:"作为开端的,是符号"(Am Anfang ist das Zeichen)。这样一来,一切数学,包括数论、分析和集合论等数学领域,其本质就是一种**形式**的理论,是某种由公理系统所规定的形式演绎系统。任何数学的基础都必须包含**逻辑的**和**数学的**概念和原则,而所谓逻辑则是将数学原理表达成**公式**,以形式程序完成推理演绎的**符号语言**。作为逻辑的楷模的数学思维就是公理思维,其对象不是事物,而是符号本身,因此,一切符号在内容上与它们的意义无关。因此,真理无非就是数学式演绎推演的严密精确性。希尔伯特的理论奠定了现代符号逻辑、数理逻辑和纯粹语言符号分析体系的基础,对于罗素、怀特海等人的数理逻辑和分析的语言哲学,以及逻辑实证论的语形学、语义学和语用学的发展方向,发生重大的影响。希尔伯特的数理逻辑和纯粹语言符号逻辑后来由他的学生阿克曼(Wilhelm Ackermann, 1896 - 1962)进一步加以论证和发展,并在某种程度上得到了修正。

以石里克为代表的维也纳学派的逻辑实证主义者们，在弗雷格的逻辑主义、希尔伯特的形式化公理系统理论及罗素等人的逻辑原子论思想的影响下，以"科学的世界观"（Wissenschaftliche Weltsauffassung）作为基本口号，强调一种反形而上学的、以科学方法为基础的新哲学，其任务只是，而且只是**分析**科学陈述或命题的真理语言结构。石里克说："这些方法是从**逻辑**出发的，莱布尼兹曾模糊地看到这些方法的端倪。在最近几十年里，弗雷格和罗素曾开拓了重要的道路，而维特根斯坦在1922 年的《逻辑哲学论》中，则是一直推进到这个决定性转折的第一个人。"⑭接着，石里克强调，哲学的这场伟大的转变，并不单靠方法本身，更重要的是，这种方法的转变是基于对于逻辑本质的正确认识。石里克一针见血地指出："人们早就说，并且常常说，在某种意义上，逻辑的就是纯粹**形式的**。但是，人们并不因此而真正明了纯粹形式的本质。弄清纯粹形式的本质，是从这一事实出发：任何认识都是一种表达，一种陈述。"⑮这样一来，石里克将一切知识、真理系统，都看作是由命题和陈述所构成的逻辑形式。换句话说，**一切知识只是凭借形式而成为知识**，知识通过它的形式来陈述所知的实况，但形式本身是不能再被描述出来的。形式的本质只在于知识，其余一切都是非本质的，都是表达的偶然材料罢了。

石里克等人所完成的上述"哲学的转变"，直接导致了对于一切科学命题（即由科学语言构成的各种陈述）的逻辑形式结构的分析，导致了逻辑实证主义长期地囿于**科学语言的逻辑形式符号体系**的研究，不注重日常语言和自然语言，特别不注重这些语言的**使用**问题，致使语言论在皮尔斯之后的将近 30 年岁月中无人问津。在这里反复提及逻辑实证主义对语用论研究的忽视，正是为了更全面地探讨现代语用论的发展历史——从不重视语用论研究中，可以更清楚地看到语用论的重要理论意义，因为正是从忽视语用论研究所造成的恶果中，可以突出显示语用论研究的必要性。

石里克在《意义与证实》(Meaning and Verification)⑯中说："当我们问一个句子'究竟意味着什么？'的时候，我们所期望的，就是说明在哪些情况下可以用这个句子，我们需要描述出在什么条件下这个句子会成为一个**真**命题，而又在什么条件下会成为**假**命题。""陈述一个句子的意义，就等于陈述使用这个句子的规则，这也就是陈述证明（或否证）这个句子的方式。一个命题的意义，就是证实它的方法。"⑰

显然，维也纳学派的逻辑实证主义在将"命题的意义"归结为"证实它的方法"的情况下，由于事先早已认定"只有科学语言的命题才有意义"、"只有科学命题形式才是逻辑的本质"，维也纳学派对命题及其证实方法的探讨，充其量也只能局限在语形学和语义学的范围之内。

在 20 世纪 30 年代到 20 世纪 40 年代期间，在逻辑实证主义的脉络中，发生了**三件大事**，对于扭转逻辑实证主义的语用论研究方向具有重要意义：**第一**，哥德尔(Kurt Gödel, 1906－1978)在 1930 年发表的博士论文《逻辑函数演算公理的完全性》(*Die Vollständigkeit der Axiome des logischen Funktionenkalküls*)中，提出了一阶谓词演算的完全性定理的论证，强调这类演算的一切有效公式都可以有形式上的证实。接着，哥德尔又在 1931 年发表《论〈数学原理〉及有关系统中的形式不可判定问题》(*Über formal unentscheidbare Sätze der Principia Mathemathica und verwandter Systeme*)⑱中，提出了著名的"哥德尔不完全性定理"，强调**一切**包括初等数论的形式系统，如果是协调的，那就是**不完全**的。这对前述希尔伯特意欲完成数学语言纯粹逻辑符号化和形式化的逻辑主义理念，是一个沉重的打击，也同样震撼了维也纳学派逻辑实证主义关于"纯粹在科学语言命题的逻辑结构范围内探讨真理问题"的方法的基础。

　　第二，以卢卡西维茨、列斯涅夫斯基（Stanislaw Lesniewski，1886－1939）、科塔宾斯基（Tadeusz Kotarbinski，1886－1981）、阿茹基维兹（Kasmierz Adjukiewicz，1890－1963）及塔斯基（Alfred Tarski，1902－1983）为代表的"华沙学派"在研究逻辑和真理问题上的重要成果。列斯涅夫斯基创造性地建构了由"主体论"（Protothetic）、"本体论"（Ontology）和"分体论"（Mereology）相互联系所组成的逻辑系统，强调了作为基础的主体论的重要性，并认为主体论在古典逻辑系统中补加了命题的外延性定律，使通常的推理规则之外还增加了"量词规则"（Rule of Quantifier）、"定义规则"（Rule of Definition）及"外延性规则"（Rule of Extension）。在列斯涅夫斯基那里，本体论和分体论是为解"罗素悖论"（Russell's Paradox）而建立的。列斯涅夫斯基认为，悖论的产生并非由于混淆了"类"，而是由于"类"的表述本身总是被用得含糊不清。本体论和分体论正是阐明了这种含糊不清。列斯涅夫斯基还严厉地批判了逻辑中的纯形式主义，不同意将逻辑单纯地归结为符号游戏，并强调逻辑理论必须与实际相符合。与此同时，卢卡西维茨在其对于亚里士多德逻辑的研究中，强调亚里士多德逻辑中的本体论的、逻辑的和心理学的三种不同形式的矛盾律，并成功地以公理化方法改造了亚里士多德的三段论。卢卡西维茨早在1920年发表的《论三值逻辑》（*O logice trojwartosciowej*）⑲的重要论文中，便创建了三值逻辑——在这种三值逻辑中，一切命题都凭借经典演算获得其"**真值**"或"**假值**"，同时，也可能存在其"**可能值**"。在此基础上，卢卡西维茨又论证了"四值"、"五值"以致"N值"逻辑。1929年，他开始使用不带括号的符号体系，因而创立"前置法"（Prepositional Method），将运算符号或连接词写在演算前或变项之前,从而可以省略那些表示运算或联结的先后次序的符号。卢卡西维茨对公理系统的一致性、完全性、独立性的研究,极大地推进了符号逻辑的研究。卢卡西维茨还同塔斯基一起于 1930 年发表《命题演算研究》(*Untersuchungen über den Aussagenkalkül*),导入了"元逻辑"(Metalogic)的概念,创立了以研究形式语言、形式系统和逻辑演算的语法和语义为主要对象的新型的纯形式化的逻辑系统。这是在希尔伯特的元数学概念及其形式主义和逻辑主义的数学哲学的启发下发展起来的。

在卢卡西维茨的影响下,塔斯基于 1933 年发表了《形式语言中的真概念》(Der Wahrheitsbegriff in den formalisierten Sprachen),奠定了逻辑主义关于真理定义的理论,论证以演绎语言系统确定真理的精确内容。塔斯基的研究,有助于推动逻辑实证主义加强研究与语形学相关的语义学。塔斯基在 1935 年发表的《科学语义学的创立》(*Grundlegung der wissenschaftlichen Semantik*)的著作,明确地区分了两种语言:对象语言(Object-Language)和元语言(Meta-Language)——前者是被断言、被分析的语言,是第一层次的语言,是用来谈论对象的语言;后者是进行判断和分析的语言,是第二层次的语言,是用来谈论第一层次的语言的语言,它并不直接谈论"对象语言"所谈论的事情。塔斯基将语言层次化的目的,是为了寻求真理定义的精确内容,为了防止语义悖论。塔斯基在 20 世纪 30 年代的上述贡献,对逻辑实证主义的语言哲学观点和方法,发生了深刻的影响。

第三,将实用主义同逻辑实证主义加以结合的结果,在 20 世纪 30 年代的美国,出现了刘易斯、布里奇曼和莫里斯的新型的语言哲学——正如前面所已经指出的,这有助于推动逻辑实证主义对语用论的研究。

综合以上 20 世纪 30 年代发生的三大事件对于逻辑实证主义的影

响,逻辑实证主义的主要代表人物之一卡尔纳普,才在 1942 年出版的著作《语义学导论》(*Introduction to Semantics*)中,将语用学正式地导入逻辑实证论所研究的符号逻辑体系之中。

卡尔纳普说:"如果在一种探究活动中,我们只是考虑到说话的那个人,或者,更一般地说,只涉及语言的使用者,那么,我们便将这一种研究归结为语用论——在这种研究中,用语词所指谓的对象究竟如何归类,并不是重要的。如果我们抽去语言的使用者,如果我们只是分析语词及其意义,我们就置身于语义学领域。而最后,如果我们抽去语词意义而只是单纯地分析语词间的关系,我们便进入语形学之中。由上述三部分组成的语言科学的总体,形成为符号论。"⑳ 显然,卡尔纳普是在语用论发展成果的冲击下,采用了莫里斯早在 1938 年出版的《符号理论的基础》一书关于符号论的上述三分法的论点。

但是,卡尔纳普的逻辑实证主义,由于深受弗雷格、希尔伯特、罗素及塔斯基等人的逻辑主义和数学纯形式主义和纯符号主义的深刻影响,又接受休谟和穆勒等人的经验主义的传统,即使在采纳语用论的时候,仍然未能摆脱其旧有的忽视语言使用的片面观点,致使逻辑实证主义中以卡尔纳普为代表的支派,在 20 世纪 40 年代之后,未能在语用论研究中取得突破性的成果。更令人惊异的是,在 1947 年出版的著作《意义和必然性》(*Meaning and Necessity*)一书中,卡尔纳普在谈到"意义"的时候,避而不谈语用论的研究,反而强调:"我们必须区别两种存在问题:第一,这个新种类的某些对象**在语言架构内部**的存在问题,我们称之为**内部问题**;第二,关于**这些对象的系统当作一个整体**的存在或实在性问题,叫作**外部问题**。"㉑ 他在书中所强调的那种"抽象出对象的语言",仍然是在经验论和严格科学思维形式意义上所指的那种符号形式的语言。因此,卡尔纳普在这本书中坦然地说:"对于想要发展或使用语义学方法的那些人来说,决定性的问题不是关于抽象对象的存在的所谓本体论问题,倒是关于抽象的语言形式的使用,或者用专门名词来说,超出事物(或现象资料)变词以外的变词的使用对语义分析的用途,即交流语言,特别是科学语言的分析、解释、阐明或构造,是否便利和富于成果的问题。这里既不判定,甚至也不讨论这个问题。"㉒ 卡尔纳普只是在上述著作的结论部分的最后一句话中,表示"要采取宽容态度"去批判地检验各个领域中的"语言使用"的问题。

卡尔纳普迟至 1955 年,才在他的《意义和必然性》一书的第二版中,增补了"自然语言中的意义和同义性"(Meaning and Synonymy in Natural Language)㉓一文,谈到了语用论的意义分析;同时,卡尔纳普还增补附录"论语用论的某些概念"(On Some Concepts of Pragmatics)㉔。

当卡尔纳普等人从逻辑实证主义的观点和方法,把语用论作为符号论的三大组成部分之一加以论述的时候,他们始终都是谨慎地将语用论区分为"形式的"和"经验的"两个种类,并把他们的语用论研究重点,放在"形式的语用论"之上,将它作为符号逻辑领域内的一个重要部门加以研究。卡尔纳普说:"我们以两种基本上不同的方式,对表达式的意义进行分析。第一种方式是**语用学**的,就是对历史上各种自然语言的经验研究。这种分析早就由语言学家和哲学家,特别是分析哲学家进行过了;第二种分析方式只是新近才在符号逻辑领域内展开的,这种方式**属于语义学**(这是指纯粹语义学;我们可以把描述语义学看成语用学的一部分),就是对语言规则所给予的构成**语言系统**进行研究。"㉕ 显然,卡尔纳普把**语用学**只归结为"**对自然语言的经验研究**",而且,为了把它同逻辑实证主义所重视的、在符号逻辑领域内展开的**纯粹语义学**研究区分开来,卡尔纳普把经验的语用论又称为"描述性"的。值得注意的是,卡尔纳普对语用论的论述,在很大程度上深受从 20 世纪 20

年代起便已经流行于美国的行为主义（Behaviourism）的观点的影响。卡尔纳普说："谁也不怀疑，对自然语言进行语用学研究是十分重要的，可以了解个人的行为，又可以了解整个文化的特点和发展。"⑳"本文的目的，是阐明自然语言中的语用学内涵概念的性质，并为它勾画出一种行为主义的操作程序。"㉗

但在卡尔纳普的上述论文中，他从一开始便在区分语言架构的"内部问题"和"外部问题"的基础上，提出语用学的"内涵概念"和"外延概念"的区别。卡尔纳普是主张语用学的内涵概念的，并对罗素和蒯因等人吸收实用主义和行为主义的成分而发展的语用学外延概念提出了批评。卡尔纳普指出："我所主张的语用学上**内涵主义者的论点**认为，一个内涵的指定乃是一种经验假说，它同语言学上任何别的假说一样，也能够通过观察语言行为来检验。"㉘

从罗素、蒯因和卡尔纳普的上述争论中，可以明显地看到：在逻辑实证主义的脉络中，语用学的发展，始终都同语义学的研究紧密地联系在一起，有关这方面的问题，本书第十二章将更集中和详尽地从理论上和从历史的角度，探讨语用论中的"意义"问题。

实际上，在逻辑实证主义的脉络中，不只是语用论的发展"饱经风霜"、几经曲折而多次处于"难产"的危机之中，而且，就连语义学本身，也是经历多次曲折——意味深长的是，语义学的曲折发展是同逻辑实证主义对于语用论的忽视，尤其是对"经验的"和"描述性的"语用论的忽视，息息相关。

从 20 世纪 50 年代中期开始，由于日常语言学派、维特根斯坦后期语言理论、诠释学、现代符号逻辑及普通语义学对于语言应用和行为问题的深入研究，逻辑实证主义在语用学研究中也有长足的进展。

1959 年，美国哲学家马丁（Richard Milton Martin, 1916 - 1985）就

语用论的问题，从逻辑实证主义的语义逻辑观点，发表了重要著作《导向一个系统的语用论》(*Toward A Systematic Pragmatics*)^㉙[㉙]。这本书强调卡尔纳普在《意义和必然性》第二版中所提出的语用论补充部分的重要意义，重述了卡尔纳普早在 1942 年的《语义学导论》中对符号论(Semiotics)所划分的三大组成部分：语形学、语义学与语用学。同时，马丁的著作也总结和分析华沙学派的塔尔斯基、科塔宾斯基及阿茹基维兹等人，从现代逻辑的纯粹符号体系的角度，对语义学和语用学的研究成果。马丁很重视阿茹基维兹在 20 世纪 30 年代发表的著作《论语言与意义》(Sprache und Sinn)^㉚[㉚]对语用论的贡献。

正是在阿茹基维兹的启示下，格泽戈克契克(Andrzej Grzegorczyk, 1922–2014)才在 1950 年在《综合》(*Synthese*)杂志发表了语用论的重要论文"语义学的语用论基础"(The Pragmatic Foundations of Semantics)^㉛[㉛]。(格泽戈克契克)在这篇重要论文中深刻地分析了逻辑语义学同逻辑语用学的密切关系。

在 20 世纪 60 年代之后，戴维森(Donald Davidson, 1917–2003)可以算是逻辑实证主义脉络中对语用论研究作出了最突出贡献的人了。戴维森早在 20 世纪 50 年代中期便致力于语义学和语用论研究。他在 1955 年同萨普斯(Patrick Suppes, 1922–2014)和西格尔(Sydney Siegel, 1942-)合著的《作出决定：一种试验的探索》(*Decision Making: An Experimental Approach*)一书中，已经很明显地重视语言的应用问题。接着，戴维森又在 1972 年同哈曼(Gilbert Harman, 1938-)合著《自然语言的语义学》(*Semantics of Natural Language*)，从塔尔斯基的真理理论出发，强调自然语言的"意义"同语句真值条件的密切关系。戴维森在 1984 年所发表的《对真理与诠释的探求》(*Inquires Into Truth and Interpretation*)一书，总结了他从 20 世纪 70 年代以来对"真理"和"意义"问题的研究成果,强调"意义理论"的主要任务,在于弄懂学会语言的条件,并同时在真理结构的分析中把握语句的意义。戴维森说:"我同意,我们必须找到句子如何使用同句子的意义的联结……。"㉜

　　逻辑实证主义在探讨语用论问题时,始终都把它同语义学的问题联系在一起。如前所述,逻辑实证主义在探讨语义问题时,产生出"外延语义学"和"内涵语义学"——前者探讨语句中的语词及其所意指的因素之间的关系,因此,它也研究"模态"、"真理"或"满足"等重要概念,后者则注重研究"意义"、"同义性"、"分析性"及"必然性"等概念。由于塔斯基的前述研究成果,特别是他在 1956 年发表的《逻辑、语义学与后设数学》(*Logic*,*Semantics*,*Metamathematics*:*Papers From 1923 to 1938*)一书,更使外延语义学及与外延语义学有关的逻辑语用学的许多重大问题得到了解决,有利地推动了与"形式的语用学"(The Formal Pragmatics)有密切关系的"模态逻辑"(Modal Logic),使美国数理逻辑学家科里里(Haskell Brooks Curry,1900 - 1982)从 20 世纪 50 年代起进一步发展自然推理的模态命题演算理论,使刘易斯等人有可能更深入地发展他们在《符号逻辑》(C. I. Lewis/C. H. Langford,*Symbolic Logic*)一书中所已经探讨的"模态词"与"量词"相结合的命题形式原则,也促使坎格尔(S. Kanger)、辛迪卡(Jaakko Hintikka,1929 - 2015)和克里普克(Saul Kripke,1940 -)能够提出一整套完全的模态逻辑的语义理论。外延语义学及模态逻辑的发展,在 20 世纪 70 年代之后,又推动了形式的语用学的发展。

　　但是,同外延语义学相比较,内涵语义学就显得格外的落后。就连在内涵语义学方面有专门研究的蒯因,也不得不承认"内涵语义学"研究的迟缓进展状况。在内涵语义学中稍有成果的,除了蒯因以外,还有历任普林斯顿大学、加利福尼亚大学和哈佛大学的美国著名数理逻辑学家丘奇（Alonzo Church，1903 - 1995）。丘奇成功地将数理逻辑符号化，使数理逻辑以公式化的语言去研究对象，有利于后人进一步研究形式语用论的问题。

在 20 世纪 60 年代的讨论中，有人怀疑外延语义学是否有必要继续独立地作为一门学科而存在。人们为此建议将外延语义学一方面同语形学和语句分析学相结合，另一方面则并入语用论之中。

此外，在逻辑实证主义的范围内，正如前述卡尔纳普所断言的，语用论最初只是被看作是"纯描述性的"（purely descriptive），是被区分为"形式的"和"经验的"两大类的研究领域，而语义学在其发展过程中，也日益导向一种对自然语言的"意义"理论的探讨。在这种情况下，有必要探讨"自然语言的语义学"是否可以同"形式语言的语义学"加以比较。如果答案是肯定的话，就要进一步探讨"自然语言"和"形式语言"之间的相互关系及其区别之处。

第四节　现代语用论的日常语言学派

作为分析哲学的一个重要支派，日常语言学派是在维特根斯坦后期思想的直接或间接影响下，以英国牛津和剑桥两个著名大学为中心，于第二次世界大战前后，形成和发展起来的重要哲学思潮。

维特根斯坦于 1930 年任剑桥大学三一学院研究员以后，日益发现分析哲学早期热衷于以"理想语言"（主要是精确的自然科学命题）为模式的形式分析的狭隘性和局限性。早期分析哲学对理想语言进行形式分析的目的，在于探求和概括语言的逻辑结构，由此进一步揭示"实在"的结构。维特根斯坦在后期的进一步研究中，发现语言除了描述和陈述世界之外,还有其他多种功用。他还特别发现了日常语言的许多优点,这些优点表现了日常语言具有远比早期分析哲学家们的简单概括更为完善得多的特征。维特根斯坦的这些观点同 G. E. 摩尔对日常语言的肯定观点不谋而合。维特根斯坦于 1939 年接替 G. E. 摩尔在剑桥大学的教授职位之后,在维特根斯坦周围很自然地形成一个赞同其哲学观点的新学派——这个新学派的成员们,包括维特根斯坦本人在内,尽管从不承认他们自己的哲学像传统哲学那样有独特的系统"原理",而只是强调"哲学家像对待一种疾病那样去处理问题"(Der Philosoph behandelt eine Frage;wie eine Krankheit)[33]。但是,他们毕竟以其"哲学治疗"的新口号,独树一帜,不仅在分析哲学内部掀开了重要的历史转折的一页,而且也深刻地影响了整个西方当代哲学的发展方向,规定哲学的任务是"将语词从其形而上学的使用带回到它的日常生活的使用"[34],而哲学家在自己能达到健全的人类理智的思想之前,也必须首先治疗自己的理智中的许多疾病,完成哲学的真正任务,使我们的理智不再因错误地使用语言而继续"着魔"和"执迷不悟"。[35]

在维特根斯坦周围的重要思想家中,最著名的有剑桥大学哲学教授威兹德姆(John Wisdom,1904 - 1974)、马尔科姆(Norman Malcolm,1911 - 1990)、拉查罗维兹(M. Lazarowitz)及保尔(G. A. Paul)等人。在维特根斯坦于 1951 年逝世以后,日常语言哲学的研究中心逐渐地从剑桥转向牛津。在牛津大学,由赖尔(Gilbert Ryle,1900 - 1976)和奥斯丁所领导的一批杰出思想家,继续发展了后期维特根斯坦的日常语言哲学研究路线。这批牛津学派的哲学家们,包括图尔敏(Stephen Toulmin,1922 - 2009)、斯特劳森(Peter Frederick Strawson,1919 - 2006)、黑尔(Richard Mervyn Hare,1919 - 2002)、哈特(H. L. A. Hart,1907 - 1992)、汉普布尔(Stuart Newton Hampshire,1914 -

2004)、诺维尔-史密斯(Patrick Horace Nowell-Smith，1914－2006)及
伯林(I. Berlin，1909－1997)等人。日常语言学派在美国的影响很大，
不但是因为原在英国的上述哲学家中，有一部分人纷纷到美国著名大
学执教(例如马尔科姆于 1939 年由英国剑桥学成之后到康奈尔大学任
教，斯特劳森曾先后在美国杜克大学和普林斯顿大学任教，图尔敏先
后在美国密歇根大学和芝加哥大学任教，黑尔于 1983 年任美国佛罗
里达大学研究员，汉普希尔于 20 世纪 60 年代后在普林斯顿大学任
教)，而且在美国的哲学家当中也产生一批杰出的日常语言分析学
家，其中包括奥斯丁的学生、加利福尼亚大学教授希尔勒，布朗大学教
授齐硕姆(Roderick Chisholm，1916－1999)和史蒂文森(Charles Leslie
Stevenson，1908－1979)等人。日常语言哲学也在加拿大有很大影响。
上述诺维尔-史密斯本来在英、美任教，但自 1969 年之后便任加拿大多
伦多大学和约克大学的哲学教授。诺维尔-史密斯之外，还有麦吉尔大
学教授泰勒(Charles Taylor，1931－)等人也在日常语言哲学研究中有
突出的成果。

日常语言哲学学派很重视语言的日**常用法和意义**(The Ordinary
Use and Meaning of Language)。美国哲学家罗蒂说，如果可以把早期
维特根斯坦、罗素和逻辑实证主义对于非常用的"理想语言"的逻辑分
析看作是"改造语言"的话，那么，后期维特根斯坦、G. E. 摩尔和日常语
言学派则是更注重于正确理解我们**常用**的语言，日常语言学派对于语
言的日常应用的研究推动了语用论的发展。

日常语言学派强调，自然语言远非像逻辑实证主义者所断定的那
样只是"粗糙而又不可靠的工具"，而是同样可供哲学和自然科学研究
中使用的"精确可靠的工具"。而且，日常语言学派还认为，自然语言中
的许多话语并无所谓"真"或"假"。研究自然语言，不应以狭窄的科学

研究作为唯一的活动领域，更不应以科学研究中"真"或"假"的标准去要求它们，而应以自然语言的日常使用的全部范围和全部可能出现的实际问题，作为研究的对象。所以，对于自然语言的研究，很自然地导致对语用论的重视。

日常语言学派把自然语言看作是在日常生活应用中某些自然形成的语词指号体系，它们是语词指号和语词意义的统一体，因而也是指谓性和沟通性的统一体。这里所谓"指谓性"，指的是语言符号指谓一定的事物、事物的性质或其关系，这种指谓功能又自然地同自然语言体现和表达思想的功能紧密地联系在一起。任何自然语言的存在和发展，都是同其指谓性和沟通性紧密地联系在一起。只有通过指谓性，语言才通过其所指而准确地表达一定的内容和意义，表达语词的使用者的一定的思想、愿望和感情，而语言的指谓性，又保证了它的沟通功能，使它真正地起着沟通和交际的作用。同样，语言的沟通性和交际性也使它的指谓性真正地得以实施，从而使其指谓功能在实际的交际和沟通活动中产生结果。

自然语言的应用体现了自然语言的实用性，也集中地体现自然语言同日常生活实际过程紧密不可分的特征。自然语言同日常生活实际活动的内在联系，是自然语言的一个重要本质。

日常语言学派的研究范围，并不局限于日常语言本身的性质、特点及其结构，而且，还进一步深入研究了**日常语言应用**的本质问题，把日常语言应用中的语言、思想、行为、周遭世界及人际关系等，看作是日常语言应用的总体性及其中各要素进行运作的复杂过程。维特根斯坦提出的**"语言是一种生活形式"**（language is a form of life）㊱、**"语言游戏"**（language-game）㊲、**"语言是工具"**（language is an instrument）㊳、**"语言是约定俗成"**（language is founded on convention）㊴及**"语言是纵横交叉**

的复杂路径"(language is a labyrinth of paths)⑩等概念,为语用论研究提供了基本的方向。维特根斯坦不同意逻辑实证主义,只单纯地从语形学和语义学的角度对"科学语言命题"进行分析,他深刻地指出:"命题、语言、思想、世界等概念一个个依次排成线,这些概念相互等同。但是,所有这些语词现在又该用成什么呢? 这些语词在其中使用的语言游戏却被忽略。"⑪这就是说,逻辑实证主义忽视日常生活中的"语言游戏",忽略语言的日常应用的逻辑,即使他们试图在科学语言命题中研究"命题、语言、思想和世界",也始终未能揭示活生生的语言应用的本质和规律。

在维特根斯坦的影响下研究言语行为(speech-acts)的奥斯丁和希尔勒所提出的"言语行为理论"(A Theory of Speech-Acts),可以看作是从日常语言学理论导向当代语用论的关键性转折阶段。

如何看待自然语言同它的日常生活应用的内在联系,涉及一系列重大的理论问题:首先,语言同日常生活应用的联系,究竟能否构成为语言本身的本质问题? 其次,作为表达思想、感情和交流各种认识的手段的语言,是如何在其实际的应用中,展示和实施其功能的? 再次,语言同生活和日常应用的联系,是否隐含更深的意义——意味着语言不只是生活中的交流和沟通的手段,而且,语言本身简直就是人的实际生活的本质构成部分? 此外,语言的日常应用具有什么特点? 它同人的思维活动、科学创造及情感生活有什么关系? 最后,语言在其日常生活的应用中,从语音的发出、思想观念的形成和表达以及说话者的周遭环境各因素的复杂关系,是在何种宏观和微观的时空结构和历史流程中进行运作的? 这一切又是否意味着:语言的实际应用不仅同人的本质、人的生活和人的思想相关,而且,还同世界和历史本身有关? 由日常语言的研究所导致的上述各方面问题,后来都成为语用论研究的基本内容和范围。

丹麦语用论学者雅各布·梅正确地指出："起初，那些忙于研究语言问题的哲学家们集中地研究自然语言中由逻辑所界定的语词同语句的相互关系。这当然并不是纯粹时髦的新活动。它重蹈了包括柏拉图（例如，在他的对话录《克拉底鲁》〔Cratylus〕中）在内的古代哲学家们的覆辙。在近代的哲学家中，包括前面已经提到的罗素、维特根斯坦及卡尔纳普，也包括被称为'日常语言哲学学派'的那些哲学家们，其中最著名的代表人物就是前面已经提到的奥斯丁。"㊷

第五节　古典语言学对语言的
使用问题的研究

语用论的问题不只是在实用主义和分析语言哲学内部被提出来，而且，也在语言学这门学科内部，随着语言学本身的一场又一场新革命，而被尖锐地提出来了。如果说，传统的语言学只把语言现象当作其研究对象，单纯在语音、语法和语句结构及其规则的范围内研究语言本身，那么，现代语言学的发展，随着结构语言学、生成语言学、语符学派及描写语言学派（Descriptive Linguistics School）等新理论和新方法的出现，也在研究语言应用问题的过程中，深入地触及语用论的重要问题。

语言学究竟要不要讨论和研究语言的应用问题，一直是悬而未决的争论性议题。同样，语言学从其专门学科的独特观点和独特方法去探讨语言应用的问题，是否可以统统归结为"语用论"，也是一个争议性的研究课题。本章试图从语言学的角度，特别是从语言学发展史上关于语言使用问题的探索的经历中，进一步分析语言使用中有关**语言同**

思维、语言同使用者的行为以及语言同真理的相互关系，以便进一步弄清现代语用论研究中的许多重大论题。因此，"语言学究竟要不要讨论语言的应用问题"、"语言学是否包含语用论的问题"以及"关于语言使用的探讨是否都可以归结为语用论的问题"等，并不是本章讨论所要回答和解决的目标。毋宁说，本章只是试图从语言学讨论语言使用的长期争论中，为现代语用论的深入研究提出某些有益的启示。

福柯在其名著《词与物》(Les Mots et Les Choses)中指出，西方现代语言学是从古典时期的语法学演变而来的，而所谓古典时期的语法学，指的是从 16 世纪至 17 世纪开始系统地建构的"普通语法学"(La grammaire generale)："普通语法学是对于口语秩序在其与同时性的关系中的研究，而这种同时性是普通语法学所要表现的。因此，语法既不以思想，也不以语言，而是以话语作为其本身的对象——这种话语无非就是口说符号的连续系列。"㊸在福柯看来，古典时期的语法学从一开始就把它的研究对象确定为"口语"，即人人从嘴里说出来的"话"，那些被应用和被使用的活生生的"话语"。所以，福柯又说，"对于古典思想来说，语言并非在表达中，而是在话语中开始。"㊹这些话语以"命题"(la proposition)为基本单位，因此，古典语法以解释和分析"命题"为主。正如古典时期的法国思想家特拉西(Antoine Destutt de Tracy, 1754 - 1836)所说，当人们表示"不"的时候，人们并不以一种喊叫来拒绝，而是总要说出一个完整的命题，诸如"我不认为这样"，或者，"我不同意这样"等。㊺

人们之所以把研究"命题"作为语法的研究基本任务，是因为"命题"就是"话语"的基本单位，"命题"就是使用中的语言的基本结构。

问题在于：语言一旦被使用，便和不同的使用者的感受经验相联系，便随不同的使用者的思想观念及其行为结果而改变。同样的语词，如果不加以应用，对于不同的人来说，就其语词的表面特征而言，就这些符号的样态及发音结构而言，似乎是一样的。因此，在静态中的、不被使用的语词，是不能真正表现其复杂意义及本质特征的。但是一旦语词被投入使用，就显现其活生生的海洋般的丰富内容，就显示其灵活之生命力。所以，特拉西指出："在没有感受过爱、又没有见过海的时候，我学习'爱'和'海'这两个语词时，我便在这两个语词中纳入推测出来的、不同于现实的**一群思想观念(un groupe d'idees)**。接着，在经验到爱、又见过海以后，我便在这两个语词中搜集着被实际经验到的一堆感知，但我一点也不确定，它们是否正好相同于教我学这两个语词的人的感受。而且，最后，不管是我，还是教我使用这两个语词的人，都不能确保：在经历一段时间之后，这些语词是否会使我们想起那些同样的感觉及其各种同样的伴随物。或者，毋宁说，我们确信，年月、环境及各种事件，都必然地一起改变着它们，以致在实际上必然地使**同样的符号**最初总是先给我们一个非常不完的或其至虚幻的观念(une idée très imparfaite ou même parfaitement chimérique)，接着，给予与现在使用这些语词的人的观念相区别的观念，而最后往往是一个完全远离于我们自己在另一个时期中所拥有的观念。"⑯

从这里，可以反映出语词符号的"意义"，同其使用者及其使用过程有密切的关系。语词在其使用中的"意义"结构，至少可以有以下三个特征：

第一，一个语词符号，仅仅通过它的命名和指称这个最简单的事实，即通过那个"所指"，促使我向我自己，以一种极其微弱的可能性程度，显现出一个先天的事物，即那个"所指"。这个"所指"之先天性，是取决于我本身对"所指"内容的无感受性和无经验性。

第二，"爱"、"海"等，不管是什么样的语词，总是使我以**任意**的方式,以语词符号去搜集我从事物中所获得的那种**独一无二的**经验的各个因素(诸如我所保存的各种记忆性观念等),包括汇集着那些根本无法传达的经验因素。

第三,这些语词一旦构成(成为由意义词素 monèmes 和音素 phonème 构成的总体),就再也不允许我们依据我们个人或生活本身的变迁而篡改它们的意义。

语词同它们的意义及其在语言应用中的复杂关系,从古典时期的语法学家的时候起,便引起了注意。

法国著名神学家和哲学家阿尔诺(Antoine Arnauld,1560–1619)和朗斯洛(Claude Lancelot,1615–1695)在 17 世纪所写的《普遍唯理语法》(*Grammaire générale et raisonnée*)被看作是西方最早的语法理论著作,这本书又被称为《波尔路瓦雅尔语法》(*La Grammaire de Port-Royal*)。阿尔诺还和尼古拉(Pierre Nicole,1625–1695)合著《思维术》(*Art de Penser*),也被称为《波尔路瓦雅尔逻辑》(*Logique de Port-Royal*)。两本书都以"波尔路瓦雅尔"命名,因为阿尔诺家族同属波尔路瓦雅尔女修道院(L'Abbaye de femmes Port-Royal)反耶稣会的新教詹森教派(le Jansenisme)。

《普遍唯理语法》从一开始就强调"语法是说话的艺术","说话是用符号来表达自己的思想,这些符号是人们为此目的而发明的。"⑰接着,《普遍唯理语法》界定了语法研究的两大课题:研究符号的**性质**和符号的**意义**。所谓语言符号的"意义",就是"人们运用这些符号表达他们思想的方式"。

既然语言是表达思想的符号,因此,思维的内容和方式便决定着语言形式。这样一来,逻辑和语法基本上是一致的,而逻辑规则是可以解释语法现象的。当然,《普遍唯理语法》的作者们并不简单地主张以逻辑决定语法，他们只是尽可能地依据人的思想和语言使用的实际状况去说明逻辑与语法的相互关系。

《普遍唯理语法》在运用逻辑去说明语法时，将语言形式分成两大类：一类是表示**思维对象**的，这就是表示概念的名词、冠词、代名词、分词、前置词、副词等；另一类是表示**思维形式**的，这就是表示判断的动词、连接词及感叹词等。

与《普遍唯理语法》几乎同时出版的《波尔路瓦雅尔逻辑》一书分别论述概念、判断、推理和方法，明确地区分了名词的内涵和外延。把《普遍唯理语法》和《波尔路瓦雅尔逻辑》同时加以观察，为我们进一步分析语言符号的应用规则及其与思维逻辑的内在关系，提供了不少启示。事实上，美国当代语言学家乔姆斯基（Noam Chomsky，1928 –）在提出他的转换生成语法理论时，很重视上述波尔路瓦雅尔学派的观点，正是在波尔路瓦雅尔学派的唯理论语言观的启发下，乔姆斯基把语言研究由言语行为的描述引向人的大脑深层中的语言运作机制的研究，把语言学的研究和逻辑学、心理学、生物学及知识论的研究结合起来，研究人类认知、思维及观念和符号运用的内在逻辑。⑱

以波尔路瓦雅尔语法和逻辑为代表的古典主义思维形式及其语言表达形式，显明地表现出其独特的价值观，这就是以追求"明晰性"作为最高目标。关于这一点，巴特曾有深刻的分析："在 1660 年，例如按照波尔路瓦雅尔语法，古典语言具有普遍的特性，明晰性变成了一种价值。实际上，明晰性是一种纯修辞学的性质，它并不是适用于一切时代和所有地方的一种语言通性，而只是某种话语的理想的附属物，这话语受一种永久的说服性的支配。正是由于君主制时代的前资产阶级和革命时代以后的资产阶级使用着同样的写作，才发展了一种本质主义的神话学，一种普遍性的古典写作就放弃了一切不稳定的东西以维护一种连续状态,它的每一部分就都变成为**选择**,也就是说彻底消除了语言的一切可能性。因此,政治权力、精神独断论以及古典语言的统一性,都是同一历史运动的各种象征。"⑭巴特进一步指出了这种语言观的根本特征在于将语言看作**工具性**和**修饰性**:"从拉克洛(P. A. C. de Laclos,1747－1803)到司汤达(Stendhal,1783－1842),资产阶级的写作越过了短期的混乱一直延续下来。而浪漫主义革命,虽然在名义上与形式的剧变有联系,却明智地保存着其意识形态的写作。把体裁与字词混合在一起的一些基本保留成分,使它能够保持古典语言的根本因素,即工具性。"⑮巴特还说:"法国社会在资产阶级意识形态征服和取胜时期完成了一种即是工具性又是修饰性的、独一无二的写作。说写作是工具性,因为形式被假定为内容服务,正像一种代数方程式为一种运算步骤服务一样,说写作是修饰性的,因为这种工具是以在其功能外的外在事件来修饰的,这个功能是它毫不犹豫地从传统中继承的,就是说,被各种各样的作家所编织的这种资产阶级的写作永远不会引起其过去根源的反感,它仅只是一种适当的辞藻装饰,而思想的行为在其上浮起。"⑯

巴特对波尔路瓦雅尔为代表的古典语言观的批评和分析,进一步表明思想观念、语言表达及其使用,同语言使用者的行为、同语言使用者的行为目的的极为密切的关系。波尔路瓦雅尔古典语言观在这一方面的论述,将启示19世纪至20世纪的语言学家,进一步从语言与思想观念、语言的内容与形式、语言形式与语言使用者的关系等重要方面,去探讨语言的本质,同时,也进一步弄清语言的上述各种重大本质问题及其符号形式表达的可能性的问题。有关巴特的特殊符号论及其对语用论问题的研究,本书将在第三编的专门章节中进一步论述。

在法国的波尔路瓦雅尔语言学派之后,在古典语言学中对语言的使用问题进行深入研究的,要算是德国 19 世纪初著名语言理论家洪堡(Karl Wilhelm von Humboldt,1767 - 1835)了。他于 1820 年 6 月在普鲁士皇家科学院发表的《论与语言发展的不同时期有关的语言比较研究》(*Über das vergleichende Sprachstudium in Beziehung auf die verschiedenen Epochen der Sprachentwicklung*),已经概述了他的语言哲学体系的纲要。在他的晚年时期,洪堡在集中地研究爪哇岛一种特殊的卡雅语(die Kawisprache)的过程中,写出语言学不朽之作《论人类语言结构的差异及其对人类精神发展的影响》(*Über die Verschiedenheit des menschlichen Sprachbaues und ihren Einfluss auf die geistige Entwicklung des Menschengeschlechs*,1830 - 1835)。

洪堡在其不朽的著作中,首先强调语言绝不仅仅局限于语言本身的各个内在组成因素,而是同人及其社会的各种复杂因素有密切关联的。洪堡指出:"语言产生于人类本性的深底。所以,在任何情况下都不能把语言看作一种真正的'作品'(Werk),看作是各民族人民的'制成品'(Erzeugniss)。语言具有一种能觉察到但本质上难以解释的独立性,就此看来,语言不是活动的产物,而是精神的不由自主的发挥;不是各个民族的产品,而是各民族由于其内在的命运而获得的一份馈赠。他们使用语言,却不知道他们怎样构成了这一语言。"[32]接着,洪堡从语言的**实际使用**中的特征,进一步揭示语言与人的本质,特别是与人的精神活动方面的本质因素的内在关联。洪堡说:"我们不应把语言视为一种僵死的被制成品(Erzeugtes),而必须在更大得多的程度上将它看作一种创造过程或创造作用(Erzeugung),我们不必考虑语言作为事物的名称和理解的媒介而起的作用,相反,应该更细致地追溯语言与内在精神活动紧密相关的起源,以及语言同这一活动的相互影响。[33]由于洪堡从一开始便强调语言与人的本质的内在关联，所以，他很明确地将语言的沟通和表达意义的功能看作是语言同人的内在本质相关联的更为根本的特征的一种表现。换句话说，语言之成为发音、文字表达及其沟通功能，不过是语言作为人的本质特征的派生现象，而语言表达的各种形式是随时随地依据人的本质活动所决定。

所以，洪堡更明确地指出：必须在人的实际活动（包括人的讲话活动在内）中，去分析语言的本质，去揭示语言同人的本质的内在关联，语言本身的本质，本来就是一种人的活动。洪堡说："语言就其真实的本质而言，是某种持续的、每时每刻都在向前发展的东西。即使将语言记录成文字，得到的始终也只不过是不完善的、木乃伊式的保存，而这一保存以后所需要的还是人们重新把它具体化为生动的言语。……因此，语言的真正定义只能是发生学的定义。语言实际上是精神不断重复的活动，……最高深、最精巧的东西，恰恰无法从那些相互隔绝的要素上去认识，而是只能在连贯的言语活动中为人感觉到或猜度到——这就更证明了真正的语言存在于其现实产生的行为之中。"[54]

在谈到对于语言的研究和讨论的具体程序和处置方法（das Verfahren）的时候，洪堡仍然强调不能单纯地只考虑那些语言本身作为一种已经制成的产品的内在构成因素，不能单纯地只考虑语言的各个词汇要素，而且还要考虑语言与精神活动的相互关系。"语言是思想的建构机构（das Sprache ist das bildende Organ des Gedanken）。智力活动完全是精神的和内在的，一定程度上会不留痕迹地逝去。它通过声音而在语言中得到外化，并为感官知觉到。因此，智力活动与语言是不可分割的整体。"[55]

综上所述，洪堡的语言学不但突出了其本身的人文主义精神，强调了语言同人的精神活动的内在联结，而且也表现了其实践的精神，强调了语言的活动性及其在活动中的不断创造的特性。这两方面，明显地表现了洪堡同在他之后的索绪尔之间的理论联系——这就是说，洪堡坚信人类的统一的精神及其本性，乃是人类语言及其所构成的人类文化的统一性和普遍特性的基础，索绪尔则严格地提倡将"语言"和"言语"都看作是人类统一的"言语活动"的构成部分。

瑞士语言学家索绪尔的语言学对语用论研究所作的贡献，主要的可归结为以下两点：第一，区分了"语言"和"言语活动"，并在这个重要区分的基础上，突出地强调，并细致地分析了"言语活动"的重要意义；第二，提出了系统的符号理论，从而为今后语用论研究提供了有效的符号学基础。

首先，索绪尔明确指出："语言和言语活动不能混为一谈，语言只是言语活动的一个确定的部分，而且当然是一个主要的部分。语言既是言语机能的社会产物，又是社会集团为了使个人有可能行使这一机能所采用的一整套必不可少的规约。整个来看，言语活动是多方面的、性质复杂的，同时跨越物理、生理和心理几个领域，它还属于个人的领域和社会的领域。"⑤⑥

在上述这段话中，索绪尔在区分"语言"和"言语"的时候，非常明显地把"言语活动"看作是比"语言"更重要的东西。"语言"只是言语活动的"一个确定的部分"，有了言语活动（langage）才有"语言"（langue）和"言语"（parole），言语活动是"语言"之成为"语言"的基础。言语活动使"语言"同人的社会生活发生本质的联系。因此，也只有在言语活动中，才能集中地体现语言的社会本质及其思想内容。

索绪尔还在上述言论中指明了"言语活动"的"多方面"性和"复杂"性——一方面，它同时地跨越物理的、生理的和心理的领域；另一方面，它又分属个人的领域和社会的领域。索绪尔在这里既指出了研究言语活动的各个领域,又点明了揭示各个领域的具体途径。

如果说,"语言"是一代传一代的整体性语言**系统**(包括语法、句法和词汇等)的话,那么,言语就是指人们具体地使用着的词句,也即各个说话者所可能说出和可能理解的全部内容。所以,在索绪尔那里,语言是指社会上约定俗成的那些部分,言语则是指个人说出的具体话语,也就是作为整体性的语言的具体表现。

显然,索绪尔对语言和言语的上述区分,包括两个方面:第一,语言是社会的。换句话说,语言是社会性的言语活动的总结果,它是个人以外的东西,言语则是作为社会成员的个人,在各个具体场合下所使用的符号系统,因而也具有很大的随意性;第二,作为总体的语言是具有完整的结构,是同质的和稳定的。

索绪尔作为语言学家,其关心的重点,当然不是随时、随地和随人而异的言语和话语,而是语言。索绪尔说:"言语活动的研究包含着两部分:一部分是主要的,它以实质上是社会的、不依赖于个人的语言为研究对象,这种研究纯粹是心理的;另一部分是次要的,它以言语活动的个人部分,即言语(其中包括发音)为研究对象,它是心理和物理的。"⑰

索绪尔的思想中的可贵之处在于:他在确认了语言学以"语言"作为其研究对象之后,仍然没有忽视"语言"同"言语"之间在"言语活动"的统一基础上的实际的、不可分割的相互联系。

正如索绪尔所说:"毫无疑问,'语言'和'言语'这两个对象是紧密相连而且互为前提的:要言语为人所理解,并产生它的一切效果,必须有语言,但是要使语言能够建立,也必须有言语。从历史上看,言语的事实总是在前的。如果人们不是先在言语行为中碰到观念和词语形象的联结,他怎么会进行这种联结呢?另一方面,我们总是听见别人说话才学会自己的母语的；它要经过无数次的经验，才能储存在我们的脑子里。最后，促使语言演变的是言语：听别人说话所获得的印象改变着我们的语言习惯。由此可见，语言和言语是互相依存的，语言既是言语的工具，又是言语的产物。但是这一切并不妨碍它们是两种绝对不同的东西。"⑱

索绪尔的上述思想使他在以语言学家的身份集中研究"语言"的时候，并没有忘记语言的社会性和实践性，也使他很明确地意识到：语言是必须在其社会运用中掌握的！他说："语言是言语活动事实的混杂的总体中的一个十分确定的对象。我们可以把它定位在循环中听觉形象和概念相联结的那些确定部分。它是言语活动的社会部分，个人以外的东西，个人独自不能创造语言，也不能改变语言，它只凭社会成员间通过的一种默契才能存在。另一方面，个人必须经过一个实际见习期才能懂得它的运用，儿童只能一点一滴地掌握它。"⑲

在这一段话中，索绪尔强调语言的社会性和实践性的因素，为后人研究语言的运用规律及其与人的思想行为的关系，提供了极其珍贵的启发性的思想观念。

如前所述，索绪尔语言学对语用论研究所作出的第二个伟大贡献，是在符号理论和符号论方面。法国结构主义人类学家列维-斯特劳斯曾高度评价索绪尔的符号理论及其符号学。列维-斯特劳斯说："索绪尔将语言学导入一门即将诞生的科学的一部分，他把这门科学称为'符号学'（Semiology）——它的研究对象，在他看来，应该是社会生活中的符号活动。"⑳

由于索绪尔像皮尔斯一样把言语活动看作是人类在社会生活中的一种使用符号的特殊活动，所以，他也和皮尔斯一样，为后人从符号学的角度研究语言的应用问题提供了光辉的先例。

　　法国语言学家穆宁（Georges Mounin，1910－1993）在其著作《论索绪尔》（*Saussure*）一书中说："如果索绪尔还活着的话，他的符号理论本来会成为他整个学说的出发点和关键。"⑤

　　索绪尔是第一位在语言学历史上将语言符号的联结看作是抽象性的和非物质性的。他认为："语言符号是一种两面的心理实体。"⑥索绪尔为了形象地表现语言符号的组成，画出了以下图表：

　　这个图表明确地表示了语言符号所联结的两个非物质性的因素："概念"和"音响形象"。这两个因素，也就是索绪尔语言学中的两个术语"能指"（signifiant）和"所指"（signifié）所代表的含义。索绪尔为此作了如下的说明：

　　　　这两个要素是紧密相连而且彼此呼应的。很明显，我们无论是要找出拉丁语 arbor 这个词的意义，还是拉丁语用来表示"树"这个概念的词，都会觉得只有那语言所认定的连接才是符合实际的，而把我们所能想象的其他任何连接都抛在一边。⑥

　　索绪尔将上述内容形象地画成以下图形：

术语的好处是既能表明它们彼此间的对立，又能表明它们和它们所从属的整体间的对立。至于**符号**，如果我们认为可以满意，那是因为我们不知道该用什么去代替，日常用语没有提出任何别的术语。[64]

在索绪尔看来，"能指"和"所指"的相互联系乃是两者的"生命"所在。"能指"与"所指"的联系是不可分割的，是同一事物的两个不可分离的特性。索绪尔形象地说："语言还可以比作一张纸，思想是正面，声音是反面，我们不能切开正面而不同时切开反面。"[65]

语言的上述基本结构，决定了语言的下述五个特征：

第一，符号的任意性。"能指和所指的联系是任意的，或者，因为我们所说的符号是由能指和所指相联结所产生的整体，我们也可以因此更简单地说：**语言符号是任意的**。"[66]

在索绪尔看来，"所指"所表达的那些概念的内容，同"能指"的声音形象之间，是没有任何内在关系的。也正因为这样，不同的语言可以以不同的声音表示各个不同的概念。

在索绪尔的上述思想中，包含着极其深刻的语用论的基本观点，即认为语言及语言中的"能指"和"所指"两大基本构成因素，是在人们的日常生活中，依据生活的实际需要而任意地约定俗成的。因此，在索绪尔之后，同样地重视语言的日常应用的维特根斯坦也说："语法并不告知我们：语言为了完成其目的，为了对于人类产生这样或那样的影响，是如何被建构的。语法只是描述而不说明符号的使用。"[67]

接着，维特根斯坦又说："我们可以说语法的规则是'任意的'，如果这意味着语法的目的无非就是语言本身的目的的话。"[68]

但是，能指和所指之间的上述任意联系，一旦形成以后，便作为社会共同体的一种"约定俗成"的产物而固定下来，为语言符号之使用者共同体各个成员所接受，成为任何个人再也不能自由改变的整个语言符号体系中的一个环节。因此,索绪尔补充说:"**任意性**这个词还要加上一个注解。它不应该使人想起'能指'完全取决于说话者的自由选择(⋯⋯一个符号在语言集体中确立以后,个人是不能对它有任何改变的)。我们的意思是说,它是**不可论证**的,也就是说,'能指'对现实中跟它没有任何自然联系的'所指'来说是任意的。"⑥⑨

当索绪尔强调符号的任意性的时候,他是指符号**建构**和**形成**的任意性,但是,符号一旦形成,其**使用**的社会性却使它对使用者具有"强制性"。索绪尔说:"能指对它所指的观念来说,看来是自由选择的,但反过来,对使用它的语言社会来说,却不是自由的,而是强制的。语言并不同社会大众商量,它所选择的'能指'是不能用另外一个代替。"⑦⑩索绪尔的这一思想,导致以下第五点所要论述的"语言使用的游戏性质"。

第二,符号的线性特征。索绪尔认为,语言符号是**在时间上展开**的,因此,两个以上的语言单位永远不可能同时地处在同一语流的一定点上。语言单位在线性位置上的先后差异产生了"对比",形成了"区别",也因而有可能在这些先后差异的对比和比较的基础上,表达出一定的"意义"。

索绪尔说:"'能指'属于听觉性质,只在时间上展开,而且具有借自时间的特征:首先,**它体现一个长度**;其次,**这长度只能在一个向度上测定**——它是一条线。"⋯⋯这是一个基本原则,它的后果是数之不尽的;它的重要性与第一个原则(即任意性)不相上下。语言的整个机制都取决于它。⑦⑪

第三,语言符号的对比性。索绪尔说:"在词里,重要的不是声音本身,而是使这个词区别于其他一切词的声音上的差别,因为带有意义的正是这些差别。"⑦⑫接着,索绪尔又说:"语言系统是一系列声音差别和一系列观念差别的结合,但是把一定数目的音响符号和同样多的思想片段相配合就会产生一个价值系统，在每个符号里构成声音要素和心理要素间的有效联系的，正是这个系统。"⑦

显然，在索绪尔看来，符号是借助于相互间的对立关系而发挥其功能的。索绪尔在上段话中所说的"价值系统"，正是表明了符号的对比性。符号的对比性虽然与其线性特征有所不同，但它确实是与其线性特征有密切关系，而且两者都决定于符号的"任意性"。

第四，符号的系统性。在索绪尔看来，语言是一种表达观念的符号系统。作为一个系统，语言只知道它自己固有的秩序。"语言的特征就在于它是一种完全以具体单位的对立为基础的系统。"⑦

在索绪尔看来，只有把语言看作是一种系统，才能对它进行正确的分析，把握其构成要素。索绪尔并不满足于简单地提出语言是一个在其内部有密切相互联系的系统，而且还进一步指出语言系统中各组成要素及其对立关系是如何相互联系和如何实际运作的，以至于使他深深地触及语言运作机制的核心问题。

第五，语言符号运作的游戏性质。索绪尔很重视语言符号的任意性、社会性、对比性及其系统性。正是在这些重要性质的基础上，语言符号的使用和运作就如同下棋游戏一般。索绪尔说："棋子的各自价值是由它们在棋盘上的位置决定的。同样，在语言里，每项要素都由于它同其他各项要素的对立才能有它的价值。"⑦这就是说，语言系统中各个组成因素的价值、性质和意义，主要不在于它们本身的内容和形式，也不在于它们本身孤立地存在的时候所固有的性质，而是在于，**仅仅是在于**：在语言这个确定的系统中它们彼此间的相互对立的关系。语言的各个因素，一旦脱离语言系统，尽管它们各自仍然可以单独地存在，仍然可以具备和拥有自己的特性，但它们已不再作为语言的组成因素而存在，它们也因此丧失掉同语言中其他因素的对立关系，最终丧失掉它们在语言系统中所具有的意义。

语言系统中各因素间的相互对立,是语言中各个因素的"意义"的重要依据,也是语言系统获得其生命的源泉。因此,语言中各个因素间的对立关系的相互转换,保持其始终一贯的、同时又多样化的对立关系,便构成语言中各因素相互关联的游戏活动的基本规则。

因此,索绪尔很形象地将语言活动比喻为"下棋"。他说,把语言比作国际象棋,将更可以使人感觉到语言作为系统的游戏性质。"在这里,要区别什么是外在的,什么是内在的,是比较容易的:国际象棋从波斯传到欧洲,这是外在的事实。反之,一切与系统和规则有关的,都是内在的。又例如,我把木头的棋子换成象牙的棋子,这种改变对于系统是无关紧要的;但是假如我减少或增加了棋子的数目,那么,这种改变就会深深影响到'棋法'。……而要解决这个问题,我们必须遵守这样的规则:一切在任何程度上改变了系统的,都是内在的。"⑯

索绪尔所说的"系统性",显然是指语言的整体性,即语言系统及其内在各组成因素间的相互关系的整体性。作为一个整体,语言系统内各要素的位置及其与其他要素的相互关系,都是关系到语言本身的本质性特征的。德国当代诠释学家伽达默尔在谈到语言的游戏性质时说:"对于语言来说,游戏的真正主体,显然不是在其他活动中也进行游戏的那个事物的主体性,而是游戏本身(Für die Sprache ist das eigentliche Subjekt des Spieles offenbar nicht die Subjektivität dessen, der unter anderen Batätignugen auch spielt, sondern das Spiel selbst)。我们只是如此习惯于把游戏这个现象同主体性及其行为方式连贯起来,以至于我们对于语言精神的这种提示总是置之不理。"⑰

当然,索绪尔并没有完整地提出语言游戏理论,但他反复地将语言活动比喻成"下棋",包含着非常深刻的思想,不仅启发了后世的结构主义者,也同样为后期维特根斯坦的语言游戏理论提供了有益的养料。

索绪尔的语言学对当代语用论的影响,不仅在于提出了**言语活动**的完整概念,也不仅在于它提出了作为语用论重要基础之一的符号论,而且,更重要的还在于:索绪尔使语言学超出了它自身的范围,而成为整个人文科学和社会科学所关切的领域。正如法国著名的语言学家本维尼斯特(Emile Benveniste,1902－1976)所说:"在研究人类和社会的各种科学里,语言学已经成为一门成熟的科学,成为在理论研究上及其技术发展方面最活跃的科学之一。而这门革新了的语言学,肇源于索绪尔。语言学通过索绪尔而认识了自己,并团结成一支队伍。在和语言学交叉的各种思潮中,在语言学众说纷纭的各种流派中,索绪尔所起的启蒙作用是明白无疑的。这一颗光明的种子被几位弟子接受下来,已经化为万丈光芒,并勾画出一派处处有他存在的景象。"⑦

第六节　历史的结论

在皮尔斯的实用主义语用论的基础上,经历实用主义、分析语言哲学、科学哲学及研究语言的其他哲学派别的长期争论之后,经历语言学内部各派及诠释学等多种边缘性人文科学和社会科学的综合性研究之后,语用论从 20 世纪 60 年代以后,变成了由三股基本思路汇合而成的新型的、超学科的重要学术领域:第一股思路来自实用主义和分析哲学各派的争论和综合;第二股思路来自现代语言学本身的革命——这场革命试图突破传统的和古典的语言学的基本概念和基本方法,不再满足于单纯从语言内部去孤立地研究语言本身,而是超出语言的范围,首先在语言的实际应用中,结合语言使用中出现的多种复杂因素,综合地考察语言的本质及语言的多种规则,这就是在本章第六节中所已经

概述的各种新型现代语言学对于语用论研究的贡献；第三股思路来自
分析哲学、实用主义及现代语言学之外的多种研究，特别是皮亚杰
(Jean Piaget，1896－1980)学派的结构主义语言心理学、教育学和伦理
学关于语言和人的思维、行为及道德意识的关系的综合研究，海德格尔
学派关于语言与人的"此在"的关系的诠释学研究，其中包括伽达默尔
的"哲学的本体论诠释学"(Philosophisch-Ontologische Hermeneutik)
和德里达的"解构主义"(Desconstructionisme)对于语言的研究：布尔
迪厄的象征论政权社会学(Sociologie symbolique du pouvoir)对于语言
的社会应用的杰出研究成果，以及哈贝马斯的沟通行为理论(Theorie des
kommunikativen Handelns)对于语用论和"商谈伦理学"(Diskursethik)
的研究等。

　　这样看来，现代语用论的发展从皮尔斯在 19 世纪末提出，经历愈
一百年的争论和研究，早已突破实用主义和分析语言哲学的范围，变成
了语言哲学、现代逻辑、现代科学论、商谈伦理学、现代语言学、诠释学、
现代象征论和符号论社会学等多学科综合研究的重要而广阔的领域。
理论家们尽管可以从不同的学科的专门角度进行独立的研究，但是，如
果不把这些专门的独立研究同其他学科的研究加以综合和比较，语用
论的复杂问题将仍然悬而未解。

　　从语用论的上述简略历史探索中，可以看出语用论研究的几个重
要特征：

　　第一，语言问题历来成为社会科学和人文科学不断发展的一个"后
设条件"(Meta-Condition)，愈一百年来语用论与各学科之间的相互交
叉式的互动发展，更生动地说明了这一点。

　　第二，对语言问题的考察，不能单纯地局限于语言学及其相关学科
之范围内，而应从多学科的科际整合的角度进行。语用论这门学科的

起源和发展,仰赖于语言学、哲学、人类学、社会学及其他学科对社会与人的根本问题的研究成果,也决定于各个学科对语言本身的深入研究状况。因此,语用论在各个时期的发展程度及其争论的状态,不只是语用论本身理论发展的标志,也是整个社会科学和人文科学发展水准的表现。

第三,对语言问题之考察,不能仅限于静态的分析,而应同时地在动态中进行宏观与微观分析相结合的研究,并在语言使用活动的实际过程中去进行。因此,对语言之考察,也不应仅限于采取传统语言科学之方法,而应广泛采用哲学、逻辑、心理学、人类学、社会学等学科,乃至自然科学之方法,相互配合地交叉进行。

第四,对于语言的使用过程、性质及条件的研究,既要注重"形式"方面,细致地依据符号学和数理逻辑的原则,又要注意"实质"方面,充分考虑语言使用的"经验"条件,并使"形式"和"实质"两方面的相互关系,均能全面地显示出来。

第五,语用论的产生和发展,表明语用论的研究范围及其方法始终都在不断地变动着。迄今为止,语用学的研究范围和方法,可以简略包括如下因素:① 从皮尔斯到莫里斯,语用论作为符号学(或指号学和语符学)的一个组成部分,是语形学和语义学的补充和发展结果。在这个意义上,语用论是研究语言符号在它出现于其中的行为范围内的起源、用法和效果。后来,卡尔纳普更明确地将一切涉及说话者或语言符号使用者的语言研究,都归结为语用论。② 自从数理逻辑或符号逻辑在分析的语言哲学的推动下迅速发展以来,语用论也作为符号逻辑的一个组成部分,形成一系列形式化和符号化的语用论系统,在研究语言符号的普遍有效条件方面作出了贡献。③ 作为皮尔斯的实用主义的延伸,语用论在行为主义、操作主义和各种行为理论中得到了发展,有助于从言语行为的角度,深入研究人的行为中的言语条件。在这个意义上说,皮尔斯早就强调语用论要注重研究**符号本身、符号所指的对象和意义**以及**符号使用者**三大因素,要在符号使用者的思想和行为的实际进行及其效果的脉络中去分析上述三大因素的相互关联,因此,米德的象征互动论、奥斯丁等人的"言语行为理论"以及哈贝马斯的沟通行为理论和商谈伦理学等,都可以说是语用论的扩展成果。④ 语用论包含对语用意义的研究,强调"意义"同言语行为的密切联系。在这个意义上说,语用论要从说话者、意向、目的以及话语被说出时的周遭环境等方面,去研究用语的意义。语用论对于语用意义的深入研究,扩大和发展了上述言语行为理论的成果,有助于弄清语言和行为中的"真理"问题,也进一步推动包括文学语义学、普通语义学和逻辑语义学在内的语义哲学的发展。⑤ 语用论作为研究言语使用性质和条件的专门学问,一方面要研究皮尔斯所说的那种索引词语(Indexical Expression)同语境的相互关系,又要研究各种语词和语句结构在使用中的多种变形的可能性。因此,美国的蒙太古和以色列逻辑学家希勒尔等人都主张把索引语词看作语用论的研究对象,而许多语义哲学家则认为:语用论还应研究语句及语句间结构在语言使用中的规则及其变形可能性,包括话语结构、心理结构、信息结构、语气情志的分析以及词语和语句的隐喻式和象征性的使用规则和意义等。

注释

① 《皮尔斯论文集》,第 5 卷,第 402 页。

② Karl Popper, *Conjectures and Refutations——The Growth of Scientific Knowledge*, 1963.

③ 哈贝马斯:《认识与利益》,第 116 - 142 页;并参见拙著《哈伯玛斯论》,远流出版

公司,台北,1991 年版,第 88 - 99 页。

④ 阿佩尔:《语言应用论与哲学》,第 7 页。

⑤ Stephen C. Levinson, *Pragmatics*, Cambridge University Press, 1983, p. 36.

⑥ Geoffrey N. Leech, *Principles of Pragmatics*, Longman, London, 1983, p. 2.

⑦ Jacob L. Mey, *Pragmatics: An Introduction*, Blackwell, Oxford, 1993, p. 22.

⑧ 米德:《心灵、自我和社会》,第 254 页;第 256 - 257 页。

⑨ Arnold Rose, *Human Behavior and Social Process*, Boston: Houghton Mifflin, 1962, p. 8.

⑩ Alfred Lindesmith/ Anselm Strauss, *Social Psychology*, N. Y. 1968, p. 282.

⑪ Arnold Rose, *Human Behavior and Social Process*, p. 12.

⑫ Alfred Lindesmith/ Anselm Strauss, *Social Psychology*, N. Y. 1968, pp. 280 - 283.

⑬ 弗雷格:《算术的基础》,§ 60。

⑭ Moritz Schlick, Die Wende der Philosophie, in *Erkenntnis*, Band I. (1930 - 1931), Hefft I, S. 5.

⑮ *Ibid.*

⑯ in *Philosophical Review*, N°4, Vol. XLV, July 1936.

⑰ *Ibid.* , p. 340.

⑱ in *Monatshefte für Mathematik und Physik*.

⑲ in *Ruch Filozoficzny*, 1920.

⑳ 卡尔纳普:《语义学导论》,第 9 页。

㉑ 卡尔纳普:《意义和必然性》,第 205 - 206 页。

㉒ 同㉑,第 221 页。

㉓ 原载于 *Philosophical Studies*, Vol. VI, N°3, April, 1955. 此文后收入《意义和必然性》第二版(Chicago University Press, 2nd. Edition, 1955),第 233 页及以下。

㉔ 卡尔纳普:《意义和必然性》,第二版,第 248 - 250 页。

㉕ 卡尔纳普:〈自然语言中的意义和同义性〉,《意义和必然性》,第二版,第 233 页。

㉖ 同㉕,第 234 页。

㉗ 同㉖。

㉘ 同㉔,第 237 - 238 页。

㉙ in *Studies in Logic and the Foundations of Mathematics*, North Holland Publishing Company, Amsterdam, 1959.

㉚ in *Erkenntniss*, Vol. IV. Leipzig, 1934.

㉛ 见《综合》杂志,第 8 卷(Laren, 1950),第 300 - 324 页。

㉜ 戴维森:《对真理与诠释的探求》(1986),第 112 页。

㉝ L. Wittgenstein, *Philosophische Untersuchungen*, I,255.

㉞ *Ibid.*，p. 116.

㉟ *Ibid.*，p. 109.

㊱ in L. Wittgenstein，*Philosophische Untersuchungen*，Oxfrod，1968，p. 88，N°241.

㊲ *Ibid.*，p. 5，N°7.

㊳ *Ibid.*，p. 151，N°569.

㊴ *Ibid.*，p. 113，N°355.

㊵ *Ibid.*，p. 82，N°203.

㊶ *Ibid.*，p. 44，N°96.

㊷ Jacob L. Mey，*Pragmatics: An Introduction*，p. 22.

㊸ 福柯：《词与物》，第 97 页。

㊹ 同㊸，第 107 页。

㊺ A. Destutt de Tracy，*Elements d'Ideologie*，Tome II，p. 60.

㊻ A. Destutt de Tracy，*Memoire sur la faculte de penser*，lu le 24 floreal au 5 – 12 mai 1796，a l'Institut national des sciences et arts，sciences morales et politiques.

㊼ 阿尔诺与朗斯洛：《普遍唯理语法》(1754)，第 7 页。

㊽ N. Chomsky，*The Logical Structure of Linguistic Theory*，New York，Plenum，1975；N. Chomsky，*Syntactic Structure*，The Hague，Mouton，1957.

㊾ R. Barthes，*Le Degyé zéro de l'écriture*，Paris，1953；la deuxieme partie.

㊿ *Ibid.*

(51) *Ibid.*

(52) 洪堡：《论人类语言结构的差异及其对人类精神发展的影响》，收在 *K. W. von Humboldts Werke*，Band III，Andreas Flitner/Kaus Giel 合编（Darmstadt：Wissenschaftliche Buchgesellschaft，1963)，第 386 页。

(53) 同(52)，第 416 页。

(54) 同(52)，第 418 页。

(55) 同(52)，第 426 页。

(56) F. de Saussure，*Cours de linguistique générale*，publié par Charles Bally et Albert Sechehaye，Edition critique preparée par Tullio de Mauro，Paris，1973，p. 30.

(57) *Ibid.*，p. 41.

(58) *Ibid.*，p. 41.

(59) *Ibid.*，p. 36.

(60) Cl. Lévi-Strauss，*Structural Anthropology*，II，Penguin Books，1978，p. 9.

(61) 穆宁：《论索绪尔》(Seghers，Paris，1968)，第 50 页。

(62) 参见索绪尔：《普通语言学教程》，中文译本，北京，商务印书馆，1980 年，第 101 页。

㉓ 同㉒。

㉔ 同㉒，第 102 页。

㉕ 同㉒，第 158 页。

㉖ 同㉕。

㉗ L. Wittgenstein, *Philosophische Untersuchungen*, p. 138, N°496.

㉘ *Ibid.*, N°497.

㉙ 同㉒，第 104 页。

㉚ 同㉒，第 107 页。

㉛ 同㉒，第 106 页。

㉜ 同㉒，第 164 页。

㉝ 同㉒，第 166 页。

㉞ 同㉒，第 151 页。

㉟ 同㉒，第 128 页。

㊱ 同㉒，第 46 页。

㊲ Hans-Georg Gadamer, *Wahrheit und Methode*, J. C. B. Mohr（Paul Siebeck），Tübingen 1986, pp. 109 – 110.

㊳ E. Benveniste, *problemes de linguistique general*, Vol. I, Paris, Gallimard, 1966, p. 45.

第 12 章

从语用论看语言符号的"意义"问题

语用论的基本论题就是将语言使用者的作用、功能及其行为导入对于语言的研究之中，以便超出语言本身的范围，在使用语言的思想过程、行为及其复杂环境和实际因素中，综合考察语言本身的本质及其与思想、行为的各种因素的关系，并在全面吸收社会人文科学、自然科学和符号学研究成果的基础上，建构出可以用简明而精确的符号关系系列所表达的科学系统。

显然，与研究语言的语句中的语言符号形式关系的语形学问题的语学（Syntactics）、研究语句各因素的内外意义网络的语义学（Semantics）相区别，语用论所关注的基本问题是语言、使用语言的各个个人及使用语言所处的境域之间的关系，而在这关系中，被使用的语言所表达的"意义"、使用语言过程中的各个人的"思想"和"行为"以及使用语言时所处的境域诸因素之间的关系，通过语言本身的功能、结构及诸构成因素的相互关系的不断变化作为中介，发生着极其复杂的多层次的变化。语用论试图用符号系统和可以概括的普遍形式，将这一切因语言的使用所发生的变化关系网，加以总结和表达出来。

对于上述语用论基本论题的研究,正如本书上一章在考察语用论的理论历史准备时所已经表明的,其过程和经历并非是一帆风顺的。

本书第十一章第二节在论述语用论的逻辑实证主义脉络中的发展过程时,已经在某种程度上涉及这个问题,尤其涉及语用论探讨同语形学和语义学的密切关系。现在,本章将更集中地从理论上探讨语用论与语言的"意义"和"真理"问题的关系,探讨所有关系到语用论基本问题的重要论题,以便弄清语用论的基本概念和基本原则。

第一节　皮尔斯对"意义"的 最初探讨及其演变

正如本书第一编早已指出的,在语用论和实用主义的创始人皮尔斯那里,语言的"意义"问题,从一开始,就是在语言、语言使用者的思想及其行为的复杂关系中,被皮尔斯加以重视和研究,并因此而产生了皮尔斯的"意义理论"。"意义理论"在 20 世纪内相当长的时期内,被限制在"语义学"的狭窄范围内加以研究,似乎"意义理论"只能为"语义学"所垄断。这种状况不仅背离了自皮尔斯开始的语用论原则,也使"意义"研究走上了单纯从语言命题结构形式分析的有限方向。因此,有必要重温皮尔斯的原本意义的"意义理论",然后再考察意义理论研究史上提出的主要问题及其与语用论的关系。

皮尔斯的实用主义意义理论,如本书第一编所述,是在 1878 年 1 月号的《大众科学月刊》上发表的那篇著名的论文《怎样使我们的观念清晰?》中论述的。在皮尔斯看来,一个概念的意义,就在于由它所引起的**行为**及由此获得的**经验**之间的内在关系。这种实用主义和语用论的意义论是由"假设"、"行为"("动作")和"实验"三个要素所构成的。皮尔斯说："考虑一下我们认为我们的概念具有一些什么样的效果——这些效果是可以设想为具有实际意义的，那么，我们关于这些效果的概念，就是我们关于这些客体的概念的全部。""为了确定一个理智概念的意义，人们应当考虑一下，从那个概念的真理性中，可以必然地产生出什么样的实际结果——这些结果便构成这个概念的全部意义。""如果人们能够精确地确认肯定或否定一个概念所能包含的、可想象到的那些实验上的现象，那么，人们就可以有一个关于那个概念的完全意义，而且，在那里也绝对不会有其他更多的东西。"①

在这一段话中，皮尔斯特别强调"概念的意义"，由此意义所导出的"行为"以及由此"行为"所获得的"经验"。这里所说的"意义"、"行为"、"经验"三大要素，便是前述皮尔斯的实用主义和语用论的意义论的"假设"、"行为"和"实验"。这也就是说，实用主义和语用论的意义论**首先**强调行为及其效果，因此，为了达到某种行为的特定效果，实用主义者宁愿将指导其行为的某种"意义"看作是一种"假设"，以便从这种"假设"出发，去引导那些能获得成功效果的行为。在这里，也同时集中地显示了实用主义的"意义"和"假设"的主观主义认识论的性质。某种"意义"归根到底是由意欲获得特定行为效果的主观目的设定出来的，因此，其正确与否，也完全由导引出的行为效果去检验。

其次，实用主义者所说的"行为"，是在主观目的和预定效果的前提下实施出来的，它是作为目标和作为指导思想的"意义"同预定"效果"之间的工具性活动，是充满着明确主观利益的目的性动作。

再次，实用主义意义论特别强调"假设"、"行为"及"经验"之间的内在关系，使实用主义者在其知识论和行为论中所重视的上述三大要素，具有相互依赖、相互制约和相互影响的不可分割的关系。这就是说，实用主义者强调"效果"时，一点也不意味着他们忽视了作为"假设"的"意义"及由此引出的"行为"。在实用主义的意义论中,"假设"、"行为"及"经验"是缺一不可,三者之间的内在关系,使它们之间很自然地相互包含,构成为一个统一的意义整体。

所以,在皮尔斯之后,詹姆斯在鲍德温《哲学和心理学辞典》中,曾就皮尔斯在 1902 年所写的论文,引用皮尔斯的如下的说明:"一个概念的全部'意义',如果它是真实的话,都要在实际效果中表现出来——或则表现在要加以赞许的行为形式中的结果,或则表现在可得到期待的经验形式中的结果;但如果那个概念是不真实的,这些结果就有所不同,而且必然不同于据以依次表现其他概念的那些结果。"②

为了更具体和更通俗地解释实用主义意义论,皮尔斯指出,所谓某种"现实事物"概念的全部意义,指的是:当我们对某种"现实事物"做出如此这般的动作,我们就必定得出如此这般的实验性动作的结果,例如,"硬"这个概念的意义就在于:当我们试图用手抓破这个东西的表层的时候,我们就不能获得行为上的成功;又如,"重"这个概念的意义就在于:当我们移走支持着那个事物的力的时候,它就会跌落下来。

为此,詹姆斯在《实用主义》一书中解释说:"为了在我们的思想中完全地明了一个事物,我们只需考察一下,这个事物可能包含有什么样可以设想出来的实际效果,也即我们由它可以期待着怎样的感觉,以及我们又必须准备什么样的反应就够了。因此,我们关于这些不管是眼前的还是遥远的效果的概念,就其完全具有肯定的意义而言,就构成我们对于这一事物的全部概念。"③

皮尔斯的意义理论随着他对符号逻辑和关系逻辑的深入研究,而发展成命题演算的真值及其检验的符号化和普遍形式化的理论形式,从而使他和弗雷格等人在这方面的成果相类似(参见本书第一编第二章有关段落)。

但是，一方面是由于皮尔斯本人的研究的局限性，另一方面又由于弗雷格等人并不像皮尔斯那样关切语言使用的问题，使皮尔斯早期语用论的"意义理论"被引向与语言使用问题越来越疏远的偏离方向上去，只单纯地就"命题"本身的真理的逻辑结构进行探讨，以致使"意义理论"最终与语用论脱节，而单纯地构成语义学的狭隘论题，或者，至多也只能构成"真理的语义论"（Semantic Theory of Truth）、"意义的语义论"（Semantic Theory of Meaning）、"逻辑语义学"（Logical Semantics）或"普通语义学"（General Semantics）的研究课题。

本来，"意义"的研究应从哲学、社会学、心理学及语言学的各个角度加以分析性和综合性的研究。语用论对"意义"的研究实际上是这类分析性和综合性研究的科学领域。

在哲学上，往往把某个事物（包括某个语词）的出现，看作是思维者或行为者所联想到的各种意义的代号、信号或符号。因此，从哲学上讲，对一定实体（物体、标记、声音等）的感知，可引起对另一事物的联想。例如，看到烟会想到火，听到脚步声会想到有人经过。因此，烟和脚步声构成为其他事物的符号。诸如此类的联想，在哲学上被称为天然符号联系。又例如公路标记或穿心图形等各种符号及其所指之间的联系，并不是必然的，而是由人们的传统或习惯所形成的，因此，被称为非天然符号联系。语言就是这种非天然符号。词和句子是符号，但人们关心的不是这些语言符号本身。烟这个词符意味着火；箭穿心图形象征着爱。语词和句子所指的不是这些符号本身，而是意味着别的内容。语词的意义就是这些语词使我们想到的内容，是联结语词和事物的这种联结因素。有些词的意义和所指的关系比较直接和具体，例如，巴黎就是指巴黎市、亚里士多德就是指希腊哲学家亚里士多德。有些词的意义和所指的关系比较概括和抽象，例如"狗"、"白色"、"正义"等。

上述关于语言意义的看法,表面看来,似乎能站得住脚,可以解释相当多的常见现象。但仔细地推敲,便可发现其中的许多矛盾和难题。例如,我们所说的"晨星"(通俗地说是"启明星",英文称 Morning Star)和"暮星"(The Evening Star),在实际上是指同一颗星,即具有相同的所指——金星(Venus)。但是,这两个词组的意义显然不同。因此,"晨星"和"暮星"之为同一星体,只是科学上的,而不是语言学上的事实。又例如,The present King of France(法国的当今的国王)这一词组是有意义的,但实际上并不存在这个人。由此可见,把语词的意义理解为语词指称的客观事物是经不起分析的,无助于理解语言意义的本质。

第二节　从意义的指称论到意义的
证实论的转变

在西方哲学史上,曾经出现过影响甚大的"意义指称论"(Referential Theory of Meaning)。如前所述,这种理论认为:"名称"是通过指示或指称外部世界的事物而获得"意义",因而,一个名称的"意义"便是它所指的"对象"。这样一来,名称和它所指的对象之间便存在"对应的"(corresponding)关系。这里所说的"对象",既包括个别的事物或人,也包括某一类事物、状态、性质和关系等等。当然,也有一部分理论家认为,一个表达式的"意义"不在于它所指称的"对象",而是这个表达式同它所指的对象之间的"关系"。这种理论可以一直溯源自亚里士多德,他在《工具论》(Organon)的《范畴篇》中强调词代表着所指的事物的本质属性,而一个事物的本质属性规定了有关这个事物的概念的内涵,因此,当本质属性由所属的事物分离出来而与有关语词相结合时，它就变成语词的"意义"。

在西方逻辑史上，英国逻辑学家穆勒是近代著名的经验主义逻辑学的奠基人之一。他把"词"看作是"意义"的最基本单位。因此，每个名词就代表着某种事物；一个名称所代表的事物，就是这个名称或词的意义。

穆勒的学生罗素在经验主义的基础上所建立的分析哲学，首先提出了"语法指称论"，强调"专有名词"（Proper name）的意义是它所指示的"项"（即**事物**），"形容词"和"动词"的意义则是它们所指示的"项"（即**概念**），接着，罗素又提出了"逻辑指称论"，强调专名与个体、命题与事实之间的对应关系。在早期作为罗素的学生的维特根斯坦，也在其早期著作中坚持指称论，主张"名称只起指称作用而无意义"、"命题则只有意义而无指称"。维特根斯坦在其早期著作《逻辑哲学论》中说："名称意指对象，对象就是它的意义。"④因此，在前期维特根斯坦看来，只要理解一个命题由以组成的各个记号的指称，并且理解这些记号的联结方式，就可以理解这个命题的意义。

意义的指称论并没有全面地和正确地说明"语词"和"意义"的相互关系。这种理论的主要缺点正是忽视了语词在实际**应用**中的意义的复杂性，忽略了语词和语句的使用者在它们的应用过程中的思想和行为活动及其内外环境各复杂因素的多变性和运动性，忽略了语词和命题的意义在使用者的语言使用中的实际产生和变化过程。

因此，就语词与对象之间的指谓关系来界定"意义"，在逻辑实证主义的范围内，后来就发展成为石里克和卡尔纳普等人所提出的"意义的**证实论**"。从意义的**指称**论到意义的**证实**论的转变，表明逻辑实证主义者石里克和卡尔纳普等人，一方面认识到意义的指称论的局限性，另一方面也多多少少意识到"意义"问题的解决，不能停留在语词和命题的

封闭范围内,去探讨它们同它们的对象之间的抽象的"对应关系",而
且,还要在语词和语句命题之外,诉诸**实际的证实程序**,去分析和考察
语词和语句命题同它们的对象及其周遭世界(指涉关系网)的实际关
系。在这些想法中,模模糊糊地表达了语用论的基本原则,即在语言的
应用中分析和验证其意义和真理性。

其实,所谓"意义的证实理论"(Verification Theory of Meaning),
虽然可以直接地同早期的休谟、穆勒和马赫(Ernst Mach,1838 – 1916)
的传统相连接,而且也可以上溯到实用主义和语用论的鼻祖皮尔斯的
意义理论。正如上节所已经指出的,皮尔斯的实用主义和语用论的意
义理论,包含着"假设"、"行为"和"实验"三大因素,就在"行为"和"实
验"的重要环节中,表达出在经验中验证的思想。

到 20 世纪初,维特根斯坦在罗素的影响下写出《逻辑哲学论》的时
候,从"图画说"(The Picture Theory)出发,强调命题的"意义"必须符
合两项标准:**首先**符合语言的逻辑,**其次**要符合命题所描述的事态的
存在状况。所有具有意义的命题,都应该可以找出某种**证实其真或假
的方法**。

以石里克和卡尔纳普为代表的逻辑实证主义认为:一个命题或语
句,只有当它作为一个表示观察或知觉的基本命题或原子命题时,或
者,只有它的真值是来自上述观察命题或语句的真值时,才是具有意
义。这就是卡尔纳普称之为"可证实性原则"(Principle of Verifiability)
的"意义的证实论"。[⑤] 后来,维也纳小组的成员之一——魏斯曼
(Friedrich Waismann,1896 – 1959)进一步将这一原则加以逻辑公式
化,表述如下:任何命题如果具有认识意义的话,就必须有一定数量的
观察命题 $O_1, O_2, \cdots O_n$,由 S 中可以推导出 $O_1, O_2, \cdots O_n$ 的合取
式,并且可以由后者推导出 S。这也就是说,如果能够从 S 中推导出这

一系列观察命题，又能够从这一系列观察命题中推导出 S，那么，它们的意义就是相等的，并且命题 S 也就得到证实。

诉诸"证实"的方法来评判语句的"意义"，固然表明了逻辑实证主义意欲超出语句内各语词符号间的内在关系及其与指谓对象间的对应关系的愿望，也表明他们看到了语词符号的"意义"及其证实的可能性的关系，但是，逻辑实证主义者囿于其狭隘的经验论原则，总是执着于"可观察到"的事实之上，不可能看到"证实"过程作为一种语言实用行为，作为语言使用者在语言应用过程中的复杂的实际活动，一方面必定会涉及比科学试验意义的"证实"更加广泛和更加复杂得多的实际活动，另一方面也必定涉及比证实活动诸因素更加复杂得多的内外世界的因素，其中包括证实过程中语言使用者的心理因素，证实活动所处的周围环境各种物质的和精神的因素，与语言使用者相关的其他行为者的内外因素，证实过程中诸层次因素的变化等等。

所以，就连原来属于维也纳学派的魏斯曼，也在后期维特根斯坦的日常语言学派的观点的影响下，逐步超出石里克和卡尔纳普等人的狭隘的"意义的证实论"。魏斯曼在移居英国牛津以后，首先是强调数学并非重言式，并非单纯地构成逻辑的一个分支；强调数学的对象是整个**根据应用而改变意义**的概念的家族。接着，在 20 世纪 40 年代，他几乎完全抛弃意义的可证实性原则，强调**命题实际用法**的丰富多样性。魏斯曼所提出的"语言多层结构的理论"有力地批判了维也纳学派的"意义的证实论"，在迈向语用论的意义理论的建构方向上，走出了重要的一步，魏斯曼认为经验概念本身就固有着某种"开放结构"（Open Texture）⑥。因此，语词本身具有歧义性和变动性，又以多种方式与上下文相联结，可以具有比喻的意义，具有"系统歧义性"等。语词的上述复杂特征在不同的使用者的不同的应用环境里,其意义有多样的变化。魏斯曼很深刻地指出:"语言从感性的发展到心理的这一事实,造成了一个特有的现象:我们似乎时时瞥见一个词背后的另一个更深的、半隐半现的意义,仿佛暗暗地听到另外一个意义参加进来,在这个意义中间和周围,又有许多别的意义开始鸣响,全部伴随着该词的原有意义,有如一口钟的许多共鸣谐音。因此语词里面的那种深沉洪亮的谐鸣,是人造的语言所缺乏的,因此就产生了很多诗歌所具有的那种多义性、不定性、离奇古怪的暗示性和不可捉摸性。"⑦ 魏斯曼认为:"语言并不是按照演绎系统的方式构造出来的;与这样一个系统相比,语言是组织得极不严密的结构。"⑧ 语言及其使用中的"意义"的复杂性、多层次性和变动性,不能单纯地靠数学公式或逻辑结构的表述及其证实性来概括。问题的解决出路就是在语言使用过程的分析本身。魏斯曼的观点,使石里克和卡尔纳普等人提出的"可证实性原则"受到了怀疑,至少,"可证实性原则"已经被证明是有很大的局限性的。

而且,魏斯曼的批评,同时地也为走向更具有语用论倾向的"意义的行为论"和"意义的操作论"的出现铺平了道路。

如果说魏斯曼是从语言结构的多层次性及其使用中的多变性和复杂性出发,去批评维也纳学派的"意义的证实论"的话,那么,逻辑实证主义柏林学派的主要代表人物赖辛巴哈是从概率逻辑及其物理科学实践的经验的角度,提出了他的独特的"意义理论",试图修正石里克等人的上述理论。

如前所述,赖辛巴哈的"意义理论"中包含了与实际科学活动及其他日常生活活动有密切关联的"概率性"原则。因此,赖辛巴哈的意义理论对于语用论的意义理论也具有重要理论价值。

语言的多层次结构及其应用中的变动性、沉浮性及伸缩性,本来是同语言应用中的复杂因素紧密地联系在一起的。赖辛巴哈作为一位科学家，亲身体验到复杂的科学活动及其中的语言使用，强调语言命题的意义及其真理性，并非单纯地可以用"精确性"和"证实性"加以概括，也不能用古典逻辑的"非真即假"的两值性原则来判决。

赖辛巴哈认为，可证实的命题应分为两种：一种是直接可证实的命题，另一种是不可直接证实的命题。这两种命题的关系并非是演绎的，而是归纳的或概然的，从直接命题并不能必然得出间接命题，所以，间接命题并非严格地是可证实的。

赖辛巴哈从概率逻辑的角度探讨语言意义的时候，把命题的"意义"、"真值"和"权重"（weight）加以区别。"意义"是命题的第一种属性，词只有在命题中才具有"意义"，命题才是语言中具有意义的基本单位，命题的第二种属性是它具有真值，命题可真可假，词却没有这种属性，命题的第三种属性就是"权重"，所谓"权重"概念，是用来表达命题的真值的概然的连续的量的程度。在赖辛巴哈看来，任何命题，只有当它的"权重"有可能概然地被确定下来的时候，它才是有意义的。通过可能的观察而获知具有相同"权重"（即"概率度"）的两个命题，就是两个具有相同意义的命题。因此，一切经验科学的知识都是概然的。在此基础上，赖辛巴哈主张以卢卡西维茨所创建的"三值逻辑"（Three-valued logic）取代"二值逻辑"（Two-valued logic）。这也就是说，科学陈述不仅有"真"或"假"两种值，而且还有一个"不确定"的中间值。"权重"所表示的，正是这种从最不确定到不同程度的比较确定，一直到非常确定的一系列连续的量。

赖辛巴哈的三值逻辑及其"概率的意义理论"，虽然没有彻底解决语言使用中的复杂的"意义"变化问题，但它在一定程度上总结了科学活动中所遇到的各种语用论问题。

第三节　意义的行为论和操作论
中的语用论因素

　　语言符号的"意义"究竟要不要在语言使用者的实际行为及其行为境遇中加以分析和考察,本来早在皮尔斯的最早的意义理论中就已经有了肯定性的概括答案。但正如上一节和第十一章第二、三节所指出的,一方面由于皮尔斯关于"意义"问题的理论毕竟还停留在尚未全面发展的萌芽状态,对于从语用论考察"意义"问题尚未达到完备的、令人信服的程度,另一方面又由于分析的语言哲学及数理符号逻辑从一开始便片面而单纯地注重于在"科学命题"的范围内,即从语形学的角度去考察语言符号的相互关系及其意义,所以,使"意义"问题的探讨,慢慢地越来越远离皮尔斯的"意义理论"所倡导的语用论研究方向。倒是实用主义及受实用主义影响的行为主义,由于重视行为及其效果,能在研究语言符号的"意义"的领域内,对语用论的发展做出了贡献。在这方面,关于意义的行为论便是语用论发展史上的一个重要成就,有助于推动整个语用论的进一步发展。

　　在 20 世纪初至 20 年代期间,在皮尔斯和杜威的实用主义的"意义的行为论"(参见本书第二编第十章第三节)的影响下,在沃森、赫尔(Clark Leonard Hull, 1884-1952)和斯金纳为代表的行为主义心理学派(Behavioristic psychology)的观点的影响下,美国和英国的分析语言哲学家们开始注意研究语言的意义同语言使用者的行为的相互关系的问题,主张以公共地可观察到的行为去分析语言的意义。

　　在逻辑实证主义的脉络中,比卡尔纳普更早,罗素在批评实用主义的真理观的同时,也吸收了实用主义和行为主义的观点。正如本书第二编第十章第七节所已经指出的,由于实用主义对英国哲学的影响,罗素在从逻辑原子论转向中立的一元论的过程中,主张把语言的"意义"与说话者的信念、心理活动及行为等因素联系起来。在此观点下,"意义"的重要性就在于表达了说话人的信念。通过语言的表达,说话者的内在信念开始与实现这些信念的行为方法、行为条件、行为对象及行为效果发生关系,因而也同外部世界发生了联系。因此,必须重视语言的实际效果,进一步分析语言在实际生活中所起的作用。这样一来,最直接的要求,便是从行为的因果关系分析语言的意义,在对语言的意义进行心理分析的时候,要放置在言行的前因后果的系列中。罗素的这种行为主义观点,非常明显地表现在他的《人类认识的范围及其限度》(*Human Knowledge: Its Scope and Limits*)一书中。

罗素甚至主张用事件之间的因果关系代替心物二元论,把"意义"理解为一种习惯性的因果联系。词的意义就在于说出这个词与听到这个词之间的因果关系,句子的意义乃是由因果关系组成的。罗素还以行为主义关于"因果观念"源于习惯的经验主义观点,把因果关系在行为系列中的表现,说成是习惯性的反应,看作是受外来刺激而做出的相应反射。这就在很大程度上从语言行为与语言效果的关系去考察"意义"的问题。罗素最后还把学习语言的过程也看作是行为习惯的结果。在他看来,学习语言,就好像习惯性地听到某些声音便做出相应动作的生物反射一样,是一种习惯性的因果联系。[⑨]罗素说:"懂得一种语言并不是说对于这种语言的词字的意义能够做出清楚明白的说明,懂得一种语言是说:听到这些字时会产生适当的效果,而使用它们时也有适当的原因。"[⑩]

在罗素晚期的语言哲学中,已经吸收了实用主义、行为主义及后期维特根斯坦的观点,包含了越来越重的语用论的成分。

　　卡尔纳普本人也在一定程度上不得不接受意义的行为论的某些观点。正如本书第三编第十一章第三节所已经指出的,卡尔纳普在 1955年的《意义和必然性》第二版中的《自然语言中的意义和同义性》一文里承认:"对自然语言进行语用学研究是十分重要的,可以了解个人的行为,又可以了解整个文化的特征和发展。"①但卡尔纳普只把语用论的"意义"研究限定在"内涵概念"之内(详见以下第四节),反对罗素、莫里斯和蒯因等人的更为广阔得多的实用主义和行为主义的语用论意义分析。

　　根据实用主义和行为主义的观点,意义的行为论注重语言产生的效果和语言对听话者所发生的效应,反对传统的源自洛克的意义的观念论(Ideational Theory of Meaning)单纯地从主体意识内部的图像去说明"意义",反对只把语词所代表的观念当作语词固有的和直接的意义。

　　早期的意义的行为论只是简单地把语言表达式的意义,归结为这个语言表达式在特定场合下在听话者那里所引起的反应。这里表现出早期的意义的行为论者对于语言表达式应用中的环境和实效的重视。这可以说是语用论的重要倾向。但这种靠"听者反应"来决定意义的说法,并没有考虑到同样的语词对于不同的听话者所可能产生的**不同反应**。例如,对于一个十分饥饿的人来说,"面包"这个词的意义就在于引起他的唾液和胃液的分泌,加强了他的食欲。但对于吃饱了的人来说,同一个"面包"却产生了不同的反应。这样一来,便无法获得固定而明确的意义分析规则和标准。这就表明,在注重语用因素的分析时,并非简单地归结为对于行为的表面因素和部分现象的分析,而是必须考虑到语用环境和语用过程的复杂性及变动性。

　　因此,晚期的"意义的行为论"试图以更为精致的原则和方法,弥补上述弱点和片面性。他们提出"不外露反应"和"倾向"的概念,强调语词表达式在听话者那里所产生的反应的复杂性。但是,这种更为精致的意义的行为论显然只限于在**听话者的反应**的范围内去探讨复杂的语用论问题,所以,他们一方面仍然无法说明听话者的复杂反应的性质和动向,另一方面更没有触及听话者反应之外更加重要的语用论因素。

当然,作为意义的行为论的重要理论家,莫里斯和蒯因也分别提出了"指号学"或"符号论"及"整体论"(Holism),试图从符号与符号使用者的复杂关系及整体关系网去分析"意义"。在这个意义上说,莫里斯和蒯因确实为语用论的发展做出了重要贡献。

莫里斯在《符号理论的基础》和《符号、语言和行为》(*Signs, Language and Behavior*)两本重要著作中,区分了语言的指号的三种类型的关系:① 指号对语言中的其他指号的关系;② 指号对所意指的对象的关系;③ 指号对使用和理解这些指号的人的关系。这三种关系规定了指号意义的三个向度,即语形学、语义学和语用学。莫里斯明确地指出:"语用学是指号学有关指号的起源、用法和效用的方面。"[12]莫里斯对指号的三种关系的分类以及他对语用论所下的定义,表明他比实用主义和行为主义的其他人都更全面地研究了语言符号的使用问题,并以语用论作为专门学问去深入探讨语言符号使用者同符号的关系。

莫里斯认识到:研究语言符号使用者同符号的关系,必定首先要弄清符号的"意义"的问题。正是在这一方面,莫里斯深入地探讨了"意义",细致地区分了符号的使用中的"意谓"、"用法"、"用处"、"意义"和"意思"等概念。莫里斯指出:"在很多语言中,都有像英语中 Meaning 那样的一个名词,它具有两方面,即某种东西所指的东西和所指者的价值或意义。"[13]莫里斯把"某种东西所指的东西"称为 Signification,我们用中文"意谓"来表示;"所指者的价值或意义"称为 Significance,中文用"意义"来表示。接着,莫里斯又指出:"当代对指号的分析非常强调指号,尤其是语言指号的多种用法,但对'意谓'、'用法'、'用处'这些名词以及它们的关系的看法是很有分歧的。有些人把一个语词的意谓和它被如何用法等同起来;有些人则把它的意谓和它的用处等同起来。'用法'(use)和'用处'(usage)有时被区别开,有时又不加区别。"⑭莫里斯特别强调,在语用学的范围内,"意谓"和"用法"是有区别的。莫里斯在其著作《符号、语言和行为》中指出了指号的**四种主要用法**:告知的(informative)、评价的(valuative)、激发的(incitive)和系统的(systematic)用法。这就是说,指号可以用来**告知**某个人关于某些对象或情境的特质,或者在某个人中**激发**对于某种对象或情境的偏好行为,或者鼓动起一种特殊的行动过程,或者组织起对于由其他指号所产生的行为的倾向。这样的一些用法并不是依据指号所具有的各种意谓而必然地选出的。但是,一般说来,**指示**的指号是告知地使用的,**评价**的指号是定价地使用的,**规定**的指号是鼓动地使用的,而**形式**的指号是系统化地使用的。

　　莫里斯关于指号的不同用法的研究,是基于米德等人的行为主义的象征互动论(参见本书第一编第十章第三节和第三编第十一章第二节)的研究成果的。莫里斯在分析行为过程中的"意谓"的三个向度时,特别注意到米德在其《行动的哲学》(*The Philosophy of The Act*)一书中对于"行动"所做的分析。按照米德的看法,如果一个冲动(如对某一类活动的一种倾向)被给予,其结果所得的行动,包括三个方面:知觉的(perceptual),操纵的(manipulatory)和消费的(consummatory)。这是因为,在米德看来,有机体必须知觉到它要在其中行动的环境的特点;它必须以一种适于满足其冲动的方式向这些对象有所作为,并且如果诸事顺遂,那么它就达到了能动性的这一方面,即行动的消费。米德一直主张：行动和对象是相互关联和互动,对象本身也具有距离的特质、操纵特质及其消费特质的。

莫里斯以行为的上述三方面为基础,进一步将指号作行为性的处理,显示出指号的三维度的状况。"一个指号,就其意谓着环境或行动者的**能观察的**(observable)特质这一范围来说,是**指示的**(designative);就其意谓着某个对象或情境的消费特质这一范围来说,是**评价的**(appraisive);而就其意谓着对象或情境是如何被反应以便满足起支配作用的冲动这一范围来说,是**规定的**(prescriptive)。"⑮莫里斯考虑到语词的使用情况的复杂性和变动性,强调任何语词指号在使用时的多种可能出现的特质及内容。他举例道,通常地说,"黑"这个词主要是以"指示的"作为其基本特质的;"好"这个词则主要是以"评价的"作为其基本特质的;"应当"则主要是以"规定的"作为其基本特质的。但是,随着上述各词使用状况的变化,在某些条件下,"黑"的首要特质可以变为"评价的"或"规定的","好"也可能变为"指示的"或"规定的",而"应当"则可变为首要地是"指示的"或"评价的"。

关于语词在使用中的意义的复杂性和变动性,本书将在以下第五节中进一步详加论述。但在这里,已经显示了莫里斯的实用主义的符号论中的丰富的语用论因素。

在莫里斯的符号论中,包含了米德关于符号及其"意义"的理论,对以后的语用论的发展,产生了深刻的影响。在米德那里,符号的"意义"是在人与人之间的互动行为过程中,随着"心灵"(Mind)和"自我"(Self)的逐步形成和发展而产生和变化的。在"互动"(Interaction)的实际活动中,各个个体作为行为和自我互动(Self-interaction)的主体,通过思索和思维活动,对共同**使用**的**符号**的**意义**产生认同,又随着同一符号在不同场合和不同环境的条件的变化,而对符号的"意义"产生不同的看法。米德曾说:"这样的意义(Meaning as such),作为思想的对象,是在经验中,随着个体激发其自身,在其面对特定对象而作出反应,并对他人采取特定态度的时候产生出来的。所以,'意义'就是在同一过程中,指向那指示着的个人而又同时也可以指向他人的那个事物。"⑯值得注意的是,符号的"意义"是直接起源于米德的"姿势"(gesture)定义的(参见本书第二编第十章第三节及第三编第十一章第二节)。"姿势"就是**使用符号**的行为;"意义"是**使用符号**的互动行为中产生和变化的,是在这种行为的各个行为主体的"心灵"、"自我"及其所处环境的各种条件中被界定并随之改变的。这种浓厚的语用论思想,在莫里斯的符号论中得到了进一步的发展,并在莫里斯的符号论中表现出特定的理论形态。莫里斯正确地指出:"依据米德对行动的分析,**期望**就指示的指号来说是在行动的知觉的阶段占主导地位的,因为在这里行动者是在寻求得到有关他在其中行动的情境的情报的。在行动的操纵阶段,所涉及的指号似乎主要地是规定的,意谓着对象或情境应当如何被反应。在行动的消费的方面,所涉及的指号将首先是评价的,意谓着对象或情境的消费的特质。"⑰

莫里斯很细致地分析了人类的指号行为和指号过程。在莫里斯看来,人的指号行为不同于动物的非言语的指号行为,包含着指号使用者的行动要求、解释和意谓三大因素,并在上述三大因素的基础上,产生指号行为中的各种"意谓的维"。莫里斯曾为此而制订了一个有利于分析指号行为的**"指号和行动要求"表格**。

莫里斯认为,指号在人的行为中起着控制行为方向并组织行为过程的作用。人在自己的行为中所使用的各种指号,是同人的行为目的、目标和意图要求紧密地联系在一起的。所以,莫里斯在界定指号时,往往把它同人的行为目标和行动要求联系在一起的：**"如果某个东西 A，是以这样一个方式控制了向着某个目标的行为，而这种方式是类似于（但不必等同于）另一个事物 B 在它被观察到的那个情况下用以控制关于这个目标的行为的那种方式，那么，A 就是一个指号。"**⑱也正因为这样，指号的意义是决定于追求目标的行为的。**人的一切行为**，就其以特定目标和行动要求决定使用的指号的种类及维度而言，就其以指号控制和组织达到其目标的过程而言，就是名副其实的**"指号行为"**。

"指号和行动要求"表

行动要求	意谓的维	解　释 （反应的倾向决定于）：	意　谓
1. 获得情报	指示的	感觉器官	对象的刺激特质
2. 选择偏好行为的 对象	评价的	偏好的对象	对象的加强的 特质
3. 以特殊行为施于 对象的行动	规定的	偏好的行为	作为工具的行动

在上列"指号和行动要求"表格中，"行动要求"作为行动目标的直接表现，决定着意谓的内容及维度，同样地，也决定着"解释"的类型。在莫里斯看来，"一个的**指号的解释**，就是由于指号而以某种方式作出反应的一种倾向。相应于意谓的指示的维，解释将会是对所意谓的对象似乎具有某些能观察的特质而作出反应的一种倾向。"⑲

这样一来，人的行为作为使用指号的活动，是一个"指号过程"（semiosis 或 sign process）。所谓"指号过程"，"被看作是一个包含五项因素的关系网——V，W，X，Y，Z，——其中 V，在某种条件 Z 之下，在 W 中造成以某种方式 X 对某种对象 Y（那时并未作为一种刺激进行活动）作出反应的倾向。在有了这种关系的那些事例中，V 就是指号，W

是 解 释 者（interpreter），X 是 解 释（interpretants），Y 是 意 谓
（significations），Z 是记号在其中出现的周围条件或脉络（contexts）。"⑳
值得注意的是，在莫里斯看来，解释，乃是"由于指号而以一定方式的反
应的一种倾向，它并非必然地具有主观的含义。"㉑

　　由于莫里斯的功绩，当代语用论学者都将他列入现代语用论的奠
基人之一。莫里斯作为实用主义、行为主义和逻辑实证主义在美国的
主要理论家，由于他将上述三大流派的理论和方法成功地糅合在他的
语用论的符号学（或指号学）体系之中，他在现代语用论发展史上占据
着特殊的地位，尤其成为"意义的行为论"的主要代表人物之一。莫里
斯还把他的指号学推广运用到社会领域，从指号过程研究社会。这对
语用论的社会分析是很有益的。

　　正如本书导论中所已提到的，除了莫里斯之外，刘易斯、布里奇曼
和蒯因等人，由于成功地将实用主义、操作主义和逻辑实证主义结合在
一起，分别以其"概念的实用主义"、"操作主义"和"整体论"，克服了逻
辑实证主义单纯地从逻辑语形学和逻辑语义学研究语言符号的偏向，
将符号、思维、行为和日常生活作为一个整体综合地加以考察，因而对
语用论的发展做出了贡献。

第四节　外延语义学与内涵语义学的争论及其启示

　　现代语用论非常重视对语用意义的研究。正是在这个范围内，**语
用论**的"意义观"同**语义论**的"意义观"发生了相联系，而又相区别的复
杂关系。更确切地说，语用论所探讨的语用意义，一方面同语义学中的
意义研究相类似、又相交叉，另一方面又在许多方面有严刻的区别。语

义论本身,由于它也很重视语义分析,所以,它同重视语用意义的研究的语用论也有许多类似和相交叉的部分。正因为这样,许多现代语用学家,在给语用论下定义时,一方面很谨慎地指明语用论同语义论的交叉关系,另一方面又严刻地指明它们的相互区别及其区分界限。

著名的语用论学者利奇曾经主张语义论同语用论的"互补性"(complementarily),并认为语用论同"它的最邻近的语言学学科"(its nearest linguistic neighbour),即语义学是具有相互渗透的密切关系。利奇说:"关于语义学同语用学相区别的观点,由于认为两者的研究领域是相互补充和相互关联的,在主观上是容易被评定的,但要以客观的方式加以论证,却是较为困难的。"㉒关于语用论同语义论之间的复杂关系,利奇指出了三种不同的态度。第一种态度,利奇称之为"唯语义主义"(Semanticism),即偏重于语义学,而把语用论纳入语义学的范围之内;第二种态度是"唯语用主义"(Pragmaticism),即偏重于语用论,而将语义学纳入语用论的范围之内;第三种态度就是"相互补充论"(Complementarism),即主张两者相互补充,但又各有独立的研究领域。㉓

另一位著名的当代语用论专家列文森,针对语用论和语义论对于语言"意义"的相互交错的研究,认为:"从我们目前所得知的意义的性质,一种混杂的或模式的考虑看来是不可避免的,在这里还保留着希望,即通过两个成分,语义学和语用学协调地同时并列地工作,使两者各自都可以在相对同质和系统的线路上被建构起来。"㉔

由此可见,语义学和语用论都由于共同地重视对"意义"的研究,两者发生了密切的相互交叉关系,尽管它们各自有不同"意义观",并有各自独立的研究领域和方法。为了弄清两者的关系,为了明确两者的区别,有必要深入分析两者对"意义"的观点及方法。

　　语义学是分析的语言哲学在其自身发展中产生和形成的一个学科分支,由于分析哲学从一开始便很重视对语词和命题的"意义"的研究,语义学在分析哲学中的产生和发展是顺理成章的。只是语义学在分析的语言哲学中的发展,始终都未能脱离分析哲学,特别是后来的维也纳学派的逻辑实证主义的语义分析的传统的影响,致使他们的语义研究,即使在走出语形学的范围之后,也一直都停留在命题和语句的语义分析的领域内,并在很长过程中,未能解决语义的"内涵分析"和"外延分析"的争论。

　　关于内涵的语义学(The intensional semantics)和外延的语义学(The extensional semantics)的争论,对于语用论围绕着意义的理论探讨,既可以提供许多有益的借鉴,又给予深刻的启示。这就是说,语义学在这方面的争论,一方面显示了语义学传统的局限性,另一方面却在实际上等于为语用论的意义理论的形成做了必要的准备。

　　在逻辑实证主义那里,外延语义学和内涵语义学是在相当长时期内被相互分离的。外延语义学所研究的,是语词及其指谓的事物之间的关系,是与此相关的"模态"概念、真理及数理逻辑中的"满足"(Satisfaction)概念。与此不同的是,内涵语义学研究"意义"、"同义词"、"分析性"和"必然性"等概念。

　　早在弗雷格的研究中,就已经提出关于"外延"的论题,直接涉及命题表达式的"意义"。弗雷格在1892年发表《论涵义和意谓》(*Über Sinn und Bedeutung*),在这里,弗雷格关于"涵义"(der Sinn)和"意谓"(die Bedeutung)这两个概念提出了非常明确的有区别的界定。弗雷格之所以要用"涵义"和"意谓"两个不同的概念,是因为他强烈地意识到"意义"一词还是很模糊不清的。"意义"本来是具有极其复杂的内外脉络和思想结构的。在弗雷格看来,语义学就是要区分专有名词、命题与概念的"符号"(Zeichen)、"涵义"(Sinn)和"意谓"(Bedeutung)。任何"意义"既不同于外在的客观对象,又不同于主观精神活动中的个人想象,但"意义"毕竟具有客观性,又同时地存在于语词和命题所表达的那些思想中。因此,必须从语言符号、涵义和意谓三方面,去分析意义表达过程中以上三大因素主观思想和外在客观对象的多重关系。

弗雷格的上述"涵义"和"意谓"的概念,法国诠释学大师利科在译成法语时,很谨慎地分别采用 Le sens 和 La référence 两个法文语词,以便区分弗雷格原用 Sinn 和 Bedeutung 的不同意思。利科指出:

> 在他著名的论文《论涵义和意谓》中,弗雷格很完满地指出,语言的目标是双重的,这就是理想的义涵(即不隶属于物理的或心理的世界)的方向和意谓的方向。如果说,作为思维的纯对象的义涵,可以说并不实存,那么,正是"意谓",即那个 Bedeutung,才把我们的语词和句子植根于现实中。㉕

在法语里,Le sens 表示在我们思想观念中所理解的那种意义,因此,可以同逻辑学中常用的"内涵"概念的实际意义相类似,而 La référence 则有"指涉"我们的思想之外的那些对象的含义,这也就是弗雷格所说的 Bedeutung 的意思,因此,弗雷格所说的"指谓",可以同逻辑学中的"外延"概念相类似。

可是,在英语国家中,第一位将弗雷格的"涵义"和"意谓"概念译成英语的哲学家便是罗素。由于罗素在当时坚信意义的指称论,便将弗雷格的 Sinn 译成 Meaning(意义),而把弗雷格的 Bedeutung 翻译成 Denotation(指示)。这样一来,罗素便将弗雷格所理解的"意义"当作是符号所指的那个对象本身,并把弗雷格的思想同迈农(Alexius

Meinong，1853 - 1920)的"对象理论"(Gegenstands theorie)相混淆。后来，古奇(Peter T. Geach，1916 - 2013)和布拉克(Max Black，1909 - 1988)才将弗雷格的"涵义"和"意谓"分别译成英语 Sense 和 Reference[26]，同法语中的 Sens 和 Référence 相同。但是，正如本章上一节所已指出的，莫里斯曾采用 Signification，Significance 和 Meaning 三个词分别表示"意谓"、"意义"和"意思"。在莫里斯那里，他显然是把"意思"(Meaning)看作是"意谓"(Signification)和"意义"(Significance)的统一体。

　　由于弗雷格是以逻辑学家的眼光去探讨"意义"问题，所以，他试图用上述"涵义"和"意谓"的概念深入地探讨语言的"意义"问题，试图摆脱普通人以常人眼光看待语言的意义的那些习惯，不同意将语言中所含的"意义"同实际存在的外在事物与主观观念的想象相混淆。既然"意义"属于语言系统，所以，语词和命题都只涉及"意义"，而不能涉及指称对象。"意义"只能被语词或命题**表达**出来，但不能起**指示**作用。只有语词才可以指示对象。

　　弗雷格的思想给予后人研究语义学以深刻的影响。弗雷格作为逻辑学家，相信只有在逻辑地考察语言符号的**真值**条件时，才涉及语言的"意义"问题。弗雷格认为，语言符号的真值条件是同符号的呈现方式或语境相联系的，所谓语境，并不是语言的使用环境，而是语言系统的内部结构。所以，弗雷格说：

　　　　一个命题的意谓，必定是当一个符号替换成具有相同意谓而具有不同涵义的另一个符号时并没有改变的东西，在这个过程中不改变的是真值。如果具有同一性的符号用于两个命题之间，那么，真值必定看作是命题的意谓。……在我看来，一个命题是一个假定表达思想的一个复合性符号。[27]

　　弗雷格的思想观点对于语义学中的外延语义学和内涵语义学的争论,产生了深远的影响。20 世纪 30 年代初,华沙学派的逻辑学家们在弗雷格和维特根斯坦的意义理论的基础上,注重于从语义学的角度研究语言的"意义"和"真理"问题。如前所述,塔斯基于 1933 年所发表《形式语言中的真概念》的著作,奠定了现代逻辑的真理定义的基础。接着,塔斯基连续发表了《科学语义学的创立》(1935)、《逻辑和演绎科学方法论引论》(1936)及《语义学的真理概念和语义学基础》(*The Semantic Conception of Truth and the Foundations of Semantics*)㉘等著作被视为"逻辑语义学"(Logical Semantics)的创始人之一。塔斯基的逻辑语义学全面地探讨了在纯逻辑形式体系中的真理和"意义"概念的精确内容,并在此基础上建立元逻辑体系(The System of Metalogic),区分了元语言和对象语言,同时,塔斯基又成功地提出"模态理论",把逻辑和数学更加完整地联结成一体。

　　在塔斯基看来,只要陈述一个命题的成真条件,就能指明这个命题的"意义"。如前所述,弗雷格总是把"涵义"和"意谓"区分开来:所谓"涵义"就是一个命题所表达的思想,而"意谓"则是命题的"真值"。卡尔纳普进一步在他那本《意义和必然性》一书中说:"了解一个语句的意义,就是了解在什么可能的场合下这个语句是真的,在哪些场合下它是假的。"㉙

　　塔斯基发展了外延语义学,明确地指出:语句的真实性就在于它与实在相符合。他说:"如果一个语句指谓着一个存在着的事态,那它就是真的。"㉚塔斯基对于语言的双层次(元语言和对象语言)区分,正是为了给真理下一个精确的定义。

　　塔斯基以"雪是白的"这个语句为例,说明两个层次的语言的区别。首先,在日常生活中或在一般对话中,当我们说"雪是白的",就意味着我们正在使用一种"对象语言",借此指称或叙述一种外界对象("雪")的性质和关系("白的")。其次,在上述对象语言的使用的基础上,如果我们作出"'雪是白的'是真的"的判断,则这一判断就越出对象语言的范围,变成了对"对象语言"进行判断的语言命题,而这样一来,"雪是白的"这个对象语言就成为更高层次的"元语言"的应用对象。塔斯基在区分语言的双层次结构以后指出:第一,这种区分本身是相对的,因为在另一种情况下,对"对象语言"进行判断的元语言,又可以成为新的"对象语言",而成为此它更高的"元语言的元语言"的语言应用对象;第二,由于区分了语言的双层次,而且又强调这些双层次的"相对性",所以,语言系统就可以排除其"语义的封闭性",使语言变成为一个开放性的多层次系统,可以避免应用语言过程中的种种悖论(Paradox)和矛盾。塔斯基的上述理论无疑地克服了逻辑实证主义在语义研究中的某种狭隘性,也为语用学在开放的多层次语言系统中的进一步发展开辟了广阔的道路。

塔斯基上述理论的贡献,还在于:他试图在上述语言层次区分及此种区分的相对性的理论基础上,以一种可能的纯粹符号化的逻辑公式,给真理提出一个内容恰当、且又形式正确的定义。塔斯基为此而制订的公式被称为"约定 T"(Convention T),其内容如下:

"(T) X 是真的,并且仅当 P"

其中,P 可以用对象语言的任何语句来替换,而 X 则可以用 P 的名称来替换。

这样一来,这个公式可以被上述例句所替换,使"约定 T"替换成如下:

"雪是白的"是真的,并且仅当雪是白的。

在塔斯基看来,"约定 T"是一个等式,其左方是元语言部分,其右方是对象语言部分,而给对象语言部分加上引号,便构成P的名称。

由此可见,在塔斯基看来,一个内容适当、形式正确的"真理"定义,向我们表明:第一,元语言比对象语言更丰富。因此,前者必定包含着后者,此种包含关系,使语言变成开放的多层次系统,为其应用中的真理性提供广阔的前景。第二,对象语言中的任何一句话X的成真条件,是客观存在的P。

逻辑实证主义华沙学派的塔斯基和科塔宾斯基等人,都不约而同地在探讨逻辑语义学的过程中,通过分析"意义"的外延和内涵的关系,而涉及语用学的问题。正如本章第一节所已经指出的,语用论的问题不仅与语形学和语义学的研究密不可分,而且,也必然地要涉及一切与"真理"和"意义"问题相关联的研究领域,并进一步涉及与人文科学和社会科学方法论相联系的根本性问题。本书第十一章第六节在探讨现代语用论的基本构成因素时,已经全面地探讨和论述这个复杂的问题。

在逻辑实证主义的脉络中,经刘易斯、莫里斯、卡尔纳普、塔斯基等人上述的探讨之后,语用论的研究一方面继续同语形学和语义学的研究相关联,另一方面,语用论的研究明显地分化为"经验的"和"形式的"语用论两大分支,尽管两者仍然相互渗透和相互关联,但前者更多地从语言的经验应用的角度,研究语言应用中的"真理"和"意义"问题及其与语言使用者的关系(包括使用者的思想观念、行为等范围),而后者则集中地从数理逻辑和现代符号逻辑的角度,探讨符号应用中的真值条件的纯粹形式化问题。

卡尔纳普在20世纪30年代中期以后对于语义学的研究活动中,强调一种不同于句法形式的语义形式。卡尔纳普认为,语言的语义学形式主要是从元语言的角度探讨命题中的"事实"同"语词"的相互关系,深入研究指称关系的陈述和关于真理的陈述。

　　但是,卡尔纳普仍然没有摆脱逻辑实证主义者意欲将语言的实际内容和纯粹形式加以分割的传统。他把语义学首先分裂成"描述的语义学"和"纯粹的语义学"两种。

　　在卡尔纳普看来,描述语义学只是描述那些历史地形成起来的语言的语义学特点和性质,由于这种语义学只描述历史的语义性质的形成事实,所以,它只属于一种经验科学。

　　与描述语义学不同,纯粹语义学只研究语义系统本身,它一点也不去考虑各个不同民族语言的具体语义内容及其特征,当然也不从历史发展的角度去考察这些语义内容的形成过程。因此,纯粹语义学只把语义系统看作是元语言范围内的语义学理论探讨,它要讨论的是语句的成真条件(包括必要条件和充分条件在内)及其成真规则。所以,纯粹语义学作为元语言的逻辑学的一个分支,虽然不考虑对象语言的经验内容,但将为对象语言中的语句的成真条件提供最一般的规则系统。这种由纯粹语义学所制定的一般性语义系统,包括"形成规则"、"指称规则"和"真理规则"等。

　　卡尔纳普在纯粹语义学中完全从符号的关系考察语义的各种规则,要求首先对既定的符号进行分类,然后依次制定上述形成规则、指称规则和真理规则。因此,他在纯粹语义学中所探讨的是纯符号的语义规则系统,再次显示出他所忠实遵循的维也纳学派逻辑实证主义的基本精神,即:以数学和物理学的科学命题作为模式,探索真理命题的逻辑结构。正是在这一点上,促使卡尔纳普等人长久地不能把语形学和语义学的研究同语言的使用问题联结在一起。他们所关心的,永远只是那些与事实真理有区别的逻辑真理,即那些所谓符合逻辑句法规则或语义规则的逻辑陈述或逻辑符号系统,它们只表述经验符号之间的逻辑句法关系或语义关系与经验事实无关。

当然,卡尔纳普等维也纳学派的逻辑实证主义者所遵循的上述语形学和语义学原则,就其将语言中的"对象问题"和"逻辑问题"、将真理问题中的"事实真理"和"逻辑真理"区别开来而言,是有一定的理论意义的。上述区分有助于深入研究语言符号的逻辑句法和逻辑真理规则,有助于深入发展自莱布尼兹以来提出的有关"必然真理的普遍有效性"的原理,有助于推动一般的科学理论的真理研究。显然,研究语言使用的规则,探讨语言使用中语词及其使用者的关系,除了要研究语言使用的各种外在条件,超出语句本身的语言结构的范围,去分析语言使用中各种非纯粹语言因素的作用以外,而且,也同样要仔细地研究语言本身诸因素的规则及其在语言使用中的变化规律,研究语言的经验意义和内容在使用中的规则,也研究作为纯粹符号和作为纯粹逻辑形式的语言因素在使用中的变化规则。在这方面,逻辑实证主义的研究显然做出了重要的贡献。但是,卡尔纳普等人将上述区分绝对化,并把语言研究和真理研究完全地建立在这种绝对区分的基础上,就忽视了语言问题的应用方面,也忽视了科学研究的内容同科学语言的形式的有机关联。

以上有关外延语义学和内涵语义学的争论,只在逻辑实证主义的范围内进行探讨。显然,这种争论完全忽视语言符号的"意义"的社会应用方面。正如哈曼所指出的:

> 这样的理论就等于说容许某一种私人语言(a private language),可以在不同外人相互沟通的情况下,具有表达思想的可能性。承认这种可能性得以实行,是荒谬的。[31]

因此,从 20 世纪 30 年代以来,不论从逻辑实证主义内部,还是从逻辑实证主义外部,上述局限于逻辑命题所进行的"意义"分析,便遭到普遍的质疑和批判。从语言使用的观点去分析语言符号的意义及研究语言的多重性质,便成为一场声势浩大的基本方法论的革命的新的重要特征。

第五节　语言的意义就在于它的使用

从 19 世纪末以来,各个学派的语言学、人类学、哲学及文学等领域对语言的"意义"的理论探讨及其争论,从各个角度和层面,揭示了语言的意义问题的复杂性。科学的探讨和争论,使人们越来越清楚地意识到:语言的意义是密切地同它的使用相关联的。这就是说,语言的意义一方面同它的使用者的思想、行为、目的及其文化历史背景相关联,另一方面又同语言本身的使用脉络、周围环境及客观条件相关联。

具体地说,语言的意义同语言的使用的密切关系,可以从以下几个方面来分析。

第一,语言的意义是同人的生活本身紧密地联系在一起的。语言在人的生活中形成并被使用,没有生活,就没有语言。语言是为了人的生活,并在生活的流程中被创造、被使用、被改造、被调整、被增减或有时被停止使用的。语言的意义正是在生活中被形成、运用、改造、累积或改变。因此,胡塞尔早在 19 世纪末提出现象学原则时,便试图从"生活世界"(Lebenswelt)去研究语言的意义。在这个意义上说,罗素及石里克等人的逻辑经验主义从科学活动中使用的科学命题出发,去分析语言的意义,有其积极深刻的理论贡献。他们的片面性,不在于他们对科学命题的语言意义分析,而只是在于:他们将科学活动绝对化,将科学活动中的命题应用,看作是语言意义的唯一存在领域,将科学命题意义的确定,只限定在严格意义上的科学活动之狭窄范围内,并将科学活动中的语言使用,同人生活的广阔的其他领域分割开来,甚至对立起来。

所以,即使在分析哲学内部,后来也出现日常语言学派和晚期维特根斯坦学派,主张将语言的意义的研究扩大到人的日常生活领域。晚期维特根斯坦甚至明确提出语言是"生活形式"的观点。

在分析哲学之外,继胡塞尔之后,海德格尔在揭示人生在世的"此在"的本体论结构和"存在"的本真结构的哲学研究中,指明了语言作为"存在的家"的本体论意义,进一步揭示了语言的意义的最深刻的生活基础。

第二,语言的意义是在人的生活和日常使月中形成,也在生活和运用中增减或存亡。本书第十一章第五节中,曾引述德国著名语言学家洪堡的话说:"……在真实的、根本的意义上说,似乎也只能把讲话活动的总和视为语言。……(真正的语言存在于其现实产生的行为之中)。"[32]

应该指出,在研究自然语言和形式语言的语义学方面,最近的学术讨论有很大的突破,也进一步推动了语用论的研究。在这方面,美国哲学家齐夫(P. Ziff)所写的《语义学分析》(*Semanticel Aualysis*)[33]和挪威哲学家奈斯(Arne Naess, 1912 – 2009)所写的《论诠释和精确性》(*Interpretestion and Precisness*)[34]两本书具有重要的意义。

语词的意义在语言使用中,经常有扩展、缩小、引申和转移的现象。例如,爱斯基摩人用许多不同的词表示不同的"雪",他们并没有一个词能概括地表示各种不同的"雪",也就是说,他们还没有一个抽象的"雪",只有各种不同的具体的"雪"。由此可见,意义的扩大和缩小,在大多数情况下,是转移的结果。这种转移往往以隐喻为基础。齐夫在前述重要著作中认为,词义首先是互补集的功能,这个集由该词可能出现的全部可接受句子构成。其次是词的对比集的功能,这个集内全部可以在句子中换位而不会产生不合惯例的句子。

奈斯在探讨经验语义学的时候,强调指出语词或语句本身并无意义,其意义是使用者和它们在其中出现的情境的一种功能。因此,奈斯强烈主张从人工的和形式的语言研究转向自然语言的研究。奈斯还希望能制定出经验的自然语言概念的精确化的可靠方法,使自然语言的经验使用中的概念由模糊变为精确。奈斯从含糊概念的指称出发,通过操作定义进行解释,达到使概念意义精确化的目的。

第三,语言的意义同人类的文化活动保持密切不可分的关联。美国语言学家沃尔夫(Benjamin Lee Whorf,1897 - 1941)在研究霍皮语(Hopi)的著作《霍皮语动词标点的和分割的性质》(*The Punctuel and Segmentctive Aspects of Verbs in Hopis*)㊲中,在他对于希伯来语和希伯来思想的关系的研究中,在他对于墨西哥和马雅诸语言的研究中,他都一再地指明了语言的意义同文化活动及其发展的密不可分的关系。在沃尔夫看来,语言和文化是人类生活中的不可缺少的统一体。在文化和语言之间,存在着等价关系。在他看来,语言是用以表达文化的。语言包含着人们关于周围环境或宇宙的各种认识和概念,也包括人们在社会中应如何行为的概念。因此,文化支配语言,但又受语言的制约。在这种观点下,说话者学习和使用的语言决定了说话者的感知和思维的框架,反过来,文化生活环境及各种行为习惯也影响了语言的结构及其使用规则。这种语言相对论实际上已从人类学的事实,批判了理想语言的理论,尤其是批判其中的意义论和真理论。

同沃尔夫相类似,法国人类学家列维-斯特劳斯,也强调语言与文化的内在关系。列维-斯特劳斯说:

语言同文化的关系是一个非常复杂的问题。首先,语言可以说就是文化的产物。由一群居民所说的语言,是那个居民群的全部文化的表现。但也有人会说,语言是文化的一个部分,语言是许多构成文化的事物中的一种。也许你会记得爱德华·泰勒(Edward Burnett Tylor,1832－1917)关于文化的著名定义——他把诸如工具、制度、习俗、信仰及其他许多因素,当然包括语言,都包含在文化的因素之内。从这个观点看来,问题并不同上述第一个问题的提法完全一样。再次,语言也可以说是文化的一个条件,而作为文化的一个条件,语言可以采取两种不同的方式。第一个方面,语言可以以历时的方式构成文化的一个条件;因为我们往往是通过语言学习我们自己的文化的。通过语言,我们受教于父母,我们受到责骂,我们受到庆贺。但从更多的理论的观点来看,我们可以说,语言成为文化的一个条件,是因为构成语言的那些原始材料与构成文化的那些原始材料,都是属于同样类型的——这些包括逻辑关系、对立、相互关联及其他。从这个观点来看,语言似乎构成那些同文化的不同方面相平行的更为复杂的结构的某种基础。㉟

第四,语句的真或假的问题及语词的指称问题,都是与语句和语词的不同使用时间和地点相关联。语句本身不存在真或假的问题。我们只能说,我们是使用语句去表达一个真命题或假命题。同样,我们也不能孤立地谈论语词的指称,因为语词本身并不指称,语词的指称只是语词的使用特征。

在这方面,斯特劳森作为日常语言学派的一个重要理论家,早在1950 年所发表的《论指称》(*On Referring*)㊱的论文中,就严厉地批评了罗素的摹状词理论,强调必须在严格区分"语句"(a sentence)、"语句的使用"(a use of sentence)及"语句的表达"(an utterance of an sentence)的基础上,在严格区分"语词"(an expression)、"语词的使用"(a use of an expression)及"语词的表达"(an utterance of an expression)的基础上,去探讨语句和语词在不同使用条件下的意义。

斯特劳森指出,"意义"乃是语句或语词的一个功能,而指称也只是语句的**使用**和语词的**使用**的功能。语词和语句的意义,并非在某个**特定**场合下,语词所指称的对象或语句所做的判断;而是在**一切**场合下,可被正确地应用于指称或判断某些事物所必须遵循的那些规则和惯例。这就是说,决定着语词或语句意义的,并非那些可以独立于语词或语句而存在的对象或事实,而是在语词和语句的使用中,指导着语词和语句同它们所谈及的事物发生实际关联的实用规则。斯特劳森认为,罗素的错误正是在于混淆语词的"意义"和"指称",不懂得语词和语句本身都必须靠其使用者(即"人")才能发挥其指称或判断的功能。斯特劳森深刻地意识到:语词并不能靠语词自身去指称,语句也不能单靠语句本身下判断。因此,一切语词和语句的使用功能,都必须靠其使用者去发挥和实行。这就把语词和语句的意义及其使用功能,都同其使用者联系在一起,为语用论的基本论题作出了最有力的论证。

斯特劳森发扬了日常语言学派的传统,很重视日常用语中的语境和习俗的作用。斯特劳森反对纯逻辑主义者单纯地从事"定义"的分析和形式系统的研究,主张总结语言在实际生活中的各种功能和作用。这就告诉我们:即使是研究语词和语句的使用规则和条件,也不能脱离其使用者及其使用活动本身而孤立地或抽象地谈论那些规则和条件。语言的使用规则和条件,如果不被使用,也会被僵化并被形式化,致使最终失去其本来的意义。

　　在斯特劳森之后，美国语言哲学家唐纳兰（Keith S. Donnellan，1931－2015）、普特南（Hilary Putnam，1926－2016）、克里普克及伊万斯（G. C. Evans，1887－1973）等人，陆续地对语言的"指称"问题进行更深入的分析，注重于更细致地区分在语言的使用中所出现的各种具体的问题。

　　斯特劳森指出："语言是用来达到许多不同的目的的。某些句子的通常用法是发出命令，另外一些句子的通常用法是发问，还有一些句子则被用来进行宣誓，表示祝贺、道歉或者感谢。当人们以这些方式使用句子时，追问所说的话是真还是假，是没有意义的。"⑧语言的"真"或"假"，语言的"意义"，都是依使用中的语言及其使用的条件而改变的。斯特劳森所列举的上述句型，都与"真"、"假"问题无关。

　　唐纳兰为了更深入细致地分析语词和语句在使用中的不同功用和不同意义，曾集中地分析了英语中的限定摹状词（Definite Descriptions）的不同用法。他说："我把限定摹状词的两种用法称为归属性用法（attributive use）和指称性用法（referential use）。这就是说，在一个判断中，当一个讲话者将一个限定摹状词归属性地加以使用的时候，他就是陈述着如此这般的人或物的某种状况。反之，当一个讲话者是指称性地使用其限定摹状词的时候，他是要以其判断命题使他的听话者知道其所指称的事物的某些状况。"⑨在唐纳兰看来，限定摹状词的上述两种用法，表明语词的意义和功用，密切地同使用者具体地使用它的状况、目的和条件相关联。唐纳兰认为，在限定摹状词的归属性使用中，它是用来判断或确定那些被陈述的对象的状况的，而在限定摹状词的指称性使用中，它只是用来唤起人们对于某对象的注意。因此，限定摹状词的上述两种用法中，归属性用法比指称性用法更重要。

　　同样地，克里普克在《命名与必然性》（*Naming and Necessity*）⑩一文中,也特别批评罗素等人从纯逻辑的观点对于"名称"的含义所作的形式主义分析。克里普克以其模态逻辑(Modal Logic)理论中的"严格指示词"(rigid designator)的概念分析,强调"名称"并不像传统逻辑所说的那种"内涵"。克里普克认为,"指称"是由社会历史环境中的"因果链条"(causal chain)所决定的。克里普克以其独具风格的因果性和历史性的指称理论,把名词的指称性质和功用,从传统逻辑脱离语词使用的具体历史条件的纯语形分析,转变成依据语词使用的具体历史条件的日常语言使用的分析方法。克里普克认为,一个专有名词的指称,是人们在语言使用中,在日常交谈的因果链条的不断传递使用中确定和演变的。克里普克以一个人的命名为例,生动地说明了名词及其指称的历史因果关系。他认为,一个小孩出生后,父母为他命名,他周围的人因而就称其名,然后,随着这个人的成长,他的社会生活面扩大了,有越来越多的人以其名称呼他。因此,这个人的名字就随谈话活动的前后因果关系,在其历史性生活中环环相扣地扩展出去。沟通活动越发达,在这个人与其对话者之间的指称链条越是层层相交。

综上所述,语言的"使用"对于语言的"意义"发生决定性的影响。随着语言哲学、语言学、人类学、社会学及各个学科对于语言使用问题的深入研究,越来越揭示语言的使用是一个非常重要和非常复杂的问题。我们说,语言的使用是一个非常重要的问题,因为它一方面关系到揭示语言本身的本质问题,关系到语言的其他重要问题的研究方向,另一方面,它也关系到同语言问题密切相连的文化、社会及人的思维本质等重大问题的解决。我们说,语言的使用是一个非常复杂的问题,因为它不仅意味着要深入和全面地探讨语言的一般使用规则、条件及其对语言的意义的影响,而且,对于语言的使用问题的探讨,还要求更细致地分析语言各种多样的具体使用中的枝节性问题和微细的问题;因为所有这些表面看来枝节性和微细的问题，正是语言在使用中呈现出来的实际问题，是任何脱离语言使用过程的纯理论分析所不可能想到的问题，也正是以往传统语言分析所忽视的问题。

由此看来，对于语用论的研究，如果要深入地开展下去，首先必须彻底批判传统语言观对于语言的狭隘定义及其传统研究方法，传统语言观将语言仅仅归结为"描述的工具"、"表达的手段"或"沟通的中介"，远没有揭示语言与人的生存及其本质的内在关系，也远没有穷尽语言更为广阔多样之功用及意义。在这方面，语用论在语形学和语义学的研究成果的基础上所做出的研究贡献，同海德格尔的存在主义语言观、维特根斯坦后期语言观、伽达默尔本体论诠释学语言观、普通语义学语言观、言语行为论语言观以及其他最新的语言使用理论的研究成果一起，都对摧毁传统语言观和重视语言使用的研究，发生了积极的正面影响。

其次，必须改变以往那种静观地强调语词和语句意义的"一义性"、"确定性"和"可证实性"的纯逻辑主义观点，将逻辑分析同日常生活的语言分析结合起来，进一步加强语用论的动态分析方法，深入结合说话者（包括其思想活动、情绪表达、姿态表现及历史脉络等）与语境条件的各种复杂因素，揭示语言在其使用中所表达的各种可能的意义，即其"一义性"、"多义性"及"歧义性"，意义的"确定性"、"多变性"、"明显性"、"隐含性"及"可能性"，意义之"可证实性"、"不可证实性"、"模棱两可性"及"实用性"等。语用论的深入研究将为上述多方向和多学科的重要论题的进一步解决，做出有益的贡献。

注释

① 转引自柯亨编：《机会、爱情和逻辑》(*Chance, Love, and Logic*, N. Y., 1923)，

第 45 - 50 页。

② 《皮尔斯论文集》,第 5 卷(1931 - 1935),第 2 页。

③ 詹姆斯:《实用主义》(1907),第 46 - 47 页。

④ 维特根斯坦:《逻辑哲学论》(1968),3.203。

⑤ Rudolf Carnap, *Testability and Meaning*, Yale University Press, New Haven, 1950, p. 420.

⑥ in F. Waismann, Language Strata, in *Logic and Language* (Second Series), Ed. by A. Flew, Oxford, 1953, p. 11.

⑦ *Ibid.*, pp. 13 - 14.

⑧ *Ibid.*, p. 20.

⑨ 参见拙著:《罗素哲学概论》,台北远流出版公司,1991 年 12 月,第 66 - 68 页。

⑩ 同⑨。

⑪ 见该书第 234 页。

⑫ Ch. W. Morris, *Signification and Significance*, 1964; ch. 3, § 7.

⑬ *Ibid.* Preface.

⑭ *Ibid.* ch. 1, § 9.

⑮ *Ibid.* ch. 1, § 4.

⑯ 米德:《心灵、自我和社会》(Chicago University Press, 1934),第 32 页。

⑰ Ch. W. Morris, *Signification and Significance*, ch. 1, § 3.

⑱ 莫里斯:《符号、语言和行为》,第 1 章, § 2。

⑲ CH. W. Morris, *Signification and Significance*, ch. 1, § 4.

⑳ *Ibid.* ch. 1, § 2.

㉑ *Ibid.*

㉒ Geoffrey Leech, *Principles of Pragmatics*, London: Longman, 1983, p. 6.

㉓ *Ibid.*

㉔ Stephen L. Levinson, *Pragmatics*, Cambridge University Press, 1983, p. 15.

㉕ P. Ricoeur, *Le conflit des interprettations*. Paris, 1969, p. 87.

㉖ M. Black/P. T. Geach, Eds., *Philosophical Writings of G. Frege*. Oxford: Blackwell, 1962, p. 56.

㉗ 《弗雷格哲学和数学通信集》(*G. Frege's Philosophical and Mathematical Correspondence*, 1980),第 153 页。

㉘ 以上各论著已收入:Alfred Tarski, *Logic, Semantics, Metamathematics: Papers From 1923 to 1938*. Trans. by J. H. Woodger. Oxford: Clarendon Press, 1956。

㉙ 卡尔纳普:《意义和必然性》(1956),第 10 页。

㉚ 塔斯基:《语义学的真理概念和语义学基础》,载于 *Philosophy and Phenomenological Research*, 4, 1944,第 341 - 375 页。

㉛ Gilbert H. Harman, Three Levels of Meaning. Presented in an APA Symposium on Levels of Meaning, 28 December 1968 and reprinted from *The Journal of Philosophy*, LXV(1968), p. 590.

㉜ 洪堡:《论人类语言结构的差异及其对人类精神发展的影响》,收在 *K. W. von Humboldts Werke*, Bd. III, Andreas Flitner/Kaus Giel 合编(Darmstadt: Wissenschaftliche Buchgesellschaft, 1963),第 418 页。

㉝ P. Ziff, *Semantical Analysis*. Ithaca: Cornell University Press, 1960.

㉞ A. Naess, *Interpretation and Precisness*. In *Skifter utgitt av det Norske Videnskafs Akademii Oslo*, Hist. Klasse, 1953, N°1, Oslo, 1960.

㉟ B. L. Whorf, *The Punctual and Segmentative Aspects of Verbs in Hopi*. In *Language, Thought and Reality: Selected Writings of Benjamin Lee Whorf*. Ed. J. B. Carroll, Combridge, Mass. : The Technology Press of Massachusetts Institute of Technology, 1956.

㊱ Cl. Lévi-Strauss, *Structural Anthropology*. I. New York: Penguin Books, 1972, pp. 68 – 69.

㊲ 载于 *Mind*, LIX, 1950, pp. 320 – 344。

㊳ P. F. Strawson, *Introduction to Logical Theory*. London, 1952, p. 211.

㊴ K. Donnellan, Reference and Definite Descriptions. In *Philosophical Review*, LXXV, p. 285.

㊵ S. Kripke, *Naming and Necessity*. In D. Davidson/G. Harman. eds. *Semantics of Natural Language*, Dordrecht, 1972.

第 13 章
关于语言使用的理论研究

　　语言的使用是非常复杂而重要的问题。从**一般使用**的角度，语言使用包含语言在科学论述中的使用、在日常生活中的使用以及在文学艺术活动中的使用等不同领域。从具体使用的角度，语言使用又包含使用中的各种因素间的相互关系网络的宏观方面和微观方面的复杂变化。从宏观方面来看，语言使用作为一个整体，可以以一种行为结构的模态，变迁于历史脉络的流程中，也可以以人类生活的一种样态，呈现于生活世界脉络的不同领域之中。从微观方面来看，任何语言的使用，都涉及语言使用中诸因素急剧或缓慢的、明显或隐蔽的、外在或内在的、可表达或不可表达的、共时或历时的、单向或多向的、直接或间接的变动。

　　语言的使用就好像海德格尔所说，是一个无底无顶的冥冥世界，一旦走入，便不由自主地在语言的惟妙惟肖的游戏空间中，陷于无底的深渊："语言就是语言。语言是惟妙惟肖、富有表现力的。如果我们走向'语言就是语言'这句成语所说的那个深渊，我们并不会在一个陡峭的虚空深渊中丧生。我们倒是被向上抛，而唯有其高度本身才能启开一个深度。这个高度，这个深度，都双双贯彻到底地测量着一个地方。我们究竟能不能被引入这个地方，以便找到我们人类能自我展示之寓所？"①如果说，语言的使用把我们引入一个无顶无底的深渊的话，那么，语言使用的理论研究就更是一个神秘的迷宫。

语用论所要探讨的领域，只是这个神秘迷宫的一个角落。它所要探讨的，只是以语言使用者为中心，语言符号在其使用过程中同其他多重因素间的关系。这就是说，语用论要探讨语言的使用者，如何借助于语词或语词的应用，说明某一事物或某对象，表达语言使用者的思想观念、心情感受或思路，以及在使用者同他人（包括现时在场出现的、历史地过往出现的、可能出现的或隐含潜在的一切交往者）之间实现交流或沟通的个人间之关系网。这些基本问题的探讨，当然离不开对于语词、语句及语言整体的语法学、语句学和语义学研究，也不排除从语言符号的形式观点和静观的逻辑结构分析方法的研究。但是，从语用论的观点和方法对于上述基本问题的研究，将更集中且更深入地针对语言使用者在其语言使用的一般的和具体的条件及语境中的复杂因素，进行理论的和实践的探讨。在以下各节中，我们将分别从语用论的观点和方法，去分析并探讨语言使用的基本问题。

第一节　语言的日常生活使用的理论问题

日常生活是语言使用的最广阔的场所。美国的普通语义学派和俗民方法论社会学派，在这方面所做的理论研究，取得了重要的成果。

普通语义学（General Semantics）向来非常重视语言的使用问题。普通语义学的代表人物科日布斯基、切斯（Stuart Chase，1888－1969）及早川一荣（Hayakawa Ichiye）等人，批判地继承了奥格登（Charles

Kay Ogden，1889 - 1957)及理查兹(Ivor Armstrong Richards，1893—1979)等人的语义理论，早就在研究语言的应用问题的时候，从不同于逻辑实证主义的语义分析的角度和方法，深入地研究社会生活中大量和生动活泼的语言，试图解决日常语言使用中所出现的实际问题。这种普通语义学的研究，与美国社会学中产生并发展的象征互动论和民俗方法论(Ethnomethodology)以及哈贝马斯的沟通行为理论，具有同等重要的意义，因为他们都不约而同地认为：语言的使用问题，不仅决定着语言本身的本质，也决定着社会、文化和人的本质；而语言的使用并不仅限于科学范围内的应用，也包括广阔的生活领域中的普通应用。

早川一荣很幽默而又深刻地指出：

> 早期语义学者(包括逻辑实证主义者)把所有其他的陈述(形而上学的陈述、抒情诗、价值判断、劝诫性言词以及无疑属于法律和法学的言辞等等)，统统抛进垃圾堆之中，并全部贴上"感情言词"、"假命题"或者不太专门的"胡说八道"等标签。②

科日布斯基等人的普通语义学在研究语言的使用的时候，特别强调语言符号的象征化功能在日常应用中的高度灵活性、伸缩性、比喻性及多样性。切斯把普通语义学所研究的课题比喻成"一种高质量润滑油"，以代替原始的和形而上学概念的"刚石粉"，以便促使语言使用更加灵活③。科日布斯基在其著作《科学和健全的思想：非亚里士多德体系和普通语义学入门》(Science and Sanity: An Introduction to Non-Aristotelian System & General Semantics)一书中，为了揭示语言符号的灵活且具伸缩性的功能，很形象地把语言比喻成地图。一个地区的地图可能对旅行者有用，但地图毕竟是地图，并不等于这个地区。同样地,语言并不是我们周围的世界,而毋宁是到达那个世界不可缺少的向导。地图对旅游者之所以有用,就是因为它的结构同实际的地方的结构相类似,也就是说,两者表现了类似的次序和关系网。如果地图上的城市次序与游客要去的那个地区的城市次序不一致,那么,很明显,这张地图不但无用,而且有害,因为它可能会误导游客:人们本打算要去芝加哥,却来到了蒙特利尔,而在这种情况下,倒不如跟着太阳走,多少还会有方向感。

接着,科日布斯基更深入且具体地说明了语词符号在结构和功能方面的特征。就像地图一样,如果说无论地图如何详尽,永远都不可能标示出版图上的一切,那么,语词无论如何也不能表达出一件事物的"一切";它永远都只能是一种概括,总要省略一些特征。不论把每个词的定义的边界推进多远,在其边界后面总是有一些没有加以限定的项目和因素。这样一来,照科日布斯基的说法,我们来到了一种能被指明、但不能表达的无言境界。所以,在科日布斯基的朋友和合作者切斯为普通语义学制定 21 个基本命题的时候,其第三条命题是这样说的:"事件在性质上以一种感觉不出的层次相互渗透。自然界是连成一片的,然而我们的语言却倾向于将它划分为若干类(科日布斯基提出用连字符把事件联结起来,例如"身—心")"。接着,其第四条命题说:"用结构、次序、关系等术语,能最恰当地解释自然界。"科日布斯基的普通语义学的上游基本命题,如同前述关于地图的比喻一样,是要说明:语词符号在使用中毕竟是代表、标示和指称事物的象征性符号罢了。因此,语词在使用中始终无法标示事物的全部。所以,第十一条命题明确指出:"词不是事物,而是人为的象征……。"第十三条命题又说:"地图不是版图。我们的词不是自然界,但是,如果我们想理解我们的世界,语言的结构就必须与自然的结构相一致。"④

科日布斯基等人的普通语义学显然是从语言使用的灵活观点,去研究语言符号的象征功能及其意义在使用中所显示的特征。普通语义学的重要学术刊物《等等》(ETC)就在其封面上特别标明:"本刊专门研究语言符号在人们行为中的作用。"普通语义学家早川—荣、利伯特(Paul Lippert)及波兹曼(Neil Postman,1931－2003)先后主持这个学刊的编辑工作,在国际学术界产生了广泛的影响。

在普通语义学家看来,思想就是不出声的自言自语。因此,普通语义学派把日常语言活动看作是"思"、"说"、"写"、"听"和"读"五种活动的高度综合,要特别注意语言使用中所指涉的外延,注意语言的使用是否脱离实际,同时,又要注意到语言符号的象征功能在使用中的重要特征。

普通语义学在研究符号使用的特征时,强调符号和象征的省略及缩短原则。这个学派的刊物被命名为《等等》,就是意味深长的。在日常生活中,语言总是尽可能地被人们压缩和省略,这一方面是为了使用的方便,另一方面是表明语言同生活行为和习俗的密切关系。语词不能标示事物的全部,但语词可以用其省略形式表示在生活中为群体共识的各种习俗,也可以传达彼此早已默认的信息和意图。在日常生活中,人们使用语言往往采取省略形式,采用"等等、等等"的说法。例如:一个孩子向其父母说:"我昨天看到了许许多多蝴蝶,有白的、黑的,……等等。"这类以"等等"省略的用语,成为日常用语的一个重要特点,致使这一学派以"等等"命名其学刊。

同日常语义学派重视研究语言使用的特征一样,美国社会学中注重日常生活行为和习俗的"民俗方法论"学者,也把普通老百姓日常生活中使用语言、协调行动并建构其生活世界网络的方法,看作是研究社会现实的基本途径。这一学派的代表人物伽芬克尔(Harold Garfinkel,

1917－2011)和西库里尔(Aaron Circourel)等人,在研究日常生活行为中的语言交谈时,也用样发现了大量的省略原则。伽芬克尔说：人们在彼此之间谈及他们的行为时,往往采取"缩短形式"(abbreviated form),因为共同生活环境中的日常对话,使他们对谈话中提及的许多事情产生共同的理解。伽芬克尔把日常用语中常用的缩短语词,借用皮尔斯的用语,称之为"索引式语词"(Indexical expression)。⑤

伽芬克尔认为,社会互动只有在脉络中、在环境中进行,才是可以说明的,在互动中所表示的各种"意义",是同互动中的时间、地点、具体的人、行为者的目的或意图以及互动者所了解到的各种信息和知识等因素,密切联系在一起的。因此,伽芬克尔等人把语词使用的"索引性"(Indexicality)和"脉络性"(Contextuality)看作是他们民俗方法论的关键概念。伽芬克尔还把日常用语在使用中的缩短特征称为"等等原则"(et cetera principle or etc. principle)⑥。

皮尔斯在阐述其信号理论(参见本书第一编第一章第二节)时,也曾提"索引式语词"的概念。在他看来,英语中的代词和时态动词等一类语词,同语境密切相关。因此,一旦离开语境,这些语词的词义及其所指,便无法确认出来。因此,现代语用论学者巴尔-希勒尔和蒙太古等人,都认为对于索引式语词的深入研究,有助于探索语言使用过程中的语境问题。

巴尔-希勒尔是原籍波兰的犹太人,晚年在以色列耶路撒冷大学讲授哲学和逻辑学。他集中研究逻辑语义学,以当代数理逻辑的结构理论,探究语言符号使用中的语境、符号意义及语句结构的内在关系。他在早期发表的《集合论基础》(*Foundation of Set-Theory*)⑦、《论语言与资讯》(*language and information*)⑧、《逻辑句法和语义学》(*Logical Syntax and Semarstics*)⑨及《论卡尔纳普的语言逻辑句法》(*Remarks* on Carnap's Logical Syutax of Language)⑩等论著,曾对语义学和语用论的研究发生过重要影响。巴尔-希勒尔到耶路撒冷大学任教后,更致力于语用论研究。他在 1971 年发表的《由语用论废纸篓所致》(Out of the Pragmatic Waste-Basket)⑪一文,引起了语用学界的激烈争论。

丹麦语用论者雅各布·梅曾对"语用论废纸篓"一词的意义作过深入的历史分析。雅各布·梅认为,巴尔-希勒尔用"语用论废纸篓"一词是用来暗示 20 世纪六七十年代的语用论和一般语言哲学的研究状况。在 20 世纪五六十年代以前,语言学家曾热衷于形式推理和抽象符号论研究。因此,他们也曾在 20 世纪 60 年代称语义学为"语形学和语句分析法的废纸篓",但是,正是在这个被语形学家称为"废纸篓"的语义学中,语义学家发现了语形学家从语句形式分析观点无法辨认出的新因素。现在,语用学者也超出语义学者探索"真"或"伪"的观点,不把重点放在"真理"评价的架构中,而是把重点放在语言使用者的使用过程及其条件的分析上。雅各布·梅说:"语用学家通常感兴趣的,与其是人们所谈论的事物之或真或假,不如是他们为何(Why)谈论某些事,关于人们所谈的内容之真伪问题,毋宁是属于哲学争论或法院内部所考虑的事情。"⑫这就是说,语用论者并不像语义学和语形学那样,只关心语句形式的逻辑性和语义的意义真伪性,而是首先关心日常生活中是如何使用语词和语句的,尤其关心普通老百姓如何在生活中使用语言的。

关于语用论中对索引式语词的研究,美国杰出的语用学者和数理逻辑学家蒙太古也做出了重要的贡献。蒙太古在塔斯基的指导下,撰写他论述"集合论"的博士论文,他在 1957 年完成博士论文《集合论的公理基础》(Contributions To The Axiomatic Fouadetions of Set Theory)⑬。

蒙太古和巴尔-希勒尔一样,强调"索引式语词"对语境和脉络分析的重要意义。在蒙太古看来,在交际和沟通的过程中,说话者总是在特定的语境和语言脉络中，使用语言表达思想感情。语境或语用脉络包括说话者、听话者、说话的时间、地点以及沟通者的知识背景等。日常语言使用的索引语词和省略语词等，都是同语境有密切关系的。

　　蒙太古在 1968 年发表的《语用论》(*Pragmatics*)⑭一书中，从数理逻辑和模态逻辑出发，深入探讨了模态谓词演算的规则。蒙太古从一个 I. U. F. 模式出发，并强调其中的 I，是一个"索引符号集合"，并没有特殊化。蒙太古指出，在将这个最一般化的集合加以特殊化的过程中，人们可以建构起一系列内涵语言的语义系统。这就是说，可以在给予索引以时间因素的条件下，建构一个时间性的语义系统；而在给予索引以可能世界的内容时，则可以建构起一个必然性的语义系统；最后，在把索引看作语词的使用脉络的条件下，可以产生一个语用论系统，即各种代词"我"、"你"、"这里"等的意义，都依赖于语境的分析。在《语用论》一书中，蒙太古发展了巴尔-希勒尔的观点，并在模态逻辑的体系中深入地探讨了"索引式语词"的语用论问题。蒙太古尤其在〔I〕集合中探讨了具有深刻意义的"可能世界"(Possible World)的概念。

　　蒙太古在 20 世纪 50 至 20 世纪 70 年代期间，发表了一系列论文，探讨一般的语言表达式同其内涵之间的关系。蒙太古把"元数学"(Meta-ma-thematics)应用于自然语言的语形、语义和语用三方面的研究，试图通过自然语言的语义结构的形式化，将语言表达式的内涵进行形式化的处理，引进语义的外延和内涵类型及语法范畴，以弗雷格的内涵和外延的相关理论作为参考，使语义类型和语法范畴都具有相类似的结构。

　　蒙太古所创立的语法系统，试图超出日常语言的逻辑，以形式化的方法，把内涵抽象成一个函项，并把仅仅对概念内涵的研究，推广到对一般语言表达式内涵的研究。在蒙太古看来，个体的表达式（词项）的内涵，乃是个体的概念，它是从"可能世界"到个体表达式在其中的外延

（即个体）的函项。谓词表达式的函项是属性，它是从"可能世界"到谓词表达式在其中的外延（个体类）的函项。而语句表达式的内涵是命题，是从"可能世界"到语句表达式在其中的外延（真值）的函项。由此可见，在蒙太古语法中，一般语言表达式的内涵，被变换成一个函项，而这个函项的"定义域"（主目的变程）是"可能世界"，值是外延。由于蒙太古的上述贡献，不仅将语义的外延和内涵两方面统一起来，而且也由于成功地引进了语法范畴、语义类型（外延类型和内涵类型），使外延与内涵之间建立起对应关系，从而使一般语言表达式、语法方面的结构和语义方面（即外延和内涵）的结构获得一致。弗雷格曾经说：判断，就是从义涵走向真值。蒙太古语法终于证实了弗雷格的天才论断。

这就如同科日布斯基所说，语言中只有一般的东西，任何一个语词都是概括。因此，为了在使用中使语言符合实际，在思、听、说、读、写的时候，要特别注意使语词"面向外延"。科日布斯基指出：每一个事物都有多得无法说全的属性。为了使语言符合事物的实际状况，在谈论每一事物时，最后都要用"等等"（etc. 即 et cetera），代表还有许多省略掉的属性，无法说得完全。[15]

普通语义学和民俗方法论，分别从语义学和社会学的角度，对语言的日常生活使用进行了深入的研究。他们的研究成果，对于进一步研究语言与社会生活、日常思维活动以及一般文化的关系，提供了许多重要启示。正如雅各布·梅所说："如果我们要更完全、更深刻且更普遍合理地说明人类语言行为的话，就迫切需要语用论。"[16]

第二节 将语言使用当成一种行为

为了更深入地研究语言的使用问题，英国的奥斯丁等人，继承并发扬了 G. E. 摩尔和后期维特根斯坦等人的"日常语言哲学"（Ordinary Language Philosophy）的基本观点和方法，提出了一种新的语言哲学理论——"言语行为理论"（A Theory of Speech-Acts）。这种语言哲学的主要贡献，在于将语言看作是人的一种行为，从而把语言问题纳入人的行为这个既广阔又生动活泼的领域中去探索。这一理论的出现，成为当代语用论研究的一个重要成果。

日常语言学派向来认为，日常语言本身就是完善的。日常语言是语言的基本部分，是语言最大的储存所和最原初的制造工厂。美国哲学家罗蒂说得好：分析的语言哲学家罗素等人试图以理想的科学语言改造语言，而日常语言哲学则是真正地以实际的态度去认真地理解我们使用的语言。

言语行为理论从分析日常语言和常识的密切关系出发。日常语言所表达的基本内容，就是老百姓生活中形成的常识（Common-sense）。上一节的民俗方法论社会学对此所作的分析和研究，表明这一重要论题具有深刻的社会意义。实际上，日常语言学派的最早代表人物 G. E. 摩尔就很重视日常语言使用与常识的密切关系。⑰

在 G. E. 摩尔的影响下，奥斯丁把日常语言和常识中所应用的普通语言，看作是语言的真正宝库。奥斯丁认为，语义分析应该在日常语言应用得最丰富和最灵活的场所中去进行。他以辩护词的使用为例，说明一切有关行为的研究，不能脱离对语言使用过程的分析。⑱在奥斯丁看来，常识中的日常用语是最丰富且最灵活的，因为它们体现了人类在世代相传的实际生活中，经漫长岁月累积的丰富的语言使用经验。因此，常识中的日常用语本身，并不像罗素等人所宣称的那样，是粗糙且不精确的，相反，日常用语和表达常识的用语，充分考虑到了各种最细微的区别和分界，也充分考虑到了区别和分界中的相互渗透与转换。

因此,常识中的用语"比起你我在一个下午坐在安乐椅上所能想到的东西,无疑地会更多、更正确,因为它们经受过适者生存的长期考验,并且至少在日常和实用事务方面,比我们的思想必更加精细。"[19]

奥斯丁由于充分地考虑到了日常语言各种不同的用法及它们之间的细微区别,逐步地揭示说话作为一种人类行为的本质。

奥斯丁说:"说话就是做事"[20],说话不仅是表达某种意义,而且,也表现了一种行为。奥斯丁注意到传统的语义哲学家只限于分析那些立足于真理条件基础上的陈述性命题或说明性命题(declarative sentences)。罗素等人在分析命题的真伪性时,由于只集中探讨命题内容及其所指的事物之间的关系,把语言分析只限制在一种特殊类型的语句,即陈述命题。在罗素等人看来,一个命题如果是真的,它就必须包含关于世界事物的判断。奥斯丁认为,罗素等人所说的陈述命题,远未穷尽我们说话时所使用的命题的种类。奥斯丁指出,有些话语根本不涉及真伪,也根本未涉及世界上的事物。例如,有些表示愿望的语句,例如:"生日快乐!",表达了我的心情,或者,表达了我确实说出了这些语词的事实;在这种情况下,"生日快乐"是一些"做事的语词"(words doing things)。又如"我要来"这句话,并非记述"某人要来"这件事,而是表达一种承诺,即表示某人答应要来。在奥斯丁看来,以话答应要做什么事,正是表明某人以说话答应,也就是以说话做事,这样一来,奥斯丁便把说话分为"行事说话"(performative utterance)和"记述说话"(constative utterance)两大类。Performative 来自 perform 或 performance。前者作为动词,本来是"履行"、"实行"、"完成"或"实施"的意思,是表示某种行动,某种进行中的活动;后者作为名词,也表示"履行"或"行为"。Constative 来自形容词"陈述的",它的重点是陈述事物的状况。

　　在日常生活用语中,有大量的"行事说话"所说出来的"行事话语"。这些既行事、又说话的"说",具有行为和说话的双重性质。"行事说话"这种集行为与说话于"说"这一整体性动作中,不只是表示"行事说话"的特殊功能,而且是人类的言语行为带普遍性的特征。

　　所以,奥斯丁在晚期进一步发现:行事说话和记述说话之间并不存在截然不同的界限。奥斯丁于 1955 年在哈佛大学的"威廉·詹姆斯讲座"所发表的讲演,由他的学生厄姆森(J. O. Urmson)在他事后整理出版,这就是他的《怎样使用语词做事》(*How To Do Things with Words*)这本书。

　　奥斯丁把言语行为分析成三种同时发生的动作:① 说话动作(locutionary act);② 以说话行事的动作(illocutionary act);③ 以说话实施效应的动作(perlocutionary act)。关于这三种同时在说话时完成的动作,利科曾作非常精辟的说明。利科说:

　　　　说话行为是由三个层次的从属性行为构成的:第一层次是说话动作或说出命题的动作,这是说的动作(acte de dire);第二层次是以说话行事的动作,或者以说话行事的力量,也就是在我们说话的同时所做的行为(ce que nous faisons en disant);第三层次是以说话实施效应的动作,也就是通过说话这个事实而做出的事情(ce que nous faisons par le fait que nous parlons)[20]

　　接着,利科以"请你关门"这句话为例,来分析说这句话时的上述三层次动作,利科说:

　　　　当我向你说把门关起来的时候,我做三件事。首先,我以行动谓语"关"，把"你"和"门"连接起来；这就是说的动作。但是，其次，我是以一种命令的口吻和力量，向你说这件事的。这并不是一种记述，不是一种愿望，也不是一种承诺。这是一种以说话行事的动作。最后，由于我向你发命令，我可以引发出某种效应，诸如恐惧等，这些效应使说话成为一种产生某种效果的刺激。这就是通过说话这件事而做的事情，即以说话实施效应的动作。㉒

值得注意的是，利科在肯定奥斯丁的上述"说话行事"的"言语行为理论"时，进一步把"说话行事"的三层次行为结构，用诠释学的原则，加以深入分析，揭示了语言使用过程中说话者的意图、行为和外在环境的有机关系，有助于深入理解"说话行事"的语用论意义。

利科认为，说话是一个事件。"话语，即使是口头的话语，表现出最极端原始的间距化……。间距化的这个原始性质，可以置于'事件'与'意义'之间的辩证法范围内。一方面，说话作为事件而发生，即当某人说话时，某件事发生。……"㉓"当我们说，话语就是一个事件，这就是说，首先，话语是时间性地和现时地实现的，而语言系统则是潜在的，是在时间之外的。……其次，如果语言是没有主体的话，那么，……话语通过一系列复杂的代词系统，指向一个说话者。……第三，……话语总是以某事为主题。它指涉一个它想要描述、表达或表现的世界。……最后，……话语指向对话者，在这个最后的意义下，话语是交换意见的时间性现象，……"㉔利科在同笔者的谈话中，则更简练、更集中地概述了"说话"的"事件性质"："在我看来，讲话就是向某人依据某件事说某件事。在这里，四个因素在起作用：讲某件事，就是指意，即意味着提呈一个意义，依据某件事，就是指涉某些事物，引证世界，即引证到语言之外的因素。某一个人讲话，这就意味着强调说话人在他言谈中的责任——这种责任，在单纯的判断或确认中，是稍微看得出来的约束；在命令中，就是很强烈的约束；而在许诺中，则是最强烈的约束。我向其他某个人讲话，就意味着语言一上来就导向别人，也就是说，如果别人在我之前讲话，我自己便处于聆听的地位，或者，如果我先讲话，我就向对谈者讲话。"㉕

利科的诠释，将奥斯丁的"说话行事"这个同时包含"说话"和"做事"两方面的整体性行为，进行详细的分析，指明了"说话行事"这个整体性行为所涉及的各个因素及其运作过程。

奥斯丁的学生塞尔进一步指出：当人们说一种语言的时候，就意味着他正从事一种受规则支配的行为方式（Speaking a language is engaging in a rule-governed form of behavior）㉖；或者，换句话说，"说话，就是依据规则而实施行动"（talking is performing acts according to rules）㉗。

为此，塞尔区分了各种指导着人们说话的"规则"，分析了完成各种"说话—行为"的类型，并体会到各种不同的说话规则在"说话—行为"中所起的作用和功能，塞尔举了如下几句话作例子：

（1）山姆经常地抽烟。（Sam smokes habitually. ）

（2）山姆经常抽烟吗？（Does Sam smoke habitually?）

（3）山姆，经常地抽烟！（Sam，smoke habitually!）

（4）但愿山姆经常抽烟。（Would that Sam smoked habitually. ）

设想一下说话者在说出上述四句话中的一句话时的表情、态度和行为，我们便可以看出：说话者不只是在说出英语句子，而且在说某一件事。说第一句话的说话者是在做一种判断；说第二句话的说话者是在发出问句；说第三句话的说话者是在发出命令；说第四句话的说话者则在表达一种愿望。

还要注意到：在实现上述四种不同说话行为时，说话者同时地完成在四句话中所共有的某些行为,即:说话者在上述任何一句话中都指谓着某一位叫做"山姆"的人,而且让他同"经常抽烟"发生关系。四句话都指谓一个对象,并使这个对象具有同样的特点:经常抽烟。就这一点而言,每句不同的话的对象和指谓方式,乃是一个完整的"说话行为"(a complete speech act)的一个组成部分。席勒用"判断"、"问话"、"命令"和"祈使"等不同概念,把每句话中所指的对象及其具体行为从那完整的说话行为的总体中分离出来。由此可见,同样的说话对象及其指谓方式,可以在不同的完整的说话行为中完成并实现。

由此可见,说话就是完成一个言语行为,做出陈述、发命令、提问、承诺等行为,但同时,这些言语行为又往往是在遵守语言的某些惯用规则的条件下实施的。

塞尔由此而得出结论说:首先,关于言语行为的研究,一定会导致对于语句"意义"的研究;其次,完成言语行为的规则,就等于**使用**某些语言手段的规则。

塞尔进一步深入地分析了言语行为**使用**某些语言手段的规则的必要和充分条件,并从这些条件中,抽离出言语行为所使用的语言手段的语义规则。

塞尔并不满意奥斯丁对言语行为所做的分类。奥斯丁曾把以言行事的行为分为五大类:① 判决式(verdictive),其中包括"描述"、"估计"等;② 执行式(exercitive),如"命令"、"禁止"等;③ 约束式(commissive),如"答应"、"保证"等;④ 表述式(expositive),如"陈述"、"肯定"等;⑤ 行动式(behabitive),如"感谢"、"欢迎"等。塞尔认为,奥斯丁上述的分类,只是对英语中以言行事的**动词**进行分类,而不是对"言语**行为**"进行分类。席勒认为,言语行为可以分成五大类:① 断言式(assertive);② 指示式(directive);③ 约束式(commissive);④ 表达式

(expressive)及⑤ 宣告式(declaratians)。

塞尔的言语行为理论,同现象学社会学所探讨的"言语立法"的课题很类似。现象学社会学的代表人物伯格(Peter Berger,1929－2017)和卢克曼(Thomas Luckmann, 1927－2016),在《现实的社会重建》(*The Social Construction of Reality*)一书中指出:语言,在将人类生活加以符号化和象征化的过程中,也把生活标准化和密码化。因此,我们可以说,说话就意味着"界定"或甚至"建构"社会制度。伯格和卢克曼说:

> 语言……建构起象征化表象和观念的广阔大厦,矗立于日常生活实际之上的大楼而呈现,犹如来自另一个世界的巨大怪物。宗教、哲学、艺术和科学,便是在历史上这类最重要的象征体系。……语言不仅能够建构起从日常生活经验中高度抽象出来的象征,而且,也可以把它们当作日常生活中客观的实在因素,并把这些象征回返重现。㉘

伯格和卢克曼在其社会学研究中,实际上把"说话行事"这一重要社会行为看作是人们日常生活中的基本行为,并把这种行为深刻的社会意义呈现出来。

语言在使用中呈现出强大的社会力量。语言的日常使用以及日常生活中的言语作为,不仅不知不觉地把人卷入到大量的习惯性活动中去,而且也为人们自己建构起神秘的,具有现实感的象征性的生活世界。

第三节　会话中的语用论问题

会话是在两个和两个以上的说话者之间发生的言语行为。因此,

"在会话分析的架构中,支配着人们在一个开放且扩展的会话系列中使用语言的各种机制,充分地展示出了:谁掌握着说话的权利?是什么规则形成和支持了这场会话的基地?在这些会话中起着关键意义的特殊观点是什么?……等等。"㉙

一切会话都在社会中进行,所以社会生活是会话活动的首要基础,而会话活动由社会生活所决定。会话的内容和形式,会话过程中会话各方的用语含义,会话中的语言符号及各种姿态的功用及其连带性,会话者的思想及行为,会话中的周围环境及其作用等一切因素,都同社会生活有密切的联系。由于会话同社会保持着密切的联系,由于会话活动构成为社会生命有机体的一个重要组成部分,也由于会话活动本身具备着社会活动的基本特质,所以在某种意义上说,会话就构成一个"小社会"。雅各布·梅说:"我们的会话社会就是一个相互使用(有时候,当然,也是滥用)语言的社会。因此,当语言被投入于会话和社会的使用的时候,语言的使用者便成为中心人物。"㉚

会话就是语言使用的最基本形式。从古希腊起,柏拉图等哲学家便把会话看作最重要的社会活动和思想活动之重要条件。伽达默尔在总结古希腊以来的语言研究成果时指出:"语言只有在谈话中,也就是在相互理解的实行中,才具有其根本的存在。"㉛当代语用论的研究,同样也揭示了会话在语用论的社会学、人类学及哲学的意义。所以,语用论学者列文森指出:"会话是语言使用**最典范**的类型(conversation is the **prototypical** kind of language use)。"㉜

显然,语用论学者之所以非常重视会话中的语言使用模式,并不只是因为会话中所呈现的语句形式结构及其狭义的语句内容,更重要的,是因为会话本身涉及一系列有关语言同社会之间的复杂关系。借着这个关联,我们可以通过会话分析,发现在言语中潜含或夹杂的一系列人类活动和社会生活。

英国语言哲学家格莱斯在言语行为理论的基础上,深入研究了会话中的语用论原则。格莱斯的几本著作《论意义》(*Meaning*)㉝、《逻辑与会话》(*Logic and Conversation*)㉞、《再论逻辑与会话》(*Further Notes on Logic and Conver Sation*)㉟及《命题与会话的含义》㊱(*Presupposition and Conversation Implicature*)等,在研究会话活动方面作出了重要的贡献。

格莱斯的会话语用论以"合作原则"(Cooperative Principle)作为核心。这就是说,在格莱斯看来,会话必须以会话者之间的"相互合作"作为基本条件;而这里所要求的"相互合作",主要是指会话者之间在会话活动进行过程中相互默认和同意的交谈目的和方向。

"合作原则"包含四个附属的"准则"(Maxim):量的准则(the maxim of **quantity**)、质的准则(the maxim of **quality**)、关系准则(the maxim of **relation**)以及方式准则(the maxim of **manner**)。

量的准则要求:第一,依据要求,提供你的资讯(make your contribution as informative as required);第二,不要使你提供多于要求的资讯(do not make your contribution more informative than required)。

质的准则要求:第一,不要说出你认为错的话(do not say what you believe to be false);第二,不要说出对你来说缺乏适当证据的话(do not say that for which you lack adequate evidence)。

关系准则要求:使你的谈话有所关联(make your contribution relevant)。

方式准则要求:要清楚明白(be perspicuous),特别要做到:第一,避免含糊不清(avoid obscurity);第二,避免歧义(avoid ambiguity);第三,要简洁(be brief);第四,要有条理(be orderly)。

　　格莱斯把上述四项准则称为总体性的合作原则的四项要求："在说话发生的时刻,通过承认你所参与的会话目标,务必使你说出符合要求的话。"⑰格莱斯认为,为了保障会话中能最有效地交流信息,达到相互理解,实现会话中所公认的目标,必须遵循上述四项准则。

　　语用学家列文森指出,格莱斯的上述合作原则及其所属的四项准则,

　　　　并非任意制订出来的合约,毋宁是引导相互合作的交换信息活动的合理手段。果真如此,我们就可以期待它们也能同样地支配非言语的行为;而在实际上,确实就是如此。……这就表明,上述准则在实际上是源自那些**普遍的合理性考量**。而这个**普遍的合理性考量**是可以应用于一切类型的合作性交换活动的。⑱

　　列文森的上述推论表明:格莱斯所总结的上述合作性会话原则及其准则,不仅保障着会话能在**合理性**原则指导下实施,也同样可以适用于一切合理性的沟通行为。

　　语用学理论家霍恩(Laurence R. Horn, 1945 -)更深入地探讨格莱斯的合作原则及其四大准则,发现在日常会话中,经常出现这样的情形,即:某人说出来的某些话,在一定的场合,具有一种清楚而不含糊的意义,但对一部分听众来说,却需要做一番努力才能解释清楚。

　　霍恩举例如下:

　　如果我说:"我昨天割到手指了。"通常,人们会很清楚地理解,被割的手指是"我的",而且,这个手指和其他人的手指是类似的⑲。如果我说:"我今晚会见一位女人。"情况就不如上一句话那么简单。显然,那位女人不是"我的"女人,人们会由此产生许多想象,甚至引出许多笑话。

　　霍恩由此假定：为了说明一些多多少少带有怪异的现象，显然需要有两条原则：Q 原则（Q 代表 quantity，量）和 R 原则（R 代表 relation，关系）。Q 原则要求我们"说出我们所能说的那么多"（say as much as we can），这个 Q 原则显然包括了格莱斯的"量的准则"的前半部。R 原则要求我们说出的话，"不要比我们应该说的话更多"（say no more than we must）。它包括格莱斯的量的准则，再加上方式准则和关系准则。因此，为了会话顺利进行，霍恩认为，在说"我昨天割到手指了"的时候，实际上我援引 R 原则以便确证那个手指是"我的"，而在说"我今晚会见一位女人"时，我实际上援引 Q 原则，以便表明那位女人既不是"我的"女人，也不是普通的女友。换句话说，涉及"量"（Q）的状况，我在特定的环境下必须提供我所能提供的一切资讯；涉及"关系"（R）的状况，我就要让环境或情境自身去说话，使提供出来的信息尽可能地少。

　　霍恩唯独将格莱斯的"质的准则"，看作是在一切情况下都需要的一个准则。霍恩认为，不遵循"质的准则"，就会使"整个会话的机制遭到破坏"。[40]霍恩制订的两条原则，有利于深入分析日常会话中讲究礼仪等多种多样的语用状况。

　　在霍恩之后，斯波伯（Dan Sperber，1942 -）和威尔逊（Deidre Wilson，1941 -）更深入地分析会话中的说话者同听话者的关系，强调会话活动中，对于语用论来说，最重要的是"相关原则"（The principle of Relevance），因为所有的说话活动都在说话者之间期待着建构起相关联系。也就是说，一切会话都是为了达到成功的沟通（successful communication）。格莱斯的"合作原则"及其四条准则过多地强调会话中会话各方之间追求的"共同目的"（common purposes），在一定程度上反而对实际的会话活动有所限制。斯波伯和威尔逊集中地研究会话活动的核心问题即沟通,因而得出结论说:"相关原则比格莱斯的'合作原则'及四个准则更加清楚得多。"㊶斯波伯和威尔逊说:沟通的目的,并非"复制思想",而是"扩大相互认知的环境"(enlarge mutual cognitive environments)。㊷

斯波伯和威尔逊的"相关原则"一方面重视会话中的沟通功能,但另一方面又过多地夸大会话中的承诺和期待因素,似乎一切会话都是从一开始便起自承诺的意愿。而且,斯波伯和威尔逊所分析的上述沟通性会话,只构成日常会话的一个部分罢了。因此,雅各布·梅和塔尔博特(Mary M. Talbot,1954 -)强调:语用论研究要进一步集中分析在现实的社会生活中发生的沟通性互动行为。㊸塔尔博特还指出:

> 在现实世界中,人是社会生存者,是在预先存在的(社会地决定了的)条件中工作的……而在斯波伯和威尔逊的模式中,人与人之间的差别只是由个人间的认知环境所决定的。这些差别被说成是由自然物质环境的多样性和人与人之间认知才能的差异所产生的,而在个人认知环境的特征之形成中,并没有特别地考虑文化和社会的因素。㊹

从以上所考察的会话语用论的问题来看,会话确实应构成为语言使用的重要场所,对于会话的语用论研究,将有助于深入地分析语言的社会性质和日常生活功用。

注释

① Martin Heidegger, *Unterweg zur*, *Sprache*. Verlag Günther Neske,1959.

② S. I. Hayakawa, *Semantics...* In *ETC*, Vol. 19, No. 3, Oct. 1962. p. 273f.

③ S. Chase, *Power of Words*, Ch. 5, 1955.

④ *Ibid.*, pp. 145 – 148.

⑤ H. Garfinkel, *Studies in Ethnomethodology*. Englewood Cliffs, N. J.: Prentice-Hall, Inc., 1967, p. 38.

⑥ *Ibid.*, p. 40.

⑦ Y. Bar-Hillel, *Foundation of Set-Theory*, 1958.

⑧ Y. Bar-Hillel, *Language and information*, Jerusalem: Addison-Wisley, 1964.

⑨ Y. Bar-Hillel, Logical Syntax and Semantics, In *Language*, 30 （1954）, pp. 230 – 237.

⑩ Y. Bar-Hillel, Remarks on Carnap's Logical Syntax of Language, In *The Philosophy of Rudolf Carnap*. ed., P. A. Schilpp, Illinois: Open Court, La Salle, 1963.

⑪ Y. Bar-Hillel, Out of the Pragmatic Waste-Basket, In *Linguistic Inquiry*. No. 2, pp. 401 – 407.

⑫ Jacob L. Mey, *Pragmatics: An Introduction*, Oxford: Blackwell, 1993, p. 14.

⑬ R. Montague, *Contributions To The Axiomatic Foundations of Set Theory*, 1957.

⑭ R. Montague, *Pragmatics*, 1968.

⑮ Alfred Korzybski, *Science and Sanity: An Introduction to Non-Aristotelian*, *System & General Semantics*. 1973, p. 37.

⑯ Jacob L. Mey, *Pragmatics: An Introduction*, p. 7.

⑰ G. E. Moore, The Refutation of Idealism. In *Mind*, 1903, pp. 433 – 453. Also In J. H. Murhead, ed. *Contemporary British Philosophy: G. E. Moore*, *A Defence of Common Sense*. London: Allen & Unwin, 1925; and especially refer to G. E. Moore, *Some Main Problems of Philosophy*. London: Allen & Unwin, 1953, p. 295.

⑱ J. L. Austin, A Plea for Excuses, In Austin, *Collected Papers*. Urmson/Warnock, eds., Oxford: Oxford University Press, 1972.

⑲ *Ibid.*

⑳ 见奥斯丁:《怎样使用语词做事》,厄姆森编辑及导论。

㉑ Paul Ricoeur, *Du Texte a l'action*. Paris: Editions du Seuil, 1986, p. 105.

㉒ *Ibid.*, pp. 105 – 106.

㉓ *Ibid.*, p. 103.

㉔ *Ibid.*, p. 104.

㉕ 拙著《李克尔的解释学》,台北远流出版公司,1990 年,第 6 页。

㉖ J. R. Searle, *A Theory of Speech-Acts*. London/New York, 1987, p. 22.

㉗ *Ibid.*

㉘ 伯格与卢克曼:《现实的社会重建》,第 40 页。

㉙ Jacob L. Mey, *Pragmatics: An Introduction*, p. 185.

㉚ *Ibid.*, p. 193.

㉛ Hans-Georg Gadamer, *Wahrheit und Methdoe*. Tübingen: J. C. B. Mohr (Paul Siebeck), 1986, p. 449.

㉜ Stephen C. Levinson, *Pragmatics*. Cambridge: Cambridge University Press, 1983, p. 284

㉝ H. Paul Grice, Meaning, In Danny Steinberg/Leon Jakobovits, *Semantics: An Interdisciplinary Reader in Philosophy, Linguistics, and Psychology*. Cambridge: Cambridge University Press, 1971. pp. 53 – 59.

㉞ H. Paul Grice, Logic and Conversation, In Peter Cole/Jerry Morgan, eds., *Syntax and Semantics*. Vol. 3: *Speech-Acts*. New York: Academic Press, 1975, pp. 41 – 58.

㉟ H. Paul Grice, Further Notes on Logic and Conversation, In Peter Cole/Jerry Morgan, eds., *Syntax and Semantics*. Vol. 9: *Pragmatics*. New York: Academic Press, 1978, pp. 41 – 58.

㊱ H. Paul Grice, Presupposition and Conversational Implicature, In Peter Cole, ed. *Radical Pragmatics*. New York: Academic Press, 1981, pp. 183 – 198.

㊲ H. Paul Grice, Logic and Conversation. p. 47.

㊳ Stephen C. Levinson, *Pragmatics*, p. 103.

㊴ Laurence R. Horn, Toward a New Taxonomy for Pragmatic Inference: Q-based and R-based Implicature, In Deborah Schiffrin, ed., *Georgetown Round Table On Language and Linguistics 1984*, Washington D. C.: Georgetown University Press, 1984, p. 15.

㊵ *Ibid.*, p. 12.

㊶ Dan Sperber/Deirdre Wilson, *Relevance: Communication and Cognition*. Cambridge, Mass.: Harvard University Press, 1986, p. 161.

㊷ *Ibid.*, p. 193.

㊸ Jacob L. Mey/Mary M. Talbot, Computation and the Soul. In *Semiotica*, No. 72, 1989, pp. 291 – 339.

㊹ Mary M. Talbot, Relevance, In *Encyclopedia of Languages and Linguistics*. Oxford: Pergamon, 1993, p. 7.

第 14 章

沟通行动的语用论问题

德国当代社会和政治思想家哈贝马斯①在四十多年来对于"沟通的合理性"(Kommunikative Rationalität；Communicative Rati-onality)的系统研究，不仅在理论上推动了当代社会科学和人文科学各学科的发展，而且，在实践上也深刻地影响着当代西方社会在政治、法律、道德、文化和教育领域的改革。一位研究哈贝马斯的美国学者公正地说，哈贝马斯近年来富有成果和有价值的研究活动，引起了那些关心社会和政治改革以及关心社会科学之发展的人们的充分注意。所以，哈贝马斯的《关于沟通行为的理论》(Theorie des Kommuni-kativen Handelns)一书在 20 世纪 80 年代的影响，就如同罗尔斯的《正义论》(John Rawls, A Theory of Justice)一书在 20 世纪 70 年代的影响一样。这两部划时代的里程碑式的著作，都值得人们用多年严肃认真的思索，去反复地进行消化。②

哈贝马斯的沟通行为理论，就是以语用论为基础建构起来的社会理论。正是在沟通行为理论中，我们将可以看到：语言的使用问题，不只是语言学范围内的单纯性语言问题，而且也是探索社会和人类行为的基本问题。在当代社会发展到沟通高度发达的最新阶段，尤其突出显示了语用论研究的社会意义。

第一节　沟通行为理论的基本架构

哈贝马斯的沟通行为理论（Theorie des Kommunikativen Handelns；Theory of Communicative Action），"以沟通的合理性"作为核心概念，试图综合地分析研究现代社会总体范围内的社会行为和社会秩序的合理化可能条件，从社会学、哲学、美学、政治学、法学、语言学、人类学、精神分析学以及科学技术理论等跨学科的角度，重新分析自现代社会形成以来，曾经为韦伯、马克思和涂尔干等西方经典社会思想家们所批判过的社会基本问题，尤其重视自第二次世界大战以来发展起来的西方现代社会的崭新结构和特征，批判以帕森斯（Talcott Parsons，1902 - 1979）为代表的现代社会体系和社会行为理论，试图深入揭示现代社会内特殊政治、经济和文化架构中的社会行为的复杂实施过程及其矛盾性，阐明在现代民主政治、科技提升、经济和文化高度发达的社会条件下，各个主体的行为的相互协调的条件、主体本身的意识活动及其社会活动网络的关系、主体间在行为发生时的认识沟通和道德约束的条件、行为者的沟通行为及其所寓于其中的外在世界（客观世界和社会世界）和内在世界（主观世界）的关系、主体间行为协调同社会历史背景的关系、行为的发生与社会体系结构演变的关系、行为者的道德意识及其行为协调的关系，以及文化因素在社会行为中的功能等，用哈贝马斯自己的话来讲，他的沟通行为理论是"同现代化的世界相遇"的结果③，是在继承和改造哈贝马斯所隶属的"法兰克福学派的社会批判理论"（Kritische Theorie der Gesellschaft；Critical Theory of Society）的基础上,对于当代社会及其命运的关切。"沟通行为理论",绝不是纯理论,而是一种力图证实其批判准则的社会理论的开端(Die Theorie des kommuni-kativen Handelns ist keine Metatheorie, sondern Anfang einer Gesellschaftstheorie, die sich bemüht, ihre kritischen Massstäbe auszuweisen.)。④接着,哈贝马斯更明确地指出:

> 西方社会自 20 世纪 60 年代以来越来越趋向于这样一种状况,在那里,西方的理性主义的遗产并不再是无可争议的。以"社会国式的"谅解(尤其是联邦德国的某种可能有些特别的方式)为基础而达成的内部关系的稳定化(Die Stabilisierung der inneren Verhältnisse, die auf der Grundlage des sozialstaatlichen Kompromisses〔besonders eindrucksvoll vielleicht in der Bundesrepublik〕erreicht worden),已在目前导致心理和文化方面越来越沉重的社会负担。同样,在各个超级强权之间的关系方面,人们越来越清楚地意识到那种仅仅短暂地被压抑,然而永不会被克服的不稳定性,正是在针对着这些现象的理论性提炼中,西方的传统和灵感的基础本身成为与之相关的问题。⑤

由此可见,哈贝马斯的沟通行为理论,是新一代法兰克福学派(Frankfurter Schule; The Frankfort School)的理论家对于当代西方社会的分析批判的产物,其中寄托着哈贝马斯对于当代社会既肯定、又否定的矛盾态度,表达着他们对于当代社会未来命运的关切。

总的来说,哈贝马斯的沟通行为理论涉及三大方面的问题:

第一方面,涉及传统社会学理论的基本论题,即"合理性论题"(Die Rationalitätsproblematik)。在这方面,哈贝马斯系统地批判传统合理性概念的片面性，尤其集中批判韦伯的合理化理论（Webers Theorie der Rationalisierung），分析韦伯的"目的合理性"和"价值合理性"的基本概念之狭隘性，并进一步指明自笛卡尔以来，传统近代西方哲学家和社会学家单纯地将"理性"加以"认知与工具性之归化"（die kognitivinstrumentelle Verkürzungen der Vernunft）的错误倾向，提出了在社会范围内唯一可能为各个行为主体所接受的新型合理性概念，即在各个主体间的"沟通行为"中，通过协商，达到共同一致"同意"（Einverständnis）的那种"沟通的合理性"。

第二方面，涉及社会体系与社会行为的基本问题。 在这方面，哈贝马斯批判将"行为"与"沟通"相分离、将"沟通行为"与"社会体系"相分离的传统社会理论，尤其集中批判帕森斯的现代社会理论，强调各主体间的沟通行为所构成的"生活世界"（Lebenswelt；Life world）同社会体系的不可分割性及其相互联结的合理条件。

第三方面，涉及现代化（Modernisierung；Modernization）和现代性的问题。 在这方面，哈贝马斯从理论上批判哲学、社会学、美学及政治学等各个学科中对"现代性"的具代表性的"论证性言谈"（die Diskurs der Moderne；Discourses of Modernity），先后分析了黑格尔、韦伯、帕森斯及鲁曼（Niklas Luhmann，1927－1998）等人的"现代性"概念及其论证之片面性，并进一步批判了在当代理论界具影响力的法国"新结构主义"（Neostrukturalismus；Neostructuralism）或"后结构主义"（Post-Strukturalismus；Post-Structuralism）的思想家们，包括德里达、福柯和利奥塔（Jean-Francois Lyotard，1924－1998）等人的"现代性"或"后现代性"的理论，提出了揭示现代社会的病态性危机的内部根源的新理论，即"体系"对于"生活世界"的"内部殖民化的论题"（Die These der inneren Kolonialisierung），并为未来可能的新型合理社会，设计一种贯彻着"沟通的合理性"原则的"商谈伦理学"（Diskursethik）⑥，作为建构一个"沟通合理"的协调稳定的新社会的道德伦理基础。

关于他的沟通行为理论的体系的基本架构，哈贝马斯是这样论述的：

> 对于沟通行为的基本概念，我是在最重要的相互穿插的观察中加以展开的。沟通行为的概念打开了进入由三个相互重叠的论题所构成的一个复合体的门径——它首先环绕着一个"沟通的合理性"的概念，……接着，环绕着一个双层次的社会概念（ein zweistufiges Konzept der Gesellschaft），而这个社会概念并不只是以修辞学的方式，同生活世界和体系的典范联结；最后，环绕着一个现代性的理论（eine Theorie der Moderne）……因此，关于沟通行为的理论，应该有可能将那些同现代性的各种矛盾相适应的社会性的生活关系网加以概括。⑦

所以，在哈贝马斯的《关于沟通行为的理论》两卷本中，他本人正是从对于理性概念的批判分析、对于由"生活世界"和"体系"交叉构成的社会概念以及对于现代社会的病态性危机的解剖等三大方面，系统地论证其沟通行为理论的。

第二节　社会就是一个沟通的网络

以"沟通合理性"作为核心范畴的沟通行为理论，将一个社会中成员之间的"沟通"问题放在首位，这就是说，人类社会之成为社会的先决条件，本来就是其成员之间的相互沟通。因此，研究社会合理化之条件,首先就要考察社会各个构成部分及各个成员之间的沟通是否合理,就是要考察在社会中实施合理的沟通的基本条件。所以,整个沟通行为理论,一方面要重新论证"社会体系是可以被理解为沟通行为的网络"(Gesellschaftsystem können als Netzwerk Kommunikativer Handlungen aufgefasst werden)⑧这个基本论题,另一方面要严厉地批判将社会同沟通相互分割、忽视沟通在社会中的决定性作用的一切传统社会理论。

什么是社会? 社会秩序和社会行为何以可能? 这个为以往一切传统社会理论所反复研究的"老而又老"的问题,当哈贝马斯加以重新研究和探讨的时候,是从组成社会的成员之间的"相互协调一致"的角度去进行的。以社会性的劳动行为为例,哈贝马斯认为,任何属于这种类型的社会行为的发生和实现,都是至少由两个以上的行为者,为了达到他们共同赞同的行为计划目标,而将他们的工具行为加以相互协调的结果。这就是说,任何社会行为,都是相互作用或互动的协调结果。所以,要回答社会行为和社会秩序如何可能的问题,最核心的问题,是要解决"自我"的行为和"他者"的行为的相互交接和相互协调的具体条件。哈贝马斯特别强调社会理论不应只是停留在对于社会行为的表面的和形式的标志、特征的研究,而是更应注重于研究分析社会行为**相互交接**和**相互协调**的内在机制,因为只有弄清那些相互协调的机制,才能真正揭示社会行为和社会秩序得以长期稳定维持下来的实际条件。

从社会行为网络最简单、最基本的互动行为模式来分析,便可以看出社会行为相互协调的基本机制,无非是"同意"(Einverständnis)和"影响"(Einflussnahme)两种。换句话说,作为互动的人类共同体的"社会",其运作和发展,乃是基于生活在社会中各个成员之间的"同意"和"影响"的协调性结果,才发生一系列复杂而曲折、然而是可以相互联系起来的社会行为网络。

但在哈贝马斯看来,"同意"和"影响",作为社会行为协调的两种机制,是相互排斥的,且是有本质性区别的。以往的各种传统社会理论,包括社会交换理论(die Theorie des sozialen Tausches)、体系功能论(der Systemfunkticnalismus)、角色行为理论(die Theorie des Rollenhandelns)、自我表演的现象论(Phänomenologie der Selbstinszenierung)、象征性互动论(Symbolischer Interaktionismus)以及种族方法论(Ethnomethodologie,有时也译作民俗论),也都多多少少论述过行为协调的机制问题,但这些理论都没有从沟通行为和生活世界的高度去全面理解协调的机制问题,也没有集中分析"同意"机制的内在基础。

以沟通的合理性为核心的沟通行为理论所追求的合理社会结构,并不是一般性的协调,而是真正合理的协调。因为唯有真正合理的协调,才是稳定的、非暂时的、非表面的和非强制性的协调。这种协调,不可能建立在"影响"的基础上,而只能基于社会成员之间真正的"同意"。

真正的"同意"必须建立在"共识"的基础上;因此,相互协调达成同意的关键,是互动的各成员之间的**相互理解**。哈贝马斯指出:

> 我把一种认识称为**共识**,指的是由它建构起**同意**,由此在各个主体之间才终于赞同可以进行批评的那些有效性要求。"同意"意味着参与的有关各方都接受有效的、即在各主体之间都发生约束力的那种知识(Einverständnis bedeutet dass die Beteiligten ein Wissen als gültig, d. h. als intersubjektiv verbindlich akzeptieren)。⑨

显然,在哈贝马斯看来,当代社会的主要问题,当代社会各种矛盾和各种危机的真正根源,就在于社会各成员之间尚未完全建立合理的沟通网络，不懂得相互协调真正的内在基础乃是相互间的理解，不懂得以这种相互理解性为中心的"同意"，必须以相互间和各个主体间所一致接受的"语言沟通行为"和"有效性要求"作为准则，使社会行为的有关各方都能真正在尊重各方自身的独立批评权利、相互交流、相互讨论、开诚布公和为共同承认之义务承担约束性责任的基础上，协调一致地进行活动。在哈贝马斯看来，目前的不合理社会往往把达成合理目的之行为看成是唯一且主要的合理行为模式，并把这种合理的目的性和工具性行为，狭隘而单纯地看作是由行为主体自身可以单独且孤立地决定的活动，因此，不再顾及这种"合理目的"及达致合理目的的"合理手段"，是否经有关各方的合理沟通而为大家所接受。哈贝马斯还认为，当代社会之缺乏沟通合理性，不只是表现在各个具体的社会行为主体对于相互沟通和相互理解的忽视，更重要的，是作为社会整体结构的社会制度本身也脱离了相互沟通的生活世界网络，导致如前所述的"体系对生活世界之殖民化"的病态结构。

现在，哈贝马斯试图以其沟通行为理论，重新强调社会整体之沟通网络体系性质，期望以"沟通行为"为杠杆，使当代社会实现真正的合理化。他说："沟通行为的相互理解之功能，有助于文化知识的传递和更新，沟通行为的行为协调方面，使它有助于社会整合和社会联带性的建立，而沟通行为的社会化功能方面，则使它有利于个性的建构。"⑩沟通行为的上述三大功能在**文化、社会整合和个性社会化**方面所起的积极作用，进一步表明：第一，以往各种类型的社会之不合理性，正是在于社会制度对沟通行为的扭曲、窒息和限制，使沟通行为未能发挥其合理作用；第二，以往的社会理论总是单纯地强调人之社会行为的目的性和工具性，以致片面地重视对于目的性行为的研究，掩盖且忽视了对沟通行为的研究，从而使传统社会理论对社会的批判，找不到真正合理的出路;第三,当代西方社会已达到充分显示沟通行为之合理性的优越条件,只要全面综合分析研究沟通合理性之可能条件及实施途径,便可真正实现社会之真正合理化;最后,唯有将沟通合理性作为研究中心之"沟通行为理论",才能全面分析并研究当代社会实现沟通合理性之条件,使当代社会走出目前所处之病态危机。

因此,哈贝马斯的沟通行为理论,以沟通的合理性作为核心,将传统社会理论中所探讨的**文化、社会和个性**三大基本概念,全面地改造为**以沟通行为为基础的新概念**。

> 我把文化称之为知识储存(Wissensvorrat),沟通的参与者在就一个世界的某事物进行相互理解并取得一致认识的时候,这个知识储存就为他们提供各种诠释。我把**社会**称为合法的秩序(legitime Ordnungen),在此基础上,沟通的参与者调整着他们对于社会群体的归属性(Zugehörigkeit zu sozialen Gruppen,也可译作"社会群体的成员资格"),并由此保障社会联带性(Solidarität)。我把**个性**理解为某个主体获得谈话和行为能力的那些权能或资格(die Kompetenzen),也就是说,由于这类能力和资格,某个主体取得参与相互理解过程的功能,并在其中确定了他本身的身份和特征。⑪

总之,在哈贝马斯的沟通行为理论中,对社会秩序和社会行为之可能条件的理论考察,是在行为主体间的**沟通行为**中进行的。通过"沟通","社会"与"社会行为"这两个基本概念及其理论分析过程,都发生了根本性的转变;社会性质、社会运作机制及社会危机,也因这个根本性的理论转变,而在沟通的合理性中找到了解答方案。

德国当代著名的哲学家、德国哲学学会前主席、汉堡大学哲学教授施奈德尔巴赫（Herbert Schnädelbach，1936 –）指出：“重要的是，这个理论把层‘沟通’与‘行为’联系在一起加以思索，而不使一方简化为另一方。”⑫

第三节　语言是沟通行为的杠杆

将“沟通”当作社会秩序和社会行为的灵魂，赋予“沟通”以实现协调社会行为、疏通行为主体间的看法以及连贯不同历史时代社会文化背景的重要功能，就意味着将社会、社会中作为有个性的主体而存在的行为者及其历史背景，都看作是一个可以相互沟通的、活生生的整体。这是一个有历史、又有现实活动能力；有社会联带性、又有个性；有制度整合性、又不断地相互协调的“生活世界”。

但是，如前所述，沟通行为理论并不像传统社会理论那样，满足于一般性地概述社会和社会行为的协调性，而是要深入地具体分析其内在的运作机制及其内在构成的相互关系网。

正是为了具体地分析社会沟通网络的运作机制及其内在结构，并从中发现迄今为止被中断、被窒息和被“殖民化”的那些层面，哈贝马斯集中地探索了作为沟通行为的杠杆的**言语**行为。在他看来，凡是有沟通行为的地方，便有言语行为出现，反之，凡是言语行为受阻止和被歪曲的地方，便不会有合理的沟通。因此，分析言语行为，成为具体解剖沟通行为的关键。“语言是一种沟通媒介（Sprache ist ein Kommunikationsmedium），当行为角色为了协调他们的行为而实现当时的确定目的，进行相互理解的时候，语言有助于这种相互理解性。”⑬但是，对于语言的这种看法，还不是全面的；因为上述看法还是单纯地从目的性行为的角度去理解，即仍然把目的性行为当作一切行为的基本模式。语言之沟通媒介作用,并不仅仅是为了实现目的性行为的**某个确定目的**,它毋宁是整个社会协调及尊重每个行为参与者的合理行为资格的保障。当过分强调语言对于某个行为者实现其特定目的所起的沟通和协调功能时,实际上仍然把语言降低到主要是为某个行为主体服务的程度,而忽略了与此行为网络相关的**各个主体间**的关系之实际存在,及其在整体性协调中的作用。也就是说,语言并不单纯地在目的性行为中起着为该行为主体服务的作用,并不是纯粹为了实现主体的行为目的而发挥它的媒介作用。当沟通行为理论把语言当作沟通行为的杠杆时,语言成为主体间相互理解、协调行为和完成个性社会化的中介,成为实现社会合理化的主要渠道。

把对于语言的分析看作是揭示社会行为及社会体系的奥秘之基本钥匙,是从上世纪末以来对于语言的哲学性、人类学性和社会性的科学研究活动持久进行考察的总结果,是英美实证主义的、分析性的哲学派别对于科学语言、日常语言和历史语言的长期研究的结果,也是德国的现象学和存在主义学派对于语言的长期研究的结果;同时,也是现代诠释学派对于语言的研究结果,并为社会学中象征性互动行为论和种族方法论的新发展。哈贝马斯把上述语言研究成果对于他的决定性影响,说成是他理论发展中的"语言学的转折"⑭。哈贝马斯高度重视这个"转折",并在《关于沟通行为的理论》1987 年法文版序中强调,使**语言学的转折**彻底化(radicaliser le tournant linguistique)的必要性,并批评自弗雷格以来的分析性语言哲学以及以另一种方式进行研究的结构主义,"只是不恰当的抽象的代价",实现着这一转折。⑮其实,早在1976 年写他的《论历史唯物主义的重建》(*Zur Rekonstruktion des Historischen Materialismus*)一书的时候,哈贝马斯就已经很明确地以语言分析作为建构新型社会理论的基本线索:"可以在基本的言语行为中当作原型加以探索的、在言语中表现出来的**主体间性的结构**，是在建构方面同社会和个性体系相适应的"⑯。

加拿大麦吉尔大学教授泰勒指出："如果我正确地理解哈贝马斯的话，那么，他的出发点是必须将语言理解为言语交谈的结构。……哈贝马斯现在所探讨的，也是从语言去理解社会的。由此，也就必须借助于交谈的结构去说明社会。"⑰

但泰勒只是一般性地揭示了哈贝马斯的沟通行为理论的语言分析基础。实际上，要深入理解沟通行为理论的语言分析基础，必须进一步具体地分析语言与行为、语言与行为主体、语言与社会、语言与文化、语言与日常生活、语言与历史、语言与真理、语言与道德意识以及语言与金钱、与权力运作等其他社会性中介手段的具体关系。所有这些重大的课题，正是成为哈贝马斯的沟通行为理论所研究的基本论题。

第四节　沟通行为理论的基本论题

为了使语言研究在社会理论中的中心地位具体地突出起来，为了使语言行为在沟通活动中的关键功能，具体地在社会合理化的过程中全面地展示开来，也为了使"社会行为和社会秩序何以可能"这个根本问题，能借助于语言行为运作机制的分析，得到合理的解决，哈贝马斯从一开始便开列了以语言分析为中心的**八大基本论题**，作为沟通行为理论研究的主要对象。他说：

> 在我看来，关于沟通行为的理论，其目的在于系统地理解和分析下述起码的因素：**意义**（Sinn），也就是说，被应用的符号具有连贯性确定意义的语义学功能；**语用学的普遍性**（pragmatische Universalien），也

就是参照体系(或指谓体系)、人称代词体系、言语行为类型系统及意向性表达语词体系;**有效性要求**(Geltungsanprüche),也就是真理性、正确性(适当性)、真诚性及相互理解性;**经验模态**(Erfahrungsmodi),即外在自然的客观性、价值与规范的规范性、内在本质的主观性、语言的主体间性以及一系列成对范畴(存在/显像、存在/应该、本质/现象、符号/意义等)的相适应的地区性的模式化(entsprechende regionale Modalisierun-gen);**行为诸方面**(Aspekte des Handelns),包括沟通的和战略性的社会行为及工具性的非社会性行为;**沟通诸阶段**(Stufen der Kommunikation),包括符号性中介化的互动、命题区分化的行为及减轻行为责任的论证性言谈;**规范的现实性的各个层面**(Ebenen der normativen Realität),包括互动面、角色面以及规范的产生规则;**沟通中介**(Kommunikation smedier),即通过某种制度化过程所获得的,在认知的、互动的及表达式的语言应用方面的区分化模态,诸如真理、法和艺术等,或者是战略性行为的模式(诸如交换、斗争、金钱及权力等)。⑱

上述八大论题,都是与语言研究密切相关的;因此,以此八大论题作为基本研究对象的沟通行为理论,具体地显示了"沟通合理性"的中心地位。

首先,关于"意义"的论题,哈贝马斯直接吸收了分析性语言哲学和现象学的象征互动论的研究成果,并以此为基础,改造和批判了韦伯单纯从行为主体的目的去界定目的性行为的意义片面作法。哈贝马斯说:"对于把语言上的相互理解性当作行为协调的机制,并视之为利益关切点的沟通行为理论来说,分析哲学及其核心部分,即分析哲学关于意义的理论部分,提供了一个有指望的出发点".⑲这种具创见性的"意义"理论,"把意义同语言的表达结构,而不是同说话者的意图相关联。正因为这样,它有可能看到无数行为的行为角色的行为之间是如何借助于相互理解的机制而在他们之间联系来的;也就是说,使这些行为有可能在社会空间和历史时代中建立起联系网络。"⑳

　　哈贝马斯认为韦伯把资本主义社会的近代化和理性化看作是同一个历史过程,特别分析了新教伦理道德意识在其中所起的作用。这在理论上和方法论上都对哈贝马斯有深刻的启示,使他不仅看到分析社会行为与理性化的内在关系,而且看到在理性行为中那些沟通着各个分离的主体、并使之整体化和社会化的联系力量,尤其看到了在道德、语言道德意识和道德行为中所体现的、促使人类行为化为社会整体的协调性因素。但哈贝马斯严厉地批评了韦伯单方面地分析资本主义理性化模式的局限性,特别揭示了韦伯只限于研究有目的合理行为的领域,而没有全面探索资本主义社会中"合理性"行为的各个组成部分及其演化倾向。因此,在哈贝马斯看来,韦伯在确定行为的意义的时候,首先只单纯地从行为主体的角度,并以主体的意愿和意见去判定行为的意义;其次,韦伯完全脱离了行为意义的语言背景和语义学内容。哈贝马斯指出:

　　　　韦伯首先引入"意义"作为行为理论的基本概念,并借助于此概念,将行为(Handlung)与可观察的举止(Verhalten)区分开来。他说,如果或只有在行为者将行为同一个主观的意义联系在一起的时候(wenn und insofern als oder die Handelnden mit ihm einen subjektiven Sinn verbinden),行为才是人类的举止,不管它是一个外在或内在的行为,还是一个错失或一种宽容。由此可见,韦伯并没有关于意义的理论,而只是以一个意向论的意识理论作为依据。他所理解的意义,并不是立足于语言上的意义模式。他并不借助于可能的相互理解的语言中介去引证他的"意义",而是指涉到一个行为主体的意见和意图,而且这个行为主体在他看来首先是一个被隔离的和想象的行为体(auf Meinungen und Absichten eines zunächst isoliert vorgestellten Handlungssubjekts)。㉑

基于对韦伯的"意义"概念的批判和对于分析哲学的"意义"理论的总结,哈贝马斯将社会行为看作是以行为主体间的"相互理解"为中心的协调性行为网络。为此,哈贝马斯进一步指出了语用论的普遍性和交谈中的"有效性要求"的重要性和必要性,并把它们看作是社会行为理论的重要组成部分。

"语用论的普遍性"也就是言语符号在交谈应用过程中所要求的普遍性,因此也可译作"言语符号应用的普遍性"。哈贝马斯在最近出版的《文本及其脉络》(Texte und Kontexte)一书中,再次肯定实用主义者皮尔斯在创立和研究语用论方面的卓越贡献,肯定皮尔斯对沟通行为的理论研究。哈贝马斯说:"皮尔斯试图将沟通过程这样地加以理解,即在讲话者和听者之间的主体间的关系可以消失掉,而符号与无踪迹的诠释者的关系却可以在一种所谓的诠释关系指涉网络中油然而生。"㉒皮尔斯很重视言语符号在思想、行为和人的相互关系中的重要功能。

所以,早在 20 世纪上半叶,美国哲学家莫里斯和另一位美国德裔哲学家卡尔纳普就已经着手以语言的符号论体系,扩充和补全他们从分析哲学的角度所研究的语言句法上的符号关系学(Syntactics)和语义哲学(Semantics),以便在语言使用的上下文脉络关系网中,全面解释主体及符号使用中的解释关系。当时,莫里斯甚至很明确地在皮尔斯所建造的"实用主义符号学"(pragmatistic Semiotic)的基础上,把上述句法上的符号关系学(Syntactics)、语义学(Semantics)和"言语符号实用论"(Pragmatics)合并在一起,整合成普遍的言语符号论。与此同时,卡尔纳普也试图建造"形式的"(formal)和"经验的"(empirical)普遍言语符号论,将上述三方面纳入一个总体系。德国当代哲学家阿佩尔在研究皮尔斯及其后的现代语言哲学的语言符号论的基础上,又进一步改造康德的先验哲学原则,并吸收英国哲学家奥斯丁及其学生希勒的言语行为论(A Theory of Speech-Acts)对于经典的语言哲学原则的批判研究成果,采纳了施奈勒(Helmut Schnelle)的《语言哲学与语言学》(*Sprachphilosophie und Linguistik*)的某些观点,创立了先验的言语符号论(Transzendentalp-ragmatik)。阿佩尔在其代表作《哲学的改造》(*Transformation der Philosophie*,Bde. I und II)两卷集中,系统地论述了先验的言语符号论的基本内容——这是一种关于语言的普遍有效性、关于人的哲学、关于人的历史及其解放的跨学科、跨主客体间关系及跨理论实践关系的新型学说,它的基本方法是语言分析、现象学和诠释学的综合应用,它的基本成分无疑是哲学、人类学、语言学、社会学、伦理学和科学论,而它所论述的范围则涉及一切与人的精神活动和社会活动相关的领域——从自然到历史、从语言到文化、从社会到作为人的行为对象的整个宇宙。哈贝马斯在分析和吸取阿佩尔等人的先验言语符号论的研究成果时,也强调批判了阿佩尔的先验论,提出了哈贝马斯自己独具特色的"普遍的言语符号应用论"(Universalprag-matik)。㉓

　　作为沟通行为理论的基本论题之一,"有效性要求"是指相关联的各个行为主体间在进行沟通行为时,为了达到真正的相互沟通和协调行为的目的,所必须遵循的语言符号使用的基本原则。哈贝马斯认为,形式的言语符号论的中心论题,是寻求言语行为的普遍的符号论前提,即各主体间所使用的言语符号的普遍有效的标准。这种主体间的有效性,要求各个言语行为的主体,在使用语言表达意见时,起码要达到以下三个前提条件:第一,依据相互沟通共同体所共同接受的规范性原则,在沟通者之间建立一个共同可以接受的个人间(主体间)的关系;第二,依据共同接受的言语命题表达原则,以便在说话者之间形成一个共同可以理解的正确原则;第三,依据说话者所经历的生活世界和其真实的心愿,诚实地说话。

哈贝马斯说:"相互理解是以如此方式实现着行为协调机制的功能,即:参与互动的各个行为者共同接受他们的表达命题所必须遵守的共同有效性要求,也就是说,他们各主体间承认他们相互之间所发布的有效性愿望。"㉔哈贝马斯将互动各方在沟通中所必须具备的有效性要求,归结为三个方面:

第一,发出的陈述是正确的(wahr):换句话说,被提到的命题内容的存在前提是确确实实地被尊重;

第二,意向的行为,就其实际起作用的规范性条件的关系而言,是正确的和正当的(richtig);也就是说,行为应该与之相符合的那些规范条件,其本身乃是有合法性的。

第三,说话所表达的愿望同他实际陈述的言词相一致。

所有这三个方面,就是要求说话者遵守着三项要求:(1)陈述命题或命题内容之存在前提的**真理性**(Wahrheit für Aussagen oder Existenzpräsuppositionen);(2)合法或正当地得到调整的行为和这些行为的规范背景的**正确性**(Richtigkeit für legitimgeregelte Handlungen und deren normativen Kontext);(3)主体的主观经验表达的**诚实性**(Wahrhaftigkeit für die Kundgabe subjektiver Erlebnisse)。㉕

由此可见,在沟通行为中的言语行为的真理性,已远远超出认识论意义的真理含义,在其中包含了行为规范的合法性,以及行为者说话和行动的诚意性之问题。这就是说,社会行为中的真理问题,已深刻地触及社会行为的规范及各主体的道德意识的领域,需要把言语、行为、伦理和心理问题,综合在一起加以考察。研究言语符号论和实践哲学颇有成果的阿佩尔指出:"只要在一般的沟通前提和规范价值的正当化论证程序方面有所成效,今天仍然还是需要有一种不只是局限于纯粹伦理陈述的哲学伦理学。"㉖

因此,解决当代社会问题的关键,是彻底地重建一般的沟通交往原则,并完成当代言语行为规范和价值的正当化和合理化程序。哈贝马斯为此指出:

在实际的言谈论证中,将会论及各个"有效性要求"的问题;而这种"有效性要求"是把"言谈"看作有效性基础(der Rede als Geltungsbasis)。在以相互理解为目的的行为中,始终都已经包含"有效性要求"的问题。这类普遍的有效性要求(即对于使用的符号表达的可理解性、命题内容的真理性、意愿表述的真实性以及言语行为所遵循的规范和价值的正确性),是已经被嵌入到可能发生的沟通的一般结构之中的。㉗

至于沟通行为理论的其他基本论题,如**"经验模态"**、**"行为诸方面"**、**"沟通诸阶段"**、**"规范的现实性的各个层面"**及**"沟通中介"**等,也都是必须从语言的沟通作用去理解。但这些论题更多地涉及沟通行为的实施中,作为主体间关系结构的"生活世界"和道德意识等更为复杂的问题,因此,我们留待在以下各节中加以集中论述。

不管怎样，以上八大论题都是与语言相关的。因此，在列举了这些因素之后，哈贝马斯直截了当地说："说到这里，我必须自信地心满意足，因为借助于这些沟通理论的中介性因素，就可以系统地概述社会的各个构成部分。我把**社会**看作是所有那些由于语言所协调的行为，不管是工具性或社会性的行为，通过生产过程而能够占有外在世界、通过社会化过程又能够占有内在世界的**一切体系**。"㉘

这也就是说，只有透彻地研究上述与语言相关的八大基本论题，才能真正理解人类社会之语言沟通的实质，才能借此理解"沟通合理性"的重要意义。

第五节　生活世界的沟通合理性模式

语言的重要性不仅在于：通过它，以达到主体间的相互理解性为中心的沟通行为网络才能形成并实现；更重要的还在于：唯有通过语言，才能构成作为沟通行为的实际场所和背景的生活世界，才能保证生活世界的再生产，才能保证人类社会和文化的历史延续性和现实更新，才有希望找到通向合理社会的途径。

生活世界概念，本来是从狄尔泰（Wilhelm Dilthey，1833－1911）的"生活表态"（Lebensäusserungen）㉙的解释学概念和胡塞尔的"生活世界"哲学概念演变而来。关于这个概念的理论来源及其哲学方法论的意义，本文将在"对传统社会理论的批判"和"沟通合理性的典范转换意义"两小节中，有所论述。因此，在本小节中，主要是从语言的角度集中论述生活世界的沟通合理性模式，突出地分析生活世界的语言建构作用及生活世界的语言象征性再生产过程。

哈贝马斯指出："生活世界的概念构成了对于沟通行为理论的一个

补足概念(bildet einem Komplementärbegriff zum kommunikativen Handeln)。"㉚因为只有通过生活世界概念,才能把作为"沟通合理性"的中心问题的"相互理解性",在发生沟通行为的各个主体间及由他们发生的关系网所建构的有关体系内衬托出来,并在其表现的语言脉络中进一步揭示这种"相互理解性"何以可能具体地运作起来;这就是说,只有在生活世界中,我们才能生动地看到进行沟通行为的各主体,是以他们共同相处的生活世界,以他们所生存和经历的那种客观世界、社会世界和主观世界的现实条件出发,作为说话者和听话者的身份,相互地进行沟通和达到一致性的理解。

为了形象地显示生活世界的以语言为中介的构成,哈贝马斯画出一张"沟通行为的世界关系网"(Weltbezüge kommunikativer Akte)㉛,将沟通行为中发生的以"相互理解"为中心的复杂网络,在文化、社会及个性(各个角色)的关系网和形成过程中,在各主体间的借助于语言的互动中表现出来:

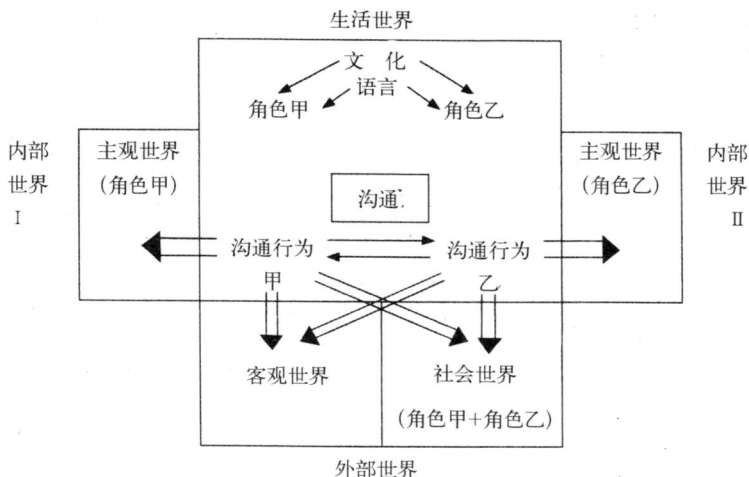

在这张生活世界图表中,哈贝马斯所强调的,是各个相互理解的主体,总是要把他们所面临的三个世界(主观、客观和社会世界)看作是他们对沟通行为环境的统一认识的基础。

在现实的沟通活动中,作为沟通的中介和起着重要的协调机制的言语行为,总是**同时地**与不同世界的关系相交叉地发生作用。沟通中的各种言谈、论题和话题,总是与沟通所处的环境中所面临的不同世界发生关系。这就是说,沟通中所使用的言语,在不同的环境下,面对着不同的世界,总是极其复杂地存在着**与各个世界相关**的含义。语言在具体使用中所涉及的、与各个世界相关的含义,同语言本身所隐含的、历经不同年代的环境所凝聚的普遍性含义相交错、相渗透,在沟通的实际开展过程中,呈现着极其复杂的指涉关系、比照关系、重叠关系和掩饰关系等。所以,在立足于协调性的相互理解的沟通活动中,沟通的各个参与者都**同时地**借助于他们的言谈而同客观世界、社会世界和主观世界中的某些事情发生这样或那样的关系,尽管他们之中的某些人可能在他们的话题中只涉及上述三个世界的一部分。沟通活动中的各个主体所涉及的各个有关"世界"中的有关事物,是语言本身的微妙功能和神奇作用的具体而生动的表演。这种表演是随语言的使用而**同时地**发生的,它并不依说话者和听话者的任意指义和主观意图而变化,它毋宁是语言本身所赋有的带**自律性**的特质所决定的——尽管语言的这些自律性表现又不可避免地与说话者、听话者的交谈话题有关。经语言而发生的、同各个世界相关的参照关系网,就这样以极其复杂而矛盾的形式,掺杂到沟通中的各个主体之间,一方面限制着沟通的界域、论题及其解决程度,另一方面又发生"构成性"作用,使沟通朝着可能的合理解决方向发展,并建构起其特定的内容和形式。

在这个过程中,说话者和听话者之间通过语言而发生的复杂的世界关系网中,首先突出地要求各主体间达成一致协议的,乃是对他们所处的行动"环境"(Situation)作出的定义。也就是说,对"环境"的**一致**定义,应成为主体间相互理解和协调的共同前提,而这一前提的解决,又因语言的使用而不可避免地把各个主体同他们所遭遇的三个世界相联系。所以,哈贝马斯认为,为了协调地相互理解,说话者和听话者使用三个世界的参照体系,作为他们之间思考彼此共同活动环境的定义的解释范围。他们并不直接地指涉世界上的某些事物,而是通过他们的陈述的有效性有可能被其他行为角色所质疑的这一过程,相对地和有条件地使用他们的陈述,并由此而间接地与世界中的某些事物相关联或相参照。

然而,对于沟通行为理论来说,重要的是要以"反思"的关系(als reflexive Beziehungen)充分显示"角色—世界"的关系网㉒,使各个角色一方面紧紧地借助于语言中介,另一方面又为相互理解的共同目标而竭尽全力地行动起来。

在哈贝马斯看来,如果把沟通行为理解为"掌握环境"(die Bewältigung von Situation)的话,那么,沟通行为的概念首先就意味着从**两个方面**限定"掌握环境"的含义:第一,在目的性方面,关系到一个行动计划的实施问题;第二,在沟通性方面,关系到对于环境的解释和达致一种"同意"的问题。实际上,相互理解的行为所必须服从的一个构成性条件,便是有关各方在他们共同承认的环境中,实施着他们所共同赞同的行动计划。在这个过程中,他们总是设法避免两种危险,即相互理解的失败(导致误解和不一致)和行动计划的失败(不成功)。避免第一个危险是克服第二个危险的必要条件。如果沟通行为各方,不能够依据环境所提供的行为机遇,了解到相互理解中的各方所提出的需求,他们就不可能达到他们的行为目的。因此,充分利用环境所提供的行为机遇和行为可能性（Handlungsmöglichkeiten），是通过沟通行为达到目的的必要途径。

这样一来，行为的"环境"构成为相互理解的现实需要和行为的可能性的现场所在地，构成为相互理解的现实需要和行为可能性得以在其上发挥作用的基地范围。

在沟通的过程中，"行为的环境"总是成为各个沟通参与者的生活世界交叉面。这个行为环境有它自身的活动平面，因为它总是同生活世界的完整复合体相关联，它本身可以在生活世界总体的广阔范围内，随环境因素的需要而从这一段游动到另一段。这些游动段落内容及其游动走向，又决定于行为参与者所属的生活世界的总内容所提供的可能性程度。

具体地说，各个行为的参与者所属的生活世界，由于不同的历史背景和不同的前提，有着千差万别的区别性。这些区别性为生活世界中各段落在界定环境时的游动可能性，提供不同程度的范围。生活世界越是丰富，游动可能性范围越大，游动的灵活性越大，游动中对其他参与者界定环境所起的指导作用也越大。在由各个参与者的生活世界所交叉的那个关于环境的共同界定部分中，最有丰富背景的参与者具有最大的灵活性，随时可以在沟通的实际进行中，从他的生活世界的其他段落中"调动"一切可能的有关因素，来支持他的生活世界中与他者相交的那一段落的内容，从而发挥该参与者在沟通中的实际指导作用。

但是，如前所述，对于哈贝马斯来说，"生活世界"并不只是具有相互理解的背景建构的功能（nicht nur eine kontextbildende Funktion）。因此，"生活世界"的另一个重要功能，就是它起着"信念储存库"（eine Reservoir von Überzeugungen）的功能㉝。所谓"信念的储存库"，就是指它为沟通行为参与者提供创造性见解的泉源，以便满足在一定环境下由共同承认的"解释"所产生的相互理解的需要。因此,在这里再次体现出:"生活世界"作为源泉(als Ressource),对于相互理解过程而书,乃是构成性的(konstitutiv),这一点是同前述"生活世界的构成性成果"的概念相衔接的。

由此可知,从沟通行为参与者的实际相关联的角度看来,"生活世界"是限定着行为环境(die Handlungssituation),并留存在论题化之外的那种构成相互理解过程的建构性背景的地平线(als horizon-bildender Kontext von Verständigungsprozessen)。但另一方面,从沟通行为的各个参与者对于沟通行为本身的认识、解释和其他行动上的贡献而言,生活世界又可以起着"信念储存库"的作用,为各个行为主体在沟通中的相互作用,提供以语言结构建造出来的、可在沟通共同体中进行交流的"信念",即构成参与者的认识和行为所赖于其上的那股力量源泉,或某种可被称为"自信心"的内在精神根据。这种"储存库"越完满、越深刻,越为沟通的行为主体提供坚强的自信心,从而可以显示出他在沟通过程中特有的优先地位。

语言学家塞尔勒和后期维特根斯坦,都很深刻地指出了理解文本含义同"生活世界"的关系。塞尔勒把"生活世界"中的那些储存性知识,说成为"内含的"或"含蓄的"知识(implicit knowledge)㉞。而且这些内含的知识并不能在有限数量的命题中显现出来;它毋宁是具有整体结构的知识(ein holitisch strukturiertes Wissen),其各个构成因素是相互联系的。因此,这种知识,就我们未能依我们的意愿而对它有所认识、并对之有所质疑的情况而言,是不受我们任意支配的,哈贝马斯甚至称之具有"半先验性"(Halbtranszendenz)㉟。换句话说,内含于生活世界中的知识乃是具有整体结构的,其构成因素相互联系在一起,而其有效影响并不依我们本身的意愿,不依我们是否对它意识到或是否对

它有所怀疑，而发生作用。哈贝马斯指出，

> 生活世界以自身可理解的形态显现出来（Die Lebenswelt ist
> im Modus von Selbstverständlichkeiten gegenwärtig），致使沟通着
> 的行为者是如此信赖地、直觉地以这种形态进行活动，从未考虑到
> 它们有成为问题的可能性。㊱

　　生活世界的存在，在严格意义上讲，并不为沟通行为的角色本身所意识到；因此，不能把它归结为"一种已经认识到的知识"。这种"隐含的知识"的特点就在于：它是可以被怀疑和被论证的（bestritten und begründet werden kann）。在生活世界的诸"段落"中，唯有那些对环境有意义的"段落"，才能在沟通行为的行为角色所表达的言谈中，在其针对某些事的论题化的过程中，进入行为角色有意地加以论题化的上下文构成因素的范围之内。

　　由于生活世界具有上下文背景的整体构成功能和进行相互理解的储存库作用，所以，就"生活世界"为"解释"活动提供精神养料和文化能源以及文化智慧而言，生活世界乃是作为背景假设而以言语构成起来的"库存"（als sprachlich organisierten Vorrat von Hintergrundannahmen vorstellen），它以文化传统的形式而自我再生产（der sich Form kultureller Überlieferung reproduziert）㊲。

　　以语言构成、并以语言形态再生产的、作为文化传统的生活世界，在沟通行为中起着非常重要的作用。哈贝马斯认为，在这个意义上说，沟通行为的各个参与者，凭借着文化传统的传递背景，可以使他们在解释活动中具备能把客观的、社会的和主观的世界相互联系在一起的具体解释的能力。正是由于生活世界的这个**文化**背景，使沟通行为的

各个角色,在沟通活动中,能在一定限度内超越其现有环境的限制。依据文化传统所提供的浓缩性精神财富,进行先验式和综合性活动,把上游三个世界联结在一起,产生比现有环境所提供的有限条件更为广阔得多的自我创造的前景。生活世界为行为角色提供的这种超越现有条件的创造潜力,为沟通行为达到更高的相互理解水平和更理想的协调程度,提供更大的可能性。

这种情况在较为复杂的沟通行为网中尤其重要。由于环境的限制,各行为主体对沟通行为所要达到的高水准的相互理解,往往存在不同程度的差距。在这个时候,文化传统的背景,可以为行为角色提供启示,使他们有可能超越现有环境的具体限制,发挥传统中凝结的文化财富的精神威力,有创意地作出各种更为深刻的解释,为协调所必需的相互理解提供有利的新认识因素。

所以,哈贝马斯说:

> 正常地说,文化与语言都是排除在环境的因素之外的。它们一点也不限制行为作用范围,而且也不归属于行为各方借以协调对环境的认识的那些关于世界的严格概念之列。语言与文化不需要任何可把它们当成行为环境因素来理解的概念。⑧

语言与文化,作为生活世界的构成因素,从不限制行为的角色,相反,它们在为行为角色提供超越现有环境限制的能力这方面,具有无穷的创造潜能。

但是,值得注意的是,在生活世界中的个性结构以及各种社会制度,与文化相比,具有完全不同的作用。社会制度与个性结构(Institutionen und Persönlichkeitsstrukturen)都可以作为环境的因素,而对行为角色的活动范围起着限制的作用。就此意义而言,哈贝马斯**把制度和个性结构列入关于世界的概念之列**,分别作为规范和主观的因素,而可能发生其作用。然而,如果把制度和个性结构仅仅理解为单纯的上述世界概念形式,那就大错特错了。必须注意,**制度和个性结构具有双重的身份**:它们一方面是分属于社会世界和主观世界,另一方面,又作为生活世界的构成因素而属于生活世界的一部分。实际上,如前所述,作为背景的"生活世界",本身就包含着个人的能力(individuelle Fertigkeit)和社会实践所造就的那股能力——这种个人能力像直觉的知识那样,可以在对待行动环境时表现为行为角色对环境的控制能力和对一般社会活动的处置本领——也就是说,这种个人知识本领,作为自觉的和直观的认识,可以决定着人们**如何**去对付环境;作为社会实践所造就的直觉知识,又可以使人们把它看作赋予其自信心的行动基础。正因为这样,个人个性结构和社会条件,可以同时地起着"限制"和"资源"的作用。

总而言之,作为沟通行为之基础的"生活世界",是不容置疑的。它之存在及其在沟通行为中的作用,应归因于人类社会的长期交往实践中所固定下来的、得到共同承认的相互社会联系网,以及由此造就的、得到反复检验的个人的和集体的本领。生活世界的知识具有矛盾的性质,一方面,它恰巧由于本身不构成认识的对象,而在行为者主体那里起着主体本身意识不到的作用,所以,生活世界的知识才以绝对确切性的感觉而在沟通活动中发生中介作用(das Gefühl absoluter Gewissheit vermittelt);另一方面,生活世界的知识,又恰巧由于人们值得给予信赖并成为人们处置事物的方式的依据,而不可分割地同人们预先反思地获知的认识相联系着。在社会生活中呈现的"价值"和"准则"里所隐含的社会**沟通互助网**和社会化的个人所具备的**个人本领**,都在沟通活动中,以活动角色所意识不到的方式而发生作用,社会和个人因素的这种发生作用的过程及其形式,类似于前述文化因素和传统因素的作用及其形式。

关于"生活世界"的象征化再生产,在哈贝马斯看来取道于三条路线:第一,有效的知识的连续过程;第二,群体相互一体化的稳定化过程;第三,负责任的行为者的教育和成长过程——而这个"三分化"的过程乃是同哈贝马斯所界定的客观世界、社会世界和主观世界相对应的。

为了避免使生活世界的再生产偏向"工具性的合理化"道路,哈贝马斯强调,生活世界中的互动行为必须以沟通中的"协议"和"同意"为基础,必须以"协调一致的权威性"取代在以往社会中作为"互动依据"的"神圣的权威性"。哈贝马斯说:在未来的社会中,社会互动不应是盲目的,而应越来越清晰、越来越明亮——而这一切,都只能立足于这样一点上,即:一切具有合理动机的"同意",应该成为相互论证的参与者之间的**"唯一的基础"**(einziges Fundament)。㊟

哈贝马斯并不绝对否定技术性的科学合理性,也不简单地摒弃"工具性的合理性",只是强调生活世界的再生产,不应继续听从以往中世纪社会的所谓"神圣的权威性",而应置于沟通行为的监护之下,使生活世界中的交流和相互作用,纳入沟通的各主体间的"同意"机制之中,使"同意"成为**每一次**沟通活动的真正且唯一的基础㊟。

只有这样,在哈贝马斯看来,作为现代社会不可避免的"生活世界的合理化"过程,才不会演变为"异化现象",而有助于人类的解放。他期望"我们的世界观的非中心化和生活世界的合理化,可以成为一种解放的社会的必要条件。"㊟

强调沟通活动中的相互协调的同意机制,正是为了避免历来常犯

的"生活世界的再生产过程"中的那些盲目性。为了更具体地分析这一
过程的盲目化的可能性条件,哈贝马斯分别画出三个图表。

表一解析"再生产过程为维持生活世界的结构性构成因素而作出
的贡献"(Beiträge der Reproduktionsprozesse zur Erhaltung der
strukturellen Komponenten der Lebenswelt);

表二是"再生产故障中的危机现象"(Krisenerscheinungen bei
Reproduktionsstörungen);

表三则是指明"以相互理解为目的的行为的再生产功能"
(Reproduktionsfunktionen verständigungsorientierten Han-delns)。

在下述图表中,沟通行为的活动范围是由符号性(象征性)的价值
的语义学上的界域、社会空间和历史时间所共同构成的。而形成着
现实的沟通实践活动网的互动行为,则构成文化、社会和个人得以
再生产的中介过程。正是这些再生产过程,扩及生活世界的象征化
结构的各个方面,它们有待我们从生活世界的物质基础的保存中区
分出来。

**表 1　再生产过程为维持生活世界的
结构性构成因素而做出的贡献⑫**

结构性构成因素 再生产过程	文　化	社　会	个　性
文化再生产	可达一致同意的解释模式("有效的知识")	合法化	文化培训所必需的有效的行为举止模式、教育的目的
社会整合	义务	合法地调整的个人间关系	社会归属
社会化	解释性的成果	符合规范的行为的动机构成	相互作用的能力(个人同一性或特性)

表 2　再生产故障中的危机现象

结构性构成因素 发生故障的领域	文　化	社　会	个　人	估价的范围
文化的再生产	意义的丧失	合法化的抽出	指导方向和教育的危机	知识的合理性
社会整合	集体同一性的无确保性	混乱	异化	社会成员的团结一致性
社会化	传统的中断	动机的抽出	心理病态学	个人负起责任的能力

物质性的再生产是在目的性活动中实现的，在这些目的性的活动中，社会化的个人以其活动介入世界中，以便完成他们的目的。正如韦伯所指出的，由行动着的主体在这样或那样的环境中所必须加以支配和控制的问题，分解成"内在必要性"和"外在必要性"两大类问题。而上述在行为和活动过程中所产生的问题，是同生活世界的再生产过程中的象征性再生产与物质性再生产相对应着的。

但是，在哈贝马斯以前的现象论的、以理解"意义"为基础的各种社会学研究，不管是其开创者胡塞尔本人，还是胡塞尔的学生舒茨，以及属于这一学派的伯格和卢克曼，都片面地侧重文化的层面，以致使他们的以生活世界的概念为基础的社会学，充其量也只满足于创建一种新的"知识社会学"。正如伯格和卢克曼在他们合著的《现实的社会重建》（*La Construction sociale de la realite*）一书中所坦言的："这本书最根本性的论题，已经明示于书目及其副题之中；即是说，现实是社会化地建构出来的，而知识社会学的任务是分析那些实现着这一建构的过程，"这就重演了社会学发展史上的文化主义路线的通病。

哈贝马斯强调，文化主义的通病就是把社会活动仅仅或主要地归结为一种单纯的、以解释为基础的相互理解过程。他们忽视了与这种相互理解相平行且相交叉的社会协调整体化和个人社会化的过程。因此,生活世界并不是单纯地作为**文化知识**而就其与世界的关系受到检验。它的受检验过程,必须**同时且间接地**在社会范围内,在行为的各主体所共同承认并接受的条件下,即达到普遍有效性之要求的条件下,符合各行为主体作为个人的特性的标准,才能合理地实现。

哈贝马斯接着批判另一条以生活世界的概念为基础的涂尔干学派的社会学路线。该学派片面地强调社会会整体化,以致像帕森斯这样在理论上卓有成效的社会学家,也只是片面地大谈特谈"社会群体"(Social Community)的概念,并用这一概念说明被整体化的群体的生活世界。这样一来,"社会群体"成为一切社会的核心,而"社会"也成为一成不变的结构构成,由它确定在合法地安排和布置的个人间关系基础上而形成的、群体各成员的权利与义务。因此,文化和社会只是"社会共同体"的功能性附属品——文化向社会提供某些可以被制度化的价值;而社会化的个人则依据准则所规定的举止期待,表现其具体的行为动机构成。

最后,哈贝马斯进一步批判只是片面地侧重于"个人的社会化"的米德学派社会学理论。在米德的影响下,现代的符号论互动论的代表人物,诸如布鲁默、斯特劳斯、特纳(J. H. Turner, 1942 -)及罗斯等人,都把"生活世界"仅仅看作为角色游戏似的沟通行为的某种"社会文化场所"。因此,社会和文化只成为作为个人的行为角色的受教育和受训的中介过程——这样一来,他们的社会理论就狭窄地被归化为某种"社会心理学";在这方面,特别典型地表现在罗斯所著《人类行为及社会过程》一书中。

正是在总结上述三种历史上出现过的理论片面性的基础上,哈贝马斯建议把生活世界的现象学分析同象征性的符号论的相互交叉的**复**

合体，拿来全面考察生活世界再生产的合理化的可能性条件，以克服再生产障碍中的"危机现象"。

经过以上两个图表的分析，哈贝马斯用下列图表来说明"以相互理解为目的的行为的再生产功能"。

在下述图表中，用粗线条突出的对角线上的三方格，是我们最初界定好的文化、社会整体化和社会三方面的再生产的界限。就在这期间，我们很快可以发现：每方面的再生产过程，都为维持生活世界各个构成因素做出了各自的贡献。从整体上看，这个图表描画出以语言为中介的生活世界在沟通活动中的再生产程序。正是以语言这个中介物，生活世界的结构的再生产，才得以同时地完成其各个构成因素所应发挥的功能。

表 3　以相互理解为目的的行为的再生产功能

结构上的构成因素再生产过程	文　化	社　会	个　　性
文化的再生产	文化知识的传递、批判和获得	为了合法化的有效知识的更新	文化教育的知识的再生产
社会整合	依据价值维持方向的核心的免疫	通过主体际所公认的有效性要求达成行为的协调	从属社会的模式的再生产
社会化	转化为文化	价值的内在化	个人同一性的形成

第六节　对传统社会理论的批判

以沟通合理性为核心的沟通行为理论所建构起来的社会理论，在总结和批判以涂尔干、马克思和韦伯为代表的经典式社会理论的基础上，针对现代社会的病态性危机的基本问题，集中地论述了由"生活世界"和"体系"所交叉构成的"一个双层次的社会概念"。

哈贝马斯指出：

> 我的关于生活世界的殖民化的基本论题（These der Kolonialisierung der Lebenswelt），将韦伯的"社会的合理化理论"当作一个出发点，是以对功能主义的理性的批判为基础的；这种批判，就其意愿及就其讽刺性地使用"理性"一词而言，是同对于工具化的理性的批判相重合的。一个主要的区别是：沟通行为理论把生活世界看作是这样的一个领域，在其中，物化或异化的过程并非纯粹是一种反映，而似乎是发自少数人垄断的经济（von der oligopolitischen Wirtschaft）和专制主义的国家的压迫性整合的一种表现。在这一点上，早期的批判理论只是重复着马克思主义的功能主义的错误。㊸

在哈贝马斯看来，韦伯和马克思等人对于理性的功能主义观点，不仅使他们永远把"理性化"同某个**具有理性功能**的主体联系在一起，而且，也使他们无法从主体间的行为关系、从社会行为总体的角度，对人类行为的各种类型作出全面的比较性和综合性研究。

早在 1976 年所写的《什么是普遍的言语符号论?》（*Was heisst Universalpragmatik?*）一文中，哈贝马斯在论述席勒的言语行为的标准形式及其表达性原则时，就已着手对社会行为进行综合性的分类，列出了社会行为的分类图表（这是根据塞尔的言语行为理论而演绎出来的言语行为分析单位图表，见表 4)㊹。

表 4

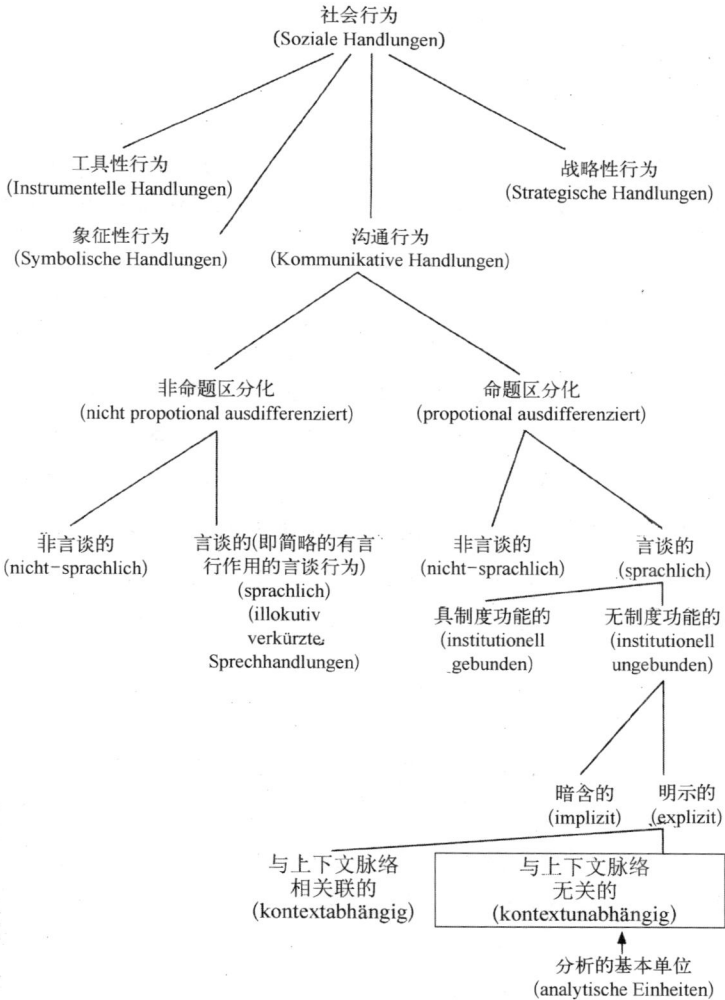

在这个简略图表中,哈贝马斯认为,工具性行为、象征性行为及战略性行为都可以不具有主体间互动作用的关系,因此,不能成为标准的言语行为,也不能由此引导出关于标准的言语行为的基本分析单位。

在沟通性行为中,唯有明示的、无制度功能的、独立于上下文脉络的有区分性言语命题,才可以成为言语行为的基本分析单位,正是在这类沟通行为中,可以看出哈贝马斯在普遍的言语符号论所阐明的那种"有言行作用力"(illokutiv Kraft)沟通行为借此力量所创建的个人间的关系(Herstellung interpersonaler Beziehungen)。

但是,自亚里士多德以来,传统行为哲学一直把重点放在目的性行为的研究上面。在传统行为哲学看来,目的性行为,特别是工具性行为和战略性行为,集中地表现了社会行为中主客体的典型关系,显示了各种主体旨在达到其行为目的而建立、创造和实现有利的行为环境的那种主观努力,也同时表现了他们为此目的而选择各种适应的合理手段的过程中认识能力的演化。因此,在传统理论中,关于目的性行为的分析中心,是"行为计划"(Handlungsplan)——这种行为计划是基于对环境的认识和旨在实现目的的意愿而制定出来的,同时,这一计划又表现了在可选择的行为中做出决定的过程。因此,传统理论满足于对目的性行为的分析研究,希望解决最基本的社会问题。

但是,上述研究回避了各个分离的社会行为及其不同主体间的协调问题。目的性行为的研究不得不分析"自我"与"他者"的关系,揭示为了成功的目的所必须具备的"相互作用各方"的相互"同意"或"相互理解"的程序与条件,但分析的出发点和归宿点,始终是具有理性功能和操纵理性达到主观目的的行为主体本身。

因此,传统社会理论把研究的重点从一般的目的性行为,转向以达到成功目的而实施的"战略性行为",以及与此相关的行为主体的主观行为意图同他自身行为的关系。在这方面,关于交换与政权的理论(Tausch und Machttheorie)的分析和论证具有典型性和代表性。

关于交换和政权的理论,在集中分析旨在获得成功目的的战略性行为时,强调相互作用各方的相互"影响"在协调行为中的意义,因而也就忽视了作为真正协调机制的"同意"的重要性。这个基于功利主义原则的理论,认为行为角色是以最大限度的"功利"原则去选择和衡量其行为手段的。

为了从功利主义原则论证战略性行为对于建立社会秩序所起的重要作用,交换与政权理论引进了辅助性的假设。

首先,在交换理论看来,在"供"和"求"两方主体间的均衡状态,是通过"自由竞争"实现的;其次,在政权理论看来,在特定统治的实存政权内,发出命令的统治者与服从命令的臣民之间的统治关系,也是依据双方利益的协调来完成的。这样一来,社会呈现为一种工具性的秩序(stellt sich die Gesellschaft als eine instrumentelle Ordnung)。这种社会秩序把一切实践的方向和目标,都统引到金钱的竞争与政权的争斗之焦点上,并以各方对市场和对政权的特有关系,协调着他们的决定和选择方案。在这样的经济的和政治的战略性行为中,一切可以获取成功的手段工具都被看作是"合理的",其工具性行为的性质不证自明。

对于以工具的合理性为基础所建立的社会秩序,不论是涂尔干或者韦伯,也不论是帕森斯或其学派的其他理论家,都一再指明其不稳定性。他们一致认为,单靠利益关系不可能维持一个稳定的社会秩序,也不能稳固地协调复杂的社会行为网。

即使是功利主义者自己,也意识到"补充"其理论的必要性。例如布劳(Peter Blau, 1918 - 2002)曾在《社会生活中交换与政权》(*Exchange and Power in Social Life*)一书中,用关于正义的概念补充其功利主义的交换理论。另一位理论家达伦多夫（Ralf Dahrendorf，1929－2009）则在他的冲突理论中引入韦伯的制度化政权的观点。

上述例证表明，关于交换与政权的理论都试图引进规范化的概念，以便使工具性理性所建立的社会秩序披上"正义"或"崇高"的外衣，以补足其不稳定性。

但是，与关于交换和政权理论不同，系统的功能论试图用中介化的相互作用去代替战略性行为。但这样一来，社会秩序就通过一种维持着体系界限的模式（nach dem Modell grenzenhalten der Systeme）而独立于行为理论的概念系统，因此，倒不如说，社会行为概念是基于体系理论的沟通概念和调整概念而设计出来的。关于这一点，哈贝马斯已在《论帕森斯的中介理论》（*Bemerkungen Zu Talcott Parsons Medientheorie*）一文中作了详尽的论述。

在哈贝马斯看来，这样一个中介物具有信息密码的特点：可以借助于它，由信息发出者传达到信息接受者那里。但是，作为一种调节中介物，其象征性表达不同于语言的语法性的表达语词。例如市场价格，作为调节手段，也是一种中介，它具有一种特殊的、带倾向性的结构（eine Präreferenzsstruktur），它可以带引诱性地向接受者提供促使后者接受的信息。因此，这种调节性中介的结构性构成具有两个特点：一方面，它是"他者"的行为与"自我"的行为的"交结"；另一方面，它又试图避开相互同意形成过程（Konsensbildungspro-zesse）中的冒险因素，这样的运作程序是自动化地进行的，因为中介性密码的应用和有效作用，限定在下列条件之内：

第一，只适用于严格地限定的标准状况的范围内（eine gut abgrenzenbare Klasse von Standardsituationen）；

第二，由明确的利益所界定；

第三，以致使有利的各方的行为方向，通过一个一般化的价值（durch einen generalisierten Wert）而受到调整；

第四，"他者"在原则上能够在两种"二者择一"的情况下作出决定；

第五，"自我"可以通过其供应物而控制这些选择；

第六，各行为角色只对行为结果感兴趣而因而相当自由，以致使他们只依据其自身的成功利益而作出自身的决定。

以"金钱"为例，其"标准状况"是由所有物交换的过程（durch den Vorgang des Gütertausches）所确定的。货物物主，作为交换有关各方，都遵循着经济利益的原则，以便寻求投资与获取利润间的最好关系，并为此而使用旨在达到其目的的、选择好了的手段。而"一般化的价值"是由"有利性"所构成；这种价值的"一般化"性质，指的是所有参与交换的各方，在任何时候和任何地方，始终都以"有利性"原则办事和行事。"金钱"的密码，作为交换中介物，它在"他人"与"自我"之间构成一个"交换站"，成为"他者"做出选择的形象或图式，通过它，我们可以看到"他人"对"自我"所提供的"供应物"所抱的态度，即"接受"或"拒绝"，也可以看到由于上述态度而获致的结果，即"他人"得到或拒受交换中供应的产物。

显然，在上述情况下，交换各方可以在交换过程中，凭借各自具备的"供应"条件，相互制约着他们的选择和决定，而无须考虑到在沟通行为中所必须具备的"协作性精神"的原则。这正是上述交换行为与沟通行为的区别点。如上所述，在交换行为中，行为角色所要采取的行为态度，是客观地估计了"行为环境"之后，由角色自身依据其行为结果所获致的合理**利益**的程度而形成的。在这里，衡量成败的标准乃是"赢利性"（Rentabilität）。

所以，以"金钱"为中介的相互作用，是以市场为中介的战略性行为原则的结果，它同时地也取代了这个战略性行为原则。它同体系理论的社会概念相符合，但这种社会概念与工具性概念不一样，并不能补充规范论的范畴体系。

一般地说，战略性的相互作用也是属于以语言为中介的相互作用的范畴。但是，在这里，言语行为本身在这个模式内是被追求成功的行为所同化的。因为很明显，对于所有从事战略行为的行为主体来说，由于他们所感兴趣的是取得行为计划的成功实施，因此，以言语所进行的交往和沟通，只是他们所能找到的许多交往手段之一种罢了。他们之所以选择了语言这个交往手段，只是为了达到对谈的效果。

哈贝马斯对于上述战略性行为理论的分析批判，构成他对目的性行为理论的批判的一个重要组成部分，也是论证他本人的沟通行为理论的序曲。

为了把对于传统社会理论的批判引向深入，在他的《关于沟通行为的理论》第一卷第一章中，哈贝马斯曾比较分析了三种从"行为角色—世界"的关系的角度研究社会行为的传统社会理论：① 把"角色"与"客观世界"相联系的目的性（战略性）行为理论；② 把"角色"与"社会的和客观的世界"相联系的规范调节行为理论；③ 把"角色"与"主观的和客观的世界"相联系的戏剧行为理论。

在哈贝马斯看来，目的性（或战略性）行为理论的主要缺欠，是把"社会表现为一个工具性的秩序"（stellt sich die Gesellschaft als eine instrurnentelle Ordnung dar）。盖夫根（G. Gaefgen）曾在他的《战略行为的形式理论》（*Formale Theorie des Strategischen Handelns*）的论文中，把行为角色所处的环境说成是"一个客观的世界"[45]。在此情况下，行为的成功在很大程度上要取决于朝着同一个目的而动作的各个角色所作出的、出自其各自个人利益的"决定"。因此，各个角色必须在认识能力方面具备一定的条件去把握其他角色的"决定"的内容。另外,各个角色所采取的合目的性行为和战略性行为,充其量也只能获致一种极其狭隘的"单一世界概念"(Einweltbegriff)。

同上述目的性行为理论相比,规范调节行为理论至少承认行为角色与"两个世界"的关系,因为后者在"客观世界"之外又加上一个"社会世界"。在角色所参与的"社会世界"中,角色作为主体而起作用。同时,其他角色也依据规范协调而有可能参与相互作用的活动。所以,"社会世界"具有规范的背景,它考虑到那些被合法承认的个人间关系的总体,使这个总体内的个人间的互动,以某种形式和内容得以实施,因为所有承认相应的规范的行为角色,都隶属于同一个"社会世界"。

所以,在规范调节行为理论中,如果说"客观世界"的意义是由存在的事物的状况的参照关系所展现的话,那么,"社会世界"的意义就由规范存在的参照关系所确定。在这里,哈贝马斯特别强调他所理解的"社会世界"的意义的正确内容,他说,不应该把规范的存在看作某些宣布规范性"社会事实"的存在的命题。换句话说,规范的存在不只是关系到宣布规范存在的**命题**,而且,更重要的,规范的存在,就在于它意味着其**有效性**和**合法性**是被有关各方、即被各个参与者和接受者**一致同意**的。由此,哈贝马斯强调,规范协调行为理论总是设定各行为角色能够区分两个世界:客观世界和社会世界——前者是有关事实性的因素,后者是有关规范性的因素。更确切地说,前者涉及"条件"和"手段",后者涉及"价值"。

至于戏剧行为理论,戈夫曼(Erving Goffman,1922-1982)在 1965年发表的《我们表演一切戏剧——论日常生活中的自我表演》(*The Presentation of Self in Everyday Life*)的著作中,不仅对戏剧行为作了清楚的论述,而且首次引入社会科学领域中。哈贝马斯承认,戏剧行为理论提出了两个很关键的概念:"遭遇"(encounter)和表演(performance)。依据这两个概念,所谓社会互动,乃是所有参与者所构成的"公众"的"相遇",在其中,每个人对于他人而言,都是呈现出由他自身所规定的某种事物,同时,每个人又为他人而重视自己。行为角色在表现属于其主观性的某些事物的同时,又希望为公众所接受和观察到。然而,哈贝马斯认为,戏剧行为理论所说的戏剧性行为,在某种意义上说,又具有"寄生的性质",因为这些行为似乎凝聚成某种朝着一个目标的行动。在戏剧行为中,行为角色往往为了表现其自身的观点,不得不朝其主观世界进行行动。哈贝马斯为此将这种主观世界称为"主观经验的总体",而那些行动者,相对于他人而言,总是可以优先地进入到这个主观经验的总体中去。

综上所述,从"角色"与"世界"的关系来看,以上分析的战略行为理论、目的性行为理论、规范协调行为理论及戏剧行为理论等传统社会理论,都未能把语言的相互理解性看作是协调行为的基本机制,都未能将"合理性"理解为"客观世界"、"主观世界"和"主观世界"相交叉中的各行为主体间的"协议"。在此基础上所发生的各种行为,其合理性的标准,只能依属于某个或某些局部的行为角色的片面意识和观念,只能暂时地满足他们所选择的利益,因而不能导致整个社会的长期稳定的协调结构。

第七节 沟通合理性的"典范转换"意义

在西方哲学史上,关于"生存世界"概念的提出,具有"典范转变"(Paradigmenwechsel)的重要意义。根据施奈德尔巴赫和图根哈特

(Ernst Tugendhat，1930)的看法，西方哲学史的发展，从古希腊的柏拉图、亚里士多德，经近代的笛卡尔、康德以来，共经历了两种思维典范转换，即从柏拉图等人的"本体论哲学思维范例"（Ontologische Philosophieren）、从思考"第一本原"、"第一原则"的哲学典范，转化到近代哲学由笛卡尔开创的"认识论和方法论思维典范"（epistemologisch-methodologisches Philosophieren），集中从主体、"自我"与认识对象的关系，即主客体间的关系，进行思考。㊻

由笛卡尔开创的上述认识论和方法论的思维典范，经德国古典哲学的杰出代表康德和黑格尔的完善发展之后，只有到了胡塞尔那里，才受到了革命性的挑战。胡塞尔在 1936 年发表的著作《欧洲科学的危机和先验的现象学》（*Die Krisis der europäischen Wissenschaften und die transzendentale Phenomenologie*，此书后编入《胡塞尔文库》*Husserliana* 第十一卷）一书中，提出了"生活世界"的概念，真正地完成了由康德所提出"关于人类认识的可能性条件"的科学分析。胡塞尔从人类思维的基础出发，探索人类概念思维与日常生活中的"生活周遭世界"（die alltäglicle Lebensumwelt）的关系。

哈贝马斯很重视胡塞尔的生活世界概念，并早在 1968 年的《认识与利益》（*Knowledge and Human Interests*）一书中，就指出了认识与生活世界的关系，哈贝马斯说：

> 研究过程组织它的对象领域（der Forschungsprozesse organisiert seinen Objektbereich）是如此地进行的，即不仅产生着行动着的人的生活过程，而且也产生着认识的和进行研究的人的生活过程，就像产生着利益一样。……'利益'一词，应该标示着'生活联系'的统一性，它是被埋置于认识中的。㊼

　　所以，为了彻底批判由康德和黑格尔所发展起来的意识哲学的传统，最关键的是引入"生活世界"与"言语符号论"的概念，使对于理性的批判超出从柏拉图到黑格尔的传统形而上学的范围，跳出主客体对立统一的模式，在四个基本论题上建立完整的沟通行为理论——这四个基本论题就是哈贝马斯在 1987 年《关于沟通行为的理论》法文版序言中⑱所概括的：

　　第一，在言语研究的范围内，继承自弗雷格以来的分析哲学和自弗洛伊德至现代结构主义对于语言的理论研究成果，同时超越出他们的形式主义的方法论，即单纯地集中分析命题形式和语法结构，而把研究重点转向从事言语行为的各个主体间的相互理解和主体间性关系网结构的问题。正是在这个最重要的问题上，以往的意识哲学不加以重视，以致使他们自己无法解决他们所提出的认识论问题，更不能说明人的社会行为的实质及其周围世界的关系。

　　第二，对"生活世界"和"沟通行为"的概念的研究，继承自狄尔泰、胡塞尔，经萨特（Jean-Paul Sartre，1905 - 1980）、梅洛-庞蒂（Maurice Merleau-Ponty，1908 - 1961），到海德格尔等人的批判传统形而上学的路线，把对于理性的批判"现实化"，即在一定的"周遭世界"中实现对理性的批判，使这种批判独立于意识哲学的路线，在实际的沟通行为的网络和生活世界中分析理性，分析在生活世界的言语的功能及其确保理性之**自我反思**和**自我解放**能力的决定性作用。这样一种对于旧形而上学的批判，实际上是以言语中介物所建立的生活世界及其交往网络，取代那个空洞的、抽象的"第一实体"和处处玩弄意识魔术的"主体"或别的类似物，充实着越来越相互脱离的、失去活力的社会体系及其"次体系"的内容，诊治和克服那些由于忽视交往中介网络而处于"病态"的现代社会的各个组成部分，真正实现生活世界和社会体系的合理交流。

在这种情况下,沟通行为理论就比生活哲学、尼采的权力意志论、存在哲学及单纯宣布无主体和"解除结构"的后结构主义哲学更加彻底地把"第一实体"从哲学研究中排除出去,也不需要用这样或那样的"取代物"去填补那个为了说明"相互理解性"而不得不设想出来的所谓"先验的主体"。

第三,克服西方传统的理性中心论或逻辑中心主义(Logozentrismus),克服以此理性中心论为精神支柱的形形色色的本体论和认识论,但同时又不排除理性本身的地位,在沟通的实践活动中解决有关真理的一切问题。

第四,在肯定以往传统哲学的积极因素的同时,批判"绝对"、"终极原则"及一切试图包罗万物的哲学专制主义概念,在以往文化发展成果的基地上建立崭新的文化和社会。

在摆脱意识哲学的理论研究过程中,哈贝马斯曾经全面地研究了以语言理论为基础的**社会科学方法论**的可能性问题。那是在 20 世纪 60 年代的事情。同波普等人的实证主义倾向的斗争中,哈贝马斯一方面同阿多诺(Theodor W. Adorno,1903 - 1969)站在一起,试图从认识论的角度充分理解以语言理论为基础而建立社会批判理论的意义。另一方面,他已着手分析研究晚期维特根斯坦的语言哲学、伽达默尔的解释学及舒茨的种族方法论同社会批判理论相结合的可能性问题。

正是在这一研究的过程中,哈贝马斯加深认识了意识哲学的理论错误及其最大弱点,即把人的精神活动,同人的行为、生活环境及把人联结在一起的最普遍的语言中介物,分割开来,从而不单无法解决认识论本身的基本问题(认识的真理问题、认识主体与客体的关系、各主体间的认识和相互理解的问题、认识与行为的关系、认识与道德的关系、认识的客体有效性问题等等),而且也无法解决认识论以外更为普遍的社会问题。哈贝马斯的研究经历使他从 20 世纪 70 年代起，更集中地转向了沟通行为的问题，并使他所进行的理论思维的"典范转换"，具体地落实到一个沟通行为理论的建构中。

在他的《道德意识与沟通行为》（*Moralbewusstsein und Kommunikatives Handeln*）一书里，哈贝马斯曾在《哲学的作用的再界定》和《社会科学面临着理解的问题》两篇文章中，详细地从理论上论述沟通行为理论与意识哲学的根本区别。

哈贝马斯认为，在现代哲学理论中，唯有实用主义与解释学派极其深刻地批判了意识哲学的错误，为他的沟通行为理论提供很深刻的启示。实用主义和解释学的主要贡献是批判意识哲学关于对象知觉和表象的基本认识论观点，从而推翻了传统哲学在意识及其对象的范围内寻求自身立足基础的奢望。意识哲学总是从一个孤立的认识主体出发，去研究主客体的关系，然后又只限在主客体关系的范围内研究认识与世界的问题。意识哲学虽然也耗尽力气论证主题的反思能力，但他们的重点无非是让这个主体朝着它的对象去发展，甚至由这个主体自己去创造和决定对象。

实用主义者，特别是皮尔斯，和伽达默尔的解释学一样，把认识看作是用于行动、并以语言为中介的过程。同时，他们还把本来就包含着主体间性的、在协作中实现的认识过程，放在实际行为和日常的沟通行为网络中去研究和分析。不管他们把交往网络称为"生活形式"、"生活世界"、"由语言中介化的相互作用"、"语言的变幻系列"、"交谈"、"文化背景"、"传统"或"历史成效"等，这些具有共同体一致承认的因素，都同时具有认识论价值和超越认识论范围的更加深远的意义。行为和言语的作用远远地超出意识哲学所探讨的范围，它们把认识、言语、理性、社会、行为道德及批判联系成一个总体，但又不打算使哲学思维和认识活动回归到形而上学的第一本原的基础上。它们所强调的,是从整体和相互联系的角度,又从宏观微观两方面,从不断地相互协调的角度展示社会及其走向,展示社会中各个主体的内外特征及其相互转化,展示各主体间复杂关系。

　　通过实用主义与解释学理论的研究,一切意识活动都只有在言语行为的分析的基础上才获得其生命力并获得理解。这样一来,对意识的研究成为行为与言语的客观化的分析过程的一个组成部分。

　　哈贝马斯在其沟通行为理论中所完成的"典范转换",也使他同霍克海默(Max Horkheimer,1895 - 1973)、阿多诺等上一代法兰克福学派的理论家划清了思想界限。霍克海默和阿多诺等人由于未能走出主客体模式的意识哲学传统的束缚,使他们的社会批判理论,只沿袭黑格尔和马克思的"异化"概念。哈贝马斯在《关于沟通行为的理论》一书中,开辟专门章节,集中批判了从卢卡奇(G. S. Von Lukács,1885 - 1971)到阿多诺的、以异化为基本形式的合理化理论,清算了霍克海默和阿多诺对工具化理性的批判理论中的各种片面性,从而清晰地确立了哈贝马斯自己的以主体间性为基础的沟通合理性的新型理论典范。

第八节　以沟通合理性为基础的
商谈伦理学

　　要从整体的角度理解沟通行为理论,要把握这一理论的社会批判理论的实质,必须以关于沟通行为理论的基本论题及基本概念出发,进一步探索这一理论的社会批判使命的实施可能条件及其具体论证步骤。为此,进一步研究沟通行为理论的伦理学基础及其贯彻原则,乃是把握沟通行为理论的社会批判实质的不可缺少的工作。

当然,沟通行为理论的伦理学基础,并不只是从社会批判的实质的角度来看,才是必要的。沟通行为的伦理学原则同时也应看作是沟通行为理论的内在构成部分,是沟通行为理论的不可分割的理论体系的一个重要方面,是沟通行为理论中同语言行为论相平行的又一个构成环节——缺乏伦理学的探讨,不但沟通行为理论本身失去其社会批判的功能和失去其道德规范性原则,而且,连构成行为理论基础的言语行为理论和普遍的语用论,也同样地双双显示出其理论论证上的不完备性。

哈贝马斯的基于沟通合理性的新型伦理学,所要解决的基本问题,从社会批判理论的整体角度来看,是为了批判现行于社会中的那种脱离交往理性的抽象的道德价值观,试图向现代社会提供一个相互理解、而为各沟通共同体成员所同意的道德规范体系。就此而言,哈贝马斯的商谈伦理学又具有着为现代社会提供有利于协调各社会成员的行为规范模式的作用,试图在批判现代社会的同时,指明可供社会各成员共同遵循的符合沟通合理性的行为协调规范。

从哲学的改造的角度来看,哈贝马斯的新型伦理学试图完成把认识行为、沟通和批判统一于唯一的理性的基础上的目标,既改造康德那种把认识(纯粹理性)和道德(实践理性)加以割裂的主观主义原则,也批判黑格尔那种单纯从"绝对精神"的基本原则去分析道德问题的倾向。在哈贝马斯的新型伦理学中,他要解决的首要前提,正如他在《道德意识与沟通行为》一书中所指出的,一方面是要捍卫伦理学的认识论趋向,反对那些对道德价值持怀疑主义态度的理论家们所贯彻的"道德形上学"原则,另一方面,又是为了使基于沟通的合理性的道德规范成为可能。

在传统的哲学那里,以康德哲学为例,把道德规范的普遍性原则,看作是无法从认识论步骤加以论证的问题。因此，康德诉诸"绝对命令"的原则。

哈贝马斯在《道德意识与沟通行为》一书中，用大量篇幅批判了深受康德的命令主义伦理学影响的现代规定主义、情感主义和决定主义的观点，尤其指明了其通病就在于割裂伦理学与认识的关系，拒绝考察伦理命题的具体的、特殊的论证过程，从而陷入了悲观论。⑭

为了把哲学的改造贯彻到伦理学领域，哈贝马斯肯定了语言哲学的言语行为论、现象论与知识论的伦理学分析的贡献。哈贝马斯在《道德意识与沟通行为》第三章第一节中，先后评述了斯特劳森语言现象论的伦理学观点，肯定了两者在批判悲观主义的经验主义伦理学方面的成果。

哈贝马斯继续了斯特劳森和图尔敏的批判精神，一方面批判形而上学的纯理论探讨式的伦理学，另一方面也批判直观论、情感论、规定主义和决定主义的非论证性的伦理学，主张从形式的言语符号论出发，探讨道德行为的沟通理性基础，从而，把道德行为的问题列入交往沟通的网络中去分析，具体地指明道德行为基于沟通中的普遍有效性要求的实施条件，把对于道德性的认识理论，看作是一种特殊的论证理论的形式（die Forme einer spezifischen Theorie der Argumentation）。正是在这些哲学论证的基础上，哈贝马斯才确立了他的商谈伦理学的基本问题，即"那个唯一地能通过论证而达到相互同意的普遍性原则，其自身是如何可能建立在理性之上的？"⑮

当然，当哈贝马斯把伦理学问题的探讨归结到上述基本问题时，其真正用意，也正是在于使他的商谈伦理学建立在言语符号论者阿佩尔所总结的那种"一般性论证的普遍的言语符号论的前提"之上，而这一前提不仅同以往传统哲学的所谓"终极原则"毫无共同之处，也同一切抽象的哲学原则划清界限，其真正用意就是证明：实践的问题同样可以建立在理性之上，建立在通过相互理解过程中的必要的，然而是特殊的论证。

为了论证道德行为的正确性和正当性，在哈贝马斯看来，必须确认在日常生活中所体现的一系列客观地存在并到处发生预设性作用的"有效性要求"。

哈贝马斯认为，道德行为的特殊性正是在于：在回答"以什么名义、并以何种方式，才有可能使道德规范和命令，建立在理性的基础上?"的问题时，必须预设一个前提。

哈贝马斯强调指出，与道德规范和命令相关联的"道义学方面的要求"（Deontological Exigences），是同有效性要求的论断式要求（Assertoric Exigences of the Validity）相区别的，从这个区别出发，哈贝马斯认为，必须从道德论证的研究角度去说明伦理学的理论，可是道德论证的逻辑形式，只有在沟通行为和实施的研究中才能体现出来，因为只有在沟通行为中，才显现出与语言交往相关联的各种**有效性要求**的具体条件及与此相关联的**道义上**的要求。

在 1991 年出版的《关于商谈伦理学的说明》（*Erläuterungen zur Diskursethik*）一书中，哈贝马斯同样地遇到了上述重要问题。他承认："商谈伦理学将遭遇到下述异议，这些异议一方面反对一般性的道义学的出发点，另一方面又反对从论证的一般性沟通前提中去进行对于道德观点的特殊说明。"⑤

哈贝马斯为了在沟通行为与语言和道德规范有关联系的多种要求中，解析出与道德规范的**普遍性要求**相联系的**特殊性要求**，他建议更仔细地分析沟通行为网络中语言交往的道德性条件及其与一般性道德行为规则的关系。

在语言行为中，不论在协调性的言语行为中，还是在观察性的言语行为中，所有的行为者都履行着他们之间所达成的协议性义务，都要以自己的言行证实自己并不违背共同承担的义务。所以，在这里，相互间的配合以及相互间的共识，是保证沟通行为顺利进行的基本条件。

在考察道德规则的时候，在上述沟通行为的有效性要求中，对我们有特别意义的，是这样的一个事实：在言语行为中的**命题的真理性**与**规范上的正当性**，作为协调不同行为的两项最基本的有效性要求，乃是**可以通过讨论的方式**而协调地实施的。

在哈贝马斯看来，道德规范的社会功能和价值，只有在下述两个条件下才能成立：一方面，这些规范只能在接受它们的人群中实施，另一方面，这些人群对于规范的**共识是建立在理性的基础上**，建立在可以经合理的讨论而产生的、对有效性要求的期待之上的。

在这里，哈贝马斯特别强调道德论证的普遍性原则的重要性。道德原则的特点在于：道德原则的存在，从一开始便同自愿地承认其有效性的那些支持者的存在相关联。换句话说，凡是不能被人们**普遍地**承认和接受的道德规范，都将自然地**失效**。所以，作为道德论证出发点的**普遍性**原则，作为达致共识和同意的预设条件和一般性要求，必须是而且也只能是，表达**普遍意志**的规范。用康德的话来说，就是有资格被称为"普遍原则"的那些规范。

但哈贝马斯不愿让他自己的商谈伦理学同康德的先验的实践理性原则相混淆，因此，哈贝马斯强调，由他引为出发点的普遍性原则（他简称为 U 原则），必须同商谈或**讨论的**原则（他简称为 D 原则）相结合。

因此，作为哈贝马斯的商谈伦理学出发点的普遍性原则（U）是同讨论性原则（D）密切相关的。正是在这种密切关系的角度内，普遍性原则可以表述如下：作为道德论证的基本前提，普遍化原则要求一切有效的规范必须符合这样的条件，即一切旨在满足有关参与者利益而受到**普遍地**观察的规范，其实施的全部后果和附带后果，必定可以为一切有关的参与者个人所接受。

这样一种普遍化原则，同讨论性原则（D）的区别在于，后者所确认的规范的有效性，是以一切有关的参与者，在参加实际讨论的情况下，都一致地同意上述规范为基本条件。因此，这个 D 原则的基本前提，就是规范的选择是**可以被论证和合理加以证实的**。在这种情况下，上述 U 原则的应用，是为了保证道德行为中经过讨论的相互同意可能性，只要它们是发生在承认各个有关参与者的利益的基础上，并把规范都看作是对各方有同样约束作用的行为规则。很明显，U 原则的应用，无论如何都不能采取独白的"一言堂"形式，而只能采取相互讨论的程序。在这个意义上，U 原则必须服从 D 原则，而 D 原则之贯彻，又必须以 U 原则为出发点。

由此可见，商谈伦理学的原则是以下述两个最基本的假设为轴心而展开的：

第一，有效的规范要求，具有认识论上的意义，它可以被看作是真理性的要求；

第二，为了在理性基础上建立有效的规范和道德命令，必须进行必要的讨论和商谈，容许一切参与者发表各种不同意见，旨在照顾到一切参与者的有关利益。因此，一切道德规范在理性基础上的建立和实施，不可能在单方面一言堂的情况下，在纯粹思维的范围内完成。

只有在这两个前提下，U 原则才完整地表现为：一方面，一切规范，只要它是对一切有关参与者都是公正的，它就应该是可以被论证的，另一方面，一切有关的参与者都必须在实际的讨论中，遵循相互尊重的原则，遵循在讨论中经共同确认的公正原则。

第九节　沟通行为理论的基本任务

哈贝马斯的沟通行为理论,在表面看来,似乎同一切社会理论一样,把合理性的论题当成中心课题。但是,哈贝马斯在他的沟通行为理论中所特别强调的,正是他的理论对于一切传统社会理论的"批判"精神,其中也包括对于他所继承的法兰克福学派上一代理论家霍克海默、阿多诺及马尔库塞(Herbert Marcuse,1898 - 1979)等人的批判。哈贝马斯指出:

> 　　每一种要求成为社会理论的社会学,都从三个层次论述合理性概念的应用问题(其内容始终是规范性的)。这种社会学既不能回避其主导性的行为概念的合理性所牵连的纯理论问题,也不能回避那些便于理解其对象领域之意义的方法论问题,最后,也不能回避作为合理化的社会现代化的意义中的经验理论性问题。⑫

这就是说,作为一种社会批判理论,沟通行为理论首先要对沟通行为概念的合理性及其涵盖的问题,进行纯理论性的说明和论证;在这一方面,势必要使沟通行为理论从哲学、社会学、语言学、美学、政治学、人类学、伦理学及心理学等各个角度,从理论发展史的角度,去探索沟通行为概念的合理性问题。其次,沟通行为理论也不能回避方法论的问题,在这方面,使哈贝马斯从 20 世纪 50 年代以认识人类学(Er-kenntnisanthropologie)的角度探索认识中的理论与实践的关系开始,中经 20 世纪 60 年代参与实证主义的论战、诠释学与意识形态问题的论战以及 20 世纪 70 年代的"语言学的转折"之后,终于完成了他所说的"典范转换"。最后,沟通行为理论不能忽视经验的和理论的问题,使它极其关切现实的和历史的社会现代化问题,并严厉地批判那些推崇"资本主义方式的经济与社会现代化模式"(Kapitalistilches Muster der wirtschaftlichen und gesellschaftlichen Modernisierung)的新保守主义(Neokonservatismus)。

沟通行为理论在纯理论、方法论和经验的理论方面的基本任务,同第二次世界大战前的批判理论相比较,发生了重大的变化。哈贝马斯在《关于沟通行为的理论》第二卷最后一部分,具体地分析了他新型的批判理论的任务。

在哈贝马斯看来,直到 20 世纪 40 年代初为止,上一代的社会批判理论家们主要是围绕着下述六大问题:

第一,"后自由主义的社会"的社会整合形式(die Integrationsformen postliberaler Gesellschaften);第二,家庭的社会化和"自我"的发展;第三,大众传播媒介和大众文化;第四,中止了的社会抗议运动的社会心理基础;第五,关于艺术的理论;第六,对于实证主义和对于科学的批判。为了完成上述六方面的批判任务,霍克海默等人进行了跨学科的社会科学研究,并把资本主义的合理化过程,归结为"异化"或"物化"(Verdinglichung;Reification)的过程。

哈贝马斯认为,霍克海默等人从事上述批判任务时,由于求助于马克思主义的历史哲学,过分强调生产力与生产关系的"辩证的关系",忽视了生活世界中现实的和活生生的沟通行为,因而也无法揭示在生活世界中所具体呈现的合理化结构。因此,哈贝马斯在重新说明新的批判理论的基本任务时,强调"沟通行为理论能够通过从一开始便具重建性的、即非历史性的分析(in einer zunächst rekonstruktiv, d. h. unhistorisch ansetzenden Analyse),保障其人类学的根深蒂固的结构的合理的内容。这种沟通行为理论描述着行动和相互理解的结构，而这些结构是从现代社会的有资格的成员的直观知识的角度加以观察的。"⑤

因此，以沟通行为理论为基础的社会批判，再也不以探究传统生活方式中的具体理念作为它的出发点；新的批判理论要求其自身直接地导向在特定历史时期内所可能达到的学习过程。在这种情况下，新的批判理论再也不像第二次世界大战以前那样，要求做到对于"总体性"、对于生活形式和文化、对于生活关联脉络和对于时代，作出整体的批判性的判断和规范性的安排。

显然，如果说战前的法兰克福学派注重于整体性的总批判，那么，哈贝马斯的批判理论，由于强调以沟通理性作为指导，便是注重于对现实的生活世界的观察，并把这种观察活动看作是顺应具体历史环境和依据历史可能性的某种"学习过程"（Lernprozess）⑤。哈贝马斯说：

> 我还要强调这种导向社会理论的趋势的完全的开放性和灵活性（den völlig offenen Charakter und die Anschlussfä-higkeit eines gesellschaftstheoretischen Ansatzes betonen），而成果的丰富性只有通过不断地分支化的社会科学和哲学的研究，才能得到保障。⑤

正因为这样，针对第二次世界大战后所发生的重大历史性变革，哈伯玛斯主张将其沟通行为理论的社会批判任务，具体地改造如下：

第一，就"后自由主义社会"的**社会整合形式**（Zu den Integration-sformen postliberaler Gesellschaften; On the forms of integration in postliberal societies）而言，哈贝马斯注意到"后自由主义的社会"的社会近代化过程中的非理性化偏差，同各个具体国家民族的**历史特殊性**的密切关系。例如,在西方的组织性完备的资本主义国家中,近代化一方面使经济积累滋生出各种问题,另一方面又使国家不得不日益关注于合理化问题。由此便产生着一系列的"社会福利国家式的大众民主制"的政治秩序(die politische Ordnung sozialstaatli-cher Massendemokratien; A political order of welfare-state mass democracy)⑤,而在德国,则导致法西斯主义的专制政体。同样,在第二次世界大战后的东欧国家集团中,由于民族文化和历史条件的不同,波兰就最早出现了民主的工人运动和共产党内的有限民主。因此,在西方国家的近代化和现代化的过程中,合理化的形式在很大程度上是取决于各民族的历史特点,取决于他们生活于其中的那个"生活世界"的"现代化"的具体特征。所以,关于现代化过程中的社会整合形式及与此相关联的各种社会病态的类型,应该在各个民族的历史渠道中所沿袭的具体的"生活世界"网络去寻求答案进行分析。现代资本主义社会和苏联式的官僚社会主义社会,之所以能先后导致不合理的社会体系分化结构,就是因为作为媒介的金钱和权力,在生活世界中寄生和统治下去,即通过实际的法制途径而制度化,从而窒息了生活世界,导致社会之不合理性。

第二,就家庭社会化和自我的发展(Familiäre Sozialisation und Ich-Entwicklung;Family socialization and Ego-development)而言,哈贝马斯反对传统的马克思主义和精神分析学单纯地从功能论的角度、从经济体系对家庭的影响着手。哈贝马斯强调指出,现代资产阶级家庭的结构性变化是生活世界的理性化的伴随物;家庭关系中趋于平等化的形式,相互间日益个人化的交往形式,以及日益解放的儿童教育实践活动等,都可以看作是沟通行为中所孕育的"合理性"的象征。显然,哈贝马斯认为中产阶级的家庭基本单位中的社会化条件已发生变化。这种变化是由于社会化的过程日益借助于广泛的非制度化的沟通活动来完成，以致造成了家庭基本单位的自治性的增长。相互沟通的基础性结构的发展，使其自身从对于体系的依赖性中解脱出来。在亲友间被教化成追求自由和尊重人性的"普通人"（Menschen；The Homme），跟在社会劳动领域中不得不服从功能上和职能上的必然性规则的"公民"（Bürgers；Citoyen）之间的鲜明对照，始终成为一种"意识形态"（Ideologie；Ideology）。但是，由于时代的转变，它赋予了另一种不同的含义。家庭的生活世界把来到家庭中的经济与行政管理体系的强制性命令，看作是外来的，而不是看作来自其背景的中介化的事物。在家庭及其环境中，我们可以发现在沟通上结构化的行为与只是形式上组织起来的行为之间的两极化。这就使社会化过程置于完全不同的条件，并使它们导致不同的危险状态。所有这一切，是同以往的精神分析学所强调的"俄狄浦斯情结问题"的减少及青春期少年的危机问题的增长相关联的，在哈贝马斯看来，青春期少年的危机问题之所以在当代家庭中日益普遍化，其主要的原因应该是"体系与生活世界的分离"（die Entkoppelung von System und Leben-swelt；the uncoupling of system and lifeworld）。各种社会制度和体系，并不能紧密地通过具体的和相适应的沟通媒介而同家庭周围的生活世界发生联结，以致使青少年在成长过程中无法逐步地训练和培养自己的工作和处世才能，无法培育出相应于社会要求的个性，无法形成成年人的那种熟练的"角色"。

哈贝马斯还从理论上批判过了时的弗洛伊德精神分析学的"本能理论"（Triebtheorie；Instinct Theory）关于"自我"与"超我"的"意识哲学模式"的解释，代之以将弗洛伊德同米德联结在一起的新型社会化理论，强调以"主体间性"的结构为基础，对个性形成的过程进行理论性的解释。

第三，就大众传播媒介和大众文化（Massenmedien und Massenkultur；Mass media and mass culture)而言，哈贝马斯批评他的导师霍克海默和阿多诺关于大众文化和文化工业的理论，首先将导致生活世界分化出"次体系"（Die Subsysteme；Subsystems）的**操纵性的媒介**（Steuerungsmedien；Steering media）同那些被普遍化的沟通形式（generalisierte Formen der kommunikation；generalized forms of communication)加以区别，因为后者并未取代在语言中可以达致的相互理解，而仅仅是将它加以凝缩，因而也就继续保持同生活世界的脉络的联结。在哈贝马斯看来，操纵性的媒介将行为的协调同语言中的共识和谅解的形成加以割裂，并使之无法达成协议。但是，沟通的普遍化却使"同意"或"相互理解"的语言形成过程，进一步具体化，并始终都与生活世界的背景性脉络相联结。大众媒介正是属于这种被普遍化的沟通形式。哈贝马斯强调大众媒介冲破时间和空间的界限而进行的超地区性的沟通功能，并肯定了大众媒介有助于保持信息的多重性的脉络。

哈贝马斯当然也注意到大众媒介的两重性，即：一方面，它有助于超时空的沟通，可以同时地实现各地的相互理解的背景性脉络的相互联结和实现相互理解的集中化，另一方面，它通过受控制的自上而下或由中心向四周扩散单方向的传播渠道，也可以大规模地加强社会控制的功效。但是，由于大众媒介本身带来了无可估量的解放潜力，上述社会控制往往是可以被抵消的。

最后，就抗议潜在力（Protestpotentiale；Potentials for protest）而言，哈贝马斯抛弃马克思主义的社会冲突理论，反对单纯地从资本主义国家经济垄断性和政治操纵性的角度，反对从异化的基本观点，去观察和分析现代社会的各种矛盾和社会趋势。哈贝马斯强调指出：

　　我之所以参照"体系"与"生活世界"的分割的观点,以及我对于大众媒介和大众文化的矛盾潜在性的观察,都是从一个合理化的生活世界的观点去表现私人领域和公共领域的;体系的强制性规则在其中是同执着于其本身意义的独立的沟通结构**相互冲突的**(zusammenprallen)。沟通行为之移位于由媒介操纵的互动行为,以及破损的主体间性的扭曲的结构,都不能单靠少量的一般概念的抽象提炼便可说明的那种可以**预先决定**的过程,对于生活世界病态的分析,正是为了进行对于社会趋势和矛盾的不偏不倚的探究。在福利国家的大众民主制中,阶级冲突的制度化及由此而来的平静化的事实,并不意味着抗议潜在力已完全地止息下来。㊼

　　就当代社会的冲突趋势而言,已经同第二次世界大战前的模式有所不同,当代社会的问题,已经不是物质性的生产力不够发达、不够繁荣,也不是单纯地靠政党及其他次政治团体或社会团体的建立和运作便可解决;也不是单纯地采取同体系相协调的国家"补偿"(Entschädigung;Compensation)形式便可解决的。毋宁说,当代社会是物质财富非常富裕和制度高度完备的体系。因此,许多冲突发生在文化的再生产、社会整合和社会化的过程中。这些矛盾更多地根源于生活形式的结构和逻辑本身。这里,包括了哈贝马斯所说的那招致生活世界的腐蚀过程(die Lebenswelt Erosionsprozesse)的"经济的和行政管理的复合体"(ökonomisch-administrative Komplexes)的增长问题。这就是说,在现代资本主义国家中,形成了一个特殊的社会阶层,他们**直接地**同生产过程相牵连,而且其利益是要维持现有的资本主义增长作为福利国家协议的基础。与此相对立的,则是围绕着这个阶层的多种成分构成的周边力量,他们一般是远离着晚期资本主义的"唯生产力功效核心"(produktivistischer Leistungskirn)的阶层,对于由晚期资本主义,高度发达的生产力功效的自我破坏作用,有很敏感的体会。女性主义运动、环保运动等,都是这种社会矛盾的复杂表现。

在 1990 年发表的新著《后补的革命》(*Die nachholende Revolution*)一书中,哈贝马斯继续总结了自 20 世纪 60 年代以来的各种社会运动,并在比较东西欧社会制度的过程中,强调指出:"如果对于市场调整的经济的自我控制逻辑不保持完满无损的话,社会的复合体是不能自行再生产的。近代社会分化出一个由金钱媒介所操纵的经济体系,就好像在同一层面上分化出行政管理体系一样,也正如这替社会体系的许多不同的功能相互补充地发生作用一样。"[58]接着,哈贝马斯指出:

> 近代社会对于他们的操纵功效的要求的满足,是来自三个源泉:金钱、权力和社会联带(Geld, Macht und Solidarität)。一种极端的改良主义再也不认定为具体的按比例分配的要求,而是依据程序所确定的意愿,某种新的暴力放弃的要求。这也就是说,社会联带的那种社会整合力量,在远远地超出那被分割了的民主制的公共领域和制度的情况下,与另外两个力量,即金钱和行政管理的力量相对立,而可以得到肯定。[59]

总之,哈贝马斯的沟通行为理论,就其基本任务而言,同以往的批判理论相比,由于社会历史条件的变化,由于理论典范及其架构的变化,已经更加现实化和具体化,在为《关于沟通行为的理论》的 1987 年法文版所写的序言中,哈贝马斯强调说:"关于沟通行为理论虽然从哲学思维出发去考虑它的论题,但它的核心仍然是一种社会理论。"[60]为了突出他的社会批判理论的理念,哈贝马斯又强调其时代性和具体性。

就这一点而言,他的批判理论所向往的社会理念,绝不是单靠"解放的
社会"这个概念就可以解决的。哈贝马斯指出:

> 解放的社会在事实上是一个理念（Die "emanzipierte
> Gesellschaft" ist in der Tat ein Ideal）,它引起了误解。我倒更喜
> 欢说那种完好的主体间性的观念。这个观念是从分析一般的相互
> 理解性的必要条件中获得的。这个主体间性的理念,表示着某种
> 显示出来的沟通地行动着的主体之间的自由地相互认定的对称的
> 关系。[61]

　　哈贝马斯的沟通行为理论,从 20 世纪 60 年代以认识人类学
(Erkennt-nisanthropologie)的最初形态开始出现,集中地探讨了认识
与利益的关系意识形态的问题,在同实证主义的论战中,在吸收了分析
哲学和语言哲学、马克思主义和弗洛伊德主义以及诠释学的理论成果
的基础上,于 20 世纪 70 年代完成了"语言学的转折",并于 1981 年通
过《关于沟通行为的理论》两卷本的发表,系统地完成了以沟通合理性
为核心的沟通行为理论体系。接着,从 1981 年到 1992 年为止,哈贝马
斯又进一步深化和发展他的理论。在哈贝马斯的理论的发展过程中,
不断地引起学术界和理论界的注意和争论。为了准确地把握哈贝马斯
的"沟通合理性"的基本概念,为了推动和发展我国学术研究和社会建
设,进一步深入研究和分析哈贝马斯的沟通行为理论,将是有益的。
　　通过对于语言使用过程中的语用论问题的深入研究,越来越说明:
第一,作为社会现象的语言,只有在其**使用**中,才典型地显现出它的社
会性质;第二,作为社会现象的语言,只有在其**社会使用**中,才能典型地
显现出它在使用中的特征和意义;第三,作为社会现象的语言,只有在

其**最普遍和最具体的多样性的社会使用中**，才能进一步典型地显现出它的使用特征。

哈贝马斯的沟通行为理论，以当代社会的沟通行为作为主要的论题，具体而深入地探索了语用论的基本问题，虽然在其中尚存在许多悬而未决的问题，但毕竟有助于推动对于语言和社会问题的理论研究。

注释

① 哈贝马斯于 1961 年至 1964 年在海德堡大学任哲学教授，1964 年到 1971 年在法兰克福大学任哲学与社会学教授，1971 年到 1983 年任慕尼黑西南郊史塔恩堡 (Starnberg) "马克斯－普朗克科学技术世界生活条件研究院" (Max-Planck-Institut zur Erforschung der Lebensbedingungen der wissenschaftlichtechnischen Welt)院长。自 1983 年以来，返回法兰克福大学任教授。哈贝马斯著作等身，论述博大精深，其主要著作有：《大学生与政治》(与弗里德堡等人合著 *Student und Politik*, gemeinsam mit L. von Friedeburg, Ch. Oehler und F. Weltz. 1961)；《公开性的结构变迁》(*Strukturwandel der Öffentlichkeit*, 1962)；《理论与实践》(*Theorie und Pracis*, 1963)；《认识与利益》(*Eykenntnis und Interesse*, 1968)；《作为意识形态的技术与科学》(*Technik und Wissenschaft als Ideologie*, 1968)；《抗议运动与高等学校改革》(*Protestbewegung und Hochschulreform*, 1969)；《社会科学的逻辑》(*Zur Logik der Sozialwissenschaften*, 1970; erweiterte Ausgabe, 1982)；《社会理论还是社会技术主义？》(*Theorie der Gesellschaft Oder Sozialtechnologie-Was Leistet die Systemforschung?* zusammen mit Niklas Luhmann, 1971)；《哲学与政治侧面》(*Philosophisch-Politische Pyofile*, 1971; erweiterte Ausgabe, 1981)；《晚期资本主义的正当性问题》(*Legitimationsprobleme im Spatkapitalismus*, 1973)；《论历史唯物主义的重建》(*Zur Rekonstruktion des Historischen Materialismus*, 1976)；《关于"时代精神状况"的提纲》(*Stichworte zur 〈Geistigen Situation der Zeit〉*, 1980)；《短篇政治论文集》四卷本(*Kleine politische Schriften* I-IV, 1981)；《关于沟通行为的理论》(*Theorie des Kommunikativen Handelns*, 1981)；《道德意识与沟通行为》(*Moralbewusstsein und Kommunikatives Handeln*, 1983)；《关于沟通行为理论的预备性研究及补充材料》(*Vorstudien und Ergänzungen zur Theorie des Kommunikativen Handelns*, 1984)；《关于现代性的哲学论谈》(*Der philosophische Diskurs der Moderne*, 1985)；《新的非透明性》(*Die Neue*

Unübersichtlichkeit，1985）；《关于清算弊病的一种方式》（*Eine Art Schadensabwicklung*，1987）；《后形而上学的思维》（*Nachmetaphysisches Denken*，1988）；《后补的革命》（*Die nachholende Revolution*，1990）；《作为未来的过去》（*Vergangenheit als Zukunft*，1991）；《关于商谈伦理学的说明》（*Erläuterungen zur Diskursethik*，1991）；《文本及其脉络》（*Texte und Kontexte*，1991）。

② David M. Rasmussen，*Reading Habermas*，Basil Blackwell，Cambridge，1990，p. 1.

③ Le Nouvel Observateur，3 - 9 avril 1988，Paris，p. 118.

④ Jürgen Habermas，*Theorie des Kommunikativen Handelns*，Bd. I，Suhrkamp Verlag，1981，p. 7.

⑤ *Ibid.*，p. 9.

⑥ Diskursethik，商谈伦理学，是在第二次世界大战后发展起来的新型伦理学。据阿佩尔和凯特纳（Matthias Kettner）所下的定义，"商谈伦理学表示一种规范性的哲学伦理学理论的建构论据纲领，它把沟通的理性当作其唯一的源泉；而这种沟通的理性，在现代社会的价值多元化和合理性怀疑论的条件下，承认一种经合理地确认的、普通地联系起来的道德义务。"（Karl-Otto Apel und Matthias Kettner，*Zur Anwendung der Diskursethink in Politik，Recht und Wissenschaft*，Suhrkamp Verlag，1992，p. 7.）

⑦ Jürgen Habermas，*Theorie des Kommunikativen Handelns*，Bd. I，p. 8.

⑧ Jürgen Habermas，*Zur Rekonstruktion des Historischen Materialismus.* Suhrkamp Verlag，1976，p. 12.

⑨ Jürgen Habermas，*Vorstudien und Ergänzungen zur Theorie des Kommunikativen Handelns.* Suhrkamp Verlag，1989，pp. 573 - 574.

⑩ *Ibid.*，p. 594.

⑪ *Ibid.*，pp. 594 - 595.

⑫ H. Schnädelbach，*Transformation der kritischen Theorie.* in Axel Honneth und Hans Jans Joas，hrg. *Kommunikatives Handeln.* Suhrkamp Verlag，1986，p. 17.

⑬ Jürgen Habermas，*Theorie des Kommunikativen Handelns*，Bd. I，p. 150.

⑭ Jürgan Habermas，*Logik der Sozialwissenschaften.* preface II，1982；Albrecht Wellmer，Kommunikation und Emanzipation. *Überlegungen zur sprachanalytischen Wende der kritischen Theorie.* in U. Jaeggi und A. Honneth，*Theorien des Historischen Materialismus.* Frankfurt，1977，pp. 465 - 466.

⑮ Jürgan Habermas，*Theorie de l'agir communicationnel*，Tome I，Paris，1987，pp. 10 - 11.

⑯ Jürgen Habermas，*Zur Rekonstruktion des Historischen Materialismus*，p. 12.

⑰ Charles Taylor，*Sprache und Gesellschaft.* in A. Honneth und H. Joas，*Kommunikatives Handeln*，p. 35.

⑱ Jürgen Habermas，*Zur Rekonstruktion des Historischen Materialismus*，p. 132.

⑲ Jürgen Habermas，*Theorie des Kommunikativen Handelns*，Bd. I，p. 370.

⑳ *Ibid.*，p. 372.

㉑ *Ibid.*，p. 377.

㉒ Jürgen Habermas，*Texte und Kontexte.* Suhrkamp Verlag，1991，pp. 9 - 10.

㉓ Jürgen Habermas，Was Heisst Universalpragmatik? in K. -O. Apel，*Sprachpragmatik und Philosophie*，1982，pp. 174 - 272.

㉔ Jürgen Habermas，*Vorstudien und Ergänzungen zur Theorie des Kommunikativen Handelns*，p. 588.

㉕ *Ibid.*，p. 589.

㉖ Karl-Otto Apel，Sprechakttheorie und die Begründung der Ethik，in K. -O. Apel，*Sprachpragmatik und Philosophie*，p. 107f.

㉗ Jürgen Habermas，*Zur Rekonstruktion des Historischen Materialismus*，p. 11.

㉘ *Ibid.*，p. 133.

㉙ W. Dilthey，Entwürfe zur Kritik der historischen Vernunft，in *Diltheys Gesammelte Schriften*，Bd. VII，1958，p. 14f.

㉚ Jürgen Habermas，*Theorie des Kommunikativen Handelns*，Bd. II，p. 182.

㉛ *Ibid.*，p. 193.

㉜ Jürgen Habermas，*Vorstudien und Ergänzungen zur Theorie des Kommunikativen Handelns*，p. 587.

㉝ *Ibid.*，p. 591.

㉞ John R. Searle，Literal Meaning，in *Expression and Meaning*，Cambridge，1979，p. 117f.

㉟ Jürgen Habermas，*Vorstudien und Ergänzungen zur Theorie des Kommunikativen Handelns*，p. 592.

㊱ *Ibid.*，p. 591.

㊲ *Ibid.*

㊳ *Ibid.*，p. 592.

㊴ *Ibid.*，p. 504.

㊵ Jürgen Habermas，*Theorie des Kommunikativen Handelns*，Bd. II，p. 118.

㊶ Jürgen Habermas，*Theorie des Kommunikativen Handelns*，Bd. I，p. 113.

㊷ Jürgen Habermas，*Theorie des Kommunikativen Handelns*，Bd. II，p. 214.

㊸ *Ibid.*，p. 575.

㊹ Jürgen Habermas，Was Heisst Universalpragmatik? in K. -O. Apel，*Sprachpragmatik und Philosophie*，p. 223.

㊺ in H. Lenk，*Handlungstheorien*，Vol. I. 1980，p. 249.

㊻ H. Schnädelbach，Philosophie，in E. Martens und J. Habermas，*Philosophie*，Ein Grundkurs. 1985，p. 59；Ernst Tugendhat，*Vorlesungen zur Einführung in die sprachanalytische Philosophie*, 1976.

㊼ Jürgen Habermas, *Erkenntnis und Interese*, 1991, 10. Aufl. pp. 241 - 243.

㊽ Jürgen Habermas, *Theorie de l'agir communicationnel*, p. 10 - 11.

㊾ Jürgen Habermas, *Moralbewusstsein und Kommunikatives Handeln*, 1983, p. 65.

㊿ *Ibid.*, p. 54.

(51) Jürgen Habermas, *Erläuterungen zur Diskursethik*, 1991, p. 119.

(52) Jürgen Habermas, *Theorie des Kommunikativen Handelns*, Bd. I, p. 8.

(53) Jürgen Habermas, *Theorie des Kommunikativen Handelns*, Bd. II, pp. 561 - 562.

(54) *Ibid.*, p. 562.

(55) *Ibid.*

(56) *Ibid.*, p. 563.

(57) *Ibid.*, pp. 575 - 576.

(58) Jürgen Habermas, *Die nachholende Revolution*, 1990, p. 197.

(59) *Ibid.*, p. 199.

(60) Jürgen Habermas, *Theorie de l'agir communicationnel*, Tome I, Editions fayard 1987, Paris, p. 11.

(61) Jürgen Habermas, *Vergangenheit als Zukunft*, Pendo Verlag, Zürich, 1990, p. 148.

第 15 章

关于语言使用的哲学论述

——海德格尔与维特根斯坦

　　语言的使用问题，本来就不只是语言学的论题。对语言使用问题的理论探讨，不仅是多学科的综合性研究，而且也势必导致哲学上的总体性和一般性探究。语用论的形成和发展本身早已显示：正是哲学家们首先发现语言的使用问题的根本性质；也正是他们，首先从总体和从理论上揭示研究的方向和基本方法论。本章只以海德格尔和维特根斯坦为线索，阐明语言使用的本体研究和总体研究的根本问题。

　　海德格尔和维特根斯坦，两位 20 世纪的伟大哲学家，虽然分属于两个根本不同的哲学流派，一生都同样地重视对语言的研究，并在某种意义上说，都以其语言观为基础，建构起他们各自不同的哲学理论体系。同时，这两位伟大的哲学家，越到其晚年，越发展出各自独创而深刻的语言哲学理论，并以其各具特色的语言理论，深远地影响着现代哲学的发展。语言观在他们的哲学体系中所占据的重要的决定性地位，以及他们的后期语言观对当代哲学发展的重要影响，使得对于他们的语言观的比较研究，不仅对于深入考察海德格尔和晚期维特根斯坦哲学的性

质和特征,而且也对深入探讨当代哲学的基本倾向,具有特别重要的
意义。

第一节　早期语言观的理论背景和脉络

海德格尔和维特根斯坦,都同时出生在 1889 年:前者生于德国巴
登州,后者出生于奥地利维也纳。值得注意的是,两人自幼都深受西方
传统文化的熏陶,特别是深受 19 世纪末、20 世纪初流行于德国的新康
德主义、现象学、生活哲学及实证主义的思想影响,直到成年以后,由于
他们的不同兴趣而追随不同的导师。海德格尔在 1913 年在弗莱堡大
学获哲学博士后,从 1916 年起跟随胡塞尔,从此走上了以现象学方法
研究"存在"和语言的哲学道路。维特根斯坦则在 1911 年拜访数学家
和数理逻辑奠基人弗雷格之后,于 1912 年师从罗素,从此开创了他分
析语言的逻辑结构、并献身于语言哲学的学术生涯。

海德格尔和维特根斯坦研究语言的不同出发点,对于两者晚期的
已成熟的语言观的性质和特征,发生了决定性的影响。在比较研究海
德格尔和晚期维特根斯坦的语言观的时候,首先必须高度重视两者研
究语言的不同出发点。

对于海德格尔来说,现象学是研究"存在"与"语言"的唯一可采用
的方法。他说:"现象学"这个词本意味着一个方法概念。它不描述哲
学研究对象所包含的"什么",而描述对象的"如何",但一种方法概念愈
真切地发生作用,愈广泛地规定着一门科学的基调,它也就愈原始地植
根于对事情本身的分析之中,愈远离我们称之为技术手法的东西,尽管
在这些理论学科中,这类技术手法也很不少。①正是依据现象学的"走
向事物自身!"(zu den Sachen selbst!)的基本原则,才使得海德格尔认

为"言谈同现身、领会,都在存在论上一样是源始的"②,而"把言谈道说出来即成语言。""言谈就是存在论上的语言;因为言谈按照含义勾连其展开状态的那种存在者本身的存在方式是指向'世界'的被抛的'在世'。"③所以,"归根到底,哲学研究总得下决心询问一般语言具有何种存在方式。"④由此看来,海德格尔以现象学的方法,从一开始,便把"语言"同"存在"联结在一起考察,并把这种考察,不但同传统的西方形而上学根本对立,而且也同19世纪末、20世纪初以来发展起来的分析的"语言哲学"相区别——正如海德格尔本人所说:"语言是世内在手头的用具吗?抑或它具有此在的存在方式?……为了追问事情本身,哲学研究将不得不放弃'语言哲学',……"⑤

与海德格尔不同,在反对传统形而上学的道路上,维特根斯坦早期由于受弗雷格和罗素的指引,其思想"是以逻辑为基础,延伸到对世界的性质的探究"⑥。为此,维特根斯坦在其早期代表作《逻辑哲学论》一书中,首先描绘出世界逻辑结构总图式,接着推导出相应的语言逻辑结构,以确定语言和思想的界限以及世界的逻辑界限。维特根斯坦所遵循的实证分析方法,使他延续由经验主义语言论奠基人洛克所制定的语言分析路线,强调通过词和语句的"意义"的分析,揭示语言与世界的本质关系,以达到哲学"追寻意义,追求真理"的真正目标。正因为如此,早期维特根斯坦同分析的语言哲学家一样,主张将语言分析列为哲学的中心任务,并主张以逻辑分析的方法取代哲学研究中的直观内省和主体理性的自我反思方式,以科学的实证原则完成"语言对思想活动进行界定"的使命,完成哲学的科学化目标。

在海德格尔方面,由于从"此在"(Dasein)出发,探讨"语言"的生存论结构,所以,他总是从"此在"的"在世"(Sein-in-der-Welt)过程中所显示的"现身情态"(Befindlichkeit)、"沉沦"(Verfallen)及"被抛弃状态"

(Geworfenheit)等方面,论述语言随"存在"的自我显示而显现其真正的本质。在海德格尔看来,研究人的本质只能从"存在"入手;而人的"存在",就是人的"生存",人要"生存"于世界上,就要"说话",就有所言说。所以,关于"语言"同"存在"的相互不可分割关系,在海德格尔看来,是通过人之在世的生存论结构自身自然地显示出来的。人之"在世"所面临之一切问题,人之"在世"所感受到的一切心态、情绪、思虑及意向等,人之"在世"对于"他人"、"他物"及周遭一切事物的态度、想法及决定,无一不是通过其"言说"而显现出来。所以,海德格尔说:"在世存在的现身可理解性,其自身就是作为言谈而自我道出的(Die befindliche Verständlichkeit des In-der-Welt-Sein spricht sich als Rede aus.)。"⑦所谓语言,就是"被道说出来的言谈"(Die Hinausgesprechenheit der Rede ist die Sprache.)⑧。

由此出发,海德格尔反对西方传统哲学的语言观,这种传统的语言观,或者将语言归结为理性的人的主体对于客体的"陈述",或者,将语言说成为主体的思想观念的"表达"。在这种情况下,西方传统哲学一直将语言归结为某种可以脱离人之存在本身的中介性的手段或工具。正如海德格尔所批评的那样:

> 人们试图把握"语言的本质",但他们总是依循环节中的某一个别环节来制订方向,"表达"、"象征形式"、"陈述"的传达、体验的"倾吐"、生命的"形态化",诸如此类的观念,都是人们用以理解语言的指导线索。即使人们用调和的方法把这些五花八门的定义堆砌到一块儿,恐怕于获取一个十分充分的语言定义仍无所补益。⑨

在海德格尔看来,一切传统的语言观的通病,在于认识不到必须

"在此在的分析工作的基础上，先把言谈结构的存在论生存论整体清理出来"⑩。海德格尔认为，语言的真正本质在于："此在通过言说而道出此在自身"(Redend spricht sich Dasein aus)⑪。语言是由一个个具体的"存在者"即"此在"所道出的言说构成的总体，当"此在"道出语言时，此在也同时地道出了其自身，道出了作为语言的语言。

如果说，海德格尔是通过"此在"而把"语言"同"世界"联结在一起的话，那么，维特根斯坦是通过"逻辑结构"而发现"语言"同"世界"的本质关系。正如维特根斯坦所说："一个命题以其逻辑框架构造一个世界"⑫，"逻辑就是世界的一面镜子"⑬。海德格尔和维特根斯坦都很关心"语言"同"世界"的关系。但在早期维特根斯坦那里，他并不像海德格尔那样，注重于分析在这个"世界"中的一个个的人——"此在"，更不关心每一个"此在"在其"在世"过程中的"情态"、"心情"或"焦虑"之类。早期维特根斯坦深受科学尤其是数学的精确知识形式及其思维模式的影响，坚信只有像数学等自然科学中的命题那样的语言，才是有意义的，才具有严谨的逻辑结构，因而才最正确地描述世界。他说："真命题的总和就是自然科学的主观"⑭。因此，早期维特根斯坦所研究的语言，虽然也研究语言同世界的关系，但主要是自然科学的命题的语言。

正因为如此，早期的维特根斯坦和海德格尔，在通过语言研究反对形而上学的时候，从一开始，就出现很大的分歧。早期维特根斯坦和分析哲学家一样认为：哲学研究要建立在确证的科学的基础上，使哲学研究避免以往传统哲学的那种无意义的和无法确证的玄学争论，这就要求以科学态度，以科学方法为准则，认真地研究语言。在维特根斯坦看来，以往一切哲学问题之产生及其长期的悬而未决性，正是由于哲学家误用语言所致：或者是因为哲学家们混淆了语言的意义，不明确规定其哲学概念之意义的界限，或者是因为哲学家们根本不理解以科学方法研究语言之必要性，致使他们滥用语言，分不清语言之意义的真假标准，找不到对语言意义进行检验确证之方法和途径。

这就表明，在维特根斯坦看来，要使哲学研究建立在科学基础上，最根本的是要改变哲学研究的内容、方向和方法，而这一切都决定于对于语言的研究。

早期维特根斯坦的老师罗素认为，哲学家早期争论不休的原因，就是他们从一开始就忽视了语言分析，只看到语言表面的语法形式，不去深入分析语言命题内部的逻辑结构，滥用许多无意义的抽象概念。维也纳学派的代表人物石里克说："过去时代最严重的错误之一，就是认为哲学命题的真正意义和最后内容可以再用陈述来表述，即可以用知识来阐明。这就是形而上学的错误。形而上学者的努力一向集中在这一荒谬的目标上，要用知识来表达纯粹性质的内容（即事物的'本质'），也就是要说那不可说的东西。"⑮石里克在同一篇论文中还说："我们现在认识到哲学并非一种知识的体系，而是一种活动的体系，这一点积极表现了当代伟大转变的特征，哲学就是那种确定或发现命题意义的活动。哲学使命题澄清，科学使命题得到证实。"⑯在石里克看来，要澄清命题的意义，只有分析语言中的逻辑。石里克说："这些方法是从逻辑出发的，莱布尼兹模糊地看到这些方法的端倪。在最近几十年里，弗雷格和罗素曾开拓了重要的道路，而维特根斯坦在 1922 年的《逻辑哲学论》中，则是一直推进到这个决定性转变的第一个人。"⑰

第二节　海德格尔和维特根斯坦
早期语言观之异同

在海德格尔和维特根斯坦的早期的语言观中，都明显地表现了反形而上学的性质。为了更深入理解这种反形而上学性的具体特征，以下从其区别性和共同性两个层面加以分析。

首先，海德格尔与维特根斯坦早期语言观之区别，主要表现在以下四大方面：

第一，方法论上的对立和区别。海德格尔是恪守现象学的方法，强调通过"语言"自身的自我显现去研究语言；早期维特根斯坦则遵循经验主义实证方法，强调以自然科学命题为基础分析语言。

第二，语言意义理论的区别。海德格尔探讨的是语言中展现出来的生存论意义。因此，海德格尔注重于分析"此在"的"在世"过程中所"言说"出来的个人心态、情绪及其与周遭世界的关系。语言的真正意义，在于它道出了"存在"的真理本身。早期维特根斯坦所寻求的语言意义，是在语言的逻辑结构中表现出来的世界图式。"一个名称代表一个物体，另一个名称代表另一个物体，当这些名称相互结合在一起的时候，它们的组合如同一幅栩栩如生的图画，代表了一个事物的状态。"⑱

第三，关于语言的功能的不同观点。海德格尔强调语言就是语言，语言和其他一切"存在"一样，其本身就包含着它自身存在的真理。因此，语言绝非他自身之外的"他者"所决定的；语言也因此不是为了异于他自身的某个"主体"而存在。语言在本质上不是异于他自身的某个主体的手段或工具。早期维特根斯坦认为，语言的功用是描述世界并负载"意义"，就此而言，语言是人的思想同世界发生关联的中介，语言是表达思想和陈述实在的手段。因此，早期维特根斯坦在研究语言与实在的沟通途径和方法时，仍然只局限于一种"显示"（Showing）的概念，指明"命题"表现"实在"的基本结构乃是命题同外界实在所共有的那种逻辑形式。

第四，关于语言的界限的不同观点。海德格尔认为，语言通过"言说"而道出"此在"的"能在"及与此相关联的筹划（Entwurf）过程,因而也勾连出"此在"之"在世"的可能的和实际的界限。就此而言,海德格尔把语言之言说同"此在"的存在界限等同起来:一方面,言说道出了每个个体之"此在"的内部心态,另一方面,也表现了"此在"之"在世"过程的可能倾向及其范围。但在早期维特根斯坦那里,语言的界限同自我的界限、思想的界限及世界的界限是不相同的。在维特根斯坦看来,语言的功能是描述世界,但语言并不是万能的:它一方面不能绝对完满地描述世界,另一方面也不能绝对完满地表达自我世界中的复杂活动。维特根斯坦在谈到《逻辑哲学论》的宗旨时说:

> 本书是要为思维划定界限,或者,毋宁说,不是为思维,而是为思维的表达方式划定界限（Das Buch will also den Denken eine Grenze ziehen, oder vielmehr nicht dem Denken, sondern dem Ausdruck der Gedanken）。因此,为了给思维划定一个界限,我们必须能够思维这个界限两边的事情。也就是说,我们由此应该假定能够思维那些我们自身所不能想的事情。⑲

在维特根斯坦看来,一方面,思想的界限也就是语言界限;思想内容及其意义,应该通过语言中的正确逻辑结构表达出来,只有以正确逻辑形式组成的科学命题,才是有意义的。但是,另一方面,思想又受主体意志的驱使想要设法越出语言的逻辑结构的界限,因此,思想又要设想那些不能通过语言表达出来的神秘境界。在早期维特根斯坦的上述相互矛盾思想中,表现出他早期语言观的矛盾性和复杂性及其不愿将语言、思想和世界简单地等同起来和统一起来的独特观点。

但是,海德格尔和早期维特根斯坦的语言观中,又包含着某些值得注意的共同点。为此,有必要在区分两位哲学家的不同思想脉络的基础上,进一步分析早期维特根斯坦语言观中所隐含的某些异于逻辑实证主义经典语言观的因素;因为正是这些因素,在晚期维特根斯坦的语言观中突出地发展起来,一方面使晚期维特根斯坦越来越注重日常语言的分析,并最终导致同逻辑实证主义语言观的彻底破裂,另一方面,使晚期维特根斯坦的语言观同海德格尔语言观之间出现越来越多相似点。

首先,在早期维特根斯坦的著作中,维特根斯坦对于"语言"与"世界"关系的探讨,并不单纯地局限于自然科学命题中所显示的范围之内。早期维特根斯坦在《逻辑哲学论》中,一方面,就人类所能认识的世界而言,集中而深入地探讨了自然科学命题中所描述的世界,但另一方面,他又注意到:在自然科学所认识的世界之外,还有普通人的常识所了解的世界和每个个人的"自我"所具有的"自我世界"。维特根斯坦明白地理解到:自然科学所认识的世界和普通人的常识中的世界以及每个"自我"中的世界,是互不相同的,然而又存在着相互的联系。因此,在早期维特根斯坦看来,自然科学命题中所呈现的"语言"与"世界"的相互关系,远没有穷尽语言的本质,也远没有揭示"语言"同"世界"的实际关系。早 1914 年 10 月 23 日的日记中,维特根斯坦在思考其《逻辑哲学论》的基本内容和架构时,便意识到:"我的逻辑图式理论一方面看起来是唯一可行的,另一方面似乎在其中存在一个不可解决的矛盾"(Einerseits scheint meine Theorie der logischen Abbildung die einzig mögliche, anderseits scheint in ihr ein unlöslicher Widerspruch zu sein!)。㉑接着,维特根斯坦指出:"不管我对于现存的一个特定事物或者全部事物谈论某些什么样的因素,言说同样地都是有实质内容的。为了要在符号中认识符号,我们就必须尊重其使用。"正因为这样,早期维特根斯坦在强调语言的逻辑结构的同时，也不忽视语言中逻辑符号的实质内容及其应用对于把握其意义的重要作用。正如维特根斯坦所说："如果一个符号不加以应用，它就丧失意义"（Wird ein Zeichen nicht gebraucht, so ist es bedeutunglos）。[②] 早期维特根斯坦对于语言应用的重视，以及关于在应用中把握语言符号的意义的重要论述，为他在晚期转向对日常语言及语言游戏的研究，提供了必要的思想准备。

由此可见，海德格尔和维特根斯坦在研究语言的时候，从一开始，就存在某些类似之处和根本不同的地方。一方面，笼统地说，当两者把语言同世界联结在一起，并重视语言同世界的关系的时候，明显地表现出两者的语言观共同类似之处，而且，也正是这个类似之处，构成他们两人晚期语言观的更大程度的汇合之可能条件。但另一方面，如前所说，由于两人的出发点和方法论的差异，所以，他们所探讨语言、世界及其相互关系，又是根本不同的。两者的这些根本差异，使他们两人晚期的语言观仍然存在明显的分歧。然而，由于类似中有差异、差异中又有类似，又才使两人晚期语言观，在揭示语言与世界、语言与人之本质这样一些极其重要的问题上，都远远地超出单纯地将语言看作是"沟通手段"或"表达思想的工具"等传统哲学和语言学观点，表现出两者之相互映照、相互补充之微妙关系。

第三节　海德格尔和维特根斯坦语言观
发展过程的总比较

现在要进行的关于海德格尔和维特根斯坦语言观发展过程的总比较，指的是两种语言观发展过程中的基本特征的宏观比较。从历史纵向发展的宏观角度者，海德格尔和维特根斯坦语言观都同在 20 世纪 30

年代经历了重要的转折。

海德格尔本人在 1946 年秋天致他的法国朋友波弗列(Jean Beau-fret,1907－1982)的信(这封信后来以《关于人道主义的信》〔*Brief über den Humanismus*〕为名,发表在 1947 年出版的《柏拉图关于真理的学说》〔*Platons Lehre von der Wahrheit*〕一书中,并又于 1967 年收入《路标》〔*Wegmarken*〕一书)中,曾经明确地说明了他在这一时期的思想转变的内容和性质。

在海德格尔看来,他在 20 世纪 30 年代前出版的《存在与时间》(*Sein und Zeit*),只完成了对"此在"的基础存在论分析及其时间性结构的论述。"对于此在的存在情态的展示还只停留在一条道路上。目标却是解答一般存在的问题。"[22]因此,从 20 世纪 30 年代,海德格尔进而研究一般存在问题,补全他的存在本体论论证。

海德格尔把自己的这个思想转折称为"转向"(die Kehre)。[23]海德格尔说:"在这里整体发生了转向"(Hier kehrt sich das Ganze um)。[24]这个"转向"表明,存在本体论论证在完成了对"此在"到"存在"本身的论述道路之后,转而走上对"一般存在"本身的论证途径,以完成存在本体论的论证的完善化。海德格尔的存在本体论论证方向的上述转向,构成他语言观的相应的"转向":不再是从"言说"到"语言",而是从语言本身、从作为"一般语言"的语言中,论证语言的本质,论证语言同存在的一般关系。

同样,维特根斯坦于 1919 年完成《逻辑哲学论》之后,从 1929 年起,才重新开始他中断了将近整整十年的哲学研究生涯。维特根斯坦遗著的出版者、因而也非常了解维特根斯坦思想发展过程的麦克奎因尼斯(B. F. McGuinness)说:"1929 年,在维特根斯坦一生中和对于维也纳学派而言,发生了重大转变。"[25]这一重大转变,对于维特根斯坦而言,意味着一个新的哲学生命的开始。希尔密（S. Stephen Hilmy，1952 -）说：
"1929 年之后在维特根斯坦的哲学著作中所突现的，是一种'思维方式'（Way of Thinking；Denkweise）。"㉖维特根斯坦的这一"思维方式"的基本精神，用他自己的话来讲，就在于："我们将语词从其形而上学的使用，转回到其日常生活的应用（Wir führen die Wörter von ihrer metaphysischen，wieder auf ihre alltägliche Verwendung zurück）。"㉗

对于维特根斯坦来说，对形而上学的批判如果要贯彻到底的话，不只是一般地提出要把语言分析列为哲学活动的中心，也不只是像逻辑实证主义者那样，只把语言分析局限于科学命题中逻辑结构之探究的狭隘范围内，而是真正地"转回到语言的日常生活应用"。

首先，维特根斯坦意识到：形而上学的根本错误并不是在于忽视语言。早在苏格拉底和柏拉图时期，哲学家就已经注重语言研究。苏格拉底和柏拉图的对话录，正是集中地探讨了"善"、"正义"、"美"、"原因"等语言概念的定义，探索这些语言概念的基本意义及其与"人"的本质和与"世界"的本质的关系。接着，亚里士多德也在《范畴篇》中明确指出：说话的主体，只有通过具有明确而不含糊的指称内容的概念，才能认识事物的性质，才能清楚表达思想的正确内容。

同样，在中世纪漫长的岁月中，教父哲学和经院哲学也很重视语言分析。在经院哲学中所发生的"唯名论"与"唯实论"的长期论战，始终都围绕着"名词"和"概念"中的"共相"同"殊相"的关系，围绕着语言同世界的关系。

到了启蒙运动的黎明时期，培根（*Francis Bacon*，1561 - 1626）曾在他的《新工具》（*Novum Organum*）一书中，进一步指出语言分析的重要性。在他看来，为了解放思想，必须批判那些误用语词意义而导致思想混乱的"市场偶像"（idola fori；the idols of the market-place）。

　　从笛卡尔开始的近代哲学家,虽然不再像古代形而上学本体论那样热衷于追寻世界和事物的本原,但他们把研究重心从世界本原转向人的认识问题之后,仍然把语言看作是知识的载体,看作是认识和思想之主体用以表达和交流知识的工具和手段。尤其是笛卡尔以后的哲学家们,表面看来不愿意再去寻求变化中的不变者或"现象"背后的本体,表面看来已转而重视知识的界限及其可靠性的基础和条件,但对于语言,他们并未越出古典思维的那种"主体/客体"模式和典范。因此,他们的哲学研究仍然在为思想主体寻求一种理性的或经验的终极根基。

　　罗素及其后的逻辑实证主义者看到了近代哲学知识论反对形而上学的不彻底性,但他们引以作为主要依靠的,不是广阔的生活领域中富有生命力的普通语言,而只是科学知识中的语言。因此,他们在反对古典哲学家漫无边际地滥用语言之后,却又把自己陷入他们自身所限定的"科学命题"的狭隘范围中,使自己脱离活生生的语言世界,囿于"纯粹语言"的逻辑形式之中。

　　如果说,旧形而上学的错误在于妄想以其抽象的本体论探讨解决所谓"终极真理"的话,那么,从罗素以来的逻辑实证主义的语言哲学的片面性,又正是在于妄想以科学命题的语言分析取代一切真理问题之哲学探讨。他们不但武断地宣布在科学之外没有真理,而且也宣称:除了科学命题中以纯逻辑形式为基础而组成的纯粹语言之外,其他的语言,包括社会科学中的语言、文学艺术中的语言以及日常使用的语言在内,都"没有意义",这就重蹈形而上学之独断论的覆辙。

　　维特根斯坦在1929年之后,从科学命题的逻辑分析转向日常语言的语言游戏规则的研究,使他超出逻辑实证主义,把哲学研究彻底地同日常生活结合起来,因而也为彻底批判传统形而上学提供新的力量。

第四节　海德格尔和维特根斯坦晚期语言观对形而上学的深入批判

　　海德格尔和维特根斯坦语言观,在经历了重要转折之后,对于形而上学的批判更提升到一个崭新阶段。

　　在《存在与时间》一书中,海德格尔首先批判了传统形而上学将"存在"同"存在物"或"存在者"相混淆的教条,这一教条不仅造成了以主体为中心的主客体对立的思维模式,而且也造成了对语言和对人的本质的歪曲。在海德格尔看来,"根据希腊人对存在的最初阐释,逐渐形成了一个教条,它不仅宣称追问存在的意义是多余的,而且还认可了对这个问题的耽搁。"㉘海德格尔强调指出了他的哲学与传统形而上学的不同之后,便说:"任何存在论,如果它未首先充分地澄清存在的意义,并把澄清存在的意义理解为自己的基本任务,那么,无论它具有多么丰富紧凑的范畴体系,归根到底它仍然是盲目的,并背离了它最本己的意图。"㉙在海德格尔看来,"存在作为问之所问,要求一种本己的展开方式,它这种展示方式本质上有别于对存在者的揭示。"㉚所以,探讨"存在"的奥秘,不能沿袭传统形而上学思维模式,不能将"存在"看作是某个独立的思维主体之外的"客体",而只能使"存在"通过一种新的概念,以其本己的展示方式,自我显现出其本真结构。一切传统形而上学的错误,在海德格尔看来,在于放弃现象学而采取本体论和知识论的"主客体一致"之真理模式去探索"存在",致使"存在"本身被搁在一边而转向对"存在者"的研究。从本质上讲,存在论与现象学并不是相互分离的两种哲学派别,相反,它们都只是按对象和处理方式(nach Gegenstand und Behandlungsart)两方面,去描述哲学本身和显示形而

上学的可能性。所以,海德格尔的学生伽达默尔在他的《真理与方法》
(*Wahrheit und Methode*)一书中,高度地评价海德格尔的存在哲学对
于改造形而上学的重要意义:

> 海德格尔称之为"转向"(Kehre)的东西,并不是先验反思运动
> 中的一种旋转,……海德格尔作为使命向自己提出的对"存在"问
> 题的重新探索,其实意味着他在现象学"实证主义"中又认识到了
> 形而上学的不能解决的问题。[31]

在这里,有两点值得注意。第一,从 20 世纪初开始,西方哲学经过
了对形而上学的不断批判,特别是从新康德主义到逻辑实证主义对形
而上学的批判,经过英美经验主义的分析哲学和实用主义对于形而上
学的批判,经过狄尔泰等人的历史诠释学的批判,经过生活哲学,特别
是尼采主义对形而上学的批判,又经过从舍勒(Max Scheler, 1874 -
1928)到普莱斯纳(Helmuth Plessner, 1892 - 1955)的哲学人类学的重
建,以及在这个重建中对形而上学的批判,使得传统形而上学已经无处
容身。正是在这样一个气氛下,以现象学方法论为基础的存在主义,特
别是海德格尔的存在哲学,才有可能和有兴趣重新探讨重建形而上学
的问题。从海德格尔的存在哲学角度所要重建和改造的形而上学,指
的是要从存在本身的自我展现去探索存在论的可能性,它同传统形而
上学毫无共同之处。

第二,海德格尔从 20 世纪 30 年代后所注重的,是从存在自身的自
我展现去重建存在论的本体论的问题。他这个思路的转折,是同他对
于现象学的深入理解分不开的。经过了从《存在与时间》到 20 世纪 30
年代的发展,海德格尔对现象学所说的"自我显示"以及在"言说"中自

我显示的意义,有了新的认识。因而,他也对人的"语言"的存在论意义有了进一步的了解。在这个意义上说,从存在本身的自我展现去论证存在论的问题,也是同海德格尔对于语言与存在的内在结构的认识相关联的。换句话说,从存在本身的自我展现去论证存在论的问题,是同语言的自我展现去说明存在的本真结构,具有相辅相成的意义。

由此可见,海德格尔的新型关于存在的本体论,它不同于传统形而上学的地方,就在于它存在自身的自我显现:一方面是"存在"在"此在"的现实的和生存结构中的自我展现:(如《存在与时间》所展开的那样),另一方面,它又是"存在"自身的现象学的自我论说过程,也是作为"存在的通道"的"语言"的自我展示过程。这是存在的本真结构的自我展现,它是对于掩蔽这种本真结构的一切现象的"超越"。这种"超越"只能是一种反思,一种此在的自我反思过程,是存在者在存在过程中的思的过程。由于这个"思"的过程必须通过"说"而说出来,所以"思"的过程,也就成为"说"的过程。换句话说,"存在"的"思"的过程,一方面是"存在"通过存在者在"此在"中的自我显现,来达到基础存在论的论证;另一方面,存在自身在自我显现过程中,又以其自身的自我言说,达到了"思"其自身的目的,完成对于"此在"的时间性结构的否定,显示出"存在"的"无"的真正本体论形态。

海德格尔在考察存在论研究"无"的历史之后,强调指出,只有真正贯彻现象学的方法,使"存在"自身显现出它的意义,才能正确地把握"存在"作为"无"的本体论本质,才能真正解决存在与"无"的相互关系及其超越性。所有这一切,才构成为形而上学的本质问题。

以往的传统形而上学,总是把"存在者"与"无"对立起来,脱离"存在"自身去探讨"存在者"与"无"相互关系,因而把"无"当作各个"存在者"的"否定"(als Verneinung des eigentlich Seienclen)。^②与此相反,海德格尔的现象学的形而上学研究方法,使他认为"'无'并非'存在者'的不确定的对立,而是在其中揭示着其自身对于存在者的存在的隶属性。"③

黑格尔在他的《逻辑学》(*Wissenschaft der Logik*)第一卷中说:"纯存在与纯无因而是同一的"(Das reine Sein und das reine Nichts ist also dasselbe)。㉞这句话本来并没有错。但黑格尔却把这两个同一的东西,统统归属于他的"思想"概念,并把它们分别看作是"非规定性"(Unbestimmtheit)和"非间接性"(Unmittelbarkeit)。但在海德格尔看来,"存在"与"无"之同一性,就在于:存在自身终将是在本质之中,而且,存在只能是在"存在"之入迷于"无"的"超越"之中才显现出来。㉟

为了说明海德格上述关于"存在的形而上学"之思路的一贯性,他在给理查森(W. J. Richardson)所写的一封信中说:"您所区分的海德格尔 I 和海德格尔 II,唯有在一直坚持如下前提下才是可以成立的,这个前提就是:只有从海德格尔 I 所思出的东西出发,才能够通达海德格尔 II 即将去思的东西;而海德格尔 I 又唯有被包括在海德格尔 II 中,才成为可能。"㊱"海德格尔 I"和"海德格尔 II",是指理查森在其著作中对发生"转向"前后的海德格尔的称呼。㊲这个"转向"意味着海德格尔的研究重点和思路从"此在"到"存在"转变为从"存在"到"存在的本质"的方向上去。

但海德格尔并不同意理查森把"海德格尔 I"和"海德格尔 II"加以区别,是强调其前后两条思路方向的连贯性和一致性。海德格尔尤其强调他的前后两条思路同现象学方法的同一性及作为哲学形而上学探索的唯一可能性,强调其中所贯彻的反传统形而上学的一贯性。

所以,海德格尔本身在展示"存在"的本质的过程中所经历的那种思想历程,也就成为存在自身的自我显现的过程。海德格尔自己对"存在"的"思"的过程,同存在自身以现象学方式而自我言说和自我显现的过程,不仅不是相互分离,而且甚至是一致和同一的。这里所说的"思路",不论是海德格尔自身的思想的展开或者是存在自身的自我显现,都不是通常意义上所理解的那种在庸俗时空中延伸着的道路,毋宁说,这是一个不断行进的过程,而每一步行走过程,就是对于其思维起点的自我否定,思想到达之时,就是对其自身的自我否定之点,而思想对其自身自我否定之点,即是"存在"的自我显现之处。"思"与"存在"终于在存在哲学关于"存在"与"无"的本体论探究中,达到了统一。这样一来,"存在"也就终于在"思"中回归到它真正的寓所。这是把"存在"的根本问题作为形而上学的否定意义进行自我展现过程同"思想"的展开过程视为同一的一种哲学。存在的自我展现过程和人对于存在的"思"的过程,既然都是一种自我否定,两者当然都不可能在一种自称为清高的形而上学理论中找到它应有的位置。存在的否定过程,思的自我否定过程,只能在此在的"在"的过程中去体会和自我显现。它绝不能在一种哲学形而上学的体系中固定下来和表现出来。所有的哲学形而上学,在这个意义上说,只能作为"在"的自我否定和思想自我否定而存在。

由此可见,当海德格尔在 20 世纪 30 年代后致力于通过语言自身的自我显现去改造形而上学的时候,他是把旧形而上学的摧毁和新型的否定式的存在本体论的重建,都维系于对于语言的现象学研究之上。

同海德格尔相平行,维特根斯坦从早期到晚期的思想转折,也体现了这位思想家彻底批判形而上学思维模式的决心。对于晚期维特根斯坦来说,要把语言问题当作治疗哲学通病的关键,必须首先走出逻辑实证主义自囿于其中的科学命题分析的狭隘范围,真正地回到日常语言的广阔海洋及其生动活泼的使用世界中去,然后深入分析日常语言的游戏性质及规则。

首先,什么是语言？语言,在维特根斯坦看来,不应是哲学家任意进行哲学抽象界定的对象,也不是任何人可以任意依其主观愿望或主观目的而加以改变的符号或信号系统,同样也不只是科学家可以垄断使用的逻辑形式。语言是一种生活形式。"设想一种语言,就是设想一种生活形式。"⑧"语言之言说,是一种行为或一种生活形式的一部分。"⑨只有把语言看作是一种生活形式,才能揭开笼罩在语言上面的一切神秘外衣,才能从根本上把语言从形而上学家的任意歪曲中解脱出来,真正地返回其生活的土壤之中,还其本来的面目,也才能揭露一切传统哲学家借助语言而故弄玄虚的错误本质,才能从少数自称清高而又自命最懂得语言逻辑的科学家中解放出来。语言不是什么神秘的东西,它并不具有脱离于生活之外的奇特本质。正如维特根斯坦所说:"我们的语言可以看作是一个古代的城市,一个由小街道、广场、旧房和新房以及由各个时代的房屋所组成的迷宫,而在它周围,又环绕着多种多样由整齐平直的街道和清一色房屋组成的新市区。"⑩语言自古以来就是在生活中存在,在生活中变化,在生活中而确定其意义的。维特根斯坦所反对的,正是传统哲学家对于语言的实际应用的歪曲干预,而这种歪曲干预之根源,就是脱离生活中的日常语言去谈论语言:"哲学无论如何不能干预语言的实际使用,哲学最终只能对它进行描述。因为哲学也不能为它提供任何基础。哲学要让一切事物就像它们自身那样留存着。"⑪说到这里,维特根斯坦实际上批评他自己的前期思想以及逻辑实证主义者,批评过去的他和他们都不是让事物自己按其本来面目留存下来,而是用逻辑之类的手段去改变他们的本来面目。维特根斯坦接着说:"哲学也应让数学按其自身留存,而且,没有任何数学上的发现可以将哲学向前推进。"⑫所以,"哲学的事务,并不是以一个数学

或逻辑数学的发现为手段去解决一个矛盾，而是使我们有可能得到一个关于困扰着我们的数学的状态的清楚观点。"㊸

在晚期维特根斯坦看来，只要我们回到日常生活中去，尊重日常语言，就可以理解语言的本质，也可以弄清几千年来被传统哲学家一直加以扭曲的哲学问题。

维特根斯坦认为，肯定语言是一种生活形式，就意味着要在语言的应用中弄清其意义。维特根斯坦说："每个符号就其自身来看是死的"㊹，"语词的意义就是它在语言中的使用"㊺。

当然，语言的日常使用也包含许多不稳定的、多变的、歧义的和含糊不清的用法。在维特根斯坦看来，要从两方面去看日常语言用法的这一特征。一方面，日常语言由于产生并使用于日常生活，又由于其使用目的常随环境、使用者及其他多种难以预料、又难以简单地加以归类的因素的变动而变化，所以，日常语言在使用中常出现一些不精确和不稳定的特点。这些特点可以使日常生活语言不具备科学语言的那种精确性和规范性，对于表达和交流真理有不利之处。但是，另一方面，日常语言的这些特点只是日常语言的一部分性质的表现，远不能代表和概括日常语言的基本特征，即其生活实用性、灵活性和真理性。同时，日常生活的上述不精确性和不稳定性，作为日常生活逻辑的一部分，作为日常生活的特征之一，正是表现了日常语言之非僵化性和灵活性，也表现了日常语言更贴近于千变万化的复杂实际生活本身。从这一点看，日常语言的这一特点不但不是它的缺点，反而是它的优点，更确切地说，也正是追求精确和实证的科学语言所缺乏的优点。维特根斯坦在谈到日常语言的这一特点时，强调"要让语言自身像它自身的样子那样"，根本无须逻辑实证主义者所主张的那样，非要用逻辑精确的理想性的科学语言去改造意义含混的日常语言。维特根斯坦说："正是人类说什么是正确和什么是错误,也因此他们在他们使用的语言中表示用意。并不是在意见中,而是在生活形式中取得同意。"⑥正是生活形式决定着人们所同意的东西,也正是在日常的谈说中,说出哪些是正确的或哪些是错误的。语言在生活中的应用,使语言自然地表示什么是真或假。哲学家无须在生活之外为生活中使用的语言制定规则。

因此,在维特根斯坦看来,要懂得什么是语言,要懂得什么是语言使用的规则,只要了解生活、了解人的行为就够了。"人类的共同行为是我们用来解释未知的语言的参照系统。"⑰维特根斯坦建议到建筑工地去观察水泥工们是如何工作并在工作中使用语言的⑱,维特根斯坦还建议观察儿童们是如何从其父母和其他大人的相处生活中学会母语的⑲;维特根斯坦的用意无非是要指出:语言存在于生活中和人的行为中,语言的规则是在生活中和行为中共同认定和使用的,也随生活的需要而改变。为此,维特根斯坦又把语言比喻成工具箱:"想一想一个工具箱中的工具:那里有锤子、钳子、锯子、螺丝拧、尺子、胶锅、胶水、钉子和螺丝等,语词的功能就像这些工具的用法一样多种多样。"⑳不同的工具有不同的用途,而且,同一工具在不同场合和不同的人手里,也会有不同的用途,语词也是这样。语词的意义及其指称作用,各有不同,随其使用的场合、条件、目的的改变,语词的意义及其功用也发生变化。

日常语言的生活本质使维特根斯坦创造性地提出"语言游戏"的概念。语言活动就是一场游戏,"它是由语言及交织于其中的行动所组成的总体"㉑。生活本身本来就是一场游戏,语言的游戏性质是生活本身的游戏性质所决定的。维特根斯坦说:"在这里,语言游戏这个概念,意在突现如下事实,即谈论语言就是一种行为或一种生活形式的一部分。"㉒

　　既然语言是游戏,那么,语言有无规则?什么样的游戏规则?维特根斯坦并不否认,语言游戏正像其他游戏一样,有自己的规则。[53]但是,这些规则作为游戏的规则,其本身也具有游戏的性质。维特根斯坦生动地说:"语言是一个由许多通道组成的迷宫。你从一个边靠近它,你熟悉你的路,但你从另一边靠近同一地方,你就不再熟悉你的路。"[54]因此,语言游戏的规则,根本不像逻辑实证主义者所想象的那样,必须设定严谨刻板的规则,而是随游戏的自然发展,为游戏本身所规定的规则。伽达默尔说得好:"诚属游戏的活动绝没有一个使它中止的目的,而只是在不断地重复中更新自身。往返重复运动对于游戏的本质规定来说是如此明显和根本,以致谁或什么东西进行这种运动倒是无关紧要的。这样的游戏活动似乎是没有根基的。"[55]

　　维特根斯坦关于语言游戏的概念,使他的语言观的反形而上学性质进一步显现出来,并在某种意义上说,同海德格尔的存在哲学语言观汇合在一起,而成为 20 世纪 70 年代后的后结构主义和后现代主义的语言观进一步批判旧形而上学的新出发点。[56]

注释

① Martin Heidegger, *Sein und Zeit*. Tübingen: Max Niemeyer Verlag, 1986, p. 27.

② *Ibid.*, p. 161.

③ *Ibid.*

④ *Ibid.*, p. 166.

⑤ *Ibid.*

⑥ L. Wittgenstein, *Notebooks: 1914 - 1916*. G. von Wright/G. Anscombe, eds., 2nd. Edition, Oxford: Basil Blackwell, 1979, p. 19.

⑦ Martin Heidegger, *Sein und Zeit*, p. 161.

⑧ *Ibid.*

⑨ *Ibid.*, p. 167.

⑩ *Ibid.*, p. 163.

⑪ *Ibid.*, p. 162.

⑫ L. Wittgenstein, *Tractatus logico-philosophicus*, 4. 023.

⑬ *Ibid.*, 6. 13.

⑭ *Ibid.*, 4. 11.

⑮ M. Schlick, Die Wende der Philosophie, In *Erkenntnis*, Bd. 1, 1930 – 1931, Heft 1, p. 8.

⑯ *Ibid.*, p. 7.

⑰ *Ibid.*, p. 6.

⑱ L. Wittgenstein, *Tractatus logico-philosophicus*, 4. 0311.

⑲ *Ibid.* Vorwort. In *Wittgensteins Werkeausgabe*, Bd. 1, Frankfurt am Main: Suhrkamp, 1984, p. 9.

⑳ L. Wittgenstein, *Tagebücher 1914 – 1916*. In *Wittgensteins Werkeausgabe*, Bd. 1, p. 106.

㉑ L. Wittgenstein, *Tractatus logico-philosophicus*, 3. 328.

㉒ Martin Heidegger, *Sein und Zeit*, p. 436.

㉓ Martin Heidegger, *Brief über den Humanismus*. In *Wegmarken*. Frankfurt am Main: Vittorio Klostermann, 1978, p. 325.

㉔ *Ibid.*

㉕ B. F. McGuinness, ed. *Ludwig Wittgenstein und der Wiener Kreis: Gespräche*. aufgezeichnet von Friedrich Waismann. Frankfurt am Main: Suhrkamp, 1984, p. 17.

㉖ S. Stephen Hilmy, *The Later Wittgenstein: The Emergence of a New Philosophical Method*. Oxford: Basil Blackwell, 1987, p. VII.

㉗ L. Wittgenstein, *Philosophische Untersuchungen*. Oxford: Basil Blackwell, 1986. Teil I. § 116.

㉘ Martin Heidegger, *Sein und Zeit*, p. 2.

㉙ *Ibid.*, p. 11.

㉚ *Ibid.*

㉛ Hans-Georg Gadamer, *Wahrheit und Methode*, Tübingen: J. C. B. Mohr (Paul Siebeck), 1986, p. 262.

㉜ Martin Heidegger, *Wegmarken*, p. 31.

㉝ *Ibid.*, p. 119.

㉞ Hegel, *Wissenschaft der Logik*. Buch 1.

㉟ Martin Heidegger, *Wegmarken*, p. 317.

㊱ W. J. Richardson, *Heidegger ——Through Phenomenology to Thought*. Den

Haag，1963，p. xxii - xxiii.

㊲ Martin Heidegger，*Wegmarken*，p. 317.

㊳ L. Wittgenstein，*Philosophische Untersuchungen*，§ 19.

㊴ *Ibid.* § 23.

㊵ *Ibid.* § 18.

㊶ *Ibid.* § 124.

㊷ *Ibid.*

㊸ *Ibid.* § 125.

㊹ *Ibid.* § 432.

㊺ *Ibid.* § 120.

㊻ *Ibid.* § 241.

㊼ *Ibid.* § 206.

㊽ *Ibid.* § 21.

㊾ *Ibid.* § 5，§ 7，§ 9.

㊿ *Ibid.* § 11.

(51) *Ibid.* § 7.

(52) *Ibid.* § 23.

(53) *Ibid.* § 80 - 82，§ 497，§ 558，§ 567.

(54) *Ibid.* § 203.

(55) Hans-Georg Gadamer，*Wahrheit und Methode*，p. 109.

(56) Henry Staten，*Wittgenstein and Derrida*，Loncoln/London：University of Nebraska Press，1986.

参考书目

一、关于实用主义的参考书（按时间顺序由近及远排列）

Joas，Hans. *Pragmatism & Social Theory*. University of Chicago Press，1993.

Smith，John E. *America's Philosophical Vision*. University of Chicago Press，1992.

Roth，Robert J. *British Empiricism & American Pragmatism: New Directions & Neglected Arguments*. Fordham University Press，1992.

Colella，C. Paul. *C. I. Lewis & the Social Theory of Conceptualistic Pragmatism: The Individual & the Good Social Order*. Mellen，Edwin，Press，1992.

Campbell，James. *The Community Reconstructs: The Meaning of Pragmatic Social Thought*. University of Illinois Press，1992.

Baylis，John. *The Diplomacy of Pragmatism: Britain & the*

Formation of NATO, *1942 – 1949*. Kent State University Press, 1992.

Smiley, Marion. *Moral Responsibility & the Boundaries of Community: Power & Accountability from a Pragmatic Point of View*. University of Chicago Press, 1992.

Soneson, Jerome P. *Pragmatism & Pluralism: John Dewey's Significance for Theology*. Augsburg Fortress Publishers, Publishing House of The Evangelical Lutheran Church in America, 1992.

Shusterman, Richard. *Pragmatist Aesthetics: Living Beauty, Rethinking Art*. Blackwell Publishers, 1992.

Kraus, Willy. *Private Business in China: Revival Between Ideology & Pragmatism*. Holz, Erich, translator. University of Hawaii Press, 1992.

Schulkin, Jay, *The Pursuit of Inquiry*. State University of New York Press, 1992.

Levinson, Henry S. *Santayana, Pragmatism, & the Spiritual Life*. University of North Carolina Press, 1992.

Gunn, Giles. *Thinking Across the American Grain: Ideology, Intellect, & the New Pragmatism*. University of Chicago Press, 1992.

Olin, Doris. , editor. *William James "Pragmatism" in Focus*. University of Routledge, 1992.

Bloom, Allan. , editor. *Confronting the Constitution: The Challenge to Locke, Montesquieu, Jefferson, & the Federalists from*

Utilitarianism, *Historicism*, *Marxism*, *Freudianism*, *Pragmatism*, *Existentialism*. Public Policy Research, 1991.

Hoibraaten, Helge. , editor. *Essays in Pragmatic Philosophy*, Vol. II (A Norwegian University Press Publication Ser.). Oxford University Press, 1991.

Rich, Clayton; Barbato, Anthony & Griffith, John. , editors. *From Pragmatism to Vision: Leadership & Values in Academic Health Centers*. Association of Academic Health Centers, 1991.

Okrent, Mark. *Heidegger's Pragmatism: Understanding*, *Being & the Critique of Metaphysics*. Cornell University Press, 1991.

Kevelson, Roberta. , editor. *Pierce & Law: Issues in Pragmatism*, *Legal Realism & Semiotics*. Lang, Peter, Publishing, 1991.

Poirier, Richard. *Poetry & Pragmatism*. Harvard University Press, 1991.

Murray, Michael. *Politics & Pragmatism of Urban Containment of Belfast since 1940*. Ashgate Publishing Company, 1991.

Kaufman-Osborn, Timothy V. *Politics — Sense — Experience: A Pragmatic Inquiry into the Promise of Democracy*. Cornell University Press, 1991.

Brint, Michael & Weaver, William. , editors. *Pragmatism in Law & Society*. Westview Press, 1991.

Rescher, Nicholas. *A System of Pragmatic Idealism*, Vol. One: Human Knowledge in Idealistic Perspective (Illus.). Princeton University Press, 1991.

Helle, Horst J. , editor. *Verstehen & Pragmatism: Essays in Inter-*

pretative Sociology. (European University Studies: Series 22, Sociology: Vol. 210). Lang, Peter, Publishing, 1991.

Petrin, Ronald A. *French Canadians in Massachusetts Politics, 1885 - 1915 : Ethnicity & Political Pragmatism*. Balch Institute Press, 1990.

Wilson, John. *Politically Speaking: The Pragmatic Analysis of Political Change*. Blackwell Publishers, 1990.

Anderson, Charles W. *Pragmatic Liberalism*. University of Chicago Press, 1990.

James, William. *Pragmatism*. (Great Books in Philosophy Ser.). Prometheus Books, 1990.

Murphy, John P. *Pragmatism*. Intro. by Rorty, Richard. Westview Press, 1990.

Kolenda, Konstantin. *Rorty's Humanistic Pragmatism: Philosophy Democratized*. University Press of Florida, 1990.

West, Cornel. *The American Evasion of Philosophy: A Genealogy of Pragmatism*. Wisconsin Press, 1989.

Schwartz, Bernard. *Ascent of Pragmatism*. Addison-Wesley Publishing Company, 1989.

Tamadonfar, Mehran. *The Islamic Polity & Political Leadership: Fundamentalism, Sectarianism & Pragmatism*. (Special Studies on the Middle East). Westview Press, 1989.

Oller, John W. , Jr. , editor. *Language & Experience: Classic Pragmatism*. University Press of America, 1989.

Clarke, D. S. Jr. *Rational Acceptance & Purpose: An Outline of*

Pragmatist Epistemology. Rowman & Littlefield, Publishers Incorporated, 1989.

Schmiegelow, Mlichele & Schmiegelow, Henrik. *Strategic Pragmatism: Japanese Lessons in the Use of Economic Theory.* Greenwood Publishing Group, 1989.

Golopentia, Sandra. *Les Voies de la Pragmatique.* (Stanford French & Italian Studies: No. 51). Anma Libri, 1988.

James, William. *Writings, 1902 - 1910.* Kuklick, Bruce, editor. Library of America, 1988.

Prado, C. G. *The Limits of Pragmatism.* Humanities Press International, 1987.

Corrington, Robert S.; Hausman, Carl & Seebohm, Thomas M., editors. *Pragmatism Considers Phenomenology.* University Press of America, 1987.

The Rise of Pragmatic Thought in the Nineteenth & Twentieth Centutry, Vol. II. (Pragmatics: Handbook of Pragmatic Thought Ser.). Transaction Publishers, 1987.

Scheffler, Israel. *Four Pragmatists: A Critical Introduction to Pierce, James, Mead & Dewey.* (International Library of Philosophy Ser.). Routledge, 1986.

Sleeper, R. W. *The Necessity of Pragmatism: John Dewey's Conception of Philosophy.* Yale University Press, 1986.

Heclo, Hugh & Madsen, Henrik. *Policy & Politics in Sweden: Principled Pragmatism.* Temple University Press, 1986.

Lowenthal, F. & Vandamme, F., editors. *Pragmatics & Education.*

Plenum Publishing Corporation, 1986.

Margolis, Joseph. *Pragmatism Without Foundations: Reconciling Realism & Relativism*. Blackwell Publishers, 1986.

Shlapentokh, Vladimir. *Soviet Public Opinion & Ideology: Mythology & Pragmatism in Interaction*. Publishing Group, 1986.

Rosenthal, Sandra B. *Speculative Pragmatism*. University of Massachusetts Press, 1986.

Mitchell, W. J., editor. *Against Theory: Literary Studies & the New Pragmatism*. University of Chicago Press, 1985.

Moore, Edward C. *American Pragmatism: Peirce, James & Dewey*. Greenwood Publishing Group, 1985.

Vasil, Dean. *The Ethical Pragmatism of Albert Camus: Two Studies in the History of Ideas*. American University Studies II (Romance Languages & Literature); Vol. 18. Lang, Peter, Publishing, 1985.

Gomez, Michael. *Pragmatism in the Age of Jihad: The Precolonial State of Bundu*. (African Studies Ser.; No. 75). (Illus.). Cambridge University Press, 1985.

二、关于语用论的参考书(按时间顺序由近及远)

Clark, Herbert H. *Arenas of Language Use*. University of Chicago Press, 1993.

Recanati, Francois. *Direct Reference: From Language to Thought*. Blackwell Publishers, 1993.

Maynard, Senko K. *Discourse Modality: Subjectivity, Emotion & Voice in the Japanese Language*. Pragmatics & Beyond New Series

(P&BNS): No. 24. Benjamins, John, North America, 1993.

Couper-Kuhlen, Elizabeth. *English Speech Rhythm: Form & Function in Everyday Verbal Interaction.* Pragmatics & Beyond New Series (P&BNS): No. 25. Benjamins, John, North America, 1993.

Bassett, Paul G. *Frame-Based Software Engineering: Towards a Theory of Pragmatics.* Prentice Hall, 1993.

Kasper, Gabriele & Blum-Kulka, Shoshana., editors. *Interlanguage Pragmatics.* Oxford University Press, 1993.

Simpson, Paul, *Language, Ideology, & Point of View.* Routledge, 1993.

Mey, Jacob L. *Pragmatics: An Introduction.* Blackwell Publishers, 1993.

Caffi, Caludia. Pragmatic Presupposition. In *Encyclopedia of Language and Linguistics*, Oxford: Pergamon, 1993.

Mey, Jacob L. Educating Archie: On Fooling the Reader. In Herman Parret, ed. *Pretending to Communicate*, Berlin: Mouton-De Gruyter, 1993.

_____. Pragmatics. In *Encyclopedia of Language and Linguistics*, Oxford: Pergamon, 1993.

Stalpers, Judith. *Progress in Discourse: The Impact of Foreign Language Use On Business Talk.* Tilburg, The Netherlands, 1993.

Talbot, Mary. Relevance. *In Encyclopedia of Languages and Linguistics*, Oxford: Pergamon, 1993.

Novak, V. *The Alternative Mathematical Model of Linguistic*

Semantics (IFSR. International Series on Systems Science: Vol. 8). Plenum Publishing Corporation, 1992.

Harris, Thomas. *Applied Organizational Communication: Perspectives, Principles, & Pragmatics.* (Communication Textbook Ser.). Erlbaum, Lawrence, Associates, 1992.

Stein, Dieter. , editor. *Co-Operating with Written Texts: The Pragmactics & Comprehension of Written Texts.* (Studies in Anthropological Linguistics: No. 5). Mouton de Gruyter, 1992.

Nuyts, Jan. *A Cognitive-Pragmatic Theory of Language: On Cognition, Functionalism & Grammar.* (Pragmatics & Beyond New Ser. : No. 20). Benjamins, John, North America, 1992.

Auer, Peter & Di Luzio, Aldo. , editors. *The Contextualization of Language.* (Pragmatics & Beyond New Ser. : No. 22). Benjamins, John, North America, 1992.

Mann, William C. & Thompson, Sandra A. , editors. *Discourse Description: Diverse Linguistic Analysis of a Fund-Raising Text.* (Pragmatics & Beyond New Ser. : No. 16). Benjamins, John. North America, 1992.

Hudson, Thomas; Detmer, Emily & Brown, J. D. A *Framework for Testing Cross-Cultural Pragmatics.* (National Foreign Language Resource Center Technical Report Ser. : No. 2). University of Hawaii Press, 1992.

Koike, Dale A. *Language & Social Relationship in Brazilian Portuguese: The Pragmatics of Politeness.* University of Texas Press, 1992.

Bickhard, Mark and Robert Kampbell, Some Foundational Questions Concerning Language Studies: With a Focus on Categorical Grammars and Model Theoretical Possible Worlds Grammars. In *Journal of Pragmatics*, 17(5/6), pp. 401 – 433, 1992.

Mey, Jacob L. Pragmatic Gardens and their Magic. In *Poetics*, 20(2), pp. 233 – 245, 1992.

Rundquist, Suellen. Indirections: A Gender Study of Flouting Grice's Maxims, In *Journal of Pragmatics*, 18(5), 1992.

Sacks, Harvey. *Lectures on Conversation*. Gail Jefferson, ed. , 2 Vols, Oxford: Blackwell, 1992.

Chiaro, Delia. *The Language of Jokes: Analyzing Verbal Play*, Routledge, 1992.

Fortescue, Michael; Harder, Peter & Kristoffersen Lars. , editors. *Layered Structure & Reference in a Functional Perspective: Papers from the Functional Grammar Conference in Copenhagen, 1990*. Benjamins, John, North America, 1992.

Navarrette, Francis G. *Pragmatics of California Government & Politics*. Kendall/Hunt Publishing Company, 1992.

Kasper, Gabriele. , editor. *Pragmatics of Japanese as Native & Target Language*. (National Foreign Language Resource Center Technical Report Ser. : No. 3). University of Hawaii Press, 1992.

Navarrette, Francis G. *Pragmatics of Political Power in American National Government*. Kendall/Hunt Publishing Company, 1992.

Payne, Doris. , editor. *Pragmatics of Word Order Flexibility*. (Typological Studies in Language: No. 22) Benjamins, John, North

America, 1992.

Benoit, William L. ; Hample, Dale & Benoit, Pamela J. , editors. *Readings in Argumentation*. (Studies in Argumentation in Pragmatics & Discourse Analysis; Vol. 11). Mouton de Gruyter, 1992.

Lucy, John A. , editor. *Reflexive Language: Reported Speech & Metapragmatics*. (Illus.). Cambridge University Press, 1992.

Kaspar, Gabriel & Dahl, Merete. *Research Methods in Interlanguage Pragmatics*. (National Foreign Language Resource Center Technical Report Ser. ; No. 1). University of Hawaii Press, 1992.

Blakemore, Diane. *Understanding Utterances: An Introduction to Pragmatics*. (Blackwell Textbooks in Linguistics). Blackwell Publishers, 1992.

Komter, Martha L. *Conflict & Cooperation in Job Interviews: A Study of Talk, Tasks, & Ideas*. (Pragmatics & Beyond New Ser. ; No. 15). Benjamins, John, North America, 1991.

Murray, Denise E. *Conversation for Action: The Computer Terminal as Medium of Communication*. (Pragmatics & Beyond New Ser. ; Vol. 10). Benjamins, John, North America, 1991.

Wierzbicka, Anna. *Cross-Cultural Pragmatics: The Semantics of Human Interaction*. (Trends in Linguistics, Studies & Monographs; No. 53). (Illus.). Mouton de Gruyter, 1991.

Freeman, James B. *Dialectics& the Macrostructure of Arguments: A Theory of Argument Structure*. (Pragmatics & Discourse Analysis Ser. ; No. 10) Mouton de Gruyter, 1991.

Abraham, Werner. , editor. *Discourse Particles. Descriptive &
Theoretical Investigations on the Logical , Syntactic & Pragmatic
Properties of Discourse Particles in German* (Pragmatics & Beyond
New Ser. ; Vol. 12). viii, Benjamins, John, North America, 1991.

Mey, Jacob L. Between Rules and Principles: Some Thoughts on the
Notion of Meta-Pragmatic Constraint. In *Acta Linguistica
Academiae Scientiarum Hungaricae* , N°39, pp. 1 - 6, 1991.

Phillipson, Robert. *Linguistic Imperialism.* Cambridge: Cambridge
University Press, 1991.

Tsui, Amy B. Sequencing Rules and Coherence in Discourse. In
Journal of Pragmatics , N°15(2), pp. 111 - 129, 1991.

Fleischman, Suzanne. , editor. *Discourse-Pragmatic Approaches to
the Verb: The Evidence from Romance.* Intro. by Waugh, Linda R.
(Romance Linguistics Ser.). Routledge, 1991.

Sweetser, Eve. *From Etymology to Pragmatics: Metaphorical &
Cultural Aspects of Semantic Structure.* (Studies in Linguistics:
No. 54). (Illus.). Cambridge University Press, 1991.

Blommaert, Jan & Verschueren, Jef. , editors. *Intercultural &
International Communication: Selected Papers of the International
Pragmatics Conference* , Antwerp, August 17 - 22, 1987, Vol. 3.
(Pragmatics & Beyond New Ser. ; Vol. 6: 3) Benjamins, John,
North America, 1991.

Young, Lynne. *Language As Behaviour , Language As Code: A
Study of Academic English.* (Pragmatics & Beyond New Ser. ;
Vol. 8) Benjamins, John, North America, 1991.

Pieraut-Le Bonniec, Gilberte & Dolitsky, Marlene. , editors. *Language Bases. . . Discourse Bases: Some Aspects of Contemporary French-Language Psycholinguistics Research.* (Pragmatics & Beyond New Ser. ；No. 17). viii, Benjamins. John, North America, 1991.

Verschueren, Jef. , editor. *Levels of Linguistic Adaptation: Selected Papers of the International Pragmatics Conference*, Antwerp, August 17 – 22, 1987, Vol. 2. (Pragmatics & Beyond New Ser. ； Vol. 6；2). Benjamins, John, North America, 1991.

Verschueren, Jef. , editor. *Pragmatics at Issue: Selected Papers of the International Pragmatics Conference*, Antwerp, August 17 – 22, 1987, Vol. 1. (Pragmatics & Beyond New Ser. ； Vol. 6；1) Benjamins, John, North America, 1991.

Blommaert, Jan & Verschueren, Jef. , editors. *The Pragmatics of Intercultural & International Communication*, 3 Vols. Benjamins, John, North America, 1991.

Gallagher, Tanya M. , editor. *Pragmatics of Language: Clinical Practice Issues.* (Illus.). Singular Publishing Group, 1991.

Davis, Steven. *Pragmatics: A Reader.* Oxford University Press, 1991.

Johnstone, Barbara. *Repetition in Arabic Discourse: Paradigms Sytagms, & the Ecology of Language.* (Pragmatics & Beyond New Ser. ； Vol. 18). Benjamins, John, North America, 1991.

Selected Papers of the International Pragmatics Conference, Antwerp, August 17 – 22, 1987, 3 Vols. (Pragmatics & Beyond

New Ser. : Vols. 6)Benjamins, John, North America, 1991.

Arwood, Ellyn. *Semantic & Pragmatic Language Disorder: Assessment & Intervention.* 2nd ed. Aspen Publishers, Incorporated, 1991.

Binnick, Robert I. *Time & the Verb: A Guide to Tense & Aspect.* (Illus.). Oxford University Press, 1991.

Baker, Carolyn D. & Luke, Allan. , editors. *Towards a Critical Sociology of Reading Pedagogy: Papers of the XII World Congress on Reading.* (Pragmatics & Beyond New Ser. : Vol. 14) Benjamins, John, North America, 1991.

Schwartz, Ursula V. *Young Children's Dyadic Pretend Play: A Communication Analysis of Plot Structure & Plot Generative Strategies.* (Pragmatics & Beyond New Ser. : Vol. 14). Benjamins, John, North America, 1991.

Apel. K(1976)*Transformation der Philosophie.* 2 Bde. Frankfurt am Main: Suhrkamp.

_____. (1982) *Sprachpragmatik.* Frankfurt am Main: Suhrkamp. Aristotle(1970) *Organon: Categoriae.* In R. Mckeon, Ed. *The Basic Works of Aristotle.* Chicago: Chicago University Press.

Arnauld, A/Lancelot, C. (1660)*Grammaire generale et raisonnee(La Grammaire de Port-Royal).* Paris.

Austin, J. L. and Strawson, P. F. (1950) Symposium on Truth. In *Proceeding of the Aristotelian Society*, Supplementary Volume 24, 1950.

Austin, J. L. (1962) *How To Do Things With Words.* Cambridge,

Mass. : Harvard University Press.

Bar-Hillel, Y. (1954) Logical Syntex and Semantics. In *Language*, 30, 1954, 230 – 237.

____. (1963) Remarks on Carnap's Logical Syntax of Language. In *The Philosophy of Rudolf Carnap*, Ed. P. A. Schlipp. Illinois: Open Court, La Salle.

____. (1964) *Language and Information*, Jerusalem: Addison-Wesley.

____. (1971) Out of the Pragmatic Waste-Basket. In *Linguistic Inquiry*, 2, 1971, 401 – 407.

Barthes, R. (1953) *Le degre zero de l'ecriture*. Paris: Le Seuil.

Benveniste, E. (1966) *Problemes de linguistique generale*. Vol. 1. Paris: Gallimard.

Blakemore, D. (1990) *Understanding Utterances: The Pragmatics of Natural Language*. Oxford: Blackwell.

Bridgman, Percy W. The Logic of Modern Physics. Cohen, I. Bernard, editor. (Three Centuries of Science in America Ser.). Ayer Company Publishers, 1980.

____. *Philosophical Writings of Percy William Bridgman: An Original Anthology*, 2 Vols. in 1. Cohen, I. Bernard, editor. (Three Centuries of Science in America Ser.). Ayer Company Publishers, 1980.

____. *Reflections of a Physicist*. 2nd ed. Cohen, I. Bernard, editor. (Three Centuries of Science in America Ser.). Ayer Company Publishers, 1980.

Campbell, N. *What Is Science?* London: Methuen & Co. , 1921. Reprinted, New York: Dover Publications, 1952.

Carnap, Rudolf. *Der logische Aufbau der Welt*. Berlin-Schlactensee: Weltkreis-Verlag, 1928.

____. Testability and Meaning, *Philosophy of Science*, III (Oct. 1936), 419 – 471; V(Jan. 1937), I – 40. Reprinted, New Haven, Conn. : Graduate Philosophy Club, Yale University, 1950.

____. *The Logical Syntax of Language*. London: Kegan Paul, Trench, Trubner & Co. , 1937.

____. Logical Foundations of the Unity of Science, *International Encyclopedia of Unified Science*, Vol. I, No. I, pp. 42 – 62. Chicago: University of Chicago Press, 1938.

____. *Meaning and Necessity*. Chicago: University of Chicago Press, 1947. Enlarged ed. , 1956.

____. The Methodological Character of Theoretical Concepts, *Minnesota Sturdies in the Philosophy of Science*, Vol. I, pp. 38 – 76. Minneapolis: University of Minnesota Press, 1956.

____. (1942) *Introduction to Semantics*, Cambrige, Mass. : Harvard University Press.

____. (1955) Meaning and Synonymy in Natural Language. I *Philosophical Studies*, Vol. VI. , N°3, April 1955, University of Minnesota, Minneapolis, 33 – 47.

Chomsky, N. (1957) *Syntactic Structure*. The Hague: Mouton.

____. (1975) *The Logical Structure of Linguistic Theory*. New York: Plenum.

Church, A. *Introduction to Mathematical Logic*. Vol. I. Princeton, New Jersey: Princeton University Press, 1956.

Cohen, Morris, ed. *Chance, Love, and Logic*. New York: Harcourt Brace and Company, 1923.

____. Charles S. Peirce and a Tentative Bibliography of His Published Works, Peirce commemorative issue of *The Journal of Philosophy, Psychology and Scientific Methods*, pp. 726 – 737.

Courant, Richard, and Herbert Robbins. *What is Mathematics?* New York: Oxford University Press, 1941.

Destutt de Tracy, A. (1796) *Memoire sur la faculte de penser*. Lu le 24 floreal au 5 – 12 mai 1796, a l'Institut national des sciences et arts, sciences morales et politiques. Paris.

____. (1801) *Elements d'Ideologie*. Tome II. Paris.

Ellis, Leslie. On The Foundations of the Theory of Probabilities, *Transactions of the Cambridge Philosophy Society*, VII (1849), I – 6. (Read on Feb. 14, 1842.)

Ezorsky, Gertrude. Truth in Context, *Journal of Philosophy*, LX (1963), 113 – 135.

Feigl, H. , and W. Sellars, eds. *Readings in Philosophical Analysis*. New York: Appleton-Century-Crofts, 1949.

Fillmore, Ch. J. (1981) Pragmatics and the Description of Discourse. In Peter Cole (ed), *Radical Pragmatics*. New York: Academic Press, pp. 143 – 166.

Foucault, M. (1966) *Les Mots et Les Choses*. Paris: Gallimard.

Frege, Gottlob. *Begriffsschrift und Andare Aufsatze*. Lubrecht &

Cramer, Limited, 1993.

_____. *Collected Papers on Mathematics, Logic & Philosophy*. McGuinness, Brian, editor. Blackwell Publishers, 1985.

_____. *The Basic Laws of Arithmetic: Exposition of the System*. Furth, Montgomery, editor. University of California Press, 1982.

_____. *Conceptual Notation & Related Articles*. Bynum, Terrell W. , editor. Oxford University Press, 1972.

_____. *Foundations of Arithmetic: A Logico-Mathematical Enquiry into the Concept of Number*. Austin, J. L. , translator. Northwestern University Press, 1968.

_____. *Translations from the Philosophical Writings of Gottlob Frege*, Ed. by Peter Geach and Max Black. Oxford: Basil Blackwell. 1952; 2nd. ed. (with corrections), 1960.

_____. (1884) *Die Grundlagen der Arithmetik*, Wien.

_____. (1892) *Über Sinn und Bedeutung*.

_____. (1962) Über Begriff und Gegenstand. In *Funktion, Begriff, Bedeutung: fünf logische Studien*. Götingen: Vandenhoeck and Ruprecht.

Gadamer, H. -G. (1986) *Wahrheit und Methode*. Tübingen: J. C. B. (Paul Siebeck).

Gazdar, G. (1979) *Pragmatics: Implicature, Presupposition and Logical Form*. New York: Academic Press.

Gödel, K. (1930) *Die Vollständigkeit der Axiome des logischen Funktionenkalküls*.

_____. (1931) Über formal unentscheidbare Sätze der Principia

Mathemathica und verwandter Systeme. In *Monatshefte für Mathematik und Physik*, Band 38, 1931, H. 1.

Green, G. M. (1989) *Pragmatics and Natural Language Understanding*. Hillsdale, Nj: Erlbaum.

Habermas, J. (1991) *Erkenntnis und Interesse*, Frankfurt am Main: Suhrkamp.

_____. (1981) *Theorie des Kommunikativen Handelns*, 2 Bde. Frankfurt am Main: Suhrkamp.

Halliday, M. A. K. (1978) *Language as Social Semantics: The Social Interpretation of Language and Meaning*. London: Edward Arnold.

Hilbert, David. *Theory of Algebraic Invariants*. Sturmfels, Bernd, editor. Laubenbacher, Reinhard C. , translator. (Cambridge Mathematical Library). (Illus.). Cambridge University Press, 1993.

_____. *Gesammelte Abhandlungen*. 3rd ed. Chelsea Publishing Company, 1981.

_____. *The Foundations of Geometry*. 2nd ed. Unger, Leo, translator. Open Court Publishing Company, 1980.

_____. (1922) *Neubegründung der Mathematik*.

_____. (1918) *Axiomatisches Denken*.

_____. (1899) *Grundlagen der Geometri*, Leipig.

Hilbert, David. ;Ackerman, M. & Hermann, R. *Hilbert's Papeys on Invariant Theory*. (LIE Groups: History Frontiers & Applications Ser. : No. 8). Math-Sci Press, 1980.

Humboldt, K. W. v. (1820) *Über das vergleichende Sprachstudium in Beziehung auf die verschiedenen Epochen der Sprachentwicklung.*

———. (1830 - 1835) *Über die Verschiedenheit des menschlichen Sprachbaues und ihren Einfluss auf die geistige Entwicklung des Menschengeschlechts*, aus dem *Über die Kawisprache auf der Insel Jawa*. Im *Werke* in fünf Bänden, Bd. III, heraus-gegeben von Andreas Flitner und Kaus Giel. Darmstadt: Wissenschaftliche Buchgesellschaft.

Katz, J. J. (1977) *Propositional Structure and Illocutionary Force.* New York: Crowell.

Leech, G. N. (1980) *Explorations in Semantics and Pragmatics.* Amsterdam/Philadelphia: John Benjamins.

———. (1983) *Principles of Pragmatics.* London: Longman.

Leech, G. N. and Thomas, J. (1988) *Pragmatics; The State of the Art*. Lancaster University: Lancaster Papers in Linguistics, 48.

Levinson, S. C. (1983) *Pragmatics.* Cambridge: Cambridge University Press.

Lévi-Strauss, C. (1978) *Structural Anthropology*. II. Harmondsworth: Penguin Books.

Locke, J. (1690) *An Essay Concerning Human Understanding.*

Lukasiewicz, J. (1920) O logice trojwartosciowej. In *Ruch Filozoficzny.*

Lyons, J. (1968) *Introduction To Theoretical Linguistics.* Cambridge: Cambridge University Press.

———. (1977) *Semantics.* 2 Vols. Cambridge: Cambridge University

Press.

Mey, J. L. （1985） *Whose Language? A Study in Linguistic Pragmatics*. Amsterdam/Philadelphia: John Benjamins.

____. (1993) *Pragmatics: An Introduction*. Oxford: Blackwell.

Morris, Ch. (1938) *Foundations of The Theory of Signs*, Chicago: Chicago University Press.

____. （1934） The Concept of Meaning in Pragmatism and Logical Positivism. In *Actes du 8eme Congres de Philosophie a Prague 1934*, 1936, S. 103f.

____. (1950) *Signs, Language and Behavior*. 4 ed. New York.

Mounin, G. (1968) *Saussure*. Paris: Seghers.

Nicole, P. (1662) *Art de penser*. (*Logique de Port-Royal*)Paris.

Peirce, Ch. S. (1878) How To Make Our Ideas Clear?. In *Writings of Charles S. Peirce*, Bloomington: Indiana University Press, 1982.

____. (1905) What Pragmatism Is?. In W. Barrett and H. D.

Aiken(eds.), *Philosophy in The Twentieth Century*, Vol. I. New York: Random House, 1962.

____. （1931 - 1958） *Collected Papers*, Vol. 1 - 8, Edited by Ch. Hartshorne and P. Weiss. Cambridge, Mass.

Popper, K. （1963） *Conjectures and Refutations—The Growth of Scientific Knowledge*, London.

Quine, W. V. (1953) *From A Logical Point of View*. Copyright by the President and Fellows of Harvard College, Cambridge, Mass. : Harvard University Press.

Russell, B. (1948) *Human Knowledge and Its Limits*. London.

Saussure, F. d. (1973) *Cours de linguistique generale*. Publie par Charles Bally et Albert Sechehaye, edition critique preparee par Tullio Mauro. Paris: Payot.

Schlick, M. (1930 – 1931) Die Wende der Philosophie. In *Erkenntnis*, Band I, Heft 1, 4 – 11.

———. (1936) Meaning and Verification. In *The Philosophical Review*, N°4, Vol. XLV, July 1936, 339 – 369.

Schmidt, S. J. (1976) *Progmatik/Pragmatics 2*. München: Fink.

Searle, J. R. (1969) *Speech-Acts: An Essay in the Philosophy of Language*. Cambridge: Cambridge University Press.

Steinberg, D. and Jakobovits, L. (eds), *Semantics: An Interdisciplinary Reader in Philosophy, Linguistics, and Psychology*. Cambridge: Cambridge University Press, 1978.

Stevenson, Charles L. *Ethics and Language*. New Haven: Yale University Press, 1945.

Tarski, Alfred. The Semantic Conception of Truth, *Philosophy and Phenomenological Research*, IV (1944), 341 – 375. Reprinted in Feigl and Sellars, pp. 52 – 84, and in Linsky, pp. 13 – 47.

———. (1956) *Logic, Semantics, Metamathematics*. Oxford: Clarendon Press.

Venn, John. *The Logic of Chance, An Essay on the Foundations and Province of the Theory of Probability, with especial Reference to its Application to Moral and Social Science*. London and Cambridge, 1866.

Verschueren, J. and Bertucelli-Papa, M. (1988) *The Pragmatics Perspective: Selected Papers From 1985 International Pragmatics Conference.* Amsterdam/Philadelphia: John Benjamins.

Watson, John B. *Behavior: An Introduction to Comparative Psychology.* New York: Henry Holt and Company, 1914.

Watson, W. H. *On Understanding Physics.* Cambridge: Cambridge University Press, 1938.

Weiss, Paul. Charles Sanders Peirce. *Dictionary of American Biography*, Vol. XIV, pp. 398 – 403. New York: Charles Scribner's Sons, 1943.

Welby, Lady V. *What is Meaning?* London and New York: The Macmilan Company, 1903.

____. *Echoes of Larger Life: A Selection from the Early Correspondence of Victoria Lady Welby.* Mrs. Henry Cust, ed. London: Jonathan Cape, 1929.

____. *Other Dimensions: A Selection from the Later Correspondence of Victoria Lady Welby.* Mrs. Henry Cust, ed. London: Jonathan Cape, 1931.

Wenley, R. M. *The Life and Work of G. S. Morris*, New York: The Macmillan Company, 1917.

White, Morton G. *The Origin of Dewey's Instrumentalism.* New York: Columbia University Press, 1943.

____. *Social Thought in America.* New York: Viking Press, 1949. Reprinted with new Preface and an Epilogue, Boston: Beacon Press, 1957.

_____. Value and Obligation in Dewey and Lewis, *Philosophical Review*, LVIII(1949), 321 – 329. *Reprinted in Sellars and Hospers*, pp. 332 – 339.

_____. The Analytic and the Synthetic: An Untenable Dualism. In Sidney Hook, ed. , *John Dewey: Philosopher of Science and Freedom*, pp. 316 – 330. New York: Dial Press, 1950.

Whitehead, A. N. *A Treatise on Universal Algebra, with Applications*. Cambridge: Cambridge University Press, 1898.

_____. The Axioms of Geometry. Part VII of "Geometry," *Encyclopaedia Britannica*, Vol. XI. pp. 730 – 736. 11th edn. Cambridge: Cambridge University Press, 1910.

_____. and Bertrand Russell, *Principia Mathematica*, Cambridge 1910.

Wittgenstein, Ludwig. *Tractatus Logico-Philosophicus*. New York: Harcourt, Brace and Company, 1922.

_____. *Philosophical Investigations*. New York: The Macmillan Company, 1953.

_____. *The Blue and Brown Books*. New York: Harper & Brothers, 1958.

_____. (1968) *Philosophische Untersuchungen*. Oxford: Basil Blackwell.

_____. (1922) *Tractatus logico-philosophicus*. Wien.

_____. (1914 – 1916) *Notes on Logic* (*Notebooks 1914 – 1916*) Oxford, 1961.

三、实用主义和语用论各代表人物的书目

1. 皮尔斯的主要著作

Charles S. PEIRCE. *Collected Papers of Charles Sanders Peirce.* 8 vols. Vols. I – VI, C. Hartshorn and P. Weiss, eds. Vols. VII – VIII, A. W. Burks, ed. Cambridge, Mass. : Harvard University Press, 1931 – 1958.

Buchler, Justus, ed, *The Philosophy of Peirce: Selected Writings.* New York: Harcourt, Brace & Company, 1940.

Eisele, Carolyn, ed. *New Elements of Mathematics by Charles S. Peirce.* 4 vols. The Hague: Mouton & Co. ; New Jersey: The Humanities Press, 1976.

Hardwick, Charles S. , ed. *Semantics and Significance: The Correspondence between Charles S. Peirce and Victoria Lady Welby.* Bloomington, Indiana University Press, 1977.

Ketner, Kenneth L. , and James E. Cook, eds. *Charles Sanders Peirce: Contributions to THE NATION.* 3 vols. Lubbock, Texas: Texas Tech Press, 1975 – 1979.

Wiener, Philip P. , ed. *Charles S. Peirce: Selected Writings.* New York: Dover Publications, 1966.

Dictionary of Philosophy and Psychology. Edited by James Mark Baldwin. Two volumes. New York: Macmillan, 1901, 1902. (Peirce made many contributions, identifed in the *Comprehensive Bibliography*).

Historical Perspectives on Peirce's Logic of Science: A History of

Science. Edited by C. Eisele. Berlin: Mouton-DeGruyter, 1985.

Writings of Charles Sanders Peirce. Twenty volumes projected; two volumes have appeared. Edited by M. H. Fisch et al. Bloomington: Indiana University Press, 1982, 1984.

2. 对皮尔斯的评论性著作

Almeder, Robert, *The Philosophy of Charles S. Peirce.* Totowa, New Jersey: Roman and Littlefield, 1980.

Buchler, Justus. *Charles Peirce's Empiricism.* New York: Harcourt, Brace, 1939.

Eisele, Carolyn *Studies in the Scientific and Mathematical Philosophy of Charles S. Peirce.* Edited by R. M. Martin. The Hague: Mouton, 1979.

Esposito, Joseph L. *Evolutionary Metaphysics: The Development of peirce's Theory of Categories.* Athens: Ohio University Press, 1980.

Fisch, Max H. A Chronicle of Pragmaticism, 1865 - 1879, *The Monist*, XLVIII(1964), 441 - 466.

____. *Peirce, Semiotic, and Pragmatism: Essays by Max H. Fisch.* Edited by K. Ketner and C. Kloesel. Bloomington: Indiana University Press, 1986.

Gallie, W. B. *Peirce and Pragmatism.* London: Penguin Books, 1952.

Hookway, Christopher. *Peirce.* London: Routledge and Kegan Paul, 1986.

Ketner, Kenneth L. editor. *A Comprehensive Bibliography of the*

Published Works of Charles Sanders Peirce. Second ed. rev. ,
Bowling Green, KY: Philosophy Documentation Center, 1986.

——. editor. *Proceedings of the C. S. Peirce Bicentennial
International Congress*. Lubbock: Texas Tech University, 1981.

Murphy, Murray G. *The Development of Peirce's Philosophy*.
Cambridge, Mass. : Harvard University Press, 1961.

Peirce commemorative issue of the *Journal of Philosophy,
Psychology and Scientific Methods*, XII(1916).

Rescher, Nicholas. *Peirce's Philosophy of Science*. South Bend,
Indiana: University of Notre Dame Press, 1978.

Roberts, Don D. *The Existential Graphs of Charles S. Peirce*. The
Hague: Mouton, 1973.

Robin, R. S. *Annotated Catalogue of the Papers of Charles S.
Peirce*. Amherst: University of Massachusetts Press, 1967. This is
supplemented by Robin's "The Peirce Papers: A Supplementary
Catalogue. " *Transactions of the Charles S. Peirce Society*. Vol.
7, 1971. pp. 37 – 57.

Skagestad, Peter. *The Road of Inquiry: Charles Peirce's Pragmatic
Realism*. New York: Columbia University Press, 1981.

3. 詹姆斯的主要著作

Remarks on Spencer's Definition of Mind as Correspondence, *Journal
of Speculative Philosophy*, XII (1878), 1 – 18. Reprinted in *Essays
in Philosophy*, Cambridge, Mass. : Harvard University Press,
1978.

The Principles of Psychology. 3 vols. Cambridge, Mass. : Harvard

University Press，1981.

The Will to Believe and Other Essays in Popular Philosophy.
Cambridge，Mass.：Harvard University Press，1979.

The Varieties of Religious Experience. New York：Longmans，Green
and Co.，1902.

Pragmatism: A New Name for Some Old Ways of Thinking.
Cambridge，Mass.：Harvard University Press，1975.

The Meaning of Truth，A Sequel to "*Pragmatism.*" Cambridge，
Mass.：Harvard University Press，1975.

A *Pluralistic Universe.* Cambride，Mass.：Harvard University Press，
1977.

Essays in Radical Empiricism. Cambridge，Mass.：Harvard
University Press，1976.

Letters of William James，Henry James，ed. 2 vols. Boston：The
Atlantic Monthly Press，1920.

The Writings of William James. John J. McDermott，ed. Chicago：
University of Chicago Press，1977.

4. 对詹姆斯的评论性著作

Allen，Gay W. *William James，A Biography.* New York：The
Viking Press，1967.

Barzun，Jacques A *Stroll with William James.* New York：Harper
and Row，1983.

Corti，Walter Robert，ed. *The Philosophy of William James.*
Hamburg：Felix Meiner Verlag，1976.

Dooley，Patrick Kiaran. *Pragmatism as Humanism: The Philosophy of William James*. Chicago: Nelson Hall, 1974.

Matthiessen, F. O. *The James Family*, New York: Alfred A. Knopf, 1947.

Myers, Gerald E. *William James: His Thought and Life*. New Haven: Yale University Press, 1986.

Perry, R. B. *The Thought and Character of William James*. 2 vols. Boston: Little, Brown and Co. , 1936.

Santayana, George. *Character and Opinion in the United States, with Reminiscences of William James and Josiah Royce and Academic Life in America*. New York: Charles Scribner's Sons, 1920.

Seigfried, Charlene Haddock. *Chaos and Context: A Study of William James*. Athens: Ohio University Press, 1978.

Suckiel, Ellen K. *The Pragmatic Philosophy of William James*. Notre Dame. Ind. : University of Notre Dame Press, 1982.

Wild, John. *The Radical Empiricism of William James*. New York: Doubleday, 1969.

5. 杜威的主要著作

The Reflex Arc Concept in Psychology. See selection XIII of this volume. Reprinted in *The Early Works*, Vol. 5. Carbondale, Ill. : Southern Illinois University Press, 1972.

Logical Conditions of a Scientific Treatment of Morality, in University of Chicago, *The Decennial Publications*, first series. Chicago: The University of Chicago Press, 1903. 3, 115 – 139. Reprinted in *The Middle Works*, Vol. 3. Carbondale, Ill. : Southern Illinois University Press, 1977.

How We Think. in *The Middle Works*, Vol. 6. Carbondale, Ill. : Southern Illinois University Press, 1978.

Democracy and Education. in *The Middle Works*, Vol. 9. Carbondale, Ill. : Southern Illinois University Press, 1980.

Essays in Experimental Logic. Chicago: University of Chicago Press, 1916.

Reconstruction in Philosophy. New York: Henry Holt and Co. , 1920. Reprinted with new Introduction, New York: Mentor Books, 1950.

Human Nature and Conduct. New York: Henry Holt and Co. , 1922.

Experience and Nature. in *The Later Works*, Vol. 1. Carbondale, Ill. : Southern Illinois University Press, 1981.

The Quest for Certainty. New York: Minton, Balch and Co. , 1930.

Philosophy and Civilization. New York: Minton, Balch and Co. , 1931.

Art as Experience. New York: Minton, Balch and Co. , 1934.

Logic: The Theory of Inquiry. New York: Henry Holt and Co. , 1938.

Theory of Valuation, in *International Encyclopedia of Unified Science*, Vol. II, No. 4, Chicago: University Press, 1939.

Problems of Men. New York: Philosophical Library, 1946.

John Dewey on Experience, Nature and Freedom. Richard J. Bernstein, ed. New York: The Bobbs-Merrill Co. , 1955.

John Dewey, Lectures in China, 1919 - 1920. Robert W. Clopton and Ou Tsuin-chen, eds. and trans. Honolulu: University of Hawaii Press, 1973.

The Philosophy of John Dewey. Edited, with an Introduction and Commentary, by John J. McDermott. Chicago: The University of Chicago Press, 1981.

John Dewey: The Early Works, *1882 – 1898*. 5 Vols. Edited by Jo Ann Boydston. Carbondale and Edwardsville: Southern Illinois University Press, 1969 – 1972.

John Dewey: The Middle Works, *1899 – 1924*. 15 Vols. Edited by Jo Ann Boydston. Carbondale and Edwardsville: Southern Illinois University Press, 1976 – 1983.

John Dewey: The Later Works, *1925 – 1953*. 10 (of 16 projected) Vols. Edited by Jo Ann Boydston. Carbondale and Edwardsville: Southern Illinois University Press, 1981 –.

6. 对杜威的评论性著作

Bernstein, Richard J. *John Dewey*. New York: Washington Square Press, 1967.

Boydston. Jo Ann, ed. *Guide to the Works of John Dewey*. Carbondale, Ill. : Southern Illinois University Press, 1972.

Geiger, G. R. *John Dewey in Perspective*. New York: Oxford University Press, 1958.

Dykhuizen, George. *The Life and Mind of John Dewey*. Carbondale, Ill. : Southern Illinois University Press, 1873.

Hook, Sidney. *John Dewey: An Intellectual Portrait*. The John Day Co. , 1939.

Levitt, M. *Freud and Dewey on the Nature of Man*. New York, 1960.

Mack, R. D. *The Appeal to Immediate Experience. Philosophic Method in Bradley, Whitehead and Dewey.* New York, 1945.

Mataix, A. , (S. J.). *La norma moral en John Dewey.* Madrid, 1964.

Nathanson, J. *John Dewey.* New York, 1951.

Roth, R. J. , (S. J.). *John Dewey and Self-Realization.* Englewood Cliffs (N. J.), 1963.

Thayer, H. S. *The Logic of Pragmatism: An Examination of John Dewey's Logic.* New York and London, 1952.

White, M. G. *The Origin of Dewey's Instrumentalism.* New York, 1943.

White, S. S. *A Comparison of the Philosophies of F. C. S. Schiller and John Dewey.* Chicago, 1940.

John Dewey, The Man and His Philosophy, edited by S. S. White. Cambridge (Mass.), 1930. (Discourses in honour of Dewey's seventieth birthday.)

The Philosopher of the Common Man, edited by S. S. White. New York, 1940. (Essays in celebration of Dewey's eightieth birthday.)

The Philosophy of John Dewey, edited by P. A. Schilpp. New York, 1951 (2nd edition).

John Dewey: Philosopher of Science and Freedom, edited by S. Hook. New York, 1950.

John Dewey and the Experimental Spirit in Philosophy, edited by C. W. Hendel. New York, 1959.

John Dewey: Master Educator, edited by W. W. Brickman and S.

Lehrer. New York, 1959.

Dialogue on John Dewey, edited by C. Lamont. New York, 1959.

John Dewey: His Thought and Influence, edited by J. Blewett. New York, 1960.

7. 米德的主要著作

The Philosophy of the Present. Introduction by Arthur E. Murphy. ed. Chicago: Open Court, 1932.

Mind, Self, and Society. Introduction by Charles W. Morris, ed. Chicago: University of Chicago Press, 1934.

The Philosophy of the Act. Introduction by Charles W. Morris, ed. Chicago: University of Chicago Press, 1938.

The Individual and the Social Self: Unpublished Works of George Herbert Mead. Edited, with an Introduction, by David L. Miller. Chicago: The University of Chicago Press, 1982.

Movements of Thought in the Nineteenth Century. Edited, with an Introduction, by Merritt A. Moore. Chicago: The University of Chicago Press, 1936.

Selected Writings of George Herbert Mead. Edited, with an Introduction, by Andrew Reck. Chicago: The University of Chicago Press, 1982.

The Social Psychology of George Herbert Mead. Edited, with an Introduction, by Anselm Strauss. Chicago: The University of Chicago Press, 1956. (A revised and enlarged edition has been published under the title *George Herbert Mead on Social Psychology: Selected Papers*. Chicago: Phoenix Books, 1964.)

8. 对于米德的评论性著作

Corti，Walter. editor. *The Philosophy of George Herbert Mead*. International copyright，Archiv für genetische Philosophie. Winterhur，Switzerland.

Joas，Hans. *G. H. Mead: A Contemporary Re-Examination of His Thought*. Translated by Raymond Meyer. Cambridge，U. K. ：Polity Press，1985.

Lee，Grace Chin. *George Herbert Mead*，*Philosopher of the Social Individual*. New York：Kings Crown Press，1945.

Miller，David L. *George Herbert Mead: Self*，*Language and the World*. Chicago：The University of Chicago Press，1982.

Natanson，Maurice. *The Social Dynamics of George Herbert Mead*. Washington D. C. ：Public Affairs Press，1956.

9. 刘易斯的主要著作

A Pragmatic Conception of the A Priori. See selection XIX of this volume. Reprinted in *Collected Papers*.

The Pragmatic Element in Knowledge. *University of California Publications in Philosophy*，Vol. XI，No. 3，pp. 205 - 227. Berkeley：University of California Press，1926. Reprinted in *Collected Papers*.

Mind and the World Order. New York：Charles Scribner's Sons，1929.

An Analysis of Knowledge and Valuation. La Salle，Ill. ：Open Court，1946.

Our Social Inheritance. Bloomington：Indiana University Press，1957.

Collected Papers of Clarence Irving Lewis. John D. Goheen and John L. Mothershead, Jr. , eds. Stanford, California: Stanford University Press, 1970.

10. 对刘易斯的评论性著作

C. I. Lewis Commemorative Symposium. *Journal of Philosophy* LXI (1964).

Rosenthal, Sandra B. *The Pragmatic A Priori: A Study in the Epistemology of C. I. Lewis.* St. Louis, Missouri: Warren H. Green. Inc. , 1976.

Schilpp, Paul Arthur, ed. *The Philosophy of C. I. Lewis.* The Library of Living Philosophers. La Salle, Ill. : The Open Court Publishing Co. , 1968.

译名索引